여성사,
한 걸음 더

정해은 외 45인 지음   한국여성사학회 기획

여성사, 한 걸음 더

朝鮮史

양반 여성의 소송과 주체성까지
여성 존재의 의미
조선 여성들의 권리 찾기에서

近現代史

역사 속 자신의 삶을 개척한
여성들의 이야기
양장점 운영에서 노동사회운동가까지

古代史

아테네 여성 그리고 장수남기와
여성의 지위
고구려 서옥제를 통해 본

西洋史

르네상스기 성녀聖女와 마녀
논쟁에서 빅토리아 산후광증까지
수난의 여성사

女性史

근대 시기 여성 이주의 배경과 의미
세계 여성사박물관의 등장 등
여성 연대에 관하여

푸른역사

책을 펴내며

1

이 책은 한국의 여성사 연구자들이 연구 역량을 하나로 결집하여 일궈 낸 결과물이다. 한국사, 동양사, 서양사를 망라한 여성사 연구자 46명의 글이 담긴 이 책을 통해 현재 한국에서 진행되는 여성사 연구의 현주소와 여성사 연구자들의 문제의식을 확인할 수 있을 것이다.

한국에서 여성사 연구는 과거에 비해 비약적으로 발전했으나 최근 논쟁이 실종된 학계의 전반적인 상황과 마찬가지로, 여성사 연구 분야에서도 개별 연구 성과의 축적에만 급급해 학문적 성과를 공유하려는 공동의 노력이 부족하였다. 이 책은 이러한 문제의식을 바탕으로 한국사와 동·서양사의 여성사 연구자들이 함께 모여 그간의 성과를 공유하고 성찰하는 장으로 꾸려졌다.

또한, 이 책은 더 많은 독자가 여성사에 대해 관심을 가져주길 바라는 바람으로 쉬운 글쓰기를 바탕으로 여성사의 문제의식을 널리 알리고자 기획되었다. 한국 여성사에 대해서는 통사나 연구사를 정리한 책들이 출간되었고, 동·서양 여성사에 관한 단행본도 여러 권 출간되었다. 그러나 일반 독자를 대상으로 한국을 포함한 동·서양의 여성사를 포괄하는 책은 이 책이 유일하며, 세계적으로도 유례가 없는 단 하나의 책일 것이다. 그리고 올해로 창립 20주년을 맞이한 한국여성사학회가 학회 이름으로 처음 펴내는 책이기도 하다.

한국여성사학회는 2004년에 여성사의 불모지 속에서 작은 씨앗을 뿌리는 마음으로 출발하여 이제 20년의 역사를 가진 학회로 성장하였다. 창립 당시부터 현재까지 학술지《여성과 역사》를 발간하고, 월례 발표회를 꾸준히 개최해 왔으나 책을 출간한 적은 없었다. 학회의 역사에 비해 이제야 책을 펴내는 것이 뒤늦은 감이 있지만, 이 또한 한국의 여성사 연구의 현재 상황을 반영한다고 생각한다.

2

이 책을 기획하면서 나와 학회 운영위원들이 지향한 주요 관점은 '젠더gender'였다. 회원들에게 원고를 모집할 때 직접적으로 젠더를 표방하지 않았으나 46명의 필자가 저마다 개성 있는 이야기를 젠더의 관점으로 풀어 낼 것이라는 믿음이 있었다.

미국의 역사학자 거다 러너Gerda Hedwig Lerner의 말대로 역사란 "배열된 과거"라 할 수 있다. 여성사는 권력을 가진 남성이나 엘리트 위주로 배열된 역사에 도전하는 학문이다. 여성사는 과거의 여러 사건 중

왜 특정한 내용만 역사가 되었는지, 그것을 배열하는 일을 누가 결정했는지, 그리고 이러한 결정에 누구의 이해관계가 반영되었는지 묻는다.

여성사는 이러한 질문들을 통해 역사학을 포함한 모든 지적 체계의 근본 개념과 가치를 향해 의심의 눈길을 보내면서, 자명하다고 여겨지던 확실성에 틈새를 내고 기존의 틀을 다시 검토하게 하였다. 이 과정에서 여성사를 연구하는 것은 단지 소외되었던 여성을 역사에 포함시키는 작업을 뛰어넘어, 역사가 어떻게 성차별적 지식을 생산해 왔는지를 비판적으로 이해하는 방법이 된다. 여성사를 통해 역사란 단순히 그동안 소외된 인물이나 사건들을 새롭게 조명하는 것이 아닌, 인간들 사이에서 간과되어 온 다양한 관계를 새로이 발견하는 것이라는 점을 중시하게 된다.

젠더의 개념은 이러한 여성사 연구를 이끄는 중요한 역할을 하였다. 1986년, 조앤 스콧Joan Scott이 발표한 논문인 〈젠더: 역사 분석의 유용한 범주〉는 여성사가 젠더사로 전환하는 이론적 기초를 마련하였다. 조앤 스콧은 젠더를 "성차에 관한 지식"으로 정의하며, 남성과 여성의 관계에 대한 사회적, 문화적 이해를 의미한다고 설명하였다. 그녀는 여성사가 단지 과거의 불완전한 기록을 보완하는 것에 그치는 것이 아니라, 역사가 어떻게 젠더에 관한 지식을 생산하는 장으로 기능하는지를 비판적으로 분석해야 한다고 주장하였다.

따라서 젠더라는 개념은 남성과 여성의 불평등한 관계를 구조적으로 이해하게 해줄 뿐만 아니라, 겉보기에는 성性과 무관해 보이는 제도들이 어떻게 성차에 의해 구성되는지를 분석할 수 있는 유용한 도구가 된다. 이는 젠더가 여성을 역사 서술에 포함하는지 여부를 넘어 성차가 다양한 차이를 어떻게 포장하고, 그 차이에서 발생하는 위계를 어떻게 설정하는지를 파헤칠 수 있는 개념임을 의미한다. 나와 운영위원들이 이 책을 기획하면서 젠더라는 관점을 반영하려 했던 이유도 바로 여기에 있다.

3

이 책의 기획은 2023년 2월에 시작되었다. 2023년에 학회장을 맡은 나와 새로운 운영위원들은 1년 뒤 다가올 학회 창립 20주년을 그냥 지나칠 수 없었다. 그래서 20주년을 기념하는 책을 만들기로 뜻을 모았다.

책의 형식을 고민하던 중에 《한국사, 한 걸음 더》(푸른역사, 2018)를 만났다. 이 책은 연구자들이 각자 연구한 주제로 참여할 수 있는 형식이어서 매우 매력적이었다. 또 분량이 짧아 필자들의 부담을 줄일 수 있으며, 방대한 내용을 간결하게 펼쳐 내야 하는 새로운 글쓰기 방식도 흥미로웠다.

그래서 《한국사, 한 걸음 더》를 펴낸 푸른역사의 박혜숙 대표님에게 기획 취지를 설명하고 출판 가능성을 타진하였다. 푸른역사는 이미 《한국 여성사 깊이 읽기》(2013)를 간행한 경험이 있어 여성사 관련 서적에 대한 이해도가 높았다. 박 대표님은 긍정적인 답변과 함께 이 책을 '한 걸음 더' 시리즈로 진행하자고 제안했다. 이렇게 해서 '여성사, 한 걸음 더'라는 제목의 이 책이 탄생하게 되었다.

출판사를 결정한 후, 회원들에게 원고 모집을 알리는 이메일을 발송

하였다. 회원들의 참여를 유도하기 위해 참여 여부와 임시 제목만 먼저 알려 달라고 요청하였다. 책에 실릴 주제는 다섯 가지 범주로 정했다.

1. 연구 논문에서 다 담아 내지 못한 문제의식, 가설, 논점, 관점, 논의, 논쟁
2. 21세기 여성사가 나아갈 방향이나 여성사 연구의 진단, 각국의 여성사 현황
3. 여성사 이론 및 방법론, 한국·동양·서양의 비교 여성사
4. 자료나 사례를 활용한 연구 내용
5. 그동안 연구한 주제 중 다른 연구자나 대중과 나누고 싶은 내용

이렇게 해서 30여 명의 필자가 모였고, 이후 46명까지 늘어났다. 필자들이 어느 정도 확정된 후, 올해 1월까지 원고를 모았다. 글의 형식을 통일하기 위해 다음과 같은 글쓰기 기준도 정하였다. ① 분량은 200자 원고지 30매 내외, ② 소제목 3~5개 정도, ③ 각주는 생략하고 참고문헌은 5개 이하 제시 등이었다. 이 기준에 맞춰 샘플 원고도 작성하여 공유하였다.

위의 글쓰기 기준 중 200자 원고지 30매 분량은 필자들의 부담을 덜어 주려는 의도였으나, 오히려 필자들에게 부담이 되기도 하였다. 150매 논문에 익숙한 필자들에게 30매는 강한 임팩트를 요구하는 분량으로 느껴졌고, 여성사는 뭔가 새로운 것을 말해야 한다는 압박감으로 원고 착수를 망설인 필자들도 있었다. 그야말로 이 책의 기획은 새로운 도전이며, 글쓰기 방식 역시 새로운 시도였다고 할 수 있다.

원고를 수집한 뒤에는 전체 원고를 검토하고 수정하는 과정을 거쳤다. 별도의 간행위원회를 두지 않고 나와 박경(조선시대사), 이남희(미국사) 세 사람이 모여 원고를 검토하고, 필자들에게 수정 요청을 하여 최종 원고를 완성하였다. 그리고 올여름 폭염 속에서 출판사의 세심한 비평과 편집을 거쳐 이 책이 나올 수 있었다.

4

이 책에 담긴 46편의 글은 다양한 국가와 시대를 포괄하며 폭넓은 주제를 다루고 있다. 가부장제와 가족이라는 전통적인 주제부터 사진신부, 동물사, 젠더경제사와 같은 새로운 연구 경향까지 여성의 시각에서 역사적 사건이나 현상을 재해석한 글들을 만날 수 있다. 따라서 이 책에서 지금까지 한국에서 이뤄진 여성사 성과를 한눈에 조망할 수 있을 것이다.

먼저 총론에 해당하는 글이 2편이다. 첫 번째 글은 "백래시backlash(반격)와 페미니즘 리부트reboot(재시동)의 대립으로만 설명하기 어려운" 복잡한 지형에 놓여 있는 여성사 연구의 리부트 방향을 제시하였다. 두 번째 글은 1980년대부터 현재까지의 한국 여성사 연구 40년을 바탕으로 여성사의 이론화 필요성과 AI시대의 대비를 강조하였다.

다음으로 세계 여성사와 관련된 17편의 글이 실렸다. 서양 여성사는 한국 여성사보다 역사적 배경이 깊어 이론이나 주제 측면에서 중요한 시사점을 제공한다. 고대 아테네 여성의 사회적 지위, 르네상스기 이탈리아의 성녀聖女와 마녀 논쟁, 16세기 주네브 여성과 종교개혁, 영국의 탈코르셋 운동과 여성의 자전거 타기, 아내 팔기 풍습, 19세기 자유사상가들의 여성관, 빅토리아 시대의 산후 광증, 미국의 여성 노예 실리아 사건, 19세기 미국 동북부 지역의 산업화와 여성, 20세기 미국 사회와 모성 문제, 독일의 광산 여성 노동자들을 다룬 글이 실렸다. 이외에도 근대 시기 여성의 이주의 배경과 의미, 여성사 연장으로서 동물사, 세계 여성사박물관의 등장과 여성 연대를 주제로 한 글도 실렸다.

동양 여성사는 중국사만 3편 실렸다. 장주낭가와 고구려 서옥제의 비교, 중국 사회주의 경험이 동아시아 여성에게 끼친 영향, 중국의 일본군 '위안부' 문제를 다루었다.

한국 여성사에 관한 글은 근현대사 11편과 조선시대사 13편, 고려시대사 1편, 고대사 2편으로 나누어져 있다. 고대사와 고려시대의 글이 상대적으로 적은 이유는 연구자가 적기 때문이다. 근현대 여성사에서는 우리 역사 속 자신의 삶을 개척한 여성들의 이야기, 가족 위기론에 대한 새로운 관점, '여권통문의 날' 제정 과정, 사진신부 천연희의 생애 기록물, 1910년대 이혼소송과 식민지시대 여성의 삶, 강원도 여성운동사와 부산 지역 지식인 여성운동사, 해방 직후 여성의원 최저할당제 입법화의 시도, 양장점과 젠더경제사, 노동사회운동가 이소선의 생애사, 여성사의 보급 노력과 여성사박물관 건립운동 등이 실렸다.

조선시대 여성사에서는 법을 이용한 여성들의 권리 찾기, 효성스런 며느리의 강조와 유교 젠더 규범의 상관성, 수렴청정과 후궁, 기녀, 열녀, 가부장제와 가족 문제, 양반 여성의 소송과 주체성, 16세기 양동 마을 여성들의 정체성, 살림 지식의 관점에서 바라본《규합총서》, 여성의 길쌈 노동, 안정복 집안 여성들의 소통과 사랑, 한국 비구니 연구의 필요성 등이 다뤄졌다. 또한, 고려시대 열녀의 존재와 의미, 신라 고대 왕실 여성의 정치적 활동, 여성이 묻힌 황남대총 북분에서 발굴된 금관의 의미를 탐구한 글도 실려 있다.

5

한국에서 여성사 전공자 중 학문적으로 두 가지 이상의 연구 분야를 병행하는 연구자를 찾는 일은 어렵지 않다. 나 역시 조선시대 군사사와 여성사를 동시에 연구하고 있다. 미시사와 여성사에 새 지평을 열어 준 《마르탱 게르의 귀향》의 저자인 내털리 제이먼 데이비스는 1998년 한 인터뷰에서 박사학위 논문 주제로 여성사를 선택하지 않은 이유를 세 가지로 설명하였다.

> 당시 여성사가 지적 측면에서나 직업적인 면에서 올바른 선택이 아니라고 생각했던 것 같아요.……
> 당시 나는 여성사가 역사 연구에 새로운 차원을 열 것이라고 생각하지 못했습니다.……
> 단지 내가 여성이라는 이유로 여성에 관한 연구를 하고 싶지 않았다고 생각합니다.
> ─《탐史: 현대 역사학의 거장 9인의 고백과 대화》, (푸른역사, 2006)

이 세 가지 이유는 현재 여성사를 전공하거나 앞으로 여성사를 전공하려는 이들이라면 한 번쯤 겪었을 갈등을 잘 보여 준다. 오늘날 상황이 조금 나아져 여성사만 전공하는 연구자들이 늘었으나, 여전히 여성사 연구자들이 마주하는 연구 외적인 어려움을 대변해 준다. 이러한 이유로, 나는 여성사 연구가 단순히 학문적 도전에 그치는 것이 아니라 연구자로서 생존을 위한 치열한 도전이기도 하다고 생각한다.

여성사는 역사적 이해에 이르는 여러 길 중 하나이지만, 역사학의 최전선에서 우리가 살아가는 세상을 새롭게 통찰할 수 있는 중요한 관점을 제공한다. 역사는 고정불변하지 않으며 관점 또한 끊임없이 변화한다. 이 책이 독자들과 만나 풍부한 논의를 이끌어 내고 서로의 관점을 변화시키면서 더 풍요로운 역사로 나아가는 디딤돌이 되기를 바란다. 나아가 이 책이 한국에서 펼쳐지는 여성사 연구의 현재를 알리고, 그래서 더 많은 이들이 여성사 연구에 관심을 가지고 그 여정에 함께하게 되기를 기대한다.

2024년 11월
정해은 씀

03 한국 근현대 여성사, 지금 여기

04 조선·고려·고대 여성사, 지금 여기

01

다시, 여성사를 위하여

김은경·한성대학교 교수
정현백·성균관대 사학과

1

젠더링하고 퀴어링하고 크리핑하라!
-허물고, 공감하고, 접속하는 여성사

여성사의 '외부'와 어떻게 관계 맺을 것인가?

여성사 연구가 수많은 성과를 축적하며 학문적 시민권을 인정받았다
고는 하지만, 여전히 여성사 학자들은 여성사가 무엇인가라는 질문을
자주 받는다. 대개 그런 질문의 의도는 두 가지로 해석된다. 하나는
(질문자에게는 여전히) '새로운' 지적 유행에 대한 호기심이고, 다른
하나는 역사의 '근본 문제'를 해명하기에는 '함량 미달'인 여성사의 존
재 이유를 스스로 입증하라는 요구다(소수자는 늘 자신의 존재 이유를 해
명하라고 요구받는다. 왜 당신이 퀴어인지, 왜 장애인인 당신이 하필 출퇴근
시간에 지하철을 타는지처럼 말이다). 의도가 무엇이든, 이런 질문의 배후

에는 '남성'을 빠뜨린 여성사가 '전체사'의 보편성과는 거리가 멀다는 의구심이 존재한다. 아직도 여성사를 여성 연구자들의 '마이너리그'로 여기거나, 여성들이 쑥덕공론하는 '규방 역사閨房歷史'쯤으로 여기는 분위기가 사라졌다고 보기는 어렵다.

그러나 학계의 변화도 감지된다. 예컨대, 각종 학술대회나 연구서에서 여성사 관련 주제가 눈에 띄게 증가하였다. 중고등학교 교과서에 여성사 관련 주제가 증가한 것도 이와 무관하지 않다. 최근 민족주의 사학이나 민중사는 '민족'과 '민중' 구성의 다양성에 주목하고 그 내부의 차이를 끌어안으며 개방성을 강조하는 경향을 보인다. 기존 서사에 여성을 '끼워 넣기' 하는 데 머문다고 하더라도, 변화의 조짐만은 분명하다.

최근 여성사를 둘러싼 강의실의 변화는 사뭇 다른 방향으로 전개되고 있다. 2010년대 이후 젠더 갈등이 정치 이슈로 점화되면서부터 여성사 강의실은 열탕과 냉탕을 오가는 형국이다. 한편에서는 그 어느 때보다 뜨거운 애정을 드러낸다. 역사 속 여성들의 경험을 자기 삶에 투영하며 공감하고 눈물 흘리고 서로 다독인다. 수십, 수백, 수천 년 전 여성과 자신이 연루되어 있음을 깨닫는 순간, 강의실은 교수 학생 할 것 없이 강한 정동으로 하나로 연결된다. 다른 한편에서는 페미니즘의 구호가 구시대 유물이 된 '양성' 평등한 사회에서 여성사는 더 이상 필요치 않다는 주장도 있다. 이에 '왜 남성사는 없나?', '왜 남학생이 여성사를 배워야 하나?'와 같은 볼멘소리가 터져 나온다. 이런 두 흐름이 전부가 아니다. 성소수자LGBTQ+를 향한 상반된 인식은 이전과 다른 강의실의 변화를 느끼게 한다. 모 여자대학교의 트랜스

젠더 입학 반대 시위가 상징적으로 보여 주듯, 트랜스젠더 배제론을 옹호하는 여성주의자는 여성사에서 트랜스젠더를 언급하는 걸 달가워하지 않는다. 이와 달리, 동성애, 트랜스젠더, 드랙drag 등도 여성사 주제로 논의하길 바라는 학생도 있다(실제로 내가 담당한 한국 여성사 수업에서 1950년대 여성 국극의 수행적 남성성, 드랙킹/퀸의 수행성 등을 주제로 토론한 조가 있었다). 또한, 여성이 더 이상 사회적 소수자가 아니므로 여성사 대신 성소수자의 삶과 역사를 이해하는 게 더욱 중요하다고 여기는 분위기도 존재한다.

이처럼 주류 역사학계의 태도 변화 및 강의실의 상반된 풍경이 펼쳐지는 한복판에서 한국여성사학회는 20주년을 맞았다. 현재 여성사는 백래시backlash(반격)와 페미니즘 리부트reboot(재시동)의 대립으로만 설명하기 어려운, 한층 더 복잡한 지형에 놓여 있다. 그동안 여성사의 영역이 아니라고 여겨 왔던 것과 어떻게 관계 맺을 것인지 새로운 과제가 주어진 셈이다. 이 글에서는 그동안 여성사 연구의 궤적을 살펴보고, 그 지반을 재구축하는 데에 필요한 새로운 관계 맺음에 관해 얘기해 보려 한다.

천 개의 여성, 천 개의 여성사:
여성사 20년의 성과

여성사는 그 독자성을 선포한 것만으로 혁명적인 의미가 있다. 보편적이고 객관적으로 여겼던 역사가 사실은 남성 중심적인 서술에 지나지 않은 것임을 폭로하기 때문이다. 2000년대 이후 민주주의의 새로운 모색과 지성사의 전환 속에서 한국여성사학회가 탄생했고 여성사 연구가 증가하기 시작하였다. 여기에서 그 성과를 일일이 나열하기 어렵지만, 한국사를 중심으로 대강을 살펴보겠다.

첫째, 여성사는 여성 억압의 구조와 담론을 밝히는 데 이바지하였다. 주로 국가 정책, 법, 가부장적 가족 구조, 남성 중심적 사회 담론 등을 통해 여성의 억압적 현실을 드러냈다. 특히 가족제도 연구는 돋보이는 성과를 냈다. 고려시대와 조선시대 가족제도 연구는 혼인과 재혼, 시집살이에 대한 통념에 도전하였다. 식민지 시기 가족법 연구는 식민지 근대성을 해명하는 데 큰 역할을 했으며, 이는 호주제 폐지와 가족제도 개선에 이론적 기초를 제공함으로써 실천적인 의미를 더하였다. 일본군'위안부'제도 연구는 일제의 여성 동원의 폭력성을 비판하는 한편 한국의 가부장제를 성찰하는 기회를 제공해 주었다. 또 신여성 담론, 현모양처론, 해방 후 젠더화된 민족주의 등에 대한 분석은 비판적 모더니티 연구를 주도하였다. 이들 연구는 식민주의와 젠더의 상호 구성, 민족주의와 젠더의 상호 구성을 보여 주었다는 점에서 눈부신 성과라고 할 수 있다.

둘째, 여성의 경험과 행위성을 가시화하였다. 즉 그동안 역사의 수면 아래에 묻혀 있던 여성의 경험과 언어화하기 어려운 정동을 역사화함으로써 역사 연구의 지평을 확장하였다. 단군신화의 웅녀를 비롯한 신화 속 여성 인물, 신라 여왕, 조선시대 왕비와 후궁, 여성 독립운동가 등 다양한 여성의 발굴과 재평가는 대중 서사에 이론적 자원을 제공하며 대중의 관심을 환기하였다. 일본군'위안부' 구술은 그 책임을 심문하는 강력한 '증거'가 되었으며, 한일 과거사에 국한되지 않는 '글로벌 기억'으로 세계의 기억 경관에 등장하기에 이르렀다. 또 '전쟁미망인' 연구는 전쟁의 성별성을 드러냈을 뿐만 아니라, 전쟁이 여성에게 기회이기도 하였다는 아이러니에 주목하여 '복수複數의 역사'의 장을 열었다.

셋째, 여성의 모순적 위치를 드러내는 연구도 흥미롭다. 초기 연구가 주로 여성의 억압적 현실에 주목하였다면, 최근에는 여성들이 처한 위치에 따른 모순적인 경험을 드러냄으로써 성찰의 폭을 확장하려는 시도가 늘었다. 이런 연구는 주로 선/악, 가해/피해의 이분법을 넘어 여성의 모순적 현실을 역사화하는 데 집중하고 있다. 장희빈, 친일 여성, 독재정치에 협력한 여성 정치인, 하층 여성을 계몽하고 타자화했던 여성 엘리트에 관한 연구가 대표적이다.

넷째, 초국적 관점에서 일국사의 한계를 넘는 시도가 등장했고, 교차성이 중시되면서 여성 억압의 현실을 다양한 요인으로 분석하려는 시도가 눈에 띄게 증가하였다. '사진신부', '대륙 신부', 미군과 결혼한 국제결혼 여성, 독일 한인 간호 여성 등에 관한 연구는 이주 여성들이 국경을 넘어 국가, 인종, 젠더, 문화의 차이를 경험하면서도 새로운 삶의 터전을 일궜다는 점을 조명하였다. 이 밖에도 난민, 혼혈, 장애 등으로 주제와 시각을 넓혀 역사 연구의 새로운 가능성을 보여 주고 있다.

20년 넘게 축적되어 온 그간의 연구 성과는 젠더 시각이 아니고서는 설명해 내기 어려운 통찰력을 보여 주었다. 여성사가 발굴한 주제와 전복적 해석이 단지 역사 영역을 확장하고 다양화하였다는 의미로 받아들여져서는 안 된다. 인간중심주의가 쌓아 올린 '바벨탑'의 오만이 위기를 맞은 이 시대에, 성찰의 키워드로 등장한 타자(성)의 문제는 '여성'을 떠나서는 사유조차 불가능하다. 근대 사회가 주조한 인간상—주체(백인 중산층 이성애자 비장애인 남성)나 정상/비정상의 위계 문제는 타자화된 여성을 통해 탈출구를 찾을 수 있기 때문이다.

멈출 수 없는 질문, '여성':
허물어지고undoing 되어 가는becoming 여성

'주체의 죽음'의 시대라고는 하지만, '여성 주체'에 대한 질문은 계속된다. 페미니즘 안에서도 논쟁이 끊이지 않는 것처럼, 여성사에서 '여성'은 분석 대상이자 시각이기에 그 질문을 멈출 수 없다. 1986년 조앤 스콧이 〈젠더: 역사 분석의 유용한 범주〉라는 글을 발표하면서부터 여성사에서 젠더는 매우 중요한 분석 도구가 되었다. 젠더를 성별 간 권력관계를 생산하는 지식으로 정의한 스콧은 여성사 연구자의 임무는 여성의 경험을 표면적으로 밝히는 데에 있지 않고, 젠더관계가 구성되는 역사적 국면과 성차를 만드는 권력을 비판적으로 분석하는 데 있음을 역설하였다. 이는 생물학적 본질주의에 대항하는 강력한 대안으로 평가받았다.

1990년 주디스 버틀러는 《젠더 트러블》을 통해 섹스/젠더 이분법을 비판하며 담론적 구성물로서 젠더를 정교하게 이론화하였다. 더 나아가, 페미니즘 정치의 기초인 여성 정체성에 급진적인 비판을 쏟아 냈다. 여성 주체라는 단일한 범주에 내포된 보편성과 통일성이 또 다른 폭력이 될 수 있다는 문제 제기였다. 버틀러에게 주체는 권력 외부에 있는 자율적이고 독립적인 의지를 가진 존재가 아닐 뿐더러, 단일하고 고정된 정체성을 가진 본질적인 범주도 아니다. 이는 주체의 형성에 담론/권력의 개입이 필연적이라고 본다는 점에서 탈중심화된 주체 이해 방식이라고 할 수 있다. 물론 이것이 곧 행위 주체가 권력에 일방적으로 예속되기만 한다는 뜻은 아니다. 담론/권력에 의해 주체의 자리가 부여되지만, 그 위치에서 행해지는 행위자agent의 수행적 실천은 젠더 규범을 재생산하면서도 그 재의미화의 가능성을 열 수 있다고 보기 때문이다.

버틀러의 주장에 대한 비판자들은 여성이라는 범주를 해체하는 탈정치화된 주장이라고 날을 세웠고, 우호적인 학자들은 비본질적 주체론의 유용성은 수용하되 저항 담론의 거점을 위해서는 전략적 본질주의가 필요하다고 외쳤다. 주체를 담론/권력의 구성과 그 효과로 이해하는 사회구성주의에 대한 가장 혹독한 비판은 이른바 신유물론 페미니스트에 의해 제기되었다. 로지 브라이도티는 수행을 통한 젠더 이원론의 거부나 불안정화가 필연적으로 전복적인 입장으로 귀결된다고 여기는 것은 순진한 생각이라고 하였다. 브라이도티는 '체현된/육화된 주체'라는 개념을 통해 주체성에서 신체성을 강조하고 섹슈얼리티와 성차의 문제를 부각하였다. 물론, 몸의 물질성을 강조한다고 해서 생물학적 본질주의로 돌아가자는 건 아니다. 엘리자베스 그로스는 주체의 '재료'로서 몸을, 저마다 특수한 물질적 특성이 있는 동시에 문화적 산물로 이해하였다. 몸은 언제나 환원 불가능한 성적 특수성이 있으며 인종적, 문화적, 계급적 특이성과 상호 교직되어 있다는 것이다. 단일한 모델을 거부하는 그로스는 '고유한 인간' 개념에 기초한 휴머니즘적 주체성을 비판하며 주체성이 형성되는 형식 자체의 일반화에 도전하였다.

논쟁은 아직 진행 중이다. 우리가 이를 통해 얻을 수 있는 시사점은 하나의 단일한 몸 유형을 이상화해서 주체를 정의하고 확정해서는 안 된다는 사실이다. 여성은 추상적이고 단일한 존재가 아니며, 실재하는 몸의 물질성을 초월한 채 담론으로만 구성된 존재도 아니다. 사회문화적인 각인으로부터도 자유롭지 않다. 자기 동일적인 근대적 주체관을 되풀이하지 않으려면, 합리적이고 투명한 존재자로서의 주체 범주를 포기해야 할 것이다. 버틀러는 주체에서 타자를 분리하지 않고 복수적이며plural 관계적인relational 주체에 주목한 바 있다. '나/우리'라는 주체는 타자를 포함한다. 이것은 주체와 타자가 서로 기대어 공존하는 개념이다. 타자와 관계 맺고 만나는 것은 공고한 자기 정체성을 허물 때 가능하다. 여성과 남성, 여성과 퀴어, 장애인과 비장애인, 인간과 동물, 생명과 비생명의 관계에 대해 사유하는 것, 그것이 앞으로 여성사의 주체 논의에서 중요하게 고려되어야 할 것이다.

젠더링하고, 퀴어링하고, 크리핑하기

어느샌가 '차이 인정'이 학문적 유행을 넘어 사회적인 유행어가 되었다. 대개 차이를 인정하는 것은 다름을 수용하며 다양성을 존중하는 태도쯤으로 인식되지만, 그것은 짐짓 너그러운 체하며 차이를 관용으로 치환하는 것과는 질적으로 다르다. 차이를 인정하라는 소수자의 목소리는 동일성의 세계에 구멍을 내는 전복적이고 정치적인 행위다. 그러므로 다수자의 차이 인정은 그것이 자기파괴적일 때에만 정의가 된다. 그런 점에서 최근 민족주의 역사학이나 민중사에서 다양성을 인정하려는 관용과 포용적인 분위기에 선뜻 동의할 수 없다. 그들 역시 태동기와 달리 수많은 변화를 거듭해 온 게 사실이지만, 억압받는 피지배층으로서 '민족/민중'을 단일한 집단 주체로 전제하는 한, 또 그것이 '이성애자 비장애인 남성 주체'였음을 근원적으로 성찰하지 않는 한, 그 환영에 기쁘게 응하기 어렵다.

물론 주류 역사학과 여성사의 연대를 중시하는 의견도 존재한다. 하지만 연대를 낭만화해서는 안 된다. 특히 학문적인 연대는 서로 같은 인식론과 패러다임을 공유할 때 가능하다. 논자마다 견해 차이가 있겠으나, 여성사는 타자의 눈으로 역사를 해석하는 방법이자 인식론이기에 통일적 주체 인식을 포기하지 않는 민족사나 민중사와 학문적으로 연대하기 어렵다. 무엇보다, 연대는 서로의 존재를 긍정하는 상호 인정과 평등을 전제로 한다. 따라서 연대는 소수자가 손을 내밀 때가 아니라 다수자가 자기동일적 세계관을 깰 때 이루어질 수 있다. 여성사는 주류 역사학의 동일성의 세계에 구멍을 내는 정치적이고 실천적인 학문이다. 다수자가 자기파괴적으로 이에 응답할 때만이 새롭게 정의를 논하는 역사의 장을 열 수 있다.

앞으로 여성사는 누구에게 손을 내밀고 어떤 미래와 접속할 것인가. 이와 관련하여 퀴어 연구자의 날카로운 지적에 귀 기울일 필요가 있다. 퀴어 연구는 여성사가 수많은 성과에도 불구하고 젠더 이분법에서 벗어나지 못했음을 비판한다. 아울러, 퀴어(연구) 역시 그동안 페미니즘의 문제의식에 동참하지 않았다며 자성의 목소리를 높인다. 역사를 젠더링해 온 여성사는 이제 이성애 규범성과 젠더 이분법, 몸의 정상성을 비판하는 자들과 연대하며 역사를 퀴어링하고queering 크리핑할cripping 때다. '이상하고 기묘한' 퀴어로, 또 '불구'로 낙인찍혀 온 '비정상적' 타자(또는 비인간적 타자)와 공명하는 작업이 여성사의 지형을 재구축하는 출발점이 되어야 한다. 여성사가 자기를 허물어 타자와 공감하고 이질적인 세계와 연결—접속할 때 더욱 '두꺼운 역사thick history'가 재탄생할 것이다.

김은경·한성대학교 교수

〈참고문헌〉

• 임옥희, 《젠더의 조롱과 우울의 철학: 주디스 버틀러 읽기》, 도서출판 여이연, 2006.

• 주디스 버틀러, 조현준 역, 《젠더 트러블: 페미니즘과 정체성의 전복》, 문학동네, 2008.

• 엘리자베스 그로스, 임옥희·채세진 역, 《몸 페미니즘을 향해: 무한히 변화하는 몸》, 꿈꾼문고, 2019.

• 로지 브라이도티, 김은주 역, 《변신: 되기의 유물론을 향해》, 꿈꾼문고, 2020.

2

여성사 연구 40년
그리고 다가올 미래 잇기
-주변화와 다양한 정체성 사이에서

여성사 연구에 다가가다

나에게 여성사 연구는 켜켜이 쌓인 인연 속에서 시작되었다. 1971년
에 대학에 입학한 우리의 대학생활은 전태일 분신과 함께 시작되었
다. 1970년 평화시장에서 청년 전태일이 "노동자에게도 인간적인
삶"을 부르짖으며 분신한 이후, 우리 시대 문제를 고민하는 젊은이들
에게 이는 부채감으로 다가왔다. 전태일은 생전에 "내게 대학생 친구
가 있었다면……"을 되뇌었다고 하니 말이다.

  그래서 필자와 이병련, 안병직은 독일 노동사, 박지향은 영국 노동
사, 배영수는 미국 노동사, 김인중과 최갑수는 프랑스 노동사나 사회

주의운동사로 학위논문을 마쳤다. 같은 시절 대학원을 다니던 우리가 보인 이런 모습들은 노동자 해방에의 헌신이 우리 세대의 시대 정신임을 드러내는 것이었다. 이런 시대 정신의 압력 속에서 내가 길을 바꾸어 여성사 연구를 시작한 것은 오랜 인연들 때문일 것이다.

대학시절 남녀공학인 우리 대학에서도 여성 모임이 필요하다는 문제의식에서 1972년 2학년에 진입한 서울대 사범대의 몇몇 여학생들은 여성만의 독서 모임을 꾸려 운영하였다. 공안 당국의 눈을 피하기 위해 우리는 이 모임을 '딜돌'이라 명명하였다. 서울대 최초의 여학생 독서 모임일 것이라 생각된다.

책이 귀한 시절이었기에 우리는 황성모의 《사회사상사》나 브라이덴슈타인의 《학생과 사회정의》, 에리히 프롬의 《자유로부터의 도피》 등을 읽다가 범위를 넓혀, 파울로 프레이리 같은 교육사상가의 영어본 등을 읽기 시작하였다. 여러 번 복사해서 글자가 흐려진 책들을 우리는 해 질 녘 어두컴컴한 강의실에 모여 열심히 읽고 토론하였다. 여학생 독서 모임이지만 우리가 읽은 책들은 운동권 동료들이 읽던 것과 크게 다르지 않았다. 여성이 처한 열악한 현실에 대한 막연한 문제의식은 있었지만, 우리를 이끌어 줄 책도 선배들도 없었던 시절이었기 때문이다.

1984년 독일에서 학위를 마친 후 귀국하자마자 나는 경기대학교 사학과에 자리를 얻었다. 그 당시만 해도 역사학계에 학위 소지자가 적었던 까닭에 일찍이 행운을 낚아챈 셈이었다. 내가 독일로 떠난 이후로도 계속되었던 '딜돌'을 통해 만들어진 인적 네트워크가 중심이 되어 여성 관련 무크지 발간을 준비하기 시작하였고, 나는 후배들의 요청에 따라 여기에 합류했다. 무크지《여성》이 1986년에 창작과비평사에서 처음 출간되었다. 무크는 Magazine+Book의 합성어인데, 군부독재 시절 언론과 출판물 탄압 속에서 정기간행물에 대한 통제가 강화되자 정기적 출간을 하지 않되 잡지 성격을 띤 매체를 우회적으로 만든 것이었다.

여성 문제에 대한 연구나 이론적 확산에 대한 필요성을 절감하고 이 과정을 적극적으로 주도했던 조경숙(서울대 대학원 국사학과 재학, 당시 조금안이라는 필명으로 주로 활동)을 위시한 몇몇이 CA(제헌의회)그룹 지도부로 중앙정보부에 체포되면서,《여성》의 편집과 연구 모임의 책임은 나와 남화숙 등 몇몇 후배들에게 넘어왔다. 전두환 군부독재의 말기인지라, 우리는 공안 당국의 탄압을 피하기 위해 여성사연구회라는 공식 조직을 만들고, 이를 중심으로《여성》(3호부터는《여성과 사회》)의 편집과 여성 문제 연구를 시작하였다(연전에 하와이대학을 다녀온 카이스트 이상경 교수가 그 도서관에《여성과 사회》전 권이 꽂혀 있어서 뿌듯하였다는 소식을 전해 주었다). 이후 이화여대 이효재 교수가 창립한 여성사회교육원과 여성사연구회가 통합하면서, 우리 조직의 명칭이 한국여성연구소로 바뀌어 지금까지 명맥을 이어 오고 있다. 지금도 사회학, 문학, 인류학 등의 연구자들과 함께 학제적 토론을 하면서,《페미니즘 연구》을 계속 출간하고 있다.

역사학 전공자가 많았던 만큼 우리 연구소 안에서 여성사는 주요한 연구 주제가 되어 세미나와 토론이 이어졌고, 그 결과물로 한국 여성사 개설서들을 출간하였다. 한국여성사학회가 출범하기 전까지는 한국여성연구소가 내게는 여성사를 토론하고 글을 쓸 수 있는 둥지가 되어 주었다. 공동 집필을 시도하거나, 서로의 고민과 어려움을 나누면서, 여성연구소는 우리가 힘을 얻고, 의지할 수 있는 공간이 되어 주었다. 또한 《여성과 사회》는 매호마다 그해 출간된 여성사 관련 논문이나 책을 소개했고, 이를 통해 연구자들은 여성사 연구의 당면 현황과 과제를 조망할 수 있었다.

왜 우리는 그저 자기 경력만 관리해도 될 조건인데, 여성사 연구를 시작했을까? 특히 잔혹한 독재정치를 견뎌야 했던 시절인 만큼 여성해방 이슈는 한가로운 문제로 비쳤는데 말이다. 한국 사회에서 살아가는 여성으로서, 보다 좁게는 남녀공학의 여학생으로서 여성을 향한 불평등과 차별을 경험했기 때문일 것이다.

주변화된다는 것

후배들과 함께 여성사를 연구하면서, 나는 여성사가 학계에서 주변화되고 있다는 피해의식을 가졌다. 우선 오롯이 여성사만 전공해서는 (여자대학을 제외하고는) 대학에 자리 잡기가 쉽지 않았다. 그래서인지 남녀공학 대학에서는 여성사를 연구하려는 연구자가 적었다. 아마 여성사 연구자를 바라보는 주변의 눈초리가 부담스러웠던 것 같다.

나 역시도 당혹스런 경험을 했다. 원로 교수께서 독일에서 노동사로 학위를 받아 와서 기대가 컸는데, 여성사로 기울어 아쉽다고 논평하셨다는 이야기를 전해 들었으니 말이다. 이런 낭패스런 경험은 여성사를 전공하는 다른 연구자들도 많이 겪었으리라 생각한다. 강사

생활을 하던 다른 후배들은 일찍이 전임 교수직을 받은 나보다는 서러운 일을 더 많이 당했을 것이다. 거기에다가 나는 한국여성단체연합 공동대표로서 활동했으니, 실천운동에 대해 색안경을 쓰고 바라보는 보수적인 역사학계에서 나는 주변화의 위험을 안고 살아야 했다. 그러나 여성학은 여러 분야 중에서 학술 활동과 사회운동적 실천의 병행을 가장 강조하는 분과이니, 나는 그 정전canon을 따라갔다고 생각한다.

몇 년 전 여성사를 전공하고 싶다는 대학원생을 만난 적이 있다. 그녀는 자신이 섭렵한 여성사 관련 문헌 목록을 보여 주면서, 관심 있는 여성사 관련 주제에 대한 조언을 요청하였다. 나는 내심 당황하였다. 우선 그녀가 읽은 책들은 상당한 양이어서, 순간적으로 나는 '후진들이 무섭다'는 생각을 하였다. 다음으로는 우선 석사논문은 노동사로 쓰겠다는 발언 때문이었다. 그녀는 일단 일반적으로 관심이 높은 다른 주제로 석사논문을 쓰고, 그다음에 여성사나 젠더사 관련 연구를 하겠다는 것이었다. 남녀공학에서 경쟁해야 하는 그녀로서는 처음부터 여성사에 매달리는 것은 주변화되기 쉽다는 판단 때문이었다. 여성 모임이지만 파울로 프레이리의 《억압받은 자의 교육》 영어본이나 읽을 수밖에 없었던 우리 시대를 떠올리면서, 엄청난 양의 책 목록을 제시할 수 있는 이 후배의 연구환경이 부러웠다. 나아가 여성사는 학술적으로 인정받은 후에 시작하겠다는 이 젊은 역사학도의 영악한 전략은 내게는 신선하면서도 충격적이었다.

시대는 바뀌고 있다. 여성사 연구는 역사학계에서 서서히 안착되어가고 있다. 그렇더라도 나는 여성사의 주변화를 극복하려는 우리의 노력이 중요하다고 생각한다. 이를 위해서는 학계나 교육제도 속에서 여성사 연구를 제도화하려는 노력이 먼저 필요하다는 점을 지적하고 싶다. 한국여성사학회가 출범하고 발표회를 꾸준히 개최하고 학술지 《여성과 역사》를 내실 있게 출간하는 것이 제도화의 주춧돌이라고 생각하였다. 전국역사학대회를 주관하는 역사학술협의회의 일원이 된 것도 또 다른 진전이다. 여성사 연구자들이 함께 노력하고 힘을 보태 온 성과라 생각하고, 이 과정에서 혼신의 노력을 기울여 온 우리 모두의 헌신적인 활동에 박수갈채를 보내고 싶다.

미국과는 달리 독일에서는 교수 임용에서 소수자나 소수 분야를 배려하는 할당제가 위헌 판정이 나면서, 대신 성평등 책임관의 개입을 통해 각 대학 사학과는 여성사 전공 교수를 1인씩 충원하고 있다. 지방분권제가 발달한 독일인지라 이런 소수 분야 배려 원칙이 법적 의무사항인지 관행인지를 정확히 파악하기는 힘들지만, 최소한 이런 원칙들은 많은 대학에서 통용되고 있다. 한국 사회에서 이런 사회적 분위기가 조성되는 데에는 긴 시간이 걸리겠지만, 그래도 여성사나 젠더 관련 연구자를 각 대학이 반드시 채용하는 그런 전통이 생기기를 기대해 본다.

이론화가 필요하다

최근 발표된 유엔 개발계획UNDP 보고서에 따르면 한국의 성평등 인식은 심각하게 퇴보하였다. 2010~2014년과 2017~2022년 시기에 대한 조사에서 한국은 27개국 중 칠레 다음으로 성평등 인식이 낮았다.

우리보다 약간 나은 나라로는 이라크나 키르기스탄이 언급되었다(《경향신문》 2023. 6. 23 참조). 사실 지난 10여 년 사이에 여성 혐오나 성평등에 대한 백래시가 세계적으로 확산되었지만, 한국의 경우 더 극단적으로 진행되고 있어 우리를 낙담케 하고 있다.

나는 수년 전부터 여성사가 역사의 공백을 메우는 작업을 넘어 이론화가 필요하다고 역설해 왔다. 이는 역사 속에서 여성이 겪는 차별을 넘어서, 젠더 문제가 사회를 조직하는 원천이자 원칙이 되고 있음을 밝혀 내는 작업이다. 코로나19 팬데믹 이후 최근 각광을 받고 있는 저서 《좌파의 길—식인 자본주의에 반대한다》에서 낸시 프레이저는 자본주의를 '경제적인 것'으로 보는 근시안적 접근을 넘어, '제도화된 사회질서'로 바라볼 것을 제안한다.

다시 말해 자본주의는 가족임금을 통한 여성의 종속, 인종적 혹은 민족적 배제, 제3세계의 수탈, 환경 파괴 등에 의존해서 생존한다는 것이다. '경제적인 것'과 '정치적인 것'을 분리하는 자본주의의 독특한 제도적 지형학을 넘어선다면, 우리에게 공적 권력이라는 '정치적인 것'이 자본 축적에서 지니는 중요성을 직시할 수 있다. 즉 정치를 통해 발현되는 "자본주의는 돌봄 활동이 이루어지는, 훨씬 더 감추어진 장소에 의존한다"는 점을 비로소 제대로 간파할 수 있다는 것이다.

이런 문제의식 속에서 우리는 성차별이나 젠더관계가 본질적인 사회구성 원리임을 이해하고 알려 나가야 하며, 이를 통해 역사학의 전체 개념 틀을 문제삼고 이를 재개념화하는 작업을 추동해야 한다. 이제 우리는 젠더사야말로 역사학의 중심이 된다는 점을 알리는 주체로 나서야 한다.

AI시대를 살며

AI시대의 도래와 병행하여 코로나19 팬데믹이 겹치면서, 우리는 예측할 수 없는 미래에 대한 공포 속에 살아가고 있다. 챗GPT의 급속한 발전은 미래에 다가올 우리 삶에 대한 불안뿐 아니라 스스로의 역할에 대한 회의감과 혼란 속으로 우리를 밀어 넣고 있다. 거의 모든 CEO와 게임 히어로가 남성이고, 편견에 찬 입력 정보에 의존하는 AI는 우리 사회를 엉뚱한 곳으로 안내할지도 모른다.

지금 사람들은 차이를 말하고, 다양한 정체성이 존중받기를 원한다. 이제 압축적 개인화의 시대, 개인적 다양성을 당연시하는 시대가 다가왔다. 이는 긍정적인 변화이지만, 학문 세계에도 영향을 끼쳐 전문화나 분절화가 과도해질 염려도 생긴다. 여성사 연구에서도 마찬가지일 것이다. 각자가 관심을 갖는 여러 영역에서 세분화되고 정밀한 연구를 해야겠지만, 이것들이 모여서 만들어 내는 맥락context이나 구조에 대한 이해를 도외시할 위험도 있다. 젠더사는 민속학적 탐구 영역이나 일상사적인 관심을 넘어 맥락을 고려하는 연구로 나가야 한다. 특히 다양성의 시대가 만들어 내는 맥락맹context-blind의 위험성을 고려해야 하고, 그래야만 여성사에 대한 총체적인 접근, 즉 젠더사의 이론화가 가능할 것이다. 이런 맥락에서 내게 보람 있었던 일은 영어본《한국 여성사History of Korean Woman》의 출간이었다. 국제 사회에서 한국 여성사는 일본 여성사나 중국 여성사의 아류로 간주되어 왔다. 참고할 만한 영어 서적이 별로 없었으니 더욱 그러하였다. 이런 점에서《한국 여성사》의 출간은 한국 젠더관계를 역사적으로 고찰한 본격적인 개설서이다. 또한 이 책은 세계사나 글로벌 역사에 대한 국제적인 관심과 거대사 연구의 필요성이 높아지는 최근 동향에 부응하려는 노력이기도 했다. 이 책이 집단 토론을 함께 거쳐 온 김선주, 권순형, 정해은, 신영숙, 이임하, 정현백의 공동 작업의 결실이라는 점도 중요하다. 망망대해에서 생선 한 마리 건져 올리는 것 같은 역사가들의 고독한 작업에서 동료와의 집단 토론은 역사 서술을 한 단계 진전시키는 작업이 될 수 있기 때문이다. 또한 발간 주체인 한국학중앙연구원의 자료실을 통해서 항시 접근 가능하고, 인쇄할 수 있다는 점으로 인해 대중적 접근성도 높다. 그래서인지 책이 출간된 2021년 다음 해 한국에서 열린 한국학대회에서 여러 학자들이 칭송을 아끼지 않았다는 소식을 전해 들을 수 있었다.

이렇게 구조적·전체사적 접근에 대한 주장을 젊은 세대의 연구자들은 '라떼의 잔소리'로 간주할지도 모른다. 그러나 우리가 경험한 코로나 시대는 구조적인 접근이 아니면 우리 모두의 생존이 가능하지 않다는 위기감을 우리에게 깨우쳐 주었다. 마찬가지로 인공지능이 이미 입력한 정보가 성차별적 편견이나 가부장적 의식으로 가득 차 있다는 우려가 제기되는 요즘, 여성은 더욱 취약해질 수도 있다는 불안도 늘어나고 있다.

인공지능도 마찬가지로 기존의 데이터에 편견이 있다면 그를 바로 잡을 수 있도록, 우리가 지향하는 세상의 모습을 그려 합성데이터 synthetic data를 만들어 학습을 보강하는 방법이 가능하다. 그러기 위해서는 우리 사회가 지향하는 바가 무엇인지 더 책임감 있게 고민해야 한다(임지선, 〈CEO와 남성? 윤송이는 AI 너머 세상 편견과 싸운다〉, 《한겨레》 2023. 6. 17).

머지 않은 장래에 우리가 연구한 여성사, 젠더사도 인공지능이 가르치는 시대가 올 것이다. 이를 위해서는 여성사가도 AI 전문가 윤송이가 우려한 이런 지점을 더 깊이 고민해야 하지 않을까?

정현백·성균관대 사학과 명예교수

* 후기: 이 글에서 군이 여러 동학의 이름을 구체적으로 언급했는데, 이는 우리의 열정적인 과거 활동을 역사화할 필요가 있다고 판단했기 때문이다. 기록이나 행동 주체가 드러나지 않는 역사는 나중에 사라져 버리는 현실을 자주 경험했기 때문이다.

〈참고문헌〉
• 정현백, 《민족과 페미니즘》, 당대, 2003.
• _____, 《여성사 새로 쓰기》, 당대, 2007.
• _____, 《연대하는 페미니즘》, 동녘, 2021.
• 한국여성연구소 엮음, 《젠더와 사회─15개의 시선으로 읽는 여성과 남성》, 동녘, 2014.

02

세계 여성사, 지금 여기

이남희·이화여대 이화사학연구소 연구교수
정용숙·춘천교육대학교 조교수
기계형·서울대 서양사학과 강사
나혜심·성균관대학교 동아시아역사연구소 선임연구원
배혜정·부산대 사학과 조교수
김인선·부산대학교 여성연구소 조교수
염운옥·경희대 글로컬역사문화연구소 연구교수
최재인·한국미국사학회 회원
배인성·전북대학교 사학과 강사
황혜진·영남대학교 역사학과 조교수
이진옥·부산대학교 사학과 강사
박효근·세종대학교 대양휴머니티칼리지 초빙교수
변선경·신라대학교 역사교육과 조교수
문혜경·제주대학교 사학과 교수
천성림·한국과학기술원 인문사회과학연구소 연구부교수
장수지·연세대학교 강사
이선이·경희대학교 인문학연구원 연구원

1

20세기 미국의
민주주의적 양육과 모성

공동체에서의 모성의 역할

아이를 기르는 것은 이제 개인적 차원의 문제를 넘어선다. "한 아이
를 키우려면 온 마을이 필요하다"라는 아프리카 속담을 굳이 이야기
하지 않더라도 아이를 낳는 일, 그리고 낳은 아이를 기르는 일은 국
민국가를 구축한 이래로 그 어떤 나라에서도 그저 개인의 문제로 생
각할 수 없게 되었다. 국민 개개인은 국가의 구성원이며 주권자이기
때문이다. 조금 더 낭만적인 말로 바꾸어 말하자면 아이들은 공동체
의 미래일 수밖에 없기 때문이다.

그래서 이와 연관하여 최근 두드러진 현상으로 나타나는 비혼의 증

가와 출생률의 감소를 언급하며 불안 섞인 시선을 보내는 이유도 단순히 고령화 사회로의 빠른 전환에 따른 생산인구 감소에 대한 우려만은 아닐 것이다. 예견된 국가 미래 구성원의 양적 감소는 불안을 자아내는 일임에는 분명하지만, 한편으로 결혼과 출산이 당연하지 않게 여겨지는 현상의 이면에는 결국 우리가 구축한 공동체가 어떠한 곳인가라는 근본적인 질문을 하지 않을 수 없게 한다. 그리고 그 불안감과 전혀 다른 것이기는 하지만, 전례 없던 규모의 전쟁이 종료된 후 미국 사회가 1945년 이후 어떤 공동체를 구축하고자 했는지를 살펴보면 가족 그리고 그 가족의 밑바탕을 이루는 어머니 역할의 중요성이 어떻게 변화했는지 쉽게 알 수 있다.

제2차 세계대전 직후 미국 사회는 어떻게 전쟁의 참화를 극복하고 안전하고 건강한 공동체를 만들어 나갈 것인지를 진지하게 고민하기 시작했다. 우선 외부적으로 전체주의의 출현과 그 연장선에서 일어난 제2차 세계대전은 미국이 오랫동안 공동체의 가치로 수호하던 공화주의republicanism 그리고 나아가서는 민주주의의 근간이 되는 독립적인 소시민이 구축한 안정된 공동체라는 이상적인 국가상에 큰 위협으로 다가왔다. 민중의 지지를 받아 합법적 권력으로 인정받은 전체주의 지도자들의 대중적 인기는 이후 권위주의적 전제주의를 정당화하는 원동력으로 작동했다.

모성에 관한 전통주의적 시선

시민의 공동체인 국가를 건설하고 유지하는 데 최소 단위로 여겨졌던 가족은 미국 사회를 지탱하는 보루였다. 그래서 국가공동체 속 모성의 역할과 그 중요성에 대한 강조는 미국 여성사에서 대단히 익숙한 주제이다. 수정헌법 제19조로 잘 알려진 여성 참정권 인정(1920)은 여권의 신장이라는 측면에서 큰 의미를 부여해야 마땅하지만, 그 획득의 근거는 미국 사회의 건실한 시민을 키워 내는 어머니의 역할을 인정해야 한다는 논리에서 시작되었다. 즉, 동등하고 온전한 시민으로서의 여성의 권리를 인정받았다기보다 여성이 출산과 양육을 통해 국가공동체에 공헌하는 바가 분명하므로 이러한 역할도 존중받아야 함을 국가적 차원에서 인정한 결과라고 할 수 있다. 그래서 수정헌법 제19조에 대한 평가도 중산층 여성 중심의 운동에 관한 결과 혹은 모성의 공헌에 대한 인정으로 보는 시각이 우세하다.

표면적으로 1840년대에 시작된 여성운동사에서 모성은 상당히 중요한 지위를 차지할 수밖에 없었다. 특히 여성의 공적 역할이 제한적이었던 19세기에 여성의 활동은 사적 공간과 종교 활동을 근간으로 하는 사회운동 위주로 이루어졌다. 특히 미국은 산업혁명이 태동하던 시기에 국민국가를 이루고 독립국가로서의 기틀을 다지기 시작했기에 더욱 공적 영역과 사적 영역의 구분을 명확하게 관찰할 수 있었다.

독립전쟁을 시작으로 정치라는 공적 영역의 주역은 모두 남성들이었다. 미국 건국의 주역 중 하나이며 미국 제2대 대통령인 존 애덤스 John Adams의 부인인 아비가일 애덤스Abigale Adams는 남편에게 쓴 편지에서 독립이라는 큰 업적에서 여성들을 잊지 말아야 한다고 언급했다. 하지만 이 시기의 이상적 여성상은 현명한 어머니이자 좋은 부인이었던 만큼 A. 애덤스도 당시에 드문 지적이고 강인한 어머니로 대중의 기억 속에 자리 잡았다. 즉, 여성의 역할은 어머니로서 그리고 내조자로서 활약할 때 가장 빛나는 것처럼 보였다.

하지만 짐작할 수 있듯이 혁명기의 어머니는 단순히 내조자 역할만 했던 것은 아니었다. 혁명에 가담했던 집안의 남성들은 전투나 외교 현장에 나가 있었으므로 여성들은 아이들과 집에 남겨져 생계나 육아를 포함한 거의 모든 것을 감당해야 했다. 남성들이 전쟁에서 목숨을 걸었다면 여성들은 생존을 위해 목숨을 걸어야 했다. 하지만 정치사에서 중요한 무대였던 독립전쟁은 철저히 남성 영웅들의 무대였다.

흥미롭게도 사적 영역에서의 남성의 부재는 여성이 담당해야 할 몫을 확장하는 결과를 낳았다. 고전적으로 영국 식민지 시기 청교도적 전통 아래에서 자녀 교육은 남성들에게 맡겨져 있었다. 신의 자녀로서 천국의 문에 들기 위한 전제조건은 건실한 종교 활동이었으며 이 중 가장 중요한 것은 성경 말씀을 통해 신을 만나는 것이었다. 이를 위해 당시 선천적으로 악한 기질을 타고났다고 여겨졌던 아동은 타고난 기질과 성향을 교육으로 길들여야 했으며 이러한 교육의 담당자는 가장이었다. 이러한 고전적 역할의 경계를 깰 수밖에 없었던 혁명이라는 특수한 경험은 여성도 부인이자 어머니로서 집안에서 담당할 역할이 있음을 드러내는 계기가 되었다.

그리고 이에 더해 새로운 공화국의 건국은 합당한 시민을 키워 내야만 한다는 생각으로 이어졌다. 시민을 낳고 길러 내는 가장 최전선에 있는 이는 당연히 어머니였다. 그렇다면 자격이 없는 어머니에게 미래 시민과 공화국의 운명을 맡길 수는 없는 노릇이었다. 혁명기 이후 각계각층에서 여성 교육을 강조하는 목소리를 낸 것은 우연이 아니었을 것이다. 그것이 보수적이든 진보적이든 아니면 전혀 다른 시각이었든 당시 여성 교육은 새로 건설되고 있는 공화국에서 어떤 한 축을 담당할 만한 부분이었다. 건강한 공화국의 미래를 키워 내는 산실은 건강한 모성일 터였다. 그래서 1890년대부터 본격적인 여성 교육에 대한 논의와 기회가 증가한 것은 이러한 혁명이라는 큰 역사적 변동의 연장선상에서 이해할 수 있다.

또 한 번의 국가적 위기와 참정권

이와 마찬가지로 또 다른 역사적 변동 앞에서 여성, 더 정확하게는 어머니의 역할은 다시 한번 강화되는 모습을 보인다. 제1차 세계대전은 다른 역사적 사건에 비해 미국인의 일상에 큰 영향을 미치지 못한 것처럼 보인다. 종전 1년 전에 참전해 전쟁을 끝내는 데 큰 공헌을 하여 미국을 국제 사회에 강력하게 각인시킨 사건임에는 분명하지만, 미국 본토에서 일어난 전쟁이 아니었기에 미국인의 삶에 미친 직접적인 영향은 상대적으로 적은 것으로 평가되었다.

하지만 여성은 전후 헌법상의 정치적 권리를 획득하며 독자적 시민이 되는 길에서 한걸음을 내디딜 수 있었다. 1920년 수정헌법 제19조의 통과로 건국 이후 2세기가 넘어서야 인구의 절반을 차지했던 여성에게 참정권이 부여된 것이었다. 그래서 이 사건은 여성사에서 큰 획을 긋는 사건이자 1차 여성주의운동The First Wave of Feminism의 결실로 평가된다.

하지만 참정권 획득이라는 이 기념비적인 여성의 정치적 권한의 확대는 국가의 위기 상황이었던 전쟁 중 어머니로서의 여성의 공헌을 인정받는 데서 비롯되었다. 더 정확히 말하면 전쟁을 수행하는 병사를 키워 내는 어머니의 역할과 그 소임을 다하는 데에서 정치적 동등함의 중요성을 강조하게 되면서 얻어 낸 결과라는 것이다. 실제로 1차 여성주의운동을 전개하던 여성들은 참정권의 획득이라는 목표에 무게를 두고 사회구성원으로서의 여성의 역할에서 내조와 국가에 공헌하는 시민 육성을 좀 더 강조했다. 이러한 전략이 남성 중심적인 의회를 설득하는 데 주효했다는 사실은 널리 알려져 있다. 또한 1차 여성주의운동을 주도했던 이들이 중상계층 이상의 여성들이었던 점도 영향을 미쳤다. 독립적이며 동등한 시민의 권리를 행사하는 여성으로서 참정권 획득을 관철하기에는 미국 사회 자체의 한계도 분명히 존재했다.

위기의 시대, 건실한 시민 키우기

1920년대가 시대의 한계에 매여 있었다면 1940년대도 그러했다. 모성과 그 역할에 대한 미국 사회의 입장은 여전히 보수적이었다. 총력전이 시작된 것은 제1차 세계대전이었지만, 미국 영토가 침략받아 직접적으로 전투에 참여하게 된 제2차 세계대전은 미국이 총력전으로 수행한 첫 번째 전쟁이었다. 제1차 세계대전 때는 제국주의에 맞서 민주주의적 가치를 수호한다는 명분으로 1917년 참전을 선언했다. 이후 제2차 세계대전에서 미국은 본격적으로 민주주의적 가치를 수호하는 국가로 자신의 명분을 세웠다. 특히 전체주의와 일본제국주의라는 압제적 정치체제로부터 세계 평화와 민주주의적 가치를 지킬 수 있는 유일한 국가로 부상하게 되었다.

문제는 미국이 척결 대상으로 삼았던 권위주의적인 전체주의가 대중민주주의와 맞물려 등장했다는 것이다. 대중적 인기를 얻고 표면상 합법적인 정권을 장악한 히틀러나 무솔리니와 같은 전체주의 국가 지도자의 등장은 미국이 민주주의라는 가치를 유지해 나가는 데에 단순히 대중이라는 다수의 목소리에 온전히 의지할 수 없다는 신호였다. 이러한 판단은 전후 미국 사회가 전쟁이라는 상흔을 치유하고 세계 정세를 주도해 나가는 국가로서 나아가는 데 영향을 미쳤다.

소녀, 아내 어머니로서의 여성. 여성의 책임과 의무 그리고 건강은 자녀의 건강과 직결되어 있었으며 대부분의 육아서나 건강 지침서는 어머니의 존재와 그의 자녀, 그리고 공동체의 안녕을 당연하게 연결시키고 있었다.

전후 건강한 사회 구축을 위해서는 제2차 세계대전의 원인이라 할수 있는 권위주의적 사고방식, 비민주적인 권력체제, 그리고 공격성 등을 제어할 필요가 있다고 생각했다. 그리고 이를 위해서 건강한 가족이 근간이 되는 전후 사회 구축은 필수적이었다. 실제 전후 1950년대를 흔히 '순응의 시대The Era of Conformity'라 표현하는 것은 당시 설정되었던 공동의 가치 구축에 어느 정도 사회적 합의가 있었던 것처럼 보인다. 이때 중요시된 공동의 가치는 안전한 사회의 구축이었으며 이를 구축하는 데 사회의 최소 단위인 가족에서 어머니의 역할은 이전 시기보다도 훨씬 더 중요해졌다.

20세기 초반 이후 영아 사망률의 급격한 하락과 여권신장 등으로 인구는 여전히 증가했지만, 출생률은 점차 하락했다. 이는 수명이 연장됨과 동시에 태어나는 아이의 숫자는 줄어들었음을 의미했다. 20세기 중반에 이르면 자녀는 그 어느 시기보다도 소중하게 키워야 하는 존재가 되었다. 전후 풍요로운 경제 상황과 공산주의와의 대립이라는 양면적인 상황 속에서 민주주의적 양육은 민주주의적 사회를 구축하기 위한 필요조건으로 강조되었다. 어려서부터 가정에서 자연스럽게 민주주의적 소통 방식을 경험한 자녀가 성장 후에도 민주주의적 체제에 잘 적응하는 구성원이 된다는 믿음은 20세기 내내 존재했다.

알을 깨고 나오는 어려움

미국 역사에서 여성의 지위가 점진적으로 향상된 것은 분명하다. 하지만 그저 굴곡없이 꾸준히 발전했다고 보는 시각은 다소 단순한 해석일 것이다. 서양 여성의 지위가 동양 여성의 지위보다 더 높았을 거라는 짐작도 사실상 신화에 가깝다.

산업혁명의 여파로 분리된 영역은 굳어졌고, 이에 따라 여성의 활동 영역은 사적 영역에 국한되었다. 혁명의 시대나 자유주의로 대변되는 변화의 물결에서 여성은 배제되었다. 그리고 그 변화 속에서 그 사회가 요구하는 역할을 해낼 때마다 그 사회가 허용하는 만큼의 보상을 받았다는 생각도 들었다. 그만큼 안에서 단단한 껍데기를 깨는 것은 생각보다 훨씬 더 어려운 일이 아니었을까 짐작만 할 뿐이다.

앞서 살아간 수많은 여성의 노력은 어쩌면 그러한 단단한 껍데기에 균열을 내는 일이 아니었을까. 그리고 무수한 균열로 단단한 알을 깬 그들의 노력 위에 살아가고 있는 것이 아닌지 하는 생각에 어깨가 가볍지만은 않다는 자각을 하며 글을 맺는다.

이남희·이화여대 이화사학연구소 연구교수

〈참고문헌〉

• Aries, Phillipe., *Centuries of Childhood: A Social History of Family life*, New York: Vintage, 1962.
• 박현숙, 〈미국 혁명과 여성 교육─공화주의적 모성에서 공화주의적 여성성으로〉,《서양사론》75, 2002.
• 이남희, 〈민주주의적 모성: 벤자민 스팍의《육아 상식》과 민주주의적 이상〉,《여성과 역사》28, 2018.

2

산업문화와 젠더
─독일 루르 광공업 유산의 여성 재현

"이중의 노예"

이곳은 실제로 프롤레타리아 '주부'의 지역이다.……해마다 새로 태어
나는 자녀는 이미 너무 많은데 턱없이 적은 돈으로 생계를 꾸려야만
하는 것은 착취에 기반한 우리 사회에서도 가장 철저한 인간 착취일
것이다.……이리하여 비인간적 조건은 여성을 이중의 노예로 만든다.
남편의 임금에 전적으로 의존하는 남편의 노예, 그리고 자녀를 출산하
고 소시민적 자급자족 경제를 꾸리며 무엇보다도 비정치적 사고방식
으로 지배계급의 이데올로기에 겸손하게 복종하는 기업가의 노예.

독일의 루르 지역 노동계급 출신 저널리스트 게오르크 슈바르츠 Georg Schwarz가 1931년 출간한 르포 《석탄 냄비*Kohlenpott*》에 묘사된 광부 아내의 모습이다. 이 책은 노동운동과 공산주의 관점에서 루르 노동자 문학을 대변했던 작가가 대공황 시기 루르 지역의 삶을 폭로한 기록물이다. 제목인 '석탄 냄비'는 루르 지역 사람들이 자기 지역을 부르는 방언이다. 이 책에는 노동계급 출신 제도사로 시인이며 포토저널리스트인 에리히 그리사*Erich Grisar*의 사진들도 수록되어 있다. 노동계급을 주제로 한 그의 사진들은 에센의 루르박물관과 도르트문트의 촐레른산업박물관에 전시되었다.

남성성에 짓눌린 공단 여성들

루르 지역의 노동계급 여성들이 '이중의 노예'를 강요당한 이유는 광공업의 특징인 남성 때문이다. 19세기 후반 루르 지역의 공업화는 이후 150년간 지속될 사회경제적 틀을 조형했다. 제2차 산업혁명기에 급속히 팽창한 독일의 석탄산업은 단기간에 대규모 노동력을 요구했다. 젊은 남성 노동자들이 프로이센(현재 폴란드 영토)의 농촌에서 이주해 왔다. 이들은 고향 여성과 결혼하고 친척들을 불러들이는 '연쇄 이주'를 통해 출신지의 생활 방식과 가치관을 정착지에 가져왔다. 그 결과 이른 결혼, 높은 출산율, 가족 내 성별 분담이라는 광부 가족의 원형적 특징이 만들어졌다.

당시 노동자 가족 대부분은 남성의 임금만으로는 생계유지가 어려위 아내와 아이들의 부가 노동이 필수였다. 그러나 광공업 지역의 노동시장은 오로지 젊은 남성들에게 맞추어져 있었다. 광산 특히 지하 막장의 여성 노동 금지는 1827년 본 광산국 법령, 1865년 프로이센 광산법, 1878년 제국 여성 노동자 보호 규정, 1891년 제국 여성 노동자 보호법을 거치며 강화되었다. 이유는 '모성 보호'였다. 광공업 기업들은 여성을 노동자나 사무원으로도 거의 고용하지 않았고, 노동력 경쟁을 피하고자 다른 산업의 진입을 정치와 결탁해 방해했다.

그 결과 방직, 의류, 식품 등 여성을 고용하는 지역 산업이 발달되지 못했고, 중산층이 희박해 하녀 등의 일자리도 적었다. 이처럼 산업과 노동계의 '남성성'이란 여성 고용 기회의 낮음을 의미했다. 이는 조혼으로 이어지고, 그 결과인 높은 출산율과 평균 이상의 자녀 수는 여성의 노동시장 진입을 다시금 제한했다. 회사와 노동조합은 가족 내 성별 분업을 장려함으로써 남성 노동력을 안정적으로 유지하고자 했다.

따라서 광산 노동자 가족은 남성이 생계를 책임지고 여성이 가족을 돌보는 부르주아 가족의 분업 모델을 따랐다. 광부의 아내는 자급자족과 무급 가사 노동을 통해 가계에 이바지했다. 그들의 주 수입원은 하숙을 치는 것이었는데, 산업 팽창과 노동 이주로 인한 수요가 이를 뒷받침했다. 제2차 세계대전 당시 루르 지역의 숙련 노동자들은 군수 산업에 필요한 존재라 비교적 늦게 군에 소집되었고, 이는 루르 지역의 많은 가족이 독일의 다른 지역에 비해 '남성의 부재'를 덜 경험했음을 의미한다. 전후 서독 경제의 빠른 재건은 중공업 노동자 지역으로서 루르의 정체성을 강화했고, 1950년대의 호황기에 루르 노동자

들은 보수적인 가족문화 속에서 오래도록 추구해 왔던 소시민 지향을
실현했다.

광산에서의 여성 노동

독일에서 광산의 여성 노동 금지는 1994년 완화된 후 2009년 EU 차
별금지법Gleichstellungsregeln에 따라 해제되었다. 그러나 석탄은 이미
사양산업이었고 2018년 말 채굴 종료가 예정되어 있었으므로 실질적
으로는 거의 의미가 없었다. 그러나 여성의 지하 노동이 금지된 100
여 년 동안에도 여성들은 광산에서 일했다. 비록 소수지만 선탄장과
사무실에 투입되었고, 제1차 세계대전 당시에는 징집된 남성들 대신
지상 노동을 수행했다. 이후 광산의 여성 노동은 청소, 창고, 행정, 보
건 서비스 등의 분야로 확대되었다.

　광산법 이전에는 여성들도 지하에서 일했다. 그러나 이에 관한 연
구는 거의 없고, 광산의 여성 노동 연구는 여전히 상대적으로 미개척
분야로 남아 있다. 광산의 여성 노동 금지가 확립된 19세기 중반에 루
르의 석탄산업은 아주 초기였으므로 이곳에서 여성의 지하 노동은 아
마도 없었을 것이다. 그러나 당시 프로이센 영토였던 오늘날 폴란드
서남부의 어퍼 실레지아 지역의 경우 광산에서의 여성 노동에 훨씬
관대했고 실제로 행해졌음을 광산 소유주들이 1865년 광산법에 강력
히 반대했다는 사실에서 유추할 수 있다.

　19세기 벨기에의 왈롱 지역이나 영국 뉴캐슬 광산의 여성 노동은

사료로 증명된다. 특히 영국의 상황은 급속한 산업화의 결과로 의회 위원회가 방직공장과 기타 생산시설 및 광산의 실태조사를 반복적으로 수행했기 때문에 비교적 잘 기록되어 있다. 탄광의 노동조건은 방직공장보다 훨씬 더 열악했다. 좁은 갱내에는 항상 지하수가 차올랐고, 노동자들은 엉덩이까지 차오르는 물속에서 일하기도 했다. 제대로 건설되지 않아 좁고 낮은 갱도 때문에 몸집이 작은 여성과 아이들이 지하 노동력으로 선호되었고, 이들이 석탄 수레를 끌고 좁고 경사진 갱도를 기어오르거나 석탄을 등에 지고 운반하는 장면을 묘사한 그림들이 학교 교과서에 실려 있다.

탈산업화와 여성 노동

1950년대부터 1970년대 사이에 가시화된 서독의 광공업 위기 및 그 결과인 탈산업화는 19세기 중반 이래 루르 지역 주민의 삶을 결정했던 사회경제적 조건을 근본적으로 바꾸었다. 여성의 노동시장 진출을 봉쇄했던 광공업의 독점지배가 무너지면서 구조조정이 본격화되었다. 이것은 석탄과 철강을 대체할 신산업 유치, 경제구조 다양화, 지역 인프라 개선, 환경 복구를 내세운 탈산업화 장기 프로그램이었다. 비슷한 시기에 노동계급의 심하게 불평등한 교육 기회를 개선하기 위한 사회민주주의 교육개혁이 진행되었다. 구조조정과 교육개혁의 수혜자는 지역의 노동계급 여성이었다.

　1990년대에 이르면 루르 지역의 노동시장과 고용 지표는 과거에 비해 독일 평균에 접근했고, 그런 의미에서 '구조조정의 성공'을 자축하기도 했다. 그러나 노동시장이 여성에게 좀 더 우호적으로 되었다는 이유로 여성을 구조조정의 '수혜자'로 평가하기는 어렵다. 광공업의 그늘은 사라지지 않았기 때문이다. 루르의 여성 취업률은 다른 지역에 비해 여전히 낮고 실업률은 높으며 시간제 비중이 크다. 육아로 인한 퇴직 비율이 높고 복직 비율은 낮으며 그나마 시간제로 복귀한다. 낮은 취업률은 여성만의 문제는 아니고 루르 지역 남성들의 취업률 역시 낮다. 여성 취업률은 원래 매우 낮았던 상태에서 구조조정 덕에 상승했으나 여전히 평균 이하이고, 남성 취업률은 중공업 쇠퇴로 인해 평균 이하로 떨어졌다. 따라서 구조조정의 수혜자를 논하기보다 중공업의 낡은 유산이 여전히 극복되지 못하고 있음에 주목해야 한다.

산업문화의 여성 재현

2018년 12월 21일 루르의 석탄산업은 마지막 탄광을 폐쇄하는 장엄한 의식을 치르며 역사적 종료를 선언했다. 석탄은 가고 투어리즘이 왔다. 쇠락하는 광공업 지역에 신선한 활로를 뚫었다고 평가받는 '산업문화Industrie-kultur'는 탈산업 구조조정에 새로운 장을 연 획기적 전환이었다. '산업 유산industrial heritage'의 독일적 판본이라 할 수 있는 산업문화는 20세기에 개발되고 1990년대 이래 대중화된 용어지만 명확한 개념 정의는 아직 없다. 일반적으로 산업시대의 역사적 기념물의 보존과 문화적 전환 그리고 탈산업화로 본래의 기능을 잃어버린

산업시설과 건축물의 관광자원으로의 개발을 뜻한다는 점 정도가 합의되어 있다.

프라이베르크 공과대학 산업고고학과 교수인 알브레히트의 정의에 따르면 산업문화는 산업시대의 문화사를 다루는 일이다. 기술사, 문화사, 사회사를 결합하여 산업사회 인간의 삶의 모든 측면, 즉 그들의 일상과 삶의 조건 및 노동조건을 포괄적으로 다룬다. 산업고고학에 비해 산업문화는 산업시대에 대한 해석과 평가의 시간 지평을 현재로 확장함으로써 현재 산업사회의 발전 추세와 그 안에서 작동하는 중요한 정치적·문화적 현상에 주목한다.

그에 따르면 '산업문화' 개념은 세 가지 관점을 포함하는데, 첫째는 물질적 관점으로 시간과 공간에서 산업화의 물질적·인공적 유산에 관한 질문이다. 둘째는, 사회사적 관점으로 산업사회에서 인간의 노

도르트문트 촐레른산업박물관 석탄장 내부. 제1차 세계대전 당시 여성들이 이곳의 석탄 노동에 투입되었고, 제2차 세계대전 중에는 동유럽 출신 외국인 노동자들이 강제 동원되었다.

동과 삶의 조건에 관한 질문이다. 마지막은 예술적·과학적 관점으로 산업화 현상 자체에 대한 지적 논의다.

광공업이 남성적이었던 만큼 산업문화의 산업 과거 재현 또한 남성 중심적이다. 따라서 산업문화의 의제에 여성을 적극적으로 포함해야 한다는 요구가 높다. 이와 관련해 2017년 자르브뤼켄에서 민주주의 재단Stiftung Demokratie이 공개한 전시회 '광부의 아내'가 주목할 만하다. 자르와 로렌 지역의 150년 석탄산업의 역사를 여성에 초점을 맞춰 재현한 이 전시는 사람들이 광공업의 역사를 떠올릴 때 놓치기 쉬운 '맹점'에 주목했다.

광부라는 직업, 일상, 노동, 언어는 이미 사회문화사적으로 광범위하게 다뤄졌지만, 여자들은 어디에 있는가? 남성 노동자들의 일상에서 중요한 자원을 제공했던 광부의 아내로서든, 광산 자체에서든, 여성들도 다양한 분야에서 존재했고 그들은 광산 이야기에서 중요한 부분이다. 독일어와 프랑스어로 준비된 이 전시는 광부와 결혼하게 될 노동계급 소녀들을 위한 교육기관인 '가사 학교' 외에도 광부 아내의 일상, 광산에 고용된 여성들, 즉 선탄장, 램프 룸, 행정실, 보건소, 복지 분야에서 일한 여성들의 노동과 일상을 제시하며 문학, 그림, 음악, 영화 및 광고의 광부 아내 묘사도 다루었다.

산업 과거 재현에 젠더 측면을 강화하기 위해 산업박물관이 즐겨 채택하는 전략은 '노동'을 주제화하는 것이다. 여성 노동의 다양한 측면을 다룰 수 있기 때문이다. 예컨대 도르트문트의 촐레른산업박물관과 하팅겐의 헨리히스휘테산업박물관은 광부와 철강 노동자의 아내 그리고 광산과 제철소에서 일했던 여성들의 노동과 삶에 관한 가이드

투어를 제공한다. 비텐의 나이팅게일광산은 18세기 살롱 스타일로 여성 전기를 전시한다. 이처럼 산업사를 남성과 동시에 여성의 관점에서 서술하려는 프로젝트가 증가하고 있다.

루르 지역의 산업사를 여성과 젠더에 초점을 맞추어 재구성하는 시도는 최근 몇 년간 논의된 문화적·회화적·물질적 및 기타 전환에 대한 성찰과 결합하여 개념적·방법적 접근을 확대하고 있다. 그러나 산업 유산의 여성 재현은 여전히 부족하다는 평가를 받고 있다. 중공업의 '남성' 이미지에 가려진, 그러나 실제로 존재했던 여성의 삶과 노동을 드러내는 작업이 계속되어야 하는 이유다.

정용숙·춘천교육대학교 조교수

〈참고문헌〉

• Kift, Dagmar, "Heritage and History: Germany's Industrial Museums and the (Re-) presentation of Labour", *Journal of Heritage Studies* 17(4), 2011.

• Berger, Stefan, "Industriekultur und Strukturwandel in deutschen Bergbauregionen nach 1945", Dieter Ziegler (ed.), *Geschichte des deutschen Bergbaus*. Vol. 4: Rohstoffgewinnung im Strukturwandel. Der deutsche Bergbau im 20. Jahrhundert, Münster: Aschendorff, 2013.

• Jung, Yong Suk, *Sturkturwandel im sozialen Feld. Bergarbeiterfamilien im Ruhrgebiet 1945 bis 1990*, Essen; Klartext, 2015.

• Farrenkopf, Michael 외, *Authentizität und industriekulturelles Erbe. Zugänge und Beispiele*, Oldenbourg: De Gruyter, 2020.

3

세계 여성박물관과 여성 연대

20세기 여성박물관의 출현

1980년대는 여성박물관의 역사에서 획기적인 시대다. 1981년 독일 본에 건립된 '본여성박물관'은 '여성박물관frauenmuseum/women's museum'이라는 이름을 최초로 사용하며 그 정당성과 필요성을 도발적으로 묻기 시작했다. 왜 인류의 오랜 지혜와 경험의 보고寶庫라고 부르는 전통적 박물관에 여성이 보이지 않는가? 왜 역사와 문화 속 여성의 기여가 박물관에서 제대로 전시되지 않는가?

물론 걸출한 족적을 남긴 여성 '위인'의 개인 저택이 하우스 뮤지엄으로서 일반 관람객들이 자주 찾는 공적 박물관으로 자리 잡은 예가 있다. 예컨대, 브론테 자매들(샬롯, 에밀리, 앤)과 제인 오스틴과 같은 19세기 영국의 여류작가들, 수잔 B. 앤서니 등 19세기 미국의 여성참정권 운동가들, 20세기 멕시코의 프리다 칼로 등에서 보듯이 온갖 시대적 억압과 장애에도 불구하고 남다른 삶을 산 탁월한 개인의 터전이 공공박물관으로 탈바꿈한 경우다. 하지만 그 수가 미미할 뿐 아니라 20세기에 와서야 비로소 새로운 기억의 터전으로 자리 잡았다.

이에 비해 여성박물관은 '여성' 위인의 하우스 뮤지엄을 넘어서려는 집단적 시도이자, '자기만의 방'을 위해 고군분투한 여성들의 노력을 가시화하는 획기적인 시도라 평가할 수 있다. 아울러 여성박물관 설립은 68운동과 제2차 페미니즘 물결의 세례를 받은 여성운동가, 역사학자, 미술사가, 예술가, 전시기획자들의 문제의식이 1980년대를 지나며 상승 작용을 일으킨 결과물이다. "왜 위대한 여성 예술가는 없는가?"라는 선구적인 언명으로 알려진 린다 노클린Linda Nochlin을 위시해 페미니스트 연구자들은 전통적 갤러리 또는 박물관이 헤게모니적 권력관계의 재현 공간이라고 통렬하게 비판하며 여성을 "보이도록visible" 하는 데 주력했기 때문이다.

1980년대 이후 지난 40여 년 동안 여성박물관은 양적 성장을 보여주었다. 국제여성박물관협회IAWM의 연례 보고에 따르면, 2023년 기준으로 82개의 여성박물관, 26개의 사이버박물관이 전 대륙에 걸쳐 운영되고 있으며, 건립 준비 중인 박물관만 44개에 이른다. 이 가운데 66퍼센트는 유럽과 북미 지역에 집중되어 있으며, 아시아 지역(16퍼센트)은 증가 추세이고, 남미 및 아프리카 지역(13퍼센트)의 경우에는 재정적 요인으로 인해 수는 적지만 역동적이다.

질적 성장도 주목할 만하다. 20세기 후반에 창간된 여성사 관련 잡지들, 즉《여성사 저널*Journal of Women's History*》(1989),《젠더와 역사*Gender and History*》(1989) 《여성사 비평*Women's History Review*》(1992),《클리오*Clio*》(1995)뿐 아니라, 전통이 있는《국제박물관*Museum International*》(1948),《성인 교육 연구*Studies in the Education of Adults*》(1969) 등 박물관 및 교육 관련 잡지들이 계속해서 여성박물관의 전시 구성, 전시 콘텐츠, 교육 프로그램과 교육 도구에 이르기까지 다양한 특집호를 구성하는 것도 질적 성장의 단면을 잘 보여 주고 있다.

여성박물관의 확산이 가져온 변화

여성박물관의 확산에는 여성 역사학자들의 숨은 공로가 있었다. 여성사학자들은 여성박물관의 설립에서부터 유물 관리, 전시, 연구, 교육 등 운영에 이르기까지 적극적으로 관심과 의견을 개진했다. 그들은 여성박물관을 성평등과 젠더 정의에 기반한 역사인식을 훈련하고 대중화하는 교육의 장으로 활용할 수 있다고 여겼다.

예를 들어 미국 국립여성사박물관NWHM 프로젝트를 이끈 창립 위원 중 한 명인 카렌 오펜Karen Offen 교수, 아르헨티나 루잔국립대학 역사학과 교수이자 아르헨티나의 여성박물관 설립자 그라시엘라 코니 Graciela Tejero Coni 관장, 영국 포츠머스대학의 여성/젠더사 명예교수이자《여성사 비평》창간 및 국제여성사연구연맹IFRWH의 창립자 준 퍼비스June Purvis, 비엔나 예술원의 엘케 크라스니Elke Krasny 교수 등은 여성박물관의 방향성 설정이나 이론화 작업에서 의미 있는 성과를 냈다.

2000년대에 들어 새로운 변화는 아시아, 아프리카, 남미로 여성박물관 건립이 양적으로 확대되는 과정에서 여성박물관의 명칭도 다양해진 점이다. 여성박물관들은 소장 유물, 콘텐츠, 콘텍스트, 여성의 지위, 역사의 전개 과정의 차이만큼이나 그 명칭도 다채롭다. 예컨대 여성생활사박물관(잠비아), 부녀아동박물관(중국), 여성문화박물관(중국), 전쟁과 평화에 관한 여성활동박물관(일본), 여성사박물관(인도), 여성역사의 집(독일), 여성사박물관(스웨덴), 허스토리박물관(스페인) 등 각국의 역사와 나름의 지향을 담은 다양한 명칭이 등장했다.

더 나아가 박물관의 명칭을 변경한 곳도 있다. 1982년 덴마크 제2의 도시 오르후스에 설립된 덴마크 여성박물관은 2021년부터 '젠더박물관'으로 이름을 변경했다. 덴마크 여성박물관은 지난 수십 년 동안 덴마크의 사회 발전과 일상생활에서 여성이 이루어 낸 적극적인 기여를 조명해 왔다. 그 과정에서 덴마크 사회에서 여성의 역할 변화 못지않게 남성의 역할과 기능도 급격하게 변화해 왔다는 점을 고려하여, 젠더 평등, 성소수자, 젠더 역할 등에 방점을 둔 젠더박물관으로 획기적인 전환을 꾀한 것이다. 오랫동안 온라인 박물관으로 활동한 튀르키에 여성박물관이 최근 젠더박물관으로 명칭을 변경한 것도 같은 맥락으로 읽힌다.

더욱이 여성박물관의 개념을 둘러싸고 새로운 논의가 시작된 점도 주목할 만하다. 2006년에 건립된 아르헨티나 여성박물관의 목표는 "불평등한 젠더관계에 표현된 문화적 실체를 조명하고 과학적으로 분석"하는 데 있다. 2008년에 설립된 우크라이나 젠더박물관은 소련 해체 이후 자본주의로 체제 전환을 겪던 시기에 정치적 민주화와 여성의 관계에 주력한다. 2010년 여성 혐오와 젠더 폭력에 의해 2,500명이 살해당하는 현실에 맞서 이듬해에 설립된 멕시코 여성박물관은 중요한 젠더 교육센터이기도 하다. 2009년에 창립된 코스타리카 여성박물관, 2022년에 설립된 잠비아 여성생활사박물관은 식민주의 및 포스트식민주의 담론이나 블랙페미니즘과 결합하며 문화적 다양성을 담아 내려는 시도를 보여 준다.

이처럼 1980년대에 서구에서 설립된 여성박물관들은 "감춰진" 여성을 드러내고 여성을 "행위 주체"로 만드는 공간으로 출발했다. 21세기 여성박물관은 사회의 다양성을 담아 내는 민주적 공간인 동시에 사회의 주요 아젠다와 함께하는 문화적·정치적 플랫폼으로 변화하는 중이다.

여성박물관의 국제적 연대

2000년대 초까지 여성박물관들은 각 지역에서 개별적이고 독립적으로 활동했다. 하지만 국제여성박물관협회International Association of Women's Museums(IAWM)의 창설과 함께 '여성박물관'의 개념과 공동 목표를 정의하려는 집단적 노력이 시작되었다. 2008년 이탈리아 메라노Merano에서의 제1차 국제여성박물관대회IWMC를 시작으로 여성박물관 네트워크가 첫발을 내딛고, 2012년 호주 앨리스 스프링스에서 국제여성박물관협회가 창설되었다.

이러한 여성박물관 네트워크의 목표는 세계 여성의 지식, 역사, 예술 그리고 젠더의 역사를 수집·기록·보급하고 여성박물관의 연대를 강화하는 데 있다. 처음에는 매년 열렸고, 2012년부터는 4년마다 개최되었다. 독일의 본(제2차, 2009), 아르헨티나의 부에노스아이레스(제3차, 2010), 호주의 앨리스 스프링스(제4차, 2012), 멕시코의 멕시코시티(제5차, 2016), 오스트리아의 히티사우(제6차, 2020)에서 국제대회가 열렸다. 그리고 제7차 대회는 2025년 이탈리아 메라노에서 개최될 예정이다.

그러나 여전히 각 대륙, 각 나라에서 고군분투하고 있는 여성박물관들이 매우 많다. 1996년에 미국 워싱턴에서 발족한 국립여성사박물관 건립 프로젝트가 운영진의 주도권 다툼으로 내분을 겪다가 2020년에 '스미소니언 미국여성역사박물관SAWHM' 설립 법안이 통과되어 비로소 2026년 개막을 앞두고 있는데, 이는 박물관 사정이 좋다는 미국에서조차 여성박물관 설립이 어렵다는 점을 보여 준다. 그래서 연대가 필요하며, 연대의 힘은 여성박물관을 성장시키는 동력이 된다. 2017년부터 국제여성박물관협회 집행이사로 참여해 온 필자는 연대를 통해 성장한 인상적인 박물관들을 가까이에서 볼 기회가 있었다. 그 가운데서 오스트리아의 히티사우여성박물관Hittisau Women's Museum과 가상박물관Virtual Museum으로서 미국의 소녀박물관Girl Museum이 기억에 남는다.

2000년에 문을 연 히티사우여성박물관은 다양한 박물관들 사이에서 선택과 집중을 함으로써 생존할 수 있는 박물관의 예를 잘 보여 준다. 스테파니아 소라페라Stefania Soraperra 관장은 전시의 전 과정을 국제여성박물관협회의 네트워크에서 공유하며 진행했는데, 이런 연대 작업 속에서 한국의 출산문화를 알릴 기회가 있었다. 히티사우여성박물관은 오스트리아 브레겐저발트 계곡의 해발 800미터가 넘는 산간에 자리 잡은 건축 면적 290여 평 정도의 작은 박물관이다. 자연주의를 추구하는 창의적 복합건물로, 개관 당시부터 다대한 조명을 받았을 뿐 아니라 2017년 오스트리아 최고의 박물관상을 수상하는 등 국제적인 명성을 얻었다. 무엇보다도 거친 산악 환경에 뿌리내리며 살아온 여성들의 자부심과 생명력을 고급문화로 승화시키는 창의적인 전시 방식, 전체 인구가 2,000명 남짓한 이 지역의 고질적인 인구감소 문제를 적극적으로 반영하는 시의적절한 전시 주제, 지역 개발과 연계하는 독자적인 교육 프로그램으로 재정적으로 자립한 문화기관으로 자리 잡았다는 점에서 놀라운 인상을 받았다.

2009년에 탄생한 소녀박물관은 올해 15주년을 맞이했다. 소녀박물관은 소녀를 전면에 내세우며, 그들의 목소리와 경험을 강조한다. 소녀박물관은 그동안 소녀와 소녀 시기에 대한 전통적인 생각이나 젠더 규범에 도전하고, 성평등을 증진해 왔다. 2017년에 애슐리 레머Ashley Remer 관장이 자신의 박물관을 소개하면서 사이버 전시 협력을 요청했을 때, 필자는 박물관 공간이 없이 활동하는 그녀의 작업이 어디로 향할지 확신하지 못했다. 그녀는 당시에 세계의 소녀 관련 유물을 수집하고 각국의 소녀들이 그 유물들을 그림으로 그리는 콜라보 전시를 기획했다. 그녀는 온라인에서의 콜라보 전시를 성공적으로 마쳤고, 소녀 관련 유물들은 현재 소녀박물관 홈페이지의 사이버 공간에서 살아 움직이고 있다. 코로나19 사태를 거치면서 소녀박물관은 글로벌 차원에서 혁신적인 박물관의 하나가 되었다.

이처럼 국제여성박물관협회의 네트워크 안에서 활동하는 개별 여성박물관이 적지 않다. 또한 개별 여성박물관과의 연대와 협력, 그리고 여성들의 자매애를 바탕으로 활동하는 용기 있는 여성박물관들이 많다. 박물관 건물도 부지도 자금도 없이 이동하며 전시하는 노마드 박물관들은 경이로움 그 자체. 이러한 선례들이 2020년 한국에서도 여성 역사학자, 전시 기획자, 큐레이터, 건축가 등이 모여 젠더 뮤지엄 네트워크를 발족하고 젠더 뮤지엄 코리아를 통해 소규모 이동전시를 하는 힘이 되어 주었다.

21세기 한국 여성박물관의 미래

세계의 여성박물관은 한국의 여성 역사학자들에게 많은 도전적인 과제를 던지고 있다. 여성의 역사를 가장 잘 알고 있으며 스토리텔링에 대한 아이디어가 가장 많으며, 그 전달 방법을 두고 콘텐츠 개발자들이나 전시 기획자들과 협력할 수 있는 사람들이 바로 역사학자들이 아닌가.

한국에서도 국립여성사박물관이 불광동의 새로운 부지로 확장 이전을 앞두고 있다. 이제 박물관 관람자들은 2002년 국립여성사전시관이 개관됐을 때는 묻지 않은 새로운 질문들을 들고 찾아올 것이다. 그 20여 년이 지나는 동안 한국의 박물관 관람객의 인식 수준과 기대가 높아졌을 뿐 아니라 기발한 아이디어와 빛나는 유물들을 소장한 박물관 역시 넘쳐난다. 박물관의 콘텐츠뿐 아니라 콘텍스트가 빠르게 변화하고 있다. 사람들은 여성박물관이 그저 여성들의 성취 목록이나 '성공 스토리'의 다른 버전을 늘어놓지는 않을지 살필 것이다. 역사에서 두각을 나타낸 여성 인물의 신발과 안경이 일시적으로 관람객의 시선을 끌 수는 있지만, 두 번 다시 찾지 않을 것이다.

관람객들은 박물관 외형과 전시 콘텐츠에 어떤 관련성이 있는지, 전시는 치밀한 젠더 분석을 토대로 미래지향적인 개념을 담아 냈는지, 남녀의 복합적인 상호 작용이 이루어지는 역사의 실체가 전시로 재현되었는지 알아차릴 것이다. 그리고 여성들은 해당 시대마다 어떤 어려움에 직면했는지, 여성들은 당대와 우리 시대의 주요 이슈에 어떻게 참여했는지, 여성들은 가부장적 지배구조에 어떻게 맞서고 혹은 좌절했는지, 여성들이 과거의 방식에 만족했다면 그 이유는 무엇인지, 그것은 단순한 안주인지 아니면 결연한 생존전략이었는지 등 다

독일 본여성박물관 상설전시관 내부 모습(1층). 3층으로 지어진 본여성박물관은 유럽에서 처음으로 여성박물관의 설립의 기치를 전면에 내세우고 활동을 시작하였다.

양한 질문을 던질 것이다.

　한국의 여성박물관이 한국 사회에 내놓는 제안들은 맥락이 풍부하고 도발적이어야 한다. 역사 기록을 독점하고 박물관 공간을 자신들끼리만 전유했던 과거의 "올드 보이들"의 역사를 되풀이하는 것은 지루하고 무의미하다. 한국의 여성박물관은 여성들이 다양한 역사적 도전에 맞서서 무엇을 해냈는지 자료를 꼼꼼히 찾고, 새롭게 읽고, 창의적으로 상상하고, 자세히 밝혀 낸 후에 박물관 건물을 올려야 한다. 세계의 다양한 여성박물관들과의 국제적 연대를 통해 공동의 연구 의제를 발굴하고 공동 연구를 할 가능성을 다각적으로 열어 놓을 필요가 있다. 여성 역사학자로서 여성박물관을 고민한 카렌 오펜의 언명을 기억하며 글을 마친다. "건물을 짓고 난 후에 그 안에 무엇을 놓을까 결정하는 짓은 절대 해서는 안 된다."

기계형·서울대 서양사학과 강사

〈참고문헌〉
• 기계형, 〈서구여성(사)박물관운동의 최근 경향〉, 《서양사론》 124, 2015.
• Elke Krasny & Frauenmuseum Meran (ed), *Women's: Museum: curatorial politics in feminism, education, history, and art*, Vienna: Löcker, 2013.
• Karen Offen, "Perspectives on Women's Museum Projects from a Historian of women (or, been there, done that, and some lessons learned)", *Coordinating Council for Women in History Newsletter*, August 2014.
• Jenna C. Ashton (ed), *Feminism and museums: intervention, disruption and change*, Vol. 1~2, Edinburgh; Boston: MuseumsEtc Ltd, 2017~2018.
• Irene Vaquinhas, "Women's museums today: their creation, objectives and contribution to history", *ARENAL*, Vol. 26, No.1, 2019.

4

근대의 이주 여성,
경계 넘어 사회질서에 저항한 이들

현대 세계와 이주, 그리고 여성

오늘날 대부분의 세계인은 탈경계인으로 살아간다. 이동 수단, 전자기술, 통신매체 등의 발전은 지구상 어떤 공간으로든 비교적 쉽게 이동할 수 있게 한다. 하지만 역사적으로 이주는 언제나 삶의 한 방편이었다.

　그중 주목할 만한 대규모 이주는 제2차 세계대전 후 복구와 경제 호황을 지속하기 위한 서구 세계의 노동력 필요와 탈식민국가의 산업화 진행이 맞물려 급격히 증가하게 되었다. 자본주의가 국민국가의 틀을 넘어 지구적 규모로 작동되던 1980년대 후반부터 그 현상은 가속도가 붙어 2020년 현재, 지구상 인구의 약 3.6퍼센트 정도가 직간접적

이주자로 살아간다.

이주에는 다양한 거시적·미시적 요인이 작용하지만 글로벌화된 자본주의가 진행되는 오늘날의 세계에서 이는 불가피한 현상이 되었다. 하지만 구조적 불가피성에도 불구하고 이주자 증가는 이주국 사회에는 발생할 변화 상황에 대한 고민을 증가시키고 있고, 이주자들 역시 사회 적응과 통합 과정이라는 큰 산 앞에서 적지 않은 어려움을 겪는다. 더구나 최근 난민의 존재와 맞물리면서 이주 자체에 대한 일반적 인식이 대체로 긍정적이지는 않다.

이주와 관련된 이런 상황 속에서 여성의 존재는 다른 어떤 때보다 더 두드러진다. 증가하는 이주자 가운데 여성 비중이 상대적으로 높고, 배우자나 가족의 일원으로서가 아니라 직접 이주 주체로 국제 노동시장에 뛰어든 요인 때문인데, 대체로 고단한 이주자의 삶과 더불어 여성 이주자에 대한 일정한 이미지를 형성하는 데 영향을 미치고 있다. 결혼 이주 여성이나 서비스 업종, 돌봄 노동 종사 이주 여성이 한국 사회에서 겪는 차별적 상황과 결합해 이런 이미지는 더 강화되고 있다. 그러나 이주자는 자발적 선택에 의해 더 나은 삶을 원하는 행위자이다. 이런 이유에서 이주 행위는 역사 속에서 여성 삶을 설명하는 중요한 통로가 되어 줄 수 있다.

역사에서 이주가 의미하는 것

이주는 인간 역사 속에서 늘 있어 왔던 오래된 삶의 방식이었다. 먹거리와 안전이 보장되는 장소를 찾아 인간은 끊임없이 이동했기 때문이다. 로마제국 밖의 수많은 이민족은 제국 영역 내로 이주해 로마 법체계와 종교를 받아들이고 자신들 고유의 정치·군사 체계를 결합시켜 오늘날 유럽의 근간이 되도록 했다. 고대 세계로부터 중세로 이행하는 전환점이 되기도 했던 이런 대규모 이주만이 아니라 개인, 또는 소규모 단위의 이주자가 이동하며 새로운 공동체에 유입되고 그렇게 대부분의 사회는 발전해 왔다. 이렇게 이주는 자연스러운 일이었다.

이주 자체가 갈등의 이유가 된 것은 대체로 국민국가 형성과 관련되어 있다. 특히 시민권 행사 여부는 갈등의 씨앗이 되었는데, 특히 이 과정에서 여성의 역할은 주목할 만하다. 생계 책임을 지고 이주하는 여성의 증가는 단지 이주자의 필요에 의해서만이 아니라 고용시장 요구와 맞물리면서 진행된다. 여성의 전통적 업무 영역으로 인식되는 재생산, 돌봄 관련 노동 수요가 국제 노동시장에서 증가하고 있고 공적 및 사적 영역에서 가사나 육아, 요양 등 돌봄 분야 고용이 상대적으로 쉽게 이주를 선택하게 한다. 이런 유의 노동에 대한 사회적 평가의 인색함이 고용상의 불평등함, 노동 일상의 다양한 어려움을 야기하는 것은 물론이다. 하지만 이런 문제들을 인식하면서도 이주를 선택하게 되는데, 이는 자국 내의 고용 지위나 환경, 사회적 차별 등을 대체할 수 있는 방법이기 때문이다.

이런 방식의 이주는 다양한 시대적 배경 속에서 이루어졌다. 특히 여성들은 사회적으로 여성에게 가해지는 속박의 무거움을 떨쳐 내기 위해 이주를 선택했다. 이런 의미에서 '국가 경계 넘기를 선택하기'는 여성들의 자기 삶 개선을 위한 적극적 방편이었음을 알 수 있는데 19세기 이후의 역사 속에서 그 예를 살펴보고자 한다.

근대 서구 부르주아 여성들의 이주와 경계 넘기

국가 경계를 넘어 삶의 장소를 변화시키는 데에 수십일, 또는 수개월이 소요되던 때에도, 가려는 곳이 생경하거나 두려운 소문으로 가득한 곳임에도 경계 넘기를 시도했다는 것은, 그만큼 벗어나기의 욕구가 강했다는 것을 의미한다. 19~20세기 전반의 서구 부르주아 출신 여성들이 그러하였다.

서구 근대는 인간의 이성적 능력에 대한 신뢰, 그리고 이에 기반을 둔 과학 발전 성과 위에서 급속하게 발전했다. 하지만 그 발전에 여성의 참여는 좀체 허용되지 않았다. 전반적으로 과학 분야가 그러했다. 고대와 중세 사회에서조차 여성에게 일정한 역할이 허용된 의료 행위의 과학화 결과는 남성의 것이 되었다. 이 영역에서의 여성 배제는 의대 교육 후 잉글랜드군 군의관으로 근무했다가 사망 시점에야 여성임이 드러난 아일랜드 출신 외과의사 제임스 미란다 베리James Miranda Barry(1789 또는 1795~1865)의 경우와 같은 극단적인 경우까지 낳았다.

여성이 생물학적으로 의학에 적합지 않다는 "과학적" 관점조차 언급되던 시기였다. 부르주아 여성운동의 영향으로 여성의 교육 권리가 다소 확보된 때였지만 대부분의 서구 국가에서 19세기 중반까지도 여성은 의학교 입학 허가를 받지 못했고 여성만을 대상으로 하는 여성 의과대학이 생겼으며 졸업 후 간호사나 병동 관리자로 그 역할이 한정되기 일쑤였다.

이런 상황에서 선교 여의사의 이주가 시도되었다. 여성 의사들은 남성 의사와 동등한 역할을 할 수 있는 기회가 바로 식민지에 있다고 판단했다. 기독교 선교 과정에서 식민지인의 개종을 용이하게 하기 위한 방안으로 자주 의료 행위가 동반되었기에 가능했다. 실제로 20세기 초 조선에 유입된 선교 의사 중 여의사는 당시 여성 의학 교육의 상황과 비교했을 때 매우 높은 비중을 차지했다. 미국 펜실베이니아 여성 의과대학 출신의 로제타 홀Rosetta Sherwood Hall의 경우, 조선에 이주해 한국인 여의사 양성에 노력했다. 감리교 신자였던 메리 커틀러Mary Cutler는 미시간 의과대학 출신으로 여성참정권운동에도 참여한 경력이 있었다. 의대 졸업 후, 여성 병동에서 간호사로 근무한 바 있던 그도 조선에서 의료 선교사로 활약했다. 본국에서는 허용되지 않았던 외과 수술의 기회를 얻기도 했다.

지난 세기 몇 명의 고귀한 마음을 가진 남성들이 여성을 대학에 보내고 대학을 세우면서, 여성은 신이 여성에게 주신 일을 되찾았다. 그러나 몇 남자들은 이러한 (의사가 여성의 일이었음) 역사를 무시하고 여성들이 남성들의 일(직업)을 빼앗는다고 생각한다.

홀의 이 언급은 당시 남성 중심의 의료 상황에 대한 비판적 입장을 보여 준다.

부르주아 여성 이주의 다른 경우는 독일제국에서도 발견된다. 독일제국(1871~1918)은 아프리카와 오세아니아 일부 지역에 식민지를 갖고 있었다. 식민 경영 과정에서 여성의 필요성이 제기되었는데, 당시 서구 사회에서 발달하던 인종주의와 우생학 인식 속에서 순수 독일인 양성, 독일 문화의 전수 적임자로 부각되었던 것이다. 1907년 설립된 독일식민지협회 내 여성동맹Frauenbund der deutschen Kolonialgesellschaft 등이 중심이 되어 대상자를 모집했고 적지 않은 여성들이 몰려든다. 일정한 교육을 마치고 사회적 역할 수행 능력은 갖추었으나 강화된 남성 중심적 분위기 속에서 사회 활동이 어려웠던 여성들은 식민지 사회에서 남성과 동등한 역할 수행을 기대했다.

선교 여의사들과 마찬가지로 독일 부르주아 여성의 이주도 제국 경영의 일환이었다. 그들이 원하는 역할 수행도 식민지인을 야만으로 대상화하고 인종적 위계에서 우위에 있음을 활용함으로써 가능했다. 제국 사회에서 여성이기에 감당해야 했던 불평등 상황의 극복은 그 질서를 벗어나야 가능한 것이었기에 부르주아 사회에 만연한 가부장주의와 남성 중심적 문화와 사회적 활동 제약을 거부하는 이주를 선택했던 것이다. 그 차별 극복의 개인적 시도가 경계 넘기였고 그 가능한 대상지는 식민지였던 셈이다.

실제로 독일제국 내에서는 식민지로 이주할 것을 홍보하며 "남성과 대등해질 수 있는" 기회라며, '해방'이라고까지 표현했다. 개인의 다양한 동기도 작동했겠지만 이 여성들 중 일부라도 농장 여주인이 되거나, 제국 남성과 동등해지는 일이 가능한 곳이 경계 너머에 있었다는 점은 분명했다.

경계를 넘기 위해 이주한 또 다른 여성들

새 삶을 위해 이주를 도모한 여성들 가운데에는 제국 지위에 있던 나라의 여성들만 있는 것은 아니다. 1910년 10월~1924년 10월 사이에 약 1천 명의 한인 여성이 하와이 또는 미국 본토로 이주했던 소위 '사진신부'에서도 이런 예는 찾아볼 수 있다. 19세기 중반경부터 하와이 사탕수수 농장 운영에 노동력이 필요했던 미국 고용주는 일본인에 이어 한인 노동력을 고용했다. 1901~1902년 기근과 전염병을 겪으며 대한제국은 해외 이주 사업을 추진했고 1903년부터 한인의 집단 이주가 진행되었다.

이때 이주한 노동자의 결혼 문제 해결 방편으로 사진을 매개로 하는 구혼사업이 이루어졌다. 평균 17세의, 다양한 연령과 직업의 여성들이 비록 지상낙원이라는 꼬임에 유혹당한 바 있지만, 자신의 사회로부터 벗어나는 방편으로 그 결혼을 선택했다. 사진신부 중 비교적 많이 알려진 천연희의 경우, 근대 세계와의 소통을 목적으로 미국 이주를 감행했다. 이주 이후 삶은 고단했지만 약 1천 명에 이르는 젊은 여성들은 자신의 개인적 동기와 함께 식민 상황으로부터 탈피, 기독교 국가에 대한 동경, 이상향인 미국 경험, 봉건 속박으로부터 해방, 교육 기회와 사회적 활동에 대한 욕구 실현을 위해 고국을 벗어났다.

부모님은 내가 열 살이 된 이후 집 밖에 나가 노는 것을 허락하지 않았다. 그 당시 대부분의 여자아이들이 나처럼 지냈다. 이런 상황에서 나는 사진신부가 되는 것만이 속박에서 벗어날 수 있는 길이라고 생각했다.

교육을 위해 도미했다. 일본이 교육을 통제하고 한인들은 일본어를 배우고 사용하고, 말하도록 강요당했다. 자유가 없었고, 이것이 모국을 떠난 이유였고, 모국을 떠날 유일한 방법은 사진신부로서 가능했다.

비록 사진에 의존하는 모험이었지만 다른 방법이 없는 그들에게 새로운 세계로 향하는 통로로 이주는 활용되었다.

이런 선택은 현대 세계에서도 이루어졌다. 제2차 세계대전 이후 서구로 노동 이주가 진행되던 때에 일부 여성 이주 노동자는 자신의 아버지나 남편에 대한 반항으로 이주를 선택했다. 1970년, 독일 자동차 부품공장 파업에 참여했던 한 그리스 여성은 당시 지중해 지역 주변 국가 여성들에게 이주는 '해방 찾기to find emancipation'였다고 설명했다. 이주는 고국에서는 누리거나 꿈꾸기 어려운 사회적·경제적 계층 이동도 가능하게 했다. 한때 희생자 담론에 의해 그 삶의 많은 부분이 왜곡되었던 한인 간호 이주 여성들도 가난한 상황의 개선 이외에 교육 기회 획득, 더 나은 삶, 사회적 편견으로부터의 해방이라는 목적으로 이주를 선택했다.

오늘날 여러 나라에서 돌봄 노동을 하는 필리핀 여성 노동자 역시 자국에서 직면하는 열악한 경제 상황, 높은 실업률과 더불어 여성에게 불리한 노동조건을 피해, 이주를 선택한다. 대부분 대학을 졸업하고 영어를 능숙하게 구사하지만 국내에서는 남성과 비교해 취업 기회가 적고 취업한다 해도 30세가 되면 퇴사 압박이 비일비재했기에 그들은 다른 선택을 하는 것이다.

여성사에서 이주가 의미하는 것

오늘날 이주 여성은 물론이고 20세기 초 서구 제국 여성에게도 이주지에서의 삶은 원했던 것과 달랐을 가능성이 크다. 하지만 중요한 것은 이주는 사회가 자신에게 가하는 불공평함을 극복하기 위한 노력의 일환이었다는 점이다.

　새로운 삶의 장소로 이주한다는 것은 자신이 속한 사회를 바꿀 수 없기에 선택한 수세적인 방식이었지만 그 행위 자체는 능동적인 기획이었다. 경계 너머의 삶이 어떠할지 알지 못하지만, 역사 속에서 여성들은 우리가 알고 있는 것보다 더 용감하게 새로운 삶을 찾아 꾸준하게 용기를 발휘했다. 그런 용감함은 오늘날 많은 국가에 퍼져 있는 한인 사회에서 여성이 갖는 중요한 역할과 입지로 입증되고 있는지도 모른다.

나혜심 · 성균관대학교 동아시아역사연구소 선임연구원

〈참고문헌〉

• 황정미, 〈'이주의 여성화' 현상과 한국 내 결혼 이주에 대한 이론적 고찰〉, 《페미니즘연구》 9(2), 2009.

• 기계형, 〈젠더의 시각으로 본 중앙아시아 고려인 이주: 우즈베키스탄 고려인 여성의 행위자로서의 경험과 역사적 기억을 중심으로〉, 《역사학보》 212, 2011.

• 임희록, 〈전쟁, 그리고 식민지 조선의 일본인 여성〉, 《다문화콘텐츠연구》 41, 2022.

• 나혜심, 〈독일제국(1871~1918)의 식민지 경영과 인력 동원: 여성 역할을 중심으로〉, 《역사연구》 45, 2022.

5

자전거, 바지 그리고 여성 해방

여성의 유별난 스포츠, 자전거

영미권 자전거의 역사는 몇 단계를 거친다. 현대식 자전거의 진정한
출발로 여겨지는 1870년대 '오디너리 자전거ordinary bicycle'와 1880년
대 후반 '세이프티 자전거safety bicycle'가 출현하면서 1890년대 들어
전성기를 맞이한다. 여성도 근대적 자전거가 등장하고 얼마 지나지
않아 자전거를 타기 시작했다. 19세기 후반, 건강을 중시하는 분위기
속에서 부와 세력이 증가한 중산층 여성도 운동뿐 아니라 심부름이나
친구 방문 등 일상생활에서 자전거를 이용했다. 더욱이 자전거는 여
성의 사회생활에서도 중요한 부분이 되었다. 여성 사이클 클럽이 대

거 생겨나 자전거를 통한 모임도 활발히 이루어졌다.

하지만 말도 많고 탈도 많았다. 자전거는 여러모로 새로운 스포츠였기 때문이다. 신문물이라는 기술적인 차원에서도 그렇지만 무엇보다 공간과 이동성 차원에서 남달랐다. 19세기 중·후반에는 상류층뿐아니라 중산층 여성까지 승마를 비롯해 크로켓, 양궁, 테니스 등 다양한 스포츠를 여가 활동으로 즐기기 시작했지만, 이는 사실 운동을 위한 장소가 별도로 정해져 있고 관계자가 아닌 사람과는 거의 접촉이 없는 그들만의 리그일 뿐이었다. 그러나 자전거 타기는 이런 운동과 달리 공원과 길거리 같은 공공장소에서 이루어졌기에, 남의 눈에 띄지 않은 채 실행하기 어려운 활동이었다.

또한 자전거는 유행 의상을 입고서는 타기가 상당히 어렵다는 점에서도 이전 스포츠와 크게 달랐다. 당시 중·상류층이 즐긴 스포츠는 운동보다 사교 활동이 주목적이었기에 꼭 죄는 코르셋과 길고 풍성한 스커트, 커다란 모자 등 패션의 기준인 사교계 여성복을 갖춰야 했다. 그런데 자전거는 다른 운동과 달리 기구를 움직여야 하는 탓에 더 활동적인 복장이 필요했고, 속도를 내거나 장거리를 달릴 때면 치마는 불편함을 넘어 위험했다. 이처럼 여성에게 사이클링은 공원과 도로 같은 공공장소 및 "그에 걸맞은" 복장이 필요한 이례적인 스포츠였고, 그래서 일반 대중의 시선을 끈 유별난 활동이었다.

따라서 여성이 거리에서 자전거를 탄다는 사실 자체가 처음부터 따가운 눈총을 받고 입방아에 오를 일이었다. 그러나 자전거 타는 여성의 급증이 보여 주듯이, "여성답지 못하다"는 이들에 대한 비판과 길거리에서의 공격은 여성이 자전거 타는 것을 거의 막지 못했다. 그리고 1890년대 중반에 이르면 여성이 자전거를 탔다고 호텔 출입을 거부당하거나 경찰의 제재를 받은 것은 아니었다. 그런데 치마가 아닌 바지를 입었다면 이야기가 완전히 달라졌다. 100여 년 전에 여성이 자전거를 탄다는 것, 특히 '바지를 입고' 탄다는 것은 과연 어떤 의미였을까?

자전거 복장 논란

여성의 자전거 타기는 태생부터 복장 논란을 안고 있었다. 사이클은 다른 스포츠에 비해 옷의 제약이 훨씬 더 심했고, 일반 여성복은 거추장스러울 뿐 아니라 위험했던 탓이다. 점점 더 많은 여성이 자전거를 즐기게 되면서 전통적인 여성복이 얼마나 사이클링에 맞지 않는지 여실히 드러났다. 단적으로, 땅에 끌리는 긴 치마는 여성 자전거 사고의 주요 원인이었다. 자전거 바퀴나 페달에 치마가 끼거나 바람에 뒤집힌 치마가 앞을 가려 일어난 경우가 다반사였다.

이런 문제에 대한 명쾌한 해결책은 '합리적 의복rational dress', 즉 편리하고 편안한 바지류의 옷을 입는 것이었다. 사실 자전거 열풍이 불기 한참 전부터, 여성의 몸을 구속하고 해치는 코르셋과 유행복을 비판하고 실용적인 옷을 대안으로 제시하는 복식 개혁운동이 전개되고 있었다.

복식 개혁가들이 내세운 대표적인 개혁 의복은 블루머bloomers와 치마바지divided skirts, 펌프바지pump trousers, 니커보커스knickerbockers 같은 여성용 바지였다. 하지만 남성성과 권력을 뜻하는 '바지'의 상징성 때문에 심한 비난과 반격에 부딪혀 여성 일상복의 개혁이라는 대의의 실현은 고전을 면치 못하고 있었다. 그나마 체조와 체육을 비롯한 여러 운동에서는 스포츠의 특성과 활동 공간의 예외성으로 인해 '합리적 복식'이 어느 정도 수용될 여지가 있었다. 이런 와중에 여성들 사이에서 자전거가 인기를 끌면서 여성복 개혁 논의가 다시 활기를 되찾기 시작했다.

그런데 문제는 당시 여성 패션은 의복을 여성의 몸에 맞추는 것이 아니라 그 반대였던 탓에 이 '합리적' 해결책은 전혀 합리적으로 인정받지 못했다. 여성은 자전거를 탈 때조차 활동성과는 거리가 멀지만 "여성에게 가장 적합하다"는 화려한 드레스를 입도록 요구받았고, 이를 거부한 여성은 비웃음뿐 아니라 질책과 비난, 심지어 폭력까지 감수해야 했다. 말하자면, 여성의 패션은 패션 그 이상이었다.

1890년대 중반 자전거를 타는 여성이 급격히 늘어나자 집중포화는 이제 자전거에서 자전거 복장으로 본격 이동했다. 자전거 타는 여성을 풍자하는 만화의 중심 주제도 자전거 그 자체가 아니라 남성 복장을 하고 남성처럼 행동하는 여성이었다. 이에 자전거를 탈 때 합리적 복장은 치마와는 다른 이유에서 위험했다. 예를 들어, 《클라리온 *Clarion*》에서 '스윕슈어Swiftsure'라는 필자는 여성 혼자 자전거를 타는 것을 만류했는데, 혼자 타는 것은 치마를 입었을 때도 위험할 수 있지만 "남자 동료가 없다면 합리적 복장 차림으로 자전거를 타는 것은 더욱 위험하다"고 설명한다. 그도 그럴 것이 운이 나쁘면 돌팔매를 맞을 수도 있었기 때문이다. 일부 지역에서는 이런 돌발적인 공격 이외에도 복장법 위반이나 풍기문란죄로 공권력의 제재를 받기도 했다.

어떻게 이런 일이 벌어질 수 있었을까. 합리적 복장을 하고 자전거를 탄 여성은 실제로 전통적인 성역할에 도전하고 젠더 규범을 위반했기 때문이다. 바지 형태의 개혁 의상은 19세기 중엽 처음 등장할 때부터 "여성스럽지 않고 품위가 없는 옷"으로 치부되고 노골적인 혐오 대상이 되었다. 그 근저에는 바지를 입은 여성은 여성성을 버리고 남성권력을 넘보는 '젠더 질서의 파괴자'라는 우려가 놓여 있었다. 치마는 여성성과 동의어였기 때문에 치마를 벗는다는 것은 가정이라는 여성의 '본분'을 내던진다는 의미였다. 더욱이 여성이 자전거를 탄다는 말은 남성의 영역인 공적 공간을 자유로이 넘나든다는 것을 뜻했으니, 바지를 입고 자전거를 타는 여성에게는 저항과 해방이라는 '신여성' 혹은 '페미니스트'란 딱지까지 붙으며 이런 두려움은 한층 더 가중될 수밖에 없었다.

여성의 대응과 전략

그렇다면 자전거 복장 논란 속에서 여성들은 어떤 선택을 했을까. 표면적으로 보면, 많은 여성은 여전히 치마를 입고 자전거를 탔고, 합리적 복장을 택했던 여성조차 다시 치마로 돌아갔던 것으로 보인다. 하지만 치마를 고집하거나 바지를 포기한 경우가 많다고 해서 여성 사이클리스트가 기존 젠더 이데올로기를 무조건 수용하거나 지지했다고 보기는 어렵다. 사실, 자전거를 탄 여성과 이 여성을 지지한 쪽의 주장

및 대응은 폭넓은 스펙트럼 속에서 제각각 결이 달랐다.

우선, '합리적 복장' 자체에 대한 논란과 반격이 상당했음을 감안해야 한다. '합리적 복장'을 한 여성 사이클리스트에 대한 심한 비난과 공격 탓에, 바지를 입을 때보다 오히려 치마를 입을 때 더 안전할 수 있다는 '웃픈' 역설이 만들어졌다. 예를 들어, 1898년 마가렛 발렌타인 르 롱Margaret Valentine Le Long은 시카고에서 샌프란시스코까지 홀로 긴 자전거 여행을 떠났을 때 줄곧 "친절하고 예의 바른 대우"를 받았는데, 그 이유가 "치마를 입었기 때문"이라고 확신했다. 말하자면, 여성은 자전거를 탈 때 몸이 편할지 마음이 편할지를 결정해야 하는 딜레마에 처한 셈이었다.

게다가 그 복장을 둘러싼 논란의 규모 역시 상당해, 자전거 타는 여성을 지지하는 사람들 사이에서도 분란이 일었다. 모든 합리적 복장을 거부한 이들부터 남성용 바지와 다름없는 니커보커스에만 반대한 사람까지 여기서도 논의의 수위는 다채로웠다. 합리적 의복에 비판적인 여성 사이클리스트나 그 지지자들은 복식 개혁을 비판하는 여느 사람들과 마찬가지로 그런 옷이 품위 없고 여성스럽지 않다는 점을 크게 우려했다. 바로 이 점이 많은 여성이 자전거를 타면서도 불편한 치마를 고수한 결정적인 이유일 것이다.

자전거를 타든 아니든 여성, 특히 중·상류층 여성은 언제나 여성스러운 품위와 덕성, 아름다운 외모를 유지해야 한다는 무언의 압력을 받았다. 더군다나 자전거를 탄다는 것은 공공장소에 모습을 드러내는 일이니, 품위 유지는 더더욱 필수사항이었다. 그래서 합리적 복장 차림의 여성은 '약간의 편리함'을 얻는 대신 '엄청난 품위와 존경'

을 상실했다는 지탄을 받을 수 있었다.

하지만 여성 사이클리스트가 자의든 타의든 치마를 입는다고 해서 이들이 전적으로 당대의 젠더 규범을 수동적으로 따르기만 한 것이라고 해석할 필요는 없다. 역으로 자전거를 안전하게 타기 위한 하나의 전략일 수도 있었다. 자전거를 탈 때 여성의 외양을 중시한 이들 중 상당수는 우아한 외모가 자전거 타는 여성에 비판적인 대중을 설득할 중요한 수단이라고 생각했다. 여성 자전거 지지자들은 전통적인 여성 규범을 전유하여 여성의 사이클링을 대중이 수용할 만한 관행으로 만들고자 했다. 이는 '품위 있는' 여성과 '품위 없는' 여성이라는 이분법 어디에도 속하지 않는 새로운 여성성을 창출한 이들로도 충분히 읽힌다.

여성용 자전거복 광고.

끝으로 어떠한 비난과 공격 속에서도, 합리적 복장을 하고 자전거를 탄 용감한 여성들이 있었다는 사실도 당연히 언급되어야 한다. 이들은 자전거 복장 논란에 대한 대응자 중 가장 급진적인 스펙트럼에 속할 것이다. 한 여성 사이클리스트는 "여성은 운 좋게도 팔은 따로 해서 입는 것이 허용되었는데, 두 다리는 왜 그렇게 입으면 안 되는지 도대체 이해할 수 없다"며 여성용 바지를 인정하지 않는 세태를 비꼬고, "어떤 대가를 치르더라도 치마를 벗어 버릴 날을 학수고대한다"고 말한다. 일부 여성은 합리적 복장에 대한 강한 편견에 정면으로 맞서기보다는 전략적 선택을 하기도 했다. 1896년 《여성 사이클리스트 *The Lady Cyclist*》에 글을 기고한 셀윈 에쥐Selwyn F. Edge가 자전거를 탈 때 어떤 옷을 입느냐는 질문에 "시내에서 탈 때는 치마, 진짜 자전거를 탈 때는 합리적 의복"이라고 답한 것처럼, 일부 여성은 장소에 따라 옷을 달리 입거나 바지 위에 치마를 걸치기도 했다.

여하튼, 용기 있게 합리적 차림으로 자전거를 탄 여성 중 대다수는 복식 개혁을 열렬히 지지하는 사람들이었다. 복식 개혁가에게 자전거는 어떤 스포츠보다 활동성과 이동성을 담보했기에, 복식 개혁의 대의를 설득하고 개혁복을 홍보할 중요한 장이 될 수 있었다. 1892년 영국 최초의 여성자전거협회Lady Cyclists' Association를 창립한 릴리아스 데이비슨Lillias Campbell Davidson은 합리적 복장의 여성들이 전국을 돌며 장기간 자전거 투어를 할 수 있다면 새로운 의상이 치마만큼이나 곧 인기를 끌 것이라고 주장했다.

1898년 설립된 여성복 개혁단체 '합리주의복식연맹Rational Dress League'의 주요 활동은 자전거를 탈 때 여성이 합리적 의복을 입도록 하는 것이었다. 물론 복식 개혁운동은 자전거 복장에만 한정된 것은 아니었다. 이 연맹을 주도한 플로렌스 허버튼Florence Wallace Harberton이 가정부와 요리사, 가정주부에게도 합리적 의복을 적극적으로 추천했듯이, 그 운동의 궁극적인 목적은 가능한 한 널리 합리적 복장을 노출하여 복식 개혁에 대한 편견을 깨 나가는 것이었다. 여기서 자전거 복장이 그 출발점이자 발판 역할을 했다. 이처럼 합리적 복장을 하고 자전거를 탄 여성들은 자전거를 통해서뿐 아니라 일상에서도 개혁 의상을 홍보함으로써 복식 개혁의 저변을 넓히는 노력을 경주해 갔다.

요컨대, 1890년대 자전거가 대유행하던 시기에 여성의 자전거 복장은 여전히 치마가 주를 이루었지만, 어떤 이는 '신여성'의 상징인 자전거를 사회적으로 '안전하게' 타기 위해 치마를 입었고, 또 다른 이는 여성에게 이동의 자유를 주는 자전거를 더 널리 알리기 위한 목적으로 품위와 명예를 담보한다는 기존 여성복을 내세웠다. 자전거를 더 많이 타기 위해 혹은 더 많은 여성이 자전거를 탈 수 있도록, 전통적인 젠더 이데올로기를 교묘히 활용했던 것이다.

그리고 소수지만 합리적 의복을 끝까지 포기하지 않은 여성도 있었다. 이들은 자전거를 발판으로 개혁 복식을 대중화하고 여성의 영역을 확대하려는 대의를 지향했다. 여성에게 전에 없는 이동성과 활동성을 부여한 자전거와 이 자전거를 통해 여성의 몸을 해방하는 '자유의 옷'을 홍보한 복식 개혁가의 목표를 고려하면, 합리적 복장으로 자전거를 탄 여성이 비율상 소수일지라도 탈코르셋 운동 역사의 출발점에서 적지 않은 의미가 있다.

배혜정·부산대 사학과 조교수

〈참고문헌〉

• 배혜정, 〈여성, 바지를 입다: 빅토리아기 합리주의 복식 개혁운동〉, 《역사와 경계》 117, 2020.

• Swanwick, Helena M., *I Have Been Young*, London: V. Gollancz, 1935.

• Rubinstein, David, "Cycling in the 1890's", *Victorian Studies* 21, no. 1, 1977.

• Cunningham, Patricia A., *Reforming Women's Fashion, 1850~1920*, Kent & London: The Kent State University Press, 2003.

• Cohn, Caitlin S., "Wheelwomen: Women's Dress in a Transatlantic Cycling Culture, 1868~1900", Ph. D. dissertation, University of Minnesota Design, 2016.

6

노예 실리아의 주인 살해와
여성 노예의 저항

미국 노예제 아래 흑인 여성에 대한 성적 착취

노예제는 흑인도 백인도 기억하고 싶지 않은, 미국 역사에서 가장 부끄럽고 치욕스러운 역사다. 특히 노예제 아래 지속된 흑인 여성에 대한 성적 착취는 사소한 일상의 문화나 남성 개인의 일탈로 결코 축소될 수 없는 중범죄였다. 그럼에도 불구하고 백인 남성이 '흑인'과 '여성' 모두를 복종시키려는 방편으로 흑인 여성에 대한 성적 착취를 활용했다는 사실은 그다지 알려지지 않은 사실이다. 여성학자 달린 클락 하인Darlene Clark Hine은 "흑인 여성사에서 가장 주목할 만한 주제이자 분석이 필요한 중차대한 주제"가 노예제 아래 "성폭력"이라고 언급하면서 성적 착취를 정치적 행위로 인식하여 주요 연구 주제로 삼아야 한다고 강조했다. 흑인 여성에 대한 성적 착취를 둘러싼 이해관계가 노예제 아래 젠더관계의 핵심을 드러내기 때문이다.

이 글에서는 1855년 실리아Celia 재판을 중심으로, 노예제라는 참혹한 제도가 흑인 여성에게 가한 말로 표현할 수도 없고 말로 표현되지도 않는 폭력과 고통의 현장을 증언하려 한다. 노예로 살아간 대다수 개인의 이야기는 역사 속 기록에 등장하지 않는다. 노예 실리아 이야기는 공식 기록에서 배제된 흑인 여성이 남긴 흔적이기에 희귀하고 가치 있다. 실리아 재판은 노예제도 아래서 흑인 여성 노예가 흑인 남성과 다른 방식으로 어떻게 저항하며 생존하고자 했는지 드러내는 소중한 자취다. 나아가 남북전쟁 이전 남부의 상황을 이해하고 노예제를 여성사적 관점에서 바라볼 중요한 역사적 사례다.

1855년 노예 실리아 재판

1850년 60대의 홀아비 로버트 뉴섬Robert Newsom은 미주리주 오드레인 카운티Audrain county 노예 시장에서 14세의 노예 실리아를 구입했다. 1년 전쯤 사별한 아내를 대신해 집안일을 돕기 위해 구입한 가사 노예라고 말했지만 사실상 성적 파트너가 필요했던 듯하다. 노예 시장에서 실리아를 사서 농장으로 돌아오던 첫날 뉴섬은 그녀를 처음 강간했다. 향후 5년 이상 그는 실리아의 오두막을 정기적으로 방문했고 때로는 그녀의 동의하에, 때로는 강제로 성을 착취했다. 그동안 실리아는 두 아이 비나와 제인을 낳았다. 실리아는 아이들의 아버지가 뉴섬이라고 말했다.

1850년 인구조사 기록에 따르면 뉴섬의 농장에는 실리아 외 5명의 남자 노예가 있었다. 이들은 노예 막사에서 공동 거주했다. 하지만 실리아는 예외였다. 주인집에서 "60걸음쯤 떨어진" 별채에서 두 아이와 생활했다. 이 별채는 뉴섬 가족이 기거하는 본채 뒤편 체리나무와 배나무가 우거진 숲속에 자리 잡고 있었다. 벽돌로 지어진 단층 건물로 큼지막한 굴뚝과 벽난로는 물론 재받이돌까지 갖춘 집은 노예 숙소와 비교할 때 실로 초호화판이라 할 만했다. 법정 증언에 따르면 주인이 실리아에게 특별히 마련해 준 단독 거처였다. 명목상 집안일을 돕는 하녀에게 기대 이상의 물질적 보상이 제공된 이유는 그녀와 주인과의 특수한 관계 때문이었다. 뉴섬은 실리아와 집안 남성들 간 접촉을 차단하려고 꽤 신경을 썼던 것으로 보인다.

사건 발생 일 년 전쯤인 1854년 실리아는 뉴섬 소유 노예 중 조지와 교제를 시작했다. 실리아와 뉴섬의 관계에 조지가 얼마나 격분했을지 짐작 가능하다. 사랑하는 이를 지킬 수 없는 막막한 상황은 노예제가 낳은 가장 잔혹한 비극 중 하나였을 것이다. 그러다가 1855년 2월경 실리아가 셋째를 임신했다. 아이의 아버지가 누구인지 기록에는 남아 있지 않다. 주인 뉴섬이거나 연인 조지였을 것이다. 이 무렵 조지는 실리아에게 뉴섬과의 관계 정리를 종용하며 둘 중 한 사람을 택하라고 강요했다. 기실 조지의 입장 또한 이해 가능하다. 조지에게 실리아는 연인 혹은 아내였을지 모르겠다.

하지만 그가 뉴섬의 만행을 중단시킬 수는 없었다. 주인에게 항명한 흑인 남성의 결말은 참담했다. 그렇다고 실리아와 주인의 관계를 그저 지켜볼 수만도 없었다. 주인을 막지 못하는 무기력과 남자의 자존심이 조지를 극한으로 몰아갔다. 조지는 실리아에게 "그 노인과 관계를 끝내지 않으면 끝"이라고 일방적으로 통보했다.

조지의 최후통첩 직후 실리아는 뉴섬과의 관계 청산을 본격 강구하기 시작한다. 처음에는 뉴섬의 딸들에게 도움을 청했다. 제발 아버지를 말려 달라고 간절하게 호소했다. 두 딸은 아마 아버지와 실리아의 관계를 눈치챘을 것이다. 5년 동안 관계가 지속되었기에 뉴섬 집안같이 소규모 농장에서 둘의 관계를 숨기기는 쉽지 않았을 것이다. 막내딸 메리가 실리아와 같은 또래였고 큰딸 버지니아는 실리아처럼 아이를 키우는 엄마였지만, 세 여성 사이에 유대관계, 혹은 특별한 교류가 있었을 가능성은 희박하다. 노예와 주인이라는 신분 차이는 차치하고라도 아버지 뉴섬과 실리아의 특별한 관계가 세 여성의 유대 형성을 방해했을 것이다.

남부 가부장제 사회에서 백인 여성은 법적으로든 경제적으로든 남성의 권위에 절대복종해야 했다. 딸들이 실리아 편에서 아버지의 만행을 중단시키고자 개입하기는 극히 어려웠을 것이다. 노예제가 빚어낸 가장 오래된, 그리고 가장 고통스러운 도덕적 딜레마가 이들 앞에 놓였다. 아무런 조치도 취하지 않는다는 것은 아버지의 성폭력을 계속 방관하는 것이었다. 그렇다고 아버지에게 맞선다면 일상적 평온과 행복을 포기하겠다는 의미였다.

도덕적 딜레마 앞에서 대다수 남부 대농장 여성들은 음탕한 여자 노예가 아버지를 유혹했다고 손쉽게 상황을 합리화하곤 했다. 그리고 여자 노예를 향해 엉뚱한 분노와 적의를 표출했다. 이런 인식 속에 흑인 여성은 성적으로 난잡하다는 남부의 통념이 상당 부분 작동했다. 흑인 남성 노예마저도 흑인 여성은 "욕정이 가득하다"고 믿을 정도였다.

두 딸이 아버지의 만행을 알면서도 침묵한 것은 노예가 성적 착취로 고통받는 인간이라는 사실을 백인 여성들이 인정하지 않았던 역사적 상황을 짐작하게 한다. 백인 여성의 입장에서 실리아 같은 흑인 노예의 편을 드는 것은 아버지, 남편, 오빠나 동생이 성폭행범임을 시인하는 셈이었다. 그래서였을까. 두 딸은 법정에서도 아버지가 실리아를 성폭행했다는 사실을 끝내 확인해 주지 않았다.

누구의 도움도 기대할 수 없었던 실리아는 6월이 되자 결단을 내린다. 뉴섬에게 강간을 멈추지 않는다면 그를 해칠 것이라고 직접 경고했다. 이 경고는 그녀가 뉴섬과의 관계 중단을 얼마나 절박하게 원했는지 잘 드러낸다. 뉴섬에게 맞선다면 자신의 안위는 물론이고 두 아이와 태아까지 위험할 것이 분명했기 때문이다. 그러나 1855년 6월 23일 오후 뉴섬은 실리아에게 밤에 별채로 건너가겠다고 통보했다. 그날 밤 뉴섬이 오자 실리아는 몽둥이로 그의 머리를 내리쳤다. 뉴섬은 즉사했다.

실리아가 이후 취한 행동은 그녀가 처한 막다른 상황을 보여 주지만, 다른 한편 사건 당일 진실에 대한 의혹을 남긴다. 법정 기록에 따르면 뉴섬 사망 후 그녀는 한동안 넋을 놓고 있었다. 그러다 시체를 태워 버려야겠다고 결심했다. 동트기 직전까지 시체를 소각한 실리아는 미처 다 태우지 못한 뼈들을 빻고 더 부서지지 않는 단단한 뼈들은 집안에 급히 숨겨 뒷수습을 했다.

오전이 다 가도록 아버지가 보이지 않자 딸들은 걱정이 되었다. 이웃의 도움을 받아 아버지를 찾아 나섰고 온 마을을 샅샅이 뒤졌다. 로버트 뉴섬의 행방이 묘연하자 최악의 상황이 우려되기 시작했다. 수색대는 방법을 바꿔 뉴섬의 소재를 알고 있을 법한 인물을 취조하기로 했다. 첫 번째 대상은 노예 조지였다. 발뺌하던 조지는 "뉴섬이 마지막으로 걸었던 길이 저 길"이라며 본채에서 별채로 향하는 길을 가리켰다. 그렇다면 조지는 어떻게 뉴섬의 소재를 알고 있었을까. 사건 이후 그가 실리아에게서 어떤 언질을 들었거나 어쩌면 살인 현장에 함께 있었다는 추론이 가능하다. 사람들은 실리아 별채 벽난로의 잿더미 속에서 뉴섬의 잔해로 추정되는 뼛조각, 타다 남은 혁대 버클, 주머니칼의 손잡이 등을 찾아냈다. 유가족들은 이 증거를 토대로 법적 절차를 밟았다.

법정에서는 조지의 공모 여부가 쟁점이 되었다. 정황상 실리아의 단독 범행일 가능성이 희박했기 때문이다. 변호인 측 증인 의사 제임

노예제 폐지를 주장한 주간신문
《해방자*Liberator*》에 실린 포스터(1832).

스 마틴의 소견에 따르면 밤 10시부터 동트기 직전까지 약 5~6시간 이내에 성인 남성의 시체를 벽난로에서 소각하려면 엄청난 고열이 필요했다. 실리아는 임신한 상태였다. 법정에서 그녀는 불 속에 시체를 넣고 시체를 태울 만큼 충분한 장작을 계속 넣었으며 끝내 타지 않은 뼈들을 골라내 무거운 물체로 산산조각 냈다고 주장했다. 하지만 건강한 여자라 할지라도 이 일을 혼자 해내기엔 힘에 부쳤다. 게다가 사건 당시 두 아이가 별채에 있었다는 실리아의 증언도 상당히 미심쩍었다. 시체를 소각하는 데서 뿜어 나오는 고열, 살을 태우는 악취, 자욱한 연기가 가득한 별채에서 아이 둘을 밤새도록 건사했다니. 조지가 직접 살인에 가담했거나 시체 처리에 가담했을 가능성에 자연스레 무게가 실렸다.

하지만 실리아는 의연했다. 뉴섬을 어떻게 살해했는지, 누가 공모했는지 수차례 협박과 회유가 있었지만 한 치 흔들림 없이 단독 범행임을 일관되게 주장했다. 그녀는 백인 사회가 원하는 대답을 끝내 내놓지 않았다. 조지가 쉽게 백기를 든 것과 사뭇 대조적인 모습이었다. 실리아는 백인 중심의 각본대로 움직이기를 거부한 채 강인한 의지를 꺾지 않았다. 일간지 《풀턴 텔레그래프*Fulton Telegraph*》의 보도에 따르면 실리아 사형 집행 전날 밤, 한 차례 추가 심문이 진행되었다. 가부장적 남부 백인 사회는 일개 여자 노예 따위가 주체적 결정을 내려 주인을 살인했다는 주장을 도저히 납득할 수 없었다. 죽음을 목전에 둔 나약한 여자가 진실을 털어놓을 것이라 예측했을지도 모른다. 하지만 그녀는 끝내 타협하지 않았다. 그리고 왜 주인을 살해했느냐는 질문에 "내 몸 속으로 악마가 들어왔다"며 절규했다. 그녀가 얼마나 참담한 극한의 고통을 겪어야 했는지, 뉴섬을 얼마나 증오했는지 상징적으로 드러낸 이 외침은 노예 실리아가 인간임을 다시 한번 천명한 것이었다.

실리아가 보여 준 강단 있는 모습은 백인 사회의 심기를 대단히 불편하게 만들었다. 남부 사법부는 그녀의 의연한 모습을 중죄를 저지른 흉악범의 극악무도한 본성 표출이라며 비난했다. 시종일관 당당한 태도는 가부장적 젠더 규범을 벗어난 반여성적 면모로 취급되었다. 용기, 권위, 명분까지 갖춘 여자 노예의 모습을 남부 백인 사회는 결단코 용서할 수 없었을 것이다.

실리아 사건 이후 남부에서 여자 노예에 대한 성폭행 문제는 뜨거운 논란거리가 되었다. 지각 있는 일부 노예제 찬성론자들은 이 사안이 노예제 존폐 논쟁에서 전국의 여론을 좌우할 만큼 민감한 문제임을 직감했다. 이들은 여자 노예를 성폭행한 자들을 엄중 처벌하고 나아가 흑인 여성을 일정 정도 보호하는 법안을 제정하자고 촉구했다. 하지만 남부는 이 제안을 끝내 진지하게 받아들이지 않았다.

흑인 여성 노예의 저항과 의미

실리아 사건은 노예제 아래서 일상의 폭력을 종식시키기 위해 또 다른 폭력으로 저항해야 했던 흑인 여성들의 흔적을 드러낸다. 노예제 시기 출간된 여성 노예들의 기록과 구술 증언들은 남부 전역에서 흑인 여성 노예에 대한 성적 착취가 얼마나 만연했는지 증언한다.

사실상 미국 노예제 시기 백인들은 흑인에게 성도덕이란 것은 존재하지 않는다고 믿었다. 이런 인종주의적 통념이 지배하는 사회에서 흑인 여성은 백인 여성이 응당 누리는 법적 보호를 주장할 수 없었다. 그럼에도 흑인 여성은 성적 착취에 맞서 다양한 저항전략을 개발해 냈다. 임신 중단, 자식 살해와 같은 방식으로 노예제를 유지하는 데 필수적인 재생산을 거부하거나 실리아처럼 노예주나 감독관을 직접 살해하는 극단적 방법을 선택하기도 했다.

타인의 목숨을 빼앗는 최후의 결단은 노예제 아래서 '산송장'으로 살아갈 수밖에 없는 이들이 불가피하게 택한 행동이면서도 명백히 주체적인 결정으로 이해될 수 있다. 그러한 극단적인 저항전략은 '문자'를 통한 기록 수단을 갖지 못한 흑인 여성이 자신의 역사를 몸으로 드러낸 기록이기도 하다.

지배집단에 착취당하는 '고통스런 삶'을 끝내기 위한 항거로 실리아의 선택과 행동을 해석할 때, 이 작업은 기존 지배집단이 주도해 온 흑인 여성사와는 오롯이 다른 기록이요 역사가 될 것이다.

김인선·부산대학교 여성연구소 조교수

〈참고문헌〉

• 김인선, 〈미국 노예제 시기 흑인 여성 노예에 대한 성적 착취: 흑인 여성의 섹슈얼리티, 저항, 생존전략을 중심으로〉, 《미국사연구》 41, 한국미국사학회, 2015.
• _____, 〈흑인 노예의 주인 살해와 대항폭력: 1855년 노예 실리아 사건을 중심으로〉, 《미국사연구》 45, 한국미국사학회, 2017.
• 해리엇 제이콥스, 이재희 옮김, 《린다 브렌트 이야기: 어느 흑인 노예 소녀의 자서전》, 뿌리와이파리, 2011.
• 토니 모리슨, 김선형 옮김, 《빌러비드》, 들녘, 2003.

7

여성사와 동물사의 만남
─종차를 넘는 정의를 향해

동물로의 전환

여성은 왜 남성보다 동물에 더 공감하고 동물 해방에 더 많은 관심을
보이는가? 이런 질문은 분명 불편하게 들릴 것이다. '보살피는 여성
성'과 '난폭한 남성성'이라는 스테레오타입을 안이하게 전제하기 때
문이다. 하지만 길고양이를 돌보고 동물권운동에 헌신하는 여성이 남
성보다 월등히 많은 것도 사실이다. 본질주의적 선입견의 함정을 경
계하면서, 동물과 여성의 관계에 대해 어떤 의미 있는 질문을 던져야
할까?

　피터 싱어의 《동물 해방》과 톰 레건의 《동물권 옹호》 이후 '동물로

의 전환Animal Turn'이라 불릴 만큼, 동물권과 동물 해방에 관한 관심이 높아졌다. 다종다양한 비인간 동물의 생태와 역량은 인간이 미처 다 알지 못하는 영역이라는 자각도 높아졌다. 이제 인간은 겨우 동물 앞에 겸손해지기 시작한 것이다. 동물사 연구와 동물 연구의 최대 업적은 인간 곁에는 언제나 동물이 존재했으며 그런 의미에서 인간사는 인간과 동물이 공진화해 온 역사임을 밝혔다는 데 있다.

인류 역사에서 동물을 인식하는 방식, 동물과 관계 맺는 방식은 인간이 자신을 보는 관점과 관련되는 근본적인 요소였다. 인간과 동물의 얽힌 역사가 얼마나 오래되었는지는 동굴벽화 같은 원시예술과 토테미즘 종교, 어떤 문화권에든 존재하는 동물과 관련된 수많은 언어 표현만을 떠올려 봐도 쉽게 짐작할 수 있다. 공시적으로 보아도 인류는 인간종만이 살아가는 세계에 살고 있지 않다. 반려동물 문화, 동물원, 멸종 동물과 야생동물보호센터, 공장식 축산업, 도축과 식육 시장 등을 떠올리면 인간 사회가 사실상 다종공동체 사회라는 사실을 깨닫기란 어렵지 않다.

여성운동의 흐름에서는 18세기 자유주의 페미니즘부터 20세기 래디컬페미니즘, 에코페미니즘에 이르기까지 종 간 정의와 동물 해방과 관련해 다양한 논의를 전개해 왔다. 여성과 페미니즘의 동물에 대한 관심은 어떤 역사적 맥락에서 나온 것이며, 어떤 언어로 표출되었는가? 이 글에서는 여성과 동물이 공통으로 겪고 있는 혐오와 차별의 공통구조에 대한 인식에서 출발한 19세기 동물보호운동과 생체해부 반대운동을 살펴보면서 여성과 동물, 인간과 동물의 관계 맺음에 대해 질문을 던져 보고자 한다.

여성 혐오와 동물 혐오

여성과 유색인과 하층민이 인간의 범주에서 배제되었다가 점차 포함되는 과정에서 성차별, 인종차별, 계급차별의 구조가 명확히 드러났던 것처럼, 동물을 젠더, 인종, 계급과 함께 차별구조 분석에서 고려해야 할 범주로 사고하게 되면 '종차별주의speciesism'가 시야에 들어온다. 종차별주의는 성차별주의, 인종차별주의, 계급차별주의와 교차하며 복합혐오와 복합차별을 낳는다. 백인우월주의에 의한 인종 혐오는 흑인과 아시아인을 인간 이하의 존재로 동물화했다. 계급 문제에 있어서도 엘리트 지배층은 하층민을 동물의 '무리'로 재현해 비인간화함으로써 대중의 불온함을 경계했다. 영국의 보수주의자 에드먼드 버크는 프랑스혁명의 군중을 향해 "돼지와 같은 대중"이라고 개탄한 바 있다.

종차별주의는 성차별주의만큼이나 역사가 오래다. 피터 싱어와 함께 《죽음의 밥상》을 쓴 동물해방운동가 짐 메이슨은 '동물 혐오misothery'라는 개념을 창안해 동물과 자연을 사악하고, 잔인한 것으로 경멸해 온 서구의 인간 우월성과 인간 지배 문화를 비판한다. 동물 혐오 개념은 '여성 혐오misogyny'에서 영감을 받은 것으로, 메이슨은 동물과 여성을 향한 비하와 멸시가 유사한 메커니즘을 갖는다고 간파했다. 여성을 폄하하고 남성 아래 놓음으로써 가부장제 억압의 역사가 전개됐던 것처럼, 동물을 인간 아래에 놓음으로써 동물과 인간이 맺어 온 공진화의 풍요로운 역사는 망각되었고 동물은 인간에게 종속되었다. 인간종 중심주의와 종차별주의는 동물 혐오를 먹고 자라났다.

동물보호운동의 폴리틱스

메리 울스턴크래프트가 《여성의 권리 옹호》(1792)에서 여성이 남성과 똑같이 이성을 가진 존재라고 주장했을 때, 한 익명의 저자가 《짐승의 권리 옹호》를 출판해 울스턴크래프트를 조롱했다. 아리스토텔레스 이래 불완전한 존재로 취급받고 인간과 짐승 사이의 잿빛 영역에 던져져 있던 피조물인 여성이 남성과 동등하다고 주장하기 위해 울스턴크래프트는 여성을 감정의 영역에서 이성의 영역으로 옮겨 왔고, 여성과 동물의 차이를 강조했다. 《짐승의 권리 옹호》의 저자는 철학자 토머스 테일러로 밝혀졌는데, 그는 여성에게 이성이 있다면 동물에게도 이성이 있어야 하는데 이런 결론은 불합리하기에 성립될 수 없다는 논리를 폈다.

테일러가 여성을 여전히 동물과 자연의 영역에 묶어 놓으려 했다면, 울스턴크래프트는 여성을 이성의 편으로 이동시키려 했다. 테일러가 전통적 이분법에 근거해 여성의 권리를 부정했다면, 울스턴크래프트는 '여성=감정', '남성=이성'의 이분법에서 여성의 위치를 남성과 같은 위치에 놓으려 한 것이었다. 그렇다면 동물은? 울스턴크래프트는 공교육에서 아동에게 동물에 대한 사랑을 가르쳐야 한다고 주장하고, 덫에 걸려 굶어죽은 새나 아픈 반려견에게 눈물을 흘리면서, 자신이 탄 마차를 끌며 혹사당하는 말은 모른 척하는 숙녀들의 모순을 꼬집었지만, 동물의 고통을 동물의 권리로 연결하는 데는 관심을 두지 않았다.

19세기 초 영국을 시작으로 유럽에서 본격적으로 시작된 동물보호운동은 동물에 대한 인간의 태도 변화를 반영했다. 동물과의 교감, 동물의 생명 존중은 고대부터 찾아볼 수 있지만, 근대 이후 인간이 '자연의 사다리'에서 우월한 위치를 차지한다고 확신하게 되면서 인간에게는 동물을 보살필 의무가 있다는 윤리적 태도가 본격적으로 등장했다. 동물보호운동은 동물을 자동기계로 보았던 데카르트주의 철학과 결별하고, 동물이 느끼는 고통을 통해 동물을 주체로 보는 길을 마련한 벤담의 영향을 받은 것이었다.

동물보호운동은 동물 학대 금지법 제정으로 하나의 결실을 보게 되는데, 법 제정의 동기로는 동물의 권리보다는 동물 학대가 인간성을 타락시킨다는 우려가 우선했다. 동물 학대 금지가 노동자와 하층민에 대한 사회적 통제와 분리되지 않았다는 점도 중요하다. 동물에 대한 폭력과 정치적 폭력의 동일시는 특히 프랑스에서 두드러졌다. 1848년 혁명의 소란 속에서 프랑스 최초의 동물보호법 제정이 논의되었다. 고통의 광경은 잔인성을 촉진하고, 피투성이 오락과 잔인함에 익숙한 어린이는 위험한 어른으로 자란다는 것이 1850년 프랑스 의회가 동물 학대를 금지하는 그라몽법the Grammont Law을 통과시킬 때의 논거였다.

영국에서는 일찍이 1822년 마틴법Martin's Act을 제정해 가축에 대한 학대를 금지했다. 골웨이 지역 하원의원 리처드 마틴이 추진한 이 법은 악의적이고 잔혹하게 말, 암말, 거세한 말, 노새, 당나귀, 황소, 젖소, 어린 암소, 거세한 수소, 양, 기타 소를 학대하거나 혹사했을 경우, 이를 벌금과 구금형이 가능한 동물 학대 범죄로 규정했다. 마틴법은 이후 동물 학대 방지법의 기틀을 마련했고 전 세계 유사한 법령에 영향을 미쳤다.

1824년 영국을 시작으로 19세기 중반 독일, 프랑스, 이탈리아, 네덜란드, 스위스, 미국 등 유럽 각국에서 동물보호협회가 창설됐다. 동물보호운동은 선구적인 영국 모델의 영향으로 시작됐지만 트랜스내셔널한 운동이었다. 동물보호주의자들은 곰 때리기, 닭 던지기, 닭싸움 같은 피 흘리는 오락에 쉽게 흥분하는 하층민을 통제하고, 동물에 대한 친절과 공감이라는 부르주아의 도덕을 전파하는 것이야말로 문명화라고 보았다. 국경을 넘는 교류와 활동을 통해 중·상류층의 사고방식과 행동인 도덕 감정을 사회 전반에 스며들게 하는 방법의 하나가 동물보호운동이었다.

생체해부 반대운동과 여성

1820~1850년대 초기 동물보호운동이 주로 하층민의 잔혹한 동물 학대를 통제하는 데 주력했던 반면 1870~1880년대 동물보호운동의 최대 이슈는 살아 있는 동물을 실험에 사용하는 생체해부를 반대하는 운동이었다. 생체해부 반대운동 역시 유럽 전역에서 전개되었다. 1885년 영국에만 15개, 스위스에 3개, 독일에 2개, 프랑스에 2개 생체해부 반대운동 단체가 있었고, 유럽 전체로는 26개 단체가 활동했다.

동물보호운동과 생체해부 반대운동 참여자 중에는 특히 여성이 많았다. 회원의 60~70퍼센트가 여성인 경우도 있었다. 당시로는 여성이 활동할 수 있는 공적 공간이 적었기 때문에 각종 자발적 사회단체가 여성의 세력화를 위한 공간으로 활용되었던 상황을 감안하면 동물 보호운동에서 여성의 존재감은 그리 놀라운 일은 아니다. 하지만 생체해부 반대운동의 경우, 여성이 수적으로 많이 참여했다는 사실만이 아니라 생체해부당하는 동물의 고통을 수술대 위에 묶인 여성의 고통과 동일시하고, 동물의 권리 없음에 빗대어 여성의 권리 박탈에 항의하는 운동과 연결되었다는 점이 중요하다. 특히 영국에서는 매춘여성으로 의심되는 여성에 대한 강제 검진을 통해 여성의 섹슈얼리티를 통제하고 성의 이중 기준을 정당화했던 1860년대 조세핀 버틀러의 전염병 방지법 캠페인의 유산을 이어받아, 다시 한번 여성의 몸에 대한 과학과 의학의 침범에 항의하는 언어를 생체해부 반대운동을 통해 얻고자 했다.

프란시스 파워 코브는 여성참정권운동, 결혼법 개정운동, 여성 고등교육 도입을 주장하며 영국 생체해부 반대운동을 이끈 페미니스트였다. 1870~1880년대 활발한 활동을 전개한 코브는 "온화한 척하지만 냉정하기 짝이 없는 과학자"가 의학 발전이라는 명분 아래 개, 고양이, 말 같은 동물을 실험에 동원하는 것은 "고문"에 불과하다고 맹렬히 비난했다. 코브는 육식과 모자 깃털을 포기하지 못해 빈축을 사기도 했지만, 식량과 같은 인간의 필요를 충족하기 위해 동물을 이용하는 것은 받아들일 수 있으나 동물에게 해부와 같은 불필요한 고통을 가해서는 안 된다고 목소리를 높였다. 그리고 잔인한 동물 생체해부 실험에 노출되었던 의과대학생이 어떻게 좋은 의사가 될 수 있겠느냐고 반문했다. 1883년 펴낸 팸플릿 〈어두운 곳에 빛을〉에서 코브는 프랑스의 생리학자 클로드 베르나르의 생체해부를 비판하며, 마취제를 쓰면 동물이 고통을 느끼지 않는다는 주장을 반박했다. 클로로 포름 같은 마취제, 아편 같은 마약, 큐라레 같은 독약이 동물 마취에 쓰이는데 이는 동물을 움직이지 못하게 하는 것이지 고통을 제거하는 것이 아니라는 것이다. 민첩하고 인도적으로 이뤄지는 외과 수술과 달리 생체해부는 칼날 아래 동물의 고통을 지연시킨 상태에서 낱낱이 전시하는 악덕이기 때문에 금지해야 마땅하다는 것이 코브의 주장이 었다.

생체해부 반대운동을 전개한 여성들은 여성참정권 투쟁에도 열심 이었으며, 수술대 위에 묶여 해부당하는 개를 보고는 브릭스턴 교도 소에서 단식 투쟁을 벌이다가 강제 급식을 당한 서프러제트를 연상하 고는 치를 떨었다. 생체해부당하는 실험동물의 고통과 출산의 고통에 몸부림치는 여성, 광기 치료를 위해 난소와 자궁을 척출당한 여성의 고통을 겹쳐 보았다. 이들에게 생체해부당한 동물은 곧 생체해부당한 여성을 의미했다.

생체해부 반대운동은 여성이 많이 참여했던 운동이지만 여성만의 운동은 아니었고, 남성 지지자와 남성 지도자도 함께였다. 정치 지형 에서도 자유주의부터 사회주의, 우생주의, 신지론에 이르기까지 다양 하고 상호 모순적이기까지 한 정치 이념이 혼재되어 있었다. 따라서 '남성 대 여성', '과학자 대 일반인' 같은 단순한 구분법으로 이 운동 의 실상을 포착하는 것은 불가능하다. 하지만 동물보호운동과 생체해 부 반대운동이 19세기 말 여성의 세력화에 한 계기를 제공했으며, 나 아가 인간과 동물의 관계에 근본적인 인식 전환의 계기를 마련했다는 사실만은 분명하다. 두 운동은 동물의 고통을 외면하지 않으며, 동물에게도 인정받아 마땅한 '요구'가 있고, 인간은 이를 외면하면 안 된다는 데까지 인식을 확장함으로써 인간종 중심주의에 균열을 낼 수 있었다. 19세기부터 현재까지 이어지고 있는 동물의 권리를 향한 관심과 논쟁과 노력은 종차를 넘어 정의로 향하는 한걸음이 될 수 있을 것이다.

염운옥·경희대 글로컬역사문화연구소 연구교수

〈참고문헌〉

• Cobbe, Frances Power, *Light in Dark Places*, London: Victoria Street Society for the Protection of Animals from Vivisection, united with the International Association for the Total Suppression of Vivisection, 1883.

• Kean, Hilda, *Animal Rights: Social and Political Change Since 1800*, London: Reaktion, 1998.

• Kalof, Linda and Brigitte Resel, eds., *A Cultural History of Animals*, vol. 1~6, Oxford & New York: Berg, 2007.

• 송충기, 〈역사학에서 '동물로의 전환Animal Turn'—짐승의 사회문화사에서 포스트휴머니즘 역사로〉, 《서양사론》139호, 2018, 212~241쪽.

• 캐럴 J. 애덤스, 김현지 역, 《인간도 짐승도 아닌: 동물 해방과 함께하는 페미니즘》, 현실문화, 2022.

8

텃밭에서 시장으로
-19세기 미국 동북부 산업화와 여성

19세기 전환기 여성 노동

1735년 미국 매사추세츠에서 태어나 1812년 메인에서 사망한 마서 밸러드는 일과를 기록했는데, 그중 50세부터 77세 사망할 때까지 쓴 일지가 남아 있다. 이 기록에 따르면, 밸러드는 이 27년 동안 812차례 출산을 도운 산파였다. 그녀는 설구착증이 있는 아기의 혀를 자르고, 관장을 하고, 종기가 생긴 유방을 랜싯으로 절개하고, 지혈을 하고, 부기를 빼고, 치통을 달래는 일도 했다. 텃밭에는 순무, 비트, 홍당무, 양배추, 상추, 양파, 마늘, 고추, 겨자, 다닥냉이, 오이, 호박, 샐비어, 파슬리, 사프란, 고수풀, 아니스, 금잔화, 카밀레, 파스닙, 크랜베리

콩, 갈색 콩, 폴란드 콩, 꼭지완두, 노란눈 콩, 감자, 멜론, 수박, 딸기, 커런트, 모과나무, 사과나무, 버찌나무 등을 길렀다. 실을 잣고, 양말과 장갑을 짜고, 비누를 끓이고, 빨래를 삶고, 표백하고, 염색하고, 다리미질도 했다.

그녀의 경제생활은 지역 사회와 이어져 있었다. 쟁여 놓은 꿀은 이웃 아이의 혓바늘 치료에 쓰곤 했다. 버터, 치즈, 양초, 옷 등을 직접 만들기도 했고, 이웃과 수시로 주고받기도 했다. 어쩌다 시장에 가면 "주정 1갤런과 진 1쿼트, 돼지고기 4파운드, 검은 비단실 1타래" 등을 사 오기도 했다. 비축해 둔 씨앗을 이웃이 사 가기도 했는데, 시장 가격의 절반 정도를 받았다. 시장이 확대되고 있었지만, 그 영향력 혹은 경쟁력이 아직 크지 않던 시대였다.

밸러드의 작업 내역이 꽤 다양하여 풍족해 보이기도 하지만, 자신과 주변의 노동력으로 꾸리는 생활은 여가를 갖기 힘든, 고달픈 일의 연속이기도 했다. 송아지 고기를 분해하다 말고, 출산을 도우러 다녀와서 "몹시 피곤했지만" 쉬지 못하고, 손보던 고기 내장을 씻어 조리해 두어야 했다. 도로와 교통수단이 마땅치 않던 시대라 통나무를 타고 얼음이 떠다니는 강을 건너고, 허리까지 물에 빠지기도 하며 산파 일을 다녔다. 밸러드는 스스로를 "싸돌아다니는 사람"이라고 했다. 자신과 가족의 노동으로 기본 의식주를 해결하면서도, 이웃과의 교류를 통해 물질적·정서적 힘을 얻는 사람이었다.

산업화 이전 미국 동북부 지역 인구의 다수는 자영농이었고, 가족과 마을공동체 내에서 생활에 필요한 대부분을 자급했다. 가족이 생산단위이던 시절 가구 구성원은 혈연관계만이 아니라, 기술을 배우러 온 견습생, 갑자기 부모를 잃은 이웃의 아이 등 다양했다. 밸러드의 집에도 상주하는 어린 혹은 젊은 여성이 있었다. 때로는 일손이 떠나기도 했는데, 그럴 때면 밸러드는 일을 감당하기 힘들어 아프고 우울해지기까지 했다. 남녀노소 모두 가정경제에서 나름의 역할이 있었다.

시장의 확대와 여성 노동

1830년대까지 제조업과 시장의 확대로 동북부 뉴잉글랜드 지역에서는 가정에서 물레와 베틀 일이 거의 사라졌다. 가정에서 하루 생산하는 직물이 약 4야드 정도였는데, 증기기관이 장착된 방적기 한 대로 하루에 90~160야드까지 생산하게 되고, 1815~1830년 사이 셔츠용 직물 1야드 가격이 42센트에서 7.5센트로 하락하면서 나타난 변화였다. 여유 있는 집에서 먼저 없어졌고, 소득이 낮은 집에는 오래 남았다. 그렇다 보니 19세기 후반 물레는 가난한 여성의 표지가 되었다. 뒤이어 양초, 비누, 빵도 비슷한 변화를 거쳤다. 일상에서 현금이 긴요해지는 시대가 시작된 것이다.

　1820~1850년 뉴잉글랜드 농촌에서 상인이 원료를 공급하고 완제품을 가져가는 시스템에 기초한 가내수공업이 성행했던 것은 이런 배경에서였다. 이 시기 여성은 농한기인 겨울에 상인에게서 종려나무 이파리를 공급받아 밀짚모자를 짜거나, 방적사를 공급받아 직물을 짜서 납품했다. 이러면서 농가의 자급노동력이 시장의 임노동이 되기 시작했다. 가정경제 체제에서 산업화시대 임금경제 체제로의 변화가

시작된 것이다. 사람들은 생산자로도 소비자로도 시장에 더 의존하게 되었다. 가내수공업은 여성이 집에 머물면서, 즉 가사를 계속 챙기면서 돈을 벌 수 있는 장점이 있어, 대공황시대까지 가난한 여성의 생계 수단 중 하나로 남았다. 그러나 수입이 적어 여기에만 의존해 살 수는 없었다. 여건이 되면 집을 떠났다.

미국의 첫 공단도시인 로웰이 세워지면서 사업가들이 노동력 공급원으로 주목한 것은 젊은 미혼여성이었다. 이들을 동원하기 위해 회사는 공장 옆에 기숙사를 지었다. 농가에서 아들은 토지를 물려받거나, 목수나 대장장이 아래 들어가거나, 대학 등 고등교육을 받았다. 그럴 여건이 안 되면 기회가 좀 더 열려 있던 서부로 갔다. 그러나 딸에게 그런 자원이 제공되거나 야심이 허락된 경우는 드물어서, 공장에라도 가야 했고 또 그것을 원하기도 했다. 버몬트의 친척 집에서 가사를 돕던 15세의 메리 폴은 부친에게 편지를 썼다. "로웰로 가는 것을 허락해 주세요. 여기보다 훨씬 나을 것 같아요."

로웰 여공은 당시 임노동 여성이 몰려 있던 가내수공업이나 가사도우미에 비해 상대적으로 임금이 높았다. 1830년대 로웰 여공 주급은 1.85~3.00달러였고, 이 중 기숙사비로 매주 1.25달러를 냈다. 비슷한 시기 가사도우미는 일주일에 50센트 정도 받았는데, 이조차 받지 못하는 경우도 부지기수였다.

그러나 1840년대 중반 이후 이민자가 대규모로 들어오면서 노동조건이 매우 열악해졌다. 이제 공장 일로는 저금하기 힘들고, 도시문화를 누릴 여유도 갖지 못하게 되었다. 돌아갈 고향 집이 있던 미국 태생의 여성은 거의 공장을 떠났고, 그 자리를 이민자가 채웠다.

1830년대 이래 "여성의 영역은 가정"이라는 담론이 쏟아져 나왔다. 사회에서 시장의 논리, 즉 경쟁과 업적이 강조될수록, 가정은 헌신과 돌봄, 안정과 휴식의 장소로 이상화되었고, 여성에게 그런 가정을 만드는 "천사" 역할을 기대했다.

노동자 가정과 노동

안락한 집에서 "천사" 같은 아내의 서비스를 받으며 쉴 수 있는 이상이 현실화되려면 남편은 쾌적한 주거환경을 제공하고 아내나 자녀가 임노동할 필요가 없는 수준의 소득을 벌 수 있어야 했다. 19세기 대부분의 노동자 가정에서 이는 불가능했다. 그러나 이 달콤한 꿈은 성별과 계급을 넘어 광범하게 확산되었다. 노조는 이를 구현하는 방법으로 '가족임금family wage'을 주장했다.

1836년 필라델피아 노조연합은 "모든 작업장에서 여성이 철수해야 한다"고 주장했다. "여성이 일을 덜할수록, 남성이 더 많이 일하고, 더 많이 벌 수 있다. 그러면 결국 여성은 여성이 해야 하는 (집안) 일을 하게 되고, 남성이 하게 되어 있는 (임)노동에서 해방될 수 있다." 일에 성별을 부여하여, 여성 임노동자를 사라져야 할 사람으로 만들고, 남성이 집에서 식사·세탁·청소 서비스를 받는 것을 당연시하는 말이다. 남성의 임노동은 가족의 생계를 위한 것이고, 여성의 임노동은 용돈 벌이라고 전제했던 '가족임금' 주장은 고용주가 여성에게 주는 저임금을 합리화하고, 여성 임노동자를 위축시키고, 가정에서의 여성 노동을 제대로 인정하지 않게 했다.

남성의 임금만으로는 생활할 수 없지만, 그렇다고 육아 등 가사로 집을 오래 비울 수도 없던 처지의 여성은 가내수공업, 행상, 하숙 치기 등을 했다. 건설 현장 등에 있는 노동자 숙소에서 빨래나 식사 준비를 해주며 돈을 벌기도 했다. 공장에서 남편의 조수로도 일했는데, 이 경우 임금을 따로 받지는 않고, 남편의 임금 명세표에 한 항목으로 추가되곤 했다. 잘 보이지 않는 임노동들이었다.

가난할수록 가사는 고되었다. 19세기 중·후반 도시화와 이민자 급증으로 주거환경이 유례없이 악화되었다. 상·하수도 시설이 미흡해, 멀리서 물을 길어 와야 했고, 물지게를 지고 계단을 오르기도 했다. 공터나 뒷마당에서 텃밭을 가꾸고, 닭이나 염소, 돼지 등을 키워 식재료를 조달했다. 가족의 생존과 복지를 위해서였지만, 크게 보면 노동자를 매일, 그리고 매 세대 (재)생산해 내는 과정이었다. 주부가 했던 수고의 혜택을 받은 것은 그 가족뿐 아니라, 고용주이기도 했다. 주부의 노동으로 고용주는 노동자가 지속적으로 일하는 데 필요한 비용의 일부만을 임금으로 지불하면서도, 노동력을 계속 확보할 수 있었다. 주부의 노동과 여성 저임금은 기업 성장과 자본 축적의 한 원천이었다.

중산층 여성의 진출

고등교육을 받은 여성 중 몇몇은 "천사"의 이미지를 이용해 사회 진출을 시도했다. 이들은 가정에서 여성에게 기대되는 역할을 사회에서

맡겠다고 했다. 그중 한 명이 1931년 노벨 평화상 수상자인 제인 애덤스Jane Addams였다. 애덤스는 상속받은 재산을 갖고 집을 나와, 대학 시절 동료들과 함께 1889년부터 시카고 빈민가에 복지관 헐 하우스를 세웠다. 여성에게 영향력 있는 직업을 허락하지 않던 시대에 애덤스는 하고 싶은 일을 할 수 있는 공간을 직접 만들어 냈다. 그녀는 복지관 일이 "개인적으로도 절실"했으며, 그 일을 통해 "사회로 진입할 수 있었다"고 회고했다. 이를 모델로 미국 전역에서 복지관이 생겨, 1910년에 가면 400여 개에 이르게 된다.

복지관 활동가들은 사회조사에 기초해 생활환경과 삶의 질 향상을 꾀하면서, 정치적·법적·사회적 문제에 주목했고, 이를 개혁하는 데 헌신했다. 헐 하우스의 일원인 라스롭Julia C. Lathrop은 1893년 시카고시에서 무급의 복지조사관으로 시작하여, 1912년에는 연방정부에 새로 만들어진 아동국Children's Bureau의 책임자가 되었다. 열정, 능력 그리고 물적·인적 자원을 가진 소수 엘리트의 행보였지만, 이런 선구적 활동들을 통해 사회복지사와 같은 전문직이 생겨났다.

중산층 가정의 여성이 상당 규모로 임노동에 진출한 것은 1880년대부터 사무직이 증가하면서였다. 여성 임노동자 대부분—1900년까지 70퍼센트 이상—이 가사도우미나 여공이던 시절, 여성 임노동은 빈곤의 표시였다. 그러나 일군의 중간계급 여성이 사무원으로 일하면서, 그런 낙인은 점차 흐릿해졌다. 여성 임노동의 의미가 변화하게 된 것이다. 여성 사무원 대부분은 미혼의 젊은 백인이었다. 이들은 결혼 후 퇴사해야 했고, 이 방침은 꽤 엄격하게 시행되었다(그러나 전쟁 등 특수 상황이나 지역 여건상 여성 임노동 인력이 필요할 때에는 무시되었다).

흑인 여성은 결혼 이후에도 계속 임노동을 유지하는 경향이 있었다. 1900년 흑인 기혼여성의 25퍼센트 이상이 임노동을 했던 반면에, 백인 기혼여성 중 임노동자는 3퍼센트를 조금 넘는 수준이었다. 이는 흑인 남성의 높은 실업률 때문이기도 하고, 흑인 여성의 일자리가 워낙 열악하여 결혼 여부를 따지지 않기 때문이기도 했다. 19세기 후반 백화점에서 이민자 여성은 계산대에서 일했고, 손님을 상대하는 판매원은 "세련된" 미국 태생의 백인 여성이었고, 흑인 여성은 청소 등 궂은 일을 했다. 차별적 업무 배치는 인종 위계의 반영인 동시에, 흑인의 사회경제적 지위 향상을 막는 장벽이었다.

사실 백인 여성도 대부분 저임금에 승진 기회가 거의 없었다. 교사와 같은 전문직도, 많은 이가 선망했던 사무직도 임금은 비슷한 일을 하는 남성의 절반 수준이었다. 교장 등 관리직으로의 승진은 대부분 남성의 차지였다. 1888년 평교사의 약 67퍼센트가 여성이었지만, 교장 등 관리직에서 여성의 비율은 약 4퍼센트에 불과했다.

그래도 여성은 꾸준히, 점점 더 많이 임노동 세계로 나갔다. 《작은 아씨들》로 유명한 작가 올콧Louisa May Alcott이 1873년에 발표한 《일 Work》은 스무 살이 된 주인공 크리스티 데본의 '독립 선언'으로 시작된다. 데본은 자기 힘으로 살겠다며 호기롭게 집을 나갔지만 선택지가 별로 없었다. 그녀는 가사도우미, 극단 배우, 가정교사, 바느질공 등을 전전하며, 다양한 사람을 경험하고, 세상과 인생에 대해 중요한 것들을 배우게 된다. 여성이 임노동에 나선 것은 임금도 중요하지만, 발전할 수 있는 기회와 사회적 관계를 갈망했기 때문이기도 했음을 보여 주는 소설이다.

가사와 임노동의 이중 부담

산업화와 함께 경제 활동의 의미가 임노동으로 축소되면서, 가정은 여성의 영역, 가사는 여성의 일로 젠더화되었다. 기성 사회는 여성을 가정에 묶어 두려고 했지만, 살아 있는 여성의 활동 범위와 영향력을 모두 막을 수는 없었다. 여성 역시 지배적인 젠더 담론의 영향을 받았지만, 살기 위해, 더 잘 살기 위해 이를 때로는 무시하고 때로는 이용하고 때로는 맞서며 삶의 반경을 넓혀 갔다.

  20세기를 거치면서 임노동 세계에서 노골적인 차별은 위법이 되었다. 그러나 여성 인력이 집중된 직종 대부분은 여전히 임금이 낮다. 또한 돈으로 환산되지 않는 가사의 상당 부분을 여성이 책임지고 있다. 19세기에 구축된 성역할은 지금도 미국인의 삶에 여러 방식으로 영향을 미치고 있다.

최재인·한국미국사학회 회원

〈참고문헌〉
• 로렐 대처 울리히, 윤길순 옮김, 《산파일기》, 동녘, 2008.
• Louisa May Alcott, *Work*: *A Story of Experience*, Boston: Robert Brothers. 1873.
• Thomas Dublin, *Transforming Women's Work*: *New England Lives in the Industrial Revolution*, Cornell University Press. 1994.
• Jeanne Boydston, *Home and Work*: *Housework, Wages, and the Ideology of Labor in the Early Republic*, Oxford University Press. 1994.
• Alice Kessler-Harris, *Women Have Always Worked*: *A Concise History*, 2nd Edition. University of Illinois Press. 2018.

9

기독교 권위에 맞선
19세기 영국 자유사상가들의 여성관

격동의 시기, 세속화의 출현

19세기 영국의 정치, 경제, 사회 체제는 기독교와 밀접한 관련을 맺고 있다. 이 시기 중산층의 삶을 지배한 것은 기독교적 이념이었고 교회 역시 번영을 누렸다. 그러나 동시대인들은 기독교 신앙이 위태롭다는 것 또한 인식했다. 지적인 의심은 기독교의 근간을 위협했고 집단적 불신앙은 하층계급에 스며들며 세속화를 견인했다. 더욱이 산업과 도시의 성장은 세속적인 현상들을 부추기며 정치와 종교적 측면에서 급진적인 사고를 배태했다. 요컨대 19세기 영국은 기독교적 이상을 삶의 모든 영역에서 중요한 가치로 숭앙하면서도 신앙의 위기와 종교의 다원화를 경험하며 새로운 세계질서를 모색한 변화와 격동의 시기였다.

영국에서 세속화 현상이 본격적으로 감지된 것은 19세기부터였다. 세속화를 이끈 대표적인 인물로 리처드 칼라일Richard Carlile을 꼽을 수 있는데, 저널리스트였던 그는 1819년 토머스 페인Thomas Paine의 책들을 출간했다는 이유로 기소되어 벌금과 3년 형을 선고받았다.

그런데 이 사건은 오히려 지지자들을 양산하며 '자유사상freethought'을 알리는 신호탄이 되었다. 자유사상이란 1820년대 전통 사회와 종교의 신념체계를 거부하며 권위, 계시, 교리보다는 논리, 이성, 경험에 근거하여 신에 대한 거부, 국가와 종교의 분리 그리고 자유로운 탐구와 자유로운 언론의 기치를 표방하는 사상체계를 의미한다. 더 나아가 19세기 영국의 '급진주의'를 표상한 지적 조류이면서 사회 곳곳의 변화를 이끈 주요 동력으로 작동한다.

1830~40년대 세속화를 이끈 이들은 오언주의자(19세기 사회개혁가 로버트 오언Robert Owen을 추종하며 더 공평하고 조화로운 사회를 창출하기 위해 공동생활, 교육, 그리고 근로환경의 중요성 강조함)였으며, 1850년대 이르러서는 '세속주의'라는 새로운 이름으로 더욱 체계적이고 조직적으로 발전하며 영국의 새로운 지적 조류로 자리매김했다.

그중에서도 기독교와 여성에 대한 자유사상가들의 시각은 눈여겨볼 필요가 있다. 자유사상가들은 빅토리아 시대의 남녀 역할을 규정하는 '가정 이데올로기Domestic Ideology'의 틀을 거부하며 새로운 여성성을 주창했고, 이를 통해 여성 권리를 신장시키고 여성 해방을 실천하는 데 앞장섰다. 이들은 대개 기독교에서 자유사상가로 전향했으며, 새로운 세계질서 속에서 주체적 시민으로서 여성상을 제시했다.

그러므로 자유사상가들의 활동은 영국 국교회가 지배하는 제국의 질서에 맞선 저항의 의미를 띠게 되었다. 나아가 반종교에 관한 그들의 담론은 여성에게 자유와 평등에 대한 명분을 고취하며 여성 해방을 이끄는 견인차 역할을 담당했다는 점에서 중요성을 갖는다.

자유사상가들의 새로운 목소리

자유사상가들은 기독교에 관해 독특한 입장을 견지했다. 기독교적 관점에서, 기독교의 출현은 여성의 '올바른 도덕성'을 함양하는 동시에 이혼과 일부다처제와 같은 유해한 제도들을 종식시키는 데 공헌했다. 나아가 '문명의 단계적 발전'이라는 관점에서 여성의 지위를 설명한다. 예를 들어 침례교 목사인 프랜시스 콕스Francis A. Cox는 그리스, 이집트, 켈트족을 포함한 고대 이교도 사회가 미개한 이유를 일부다처제, 격리, 유아 살해의 관습 탓이라고 단언했다. 그리고 타락한 성적 관행으로 인해 여성들은 학대와 억압의 대상이 되었다고 지적하며 고대 문명의 야만성을 폭로하였다. 요컨대 기독교만이 문명의 원동력으로서 여성의 강등된 사회적 지위를 끌어올릴 수 있다는 것이다.

반면 자유사상가들은 기독교의 쇠퇴와 여성 지위의 향상이라는 새로운 도식화를 제시하며 기독교 사유에 맞섰다. 기독교의 진보와는 결이 다른 세속적인 개념을 통해 여성 해방의 가능성을 제시한 것이다. 그들에게 기독교는 진보의 동력이 아니라 문명과 여성 해방을 가로막는 '반동적인 동력'인 셈이었다.

단계적인 문명화 과정에서 기독교도와 자유사상가들의 제국 담론 역시 특기할 만하다. 기독교 주석가들은 이슬람 국가나 식민지 국가 여성들의 지위와 덜 진보한 문명 사이의 관계성을 강조했다. 여기서 주목할 점은 덜 행복한 이교도 국가의 자매들을 돕는 것이야말로 기독교 여성들, 그중에서도 선교사들의 주요한 사명이라는 사실이다. 이는 기독교의 이분법적 사고에서 기인하며 영제국의 우월성을 정당화시키는 장치로 사회 곳곳에서 작동한다.

이에 맞서 자유사상가들은 기독교도들이 내세운 '제국의 페미니즘'에 의문을 제기했다. 예를 들어 작가이자 세속주의자인 윌리엄 스튜어트 로스William Stewart Ross는 이교도와 식민지 국가 여성들의 상황이 영국 여성들보다 열악하다는 기독교적 사고에 반대했다.

기독교 신화 해체하기

그렇다면 성경은 여성들에게 억압 혹은 해방 중 어떤 측면을 이야기할까? 여성들은 때론 성경을 근거로 무수한 불평등을 신의 질서로 이해하고 수용하면서도, 때론 자신들의 평등과 존엄성을 주장하는 도구로 활용했다. 기독교도와 자유사상가들은 '여성 문제'에 답하기 위해 다양한 방식으로 성경을 해석했다. 주지하다시피 성경 해석과 비평은 오랫동안 남성의 영역이었다. 그러므로 여성의 성경 해석은 남성의 특권과 지위에 맞선 저항적 성격을 갖는다.

자유사상가인 애니 베산트Annie Besant는 성경 해석의 문제를 놓고 기독교도들과 벌인 숱한 갈등과 논쟁에서 최전선에 뛰어들었던 대표적인 인물이다. 그녀의 견해는 성경 해석의 주체였던 남성들이 자신들의 특권적 지위를 공고히 하며 여성 종속을 정당화하고 지속하는데 성경을 활용해 왔다는 점에 근거한다. 그녀가 성경 자체에 내재된 가부장제의 부당함을 폭로하며 기독교 신앙의 오류를 지적한 것은 이런 이유에서다.

기독교도와 자유사상가들 사이에서 성경 해석이 가장 크게 충돌하는 지점은 바울의 금지 명령이다. 자유사상가들은 여성의 종속적인 위치가 신이 이브를 아담의 '조력자'로 창조했을 때부터 정해졌다고 보았다. 창조 신화에서 남성과 여성의 역할을 구분하는 이분법적 사고는 신약 성경 속 바울에게로 이어졌다. 주목할 점은 자유사상가들은 성경에서 제시된 결혼을 인류의 진보에 역행하는 제도로 규정했다는 사실이다.

성경 속 결혼제도가 남성의 가부장적 질서와 여성의 종속을 정당화하는 매개였다면, 자유사상가들에게 결혼은 '동등자' 사이의 사랑과 '신의'로 맺어진 결합이었다. 조력자가 아닌 동등자로서 여성을 재규정하는 것은 그동안 여성의 활동 공간으로 간주된 가정이라는 사적 영역의 경계를 넘어 공적 영역으로 진출할 수 있는 일종의 자격 증명서 구실을 했다.

1860년대 이후 전개된 세속주의운동 과정에서 비록 소수의 여성이었지만 자유사상가들은 강연자로서 활동했는데, 이들은 대중의 부정적인 시선과 편견에 맞서야 했다. 무엇보다 자유사상가들에게 신약의 〈고린도전서〉 14장 33~35절에 나온 바울의 언명, 즉 여성들에게 침묵하라는 메시지는 교회 안팎에서 공적 역할을 수행하는 여성들에게 가장 큰 장애물이었다.

해리엇 로Harriet Law는 기독교 여성들에게 강요된 침묵과 자유사상가들의 자유와 평등을 대비하는 전략으로 바울의 금지 명령에 도전했다. 1876년 '기독교 증거협회'의 토론에 참석한 로와 협회의 지도자인 클로튼Cloughton 주교의 논쟁은 대표적인 예다. 클로튼 주교는 헤리엇 로가 토론에 참석한다는 소식을 듣고 "복음의 진리에 도전했던 남성들의 말을 들을 준비는 됐지만, 뻔뻔스럽게 (남성과) 동일하게 행동하려는 여성을 마주해야 한다는 것은 결코 상상하지도 못했다"고 거칠게 비판했다. 반면 로는 기독교 증거협회가 여성들의 연례회의 참여를 허락하지 않은 것은 여성들이 "지성과 목소리"를 통해 협회의 권위에 도전할 것을 두려워했기 때문이라 밝히며 클로튼 주교의 비난에 재치 있게 대응했다.

이렇듯 자유사상가들은 여성들에게 침묵하라는 바울의 주장에 맞서 논쟁적인 강연자를 자처하며 공적 역할을 수행했다. 이들은 가부장제의 틀 속에서 여성의 종속과 억압을 정당화하고 여성을 가정에 가두어 두려는 기독교 신화를 무너뜨리기 위한 투쟁의 선봉에 섰다. 이 과정에서 전통적으로 남성 성직자들이 독점해 온 성경 해석의 영역을 침범하고 전복시키는 한편 성경을 자유사상의 특별한 렌즈를 통해 분석, 비판함으로써 종교의 틀과 사회가 부여한 여성의 역할에서 벗어나 주체적으로 활동하는 새로운 여성상을 제시하며 '자유사상 페미니즘'의 토대를 쌓았다.

새로운 시대

19세기 영국에서 감지되는 의심의 기류들은 기독교의 쇠퇴와 세속화의 출현을 앞당겼다. 종교에 대한 거부, 자유로운 탐구와 자유로운 언론의 기치를 표방한 자유사상의 지적 조류는 기독교 신앙에 대한 의구심을 부추기며 새로운 세계관을 지향하도록 이끄는 견인차 역할을 톡톡히 했다. 19세기 중반 세속주의운동은 이러한 자유사상의 이념을 근간으로 전국 세속협회와 지역 세속협회들 사이의 유기적 네트워크를 통해 조직적으로 성장해 나갔다.

자유사상가들 중 비록 소수지만, 여성의 참여와 역할은 주목할 만하다. 자유사상가들은 빅토리아 시대의 '가정 이데올로기'라는 준거의 틀을 거부하며 새로운 여성성을 주창했고, 이를 통해 여성 권리를 신장시키고 여성 해방을 실천했다. 강연자, 저널리스트, 작가로 활동했던 소수의 여성 자유사상가들은 대중의 부정적 시선과 편견에 맞서 당당하게 활동할 수 있는 명분과 근거를 제시하기 위해 고군분투했다. 그들의 투쟁은 '여성 문제'에 관한 근본적인 물음에 답하는 데서 출발하였다. 무엇보다 여성의 지위, 역할, 대표성에 관한 의구심은 남성과 여성의 본성과 역할을 구분하는 근거로 사용된 성경 교리를 향하고 있다. 한마디로 성경을 여성 억압의 기본 텍스트로 간주한 셈이다.

자유사상가들은 성경에 내재된 성차별주의에 맞서 여성 영역으로 제한된 가정의 경계를 넘어 공적 영역으로 진출할 수 있는 새로운 이론과 실천을 통해 당대의 '가정 이데올로기'에 저항했다. 이 과정에서 공적 영역에서 여성의 침묵과 복종을 주장한 바울의 금지 명령의 부당함을 폭로함으로써 기독교 교리의 '탈구축'과 '반종교' 담론을 이끌었다. 더욱이 엘리트 교육에서 배제된 여성 청중들과 독자들에게 자유사상가들의 급진적인 메시지는 기독교 국가의 전통적인 사고에 도전할 수 있는 용기와 이론적 토대를 제공하며, 기독교도와는 결이 다른 여성 해방의 청사진을 제시했다.

주목할 점은 19세기 기독교의 쇠퇴와 세속화의 발전을 이끈 것은 자유사상가들과 기독교도들이 자신들의 이론을 확립하기 위한 상호 경쟁과 숱한 논쟁을 통해서였다는 것이다. 한편으로 기독교도들에게 이러한 논쟁은 기독교 내부의 문제들을 성찰하며 개혁을 모색하는 계기가 되었다. 동시에 감소하는 교인들을 다시 교회로 이끌기 위해 더 낮은 계급에게 도움의 손길을 주거나 '기독교 증거협회'와 같은 단체를 통해 기독교 교리의 정당성을 재확인하고 사회개혁운동에 참여하는 방편을 제공하기도 했다.

반면 자유사상가들은 기독교도들과의 복잡한 신학 논쟁을 통해 공론장을 형성하며 대중의 관심과 참여를 이끌었다. 물론 이 과정에서 그들을 향한 비난과 적의도 있었지만 여성 종속과 억압을 정당화하는 기제로 작동했던 기독교의 강고한 지형을 무너뜨리고 세속화를 앞당기는 데 공헌했음은 주지의 사실이다.

배인성·전북대학교 사학과 강사

〈참고문헌〉

• 배인성, 〈영국의 자유사상 페미니즘에 관한 시론〉, 《영국연구》 43, 영국사학회, 2020.

• Royle, Edward, *Radicals, Secularists, and Republican*, Manchester: Manchester University Press, 1980.

• Helmstadter, Richard J., *Victorian Faith in Crisis: Essays on Continuity and Change in Nineteenth-century Religious Belief*, Stanford: Stanford University Press, 1990

• Schwartz, Laura "Freethought, Free Love and Feminism: secularist debates on marriage and sexual morality, England c. 1850~1885", *Women's History Review* vol, 19, no. 5, 2010.

• _____ , *Infidel Feminism: Secularism, Religion and Women's Emancipation, England 1830~1914*, Manchester and New York: Manchester University Press, 2013.

10

남성 의료인의 경합장이 된 여성의 몸
-영국 빅토리아 시대 '산후 광증'

산후 우울증postpartum depression은 21세기 한국을 살아가는 우리에게 꽤 익숙한 개념이자 현상이다. 질병 개념으로서 산후 우울증은 20세기 중반 이후 주로 미국을 중심으로 발전한 정신의학에 의해 정의되었다. 그러나 현대 정신의학이 성립되기 전에도 여성의 재생산과 관련된 또는 출산 전후에 발생하는 다양한 정신적·심리적 문제에 대한 의학적 설명은 이루어졌다.

그 대표적인 사례로 19세기 영국에서 유행했던 '산후 광증puerperal insanity'을 꼽을 수 있다. 이 질병은 산후 우울증의 빅토리아 시대 버전이라고 부를 만하다. 이 의학적 개념은 그 시대를 살았던 여성들의 경험을 반영하는 동시에, 이들의 현실을 설명하고 심지어는 규정하는 역할을 수행했다. 또한 산후 광증은 그 개념을 배태한 19세기 의학을 이해하고 나아가 영국 사회 전반을 조망할 수 있는 중요한 실마리를 제공한다.

'산후 광증'의 등장

19세기 초 최초로 산후 광증의 증세에 대해 의학으로 논의한 사람은 로버트 구치Robert Gooch이다. 그는 당시 런던에서 개업의로서 상당한 명망을 누리고 있었는데, 그의 병원의 주요 진료 분야는 산과obstetrics 였다. 그는 또한 런던의 주요 공립분만병원에서 진료를 보았고, 오늘날로 치면 의과대학 부속병원에서 산과 또는 산파술을 강의했다. 이처럼 다양한 경력을 바탕으로 구치는 1820년 〈산후 광증에 대하여 Observations on Puerperal Insanity〉라는 논문을 발표했다. 이 글에서 구치는 자신의 진료 기록을 바탕으로 산후 광증을 정의하고, 증상을 설명하고, 예후를 관찰하고, 치료법을 논했다. 논문 발표와 성공을 통해 구치는 산후 광증의 권위자가 되었고, 그의 논문은 적어도 반세기 이상 이어질 산후 광증 '유행'의 출발점이 되었다.

구치의 설명에 따르면 산후 광증은 출산 직후 또는 몇 주 내에 시작되는 것이 일반적이지만, 경우에 따라서는 임신 기간이나 분만 도중, 수유기나 심지어는 이유기에도 발생할 수 있었다. 이 질병의 증상은 매우 다양한데, 특별할 것은 없다. 빈맥 또는 서맥, 불면, 성마름, 무기력, 공격성 분출, 사고력 저하 등. 구치는 산후 광증을 크게 조증

mania형과 울증melancholia형으로 분류했다. 조증형 타입의 환자는 조급하게 굴거나, 어색하게 행동하거나, 앞뒤가 맞지 않은 말을 계속하거나, 거칠고 저속한 표현을 내뱉었다. 울증형 산후 광증은 조증형에 비해 증상이 뒤늦게 시작되며 서서히 진행되는 특징을 갖는다. 발병 초기에 울증형 환자는 무기력증, 우울감, 기억력 감퇴 등을 경험하지만, 아직 심각한 병증에 시달리지는 않는다. 그러나 몇 주 내에 환자는 심각한 불안, 우울, 슬픔, 침묵, 자책 상태로 접어들고, 이때에 이르면 병색이 완연해진다.

빅토리아 시대 의사들은 산후 광증에 대한 구치의 설명에 결정적인 영향을 받았지만, 그 원인이나 치료법, 유병률 등 구체적 문제에 대해서는 의견 일치를 보지 못했다. 그러나 이 시대 의사들 가운데 산후 광증이 실재하는, 심지어는 널리 퍼진 질병이라는 것을 의심하는 사람은 없었다. 산후 광증에 대한 그의 설명이 여성의 신체와 건강에 대한 빅토리아 시대의 인식에 완벽하게 부합했기 때문이다.

빅토리아 시대 '여성의 병'

19세기 영국 사회를 설명하는 가장 중요한 키워드 가운데 하나로 '분리된 영역separate spheres'을 꼽을 수 있다. 이 이데올로기에 따르면, 남성과 여성에게는 자연이 지정한 각각의 성에 맞는 역할이 존재한다. 남성은 이성과 의지를 활용하여 공적인 역할을 수행하고, 생산 활동을 통해 가족의 생계를 부양한다. 반대로 여성은 사적 영역, 즉 가정을 담당한다. 가족 구성원을 보살피고 가정의 심리적·도덕적·종교적 중심이 된다. 이러한 사고방식 속에서 이상적인 여성은 "집안의 천사 angel in the house"이다. 이처럼 빅토리아 시대에 여성의 영역은 가정에 국한되고, 여성의 역할은 아내와 어머니로 제한되었다. 특히 아이를 품고, 낳고, 기르고, 보살피는 '모성'의 중요성은 아무리 강조해도 모자란 것으로 여겨졌다. 자연이 여성에게 부여한 가장 중요한 역할이라 믿었기 때문이다.

그러나 이처럼 여성에게 주어진 어머니로서 역할과 의무가 강조되는 것과 동시에 모성의 위험과 문제점이 강조되는 현상이 벌어졌다. 즉, 빅토리아 시대에 모성은 찬양되는 동시에 문제시되었다. 이와 관련된 의학적 논의는 두 방향으로 진행되었다. 하나는 임신과 출산이 위험한 일이라는 사실을 부각하는 것이다. 재생산 과정에서 빈혈, 영양실조, 과다출혈, 산욕열부터 심하게는 사망에 이르기까지 다양한 위험이 도사리고 있다는 점이 계속해서 지적되었다. 이러한 논의는 산모에게 문제가 생겼을 경우 전문가의 개입을 정당화하고, 나아가서 잠재적 위험에 대한 예방적 의료 조치의 가능성을 열어 놓았다.

또 다른 의학적 논의는 여성의 육체와 정신이 어머니라는 막중한 임무를 수행하기에는 너무 연약하다는 점에 집중되었다. 자연이 여성에게 모성의 의무를 부여했지만, 그 의무를 수행하는 데 필요한 자원은 충분히 제공하지 않았다는 것이다. 따라서 여성은 자신의 소명을 다하기 위해 제한된 자원을 조심스럽게 분배하고 사용해야 했다. 한편, 여성의 유약함은 여성이 다양한 질병에 취약하다는 것을 의미했다. 당시의 설명에 따르면 여성의 '타고난' 취약성과 민감성은 임신기와 출산기에 높아지며, 특히 분만 당시와 직후에 정점에 도달했다. 따라서 산모가 그중 어느 시점에 어떤 질병에 걸린다 해도 이상할 것은 없으며, 오히려 자연스러운 일이었다. 산후 광증은 안 그래도 연약한 여성이 임신과 출산 과정을 겪으면서 걸릴 수 있는 다양한 질병 가운데 하나였다.

이처럼 '산후 광증'이라는 개념은 성에 따른 철저한 역할 구분, 모성의 중요성에 대한 강조, 여성의 몸에 대한 의학적 이해 등 빅토리아 시대의 성격을 결정한 다양한 조류들이 만나는 지점에 위치했다. 따라서 이 질병을 구성하는 사회문화적 요소와 의학적 패러다임이 달라지면, 그 개념은 설 곳을 잃게 될 것이었다. 실제로 산후 광증은 20세기 전환기에 이르면 의료계에서도 영국 사회에서도 더 이상 사용되지 않는 개념이 되었다. 산후 광증은 철저히 빅토리아 시대의 질병이었다.

의료 전문화와 여성의 몸을 둘러싼 경쟁

앞서 언급했듯이, 산후 광증의 원인, 예후, 치료법 등을 둘러싸고 의료계는 통일된 결론을 도출하는 데 실패했다. 이러한 의견 분열 뒤에는 다양한 맥락과 논리가 존재하지만, 그 가운데 가장 주목할 만한 현상은 바로 의료의 전문화 또는 의료의 분화이다. 빅토리아 시대의 의료와 의학은 오늘날과 큰 차이를 보였다. 오늘날 우리가 보는 이 분야의 모습은 19세기와 20세기를 지나면서 전공 및 전문 분과가 세분되고, 의료인을 교육하고 훈련하는 시스템이 정립되고, 현대적인 진단

기준과 과학적인 치료법이 도입된 결과다. 산후 광증의 출현은 바로 의학의 전문화와 분화가 본격적으로 시작되는 것과 때를 같이한다. 그리고 이 시기에 새롭게 정립된 분과들은 이 질병을 두고 서로 치열하게 경쟁했다.

쉽게 짐작할 수 있듯이, 산후 광증을 진단하고 치료할 수 있는 전문성을 주장한 대표적인 분과는 산과이다. 이 질병의 일반적인 발병 시점이 조증형의 경우에는 출산 이후 2개월 이내, 울증형은 주로 6개월 이내인 만큼 산후 광증의 환자는 모두 '산모'였다. 그 질병이 여성의 재생산과 필연적인 관계를 맺고 있으니, 산과의들은 이 질병에 대한 권한이 자신들에게 있다고 주장했다. 특히 이 분야 의사들은 자신들의 전문적 지식과 경험을 동원하여 임신 기간 중에 또는 분만 과정 중에 산후 광증의 위험을 예단할 수 있고 심지어는 예방할 수도 있다고 선전했다. 이들에 따르면 임신, 출산, 산후조리까지 산과의에게 맡기는 것이 재생산이 동반하는 다양한 위험을 피하는 방법이자, 불가피한 위험 발생 시 가장 효과적으로 대응할 수 있는 방법이었다.

19세기 전반기에 산과는 신생 의료 분과였다. 그 이전에 여성의 출산을 주관했던 것은 의사가 아니라 산파였다. 산파는 주로 연륜과 경험이 있는 여성이었고, 분만 과정에서 산모에게 물리적인 조력과 함께 심리적인 안정을 제공할 수 있었다. 또한 산모의 가족이나 주변인들도 그 과정에 동참할 수 있었다. 그러나 19세기에 들어 임신과 출산은 점차 위험한 것으로 여겨졌고, 그에 따라 의료 전문가의 도움과 심지어는 '치료'가 필요한 일로 간주되었다.

이제 막 전공 분과로 등장한 산과 의사들은 자신들만이 이처럼 중

대한 역할을 제대로 수행할 수 있다고 자임했다. 이제 신흥 남성 산과 의사들이 전통적인 여성 산파들을 대체하기 시작했다. 산과의들은 산파가 과학적인 지식을 갖추지 못했기 때문에 신뢰할 수 없다고 공격했고, 결국 이들을 분만실 밖으로 밀어 내는 데 성공했다. 그 결과 출산의 주도권은 남성 의사에게 넘어갔고, 분만 과정에서 산모와 여성은 소외되었다.

산후 광증이 자신들의 영역이라고 주장하는 또 다른 주요 의료 분과는 정신과이다. 이 분야 역시 19세기의 고안물이다. 영국의 경우 18세기 후반 광인을 수용하는 전문적인 사설 기관이 등장했고, 19세기에 들어서 '어사일럼asylum'이라고 불리는 일종의 공립정신병원이 전

조증형 산후 광증 4단계.

국적으로 세워졌다. 빅토리아 시대 정신의학은 다양한 부류의 정신질환자를 수용하고 분류하고, 가능하다면 치료하는 이 대규모 시설을 중심으로 발전하기 시작했다.

정신과 의사들은 산후 광증은 최근에 분만한 여성이 경험하는 '정신병'이니 그 질병의 진단과 치료는 자신들의 소관이라고 주장했다. 특히 이들은 환자의 신체적 특징과 변형을 근거로 그의 정확한 상태를 파악하는 것은 정신과 의사들만이 할 수 있는 일이라고 강조했다. 자신들이 가진 전문적 지식과 훈련이 없이는 그 미묘한 양상을 읽어내기가 불가능하다는 것이었다. 또한 산후 광증의 경우 입원이 불필요하다고 여겼던 산과의들과 달리, 정신과 의사들은 어사일럼이 의학적으로나 심리적으로나 최상의 치료 효과를 기대할 수 있는 환경이라고 보았다. 이 전문가들은 환자가 가족과 집에서 떨어져서 잠시라도 모성과 가정성domesticity의 의무에서 벗어나는 것이 회복하는 데 도움이 된다고 믿었다. 그러나 이들은 역설적이게도 어사일럼이라는 유사 가족 안에서 가부장의 역할을 자임했고, 여성 환자들을 통제했다.

산후 광증의 진단과 치료에 적임자를 자처했던 또 다른 부류는 일반의이다. 19세기에는 의료 서비스의 양적 팽창 또한 두드러졌는데, 그 가운데 가장 빠르게 성장한 분야가 바로 일반의 또는 가정의라고 불리게 될 분과이다. 빅토리아 시대 일반의의 수적 증가는 중간계급의 부상과 관련이 있다. 이 시기 영국 사회 전반에서 주도권을 획득한 중간계급은 의료 분야에서도 새로운 수요를 창출하고 적극적인 소비자가 되었다. 일반의는 사생활을 중시하는 이들의 요구에 부응하여, 주로 가족의 주치의 역할을 맡았다.

중간계급의 가정에서 일반의들이 가장 빈번하게 마주하는 상황은, 오늘날 기준으로 하면 소아과와 산부인과 문제였다. 이들 역시 과거 산파의 역할을 대신했다. 산과의가 분만병원을 중심으로 활동했던 반면, 일반의는 중간계급의 가정 내에서 사적이고 개별적인 방식으로 같은 역할을 수행했다. 이러한 상황에서 산모가 광증에 걸린다면, 일반의가 그 환자의 치료를 맡게 되는 것은 자연스러운 귀결이었다. 단, 이 경우 산후 광증의 진단과 치료는 대체로 외부로 노출되지 않은 채 이루어졌다.

이처럼 빅토리아 시대에 들어 여성의 몸은 이제 막 분화하고 성장하는 다양한 의료 전문 분야의 각축장이 되었다: 여성의 임신과 출산에 관련된 모든 문제에 독점적인 권한을 주장하는 산과, 다양한 정신질환에 대한 전문성을 자신하는 정신과, 그리고 중간계급 내에서 발생하는 건강과 관련된 다양한 문제를 전담하는 일반의학. 여러 분야의 의사들이 각기 다른 근거를 내세우며 산후 광증이 자신들의 전문 영역임을 주장했다. 이들에게 산후 광증으로 대표되는 여성의 몸과 여성의 문제는 자신들의 전문성을 주장하고 그것을 바탕으로 사회적·경제적 이해를 추구하는 기회였다. 그 속에서 여성들은 환자로 전락했고, 어떤 분야이건 전문가의 손에 맡겨졌다.

황혜진·영남대학교 역사학과 조교수

〈참고문헌〉

•황혜진, 〈새라 코울리지: 빅토리아 시대 여성이 작가가 되는 방법〉, 《영국연구》 제42
호, 2019, pp. 279~316.

•Nancy Theriot, "Diagnosing Unnatural Motherhood: Nineteenth-Century Physicians
and 'Puerperal Insanity'", *American Studies* vol. 30, no. 2, 1989, pp. 69~88.

•Hilary Marland, *Dangerous Motherhood: Insanity and Childbirth in Victorian Britai*n,
Basingstoke: Palgrave Macmillan, 2004.

•Lisa Appignanesi, *Mad, Bad and Sad: A History of Women and the Mind Doctors from
1800 to the Present*, London: Virago, 2008.

11

18세기 영국의 '아내 팔기' 풍습

'아내 팔기', 영국만의 관습

'아내 팔기wife sale'란 무엇인가? 아내를 시장에 내다 판다고? 그렇다. 1832년 4월 21일 자 영국의 《뉴캐슬 헤럴드》 신문. '카리즐 세일'이라는 이름의 기사를 보자.

이번 달 7일 토요일, 이 도시와 주변 마을 사람들은 신이 났다.……조셉 톰슨이 스물두 살의 아내를 경매에 내놓았다.……자식이 없으며 서로 싸운 듯 보였다. 그는 자기 아내를 소개하면서 '메리 앤 톰슨이다.……나를 이 사람으로부터 구해 달라.……잘하는 것도 있다. 소설도 읽을 줄 알고 그릇도 반짝반짝 잘 닦는다.……50실링에 판다'라고 말했다.……이후 헨리 미어스가 20실링과 뉴펀들랜드 종 개를 주고 는 올가미를 서로 바꿔서 각자의 길로……남편은 자신이 묵던 펍으로 가 구속에서 해방된 것을 즐기며 술을 흠뻑 마셨다.

당시 신문이나 잡지에는 이런 종류의 기사가 387건이나 기록되었다. 당시 민중문화를 연구하는 현대 학자들은 과장이 심하다고는 하나 적게 잡아도 300건 정도는 사실일 것으로 추정한다. 그만큼 아내 팔기는 장날이면 영국 어디서나 볼 수 있는 관습이었다.

아내 팔기는 17세기에 시작하여 20세기 초까지 이어진 영국만의 독특한 관습이다. 그 기원은 알 수 없으나 당시 유럽 사람들은 이 관례를 "섬나라의 야만적인 풍습"으로 비판했고, 영국의 지식인들은 민중의 저급한 관습이라 치부하며 거의 언급하지 않았다. 독자의 이해를 돕기 위해 그림을 하나 예시한다.

그림처럼 남편은 아내에게 올가미를 씌워 시장에 끌고 간다. 경매에 내놓아 가장 높은 값을 부른 이에게 돈과 개를 받고 아내를 넘긴다. 군중은 이 상황이 재미있다는 듯 지켜보고 있다. 그러나 여기서 오해는 금물이다. 정작 경매 대상이 된 여성이 수치스러워하거나 조롱을 당하는 느낌이 없다. 오히려 아내는 '축제' 행사인 듯 즐기고 있다. 왜냐하면 겉으로 드러난 이 야만적인 상황이 실제로는 아내가 동의한 상황이기 때문이다.

아내 팔기 사례에 등장하는 남편들의 사례를 분석해 보면, 대개는 알콜 중독자이거나 도박꾼이며 노동하지 않고 아내나 자식까지도 유기

한, 한마디로 마을공동체에서 평판이 좋지 않은 이들이었다. 따라서 아
내 팔기는 그림의 중앙에 서 있는, 파는 남편이 아니라 팔려 가는 아내
가 주체이며, 대부분 부부 상호 동의하에 이루어진 거래다. 게다가 자
신을 산 '새 남편'은 평소 알고 지낸 지인이거나 애인인 경우가 많았다.

영국에서 이혼이 공식적으로 법제화된 것은 1857년의 이혼법이다.
그러나 교회의 영향력을 무시할 수 없던 시절에는 교회법이 더 중요
했다. 교회가 1184년 결혼을 교회의 주요 성사聖事의 하나로 자리매김
한 뒤부터, 이혼은 죽음이 부부를 갈라 놓지 않는 한 불가능했다.

언제나 틈은 있다. 결혼이 부부의 계약이라는 사실이다. 근대 이후
등장한 계약의 의미는 부부의 평등성이 담보되어야 하고, 공증이 가
능해야 한다. 어린 시절, 혹은 젊어 아무 생각 없이 결혼했다가 부닥
치고 살면서 현실을 깨달은 아내가 있다고 가정해 보자. 실제로 아내

작가 미상, 〈영국의 아내 경매〉, 《하퍼스 위클리》 20호(1876. 11)에 실린 삽화, 미시간대 소장.

가 돈을 벌어 생활을 유지하지만, 교회법도 세속법도 기혼여성의 재산을 인정하지 않는다. 만약 어떤 것이 상호 계약이라면 위반사항이 생길 경우, 계약은 깰 수 있고, 새로 맺은 계약은 공증을 받으면 된다. 아내는 법적으로 남편의 재산이니, 가축이나 말처럼 가족의 재산을 처분하는 관례를 이용한다.

그리하여 여러 사람 앞에서 공표하여 아내에게 올가미를 씌우고, 새로 산 주인에게 그 올가미를 넘기면 된다. 오늘날 부동산 매매 광고처럼 신문이나 잡지에 아내를 판다는 광고를 미리 싣거나 그 결과를 공표하고 군중의 확인을 받는 과정이 바로 이 아내 팔기다. 놀라운 것은 이 관행이 17세기 이래 영국에서 실제로 있었다는 것이다.

민중의 문화 전유 방식

전유專有라는 개념은 영어 Approprication의 번역어이다. 흔히 문화는 고급/저급 문화로 나뉘고, 그것의 주체는 각각 상층/하층이라고 생각한다. 게다가 역사적으로 또는 현재까지도 하층은 늘 상층의 고급문화를 동경하고 모방해 왔다고 가정한다. 하지만 꼭 그런 것만은 아니다. 여기서 '전유'라는 단어에는 자기들만의 '적합한' 방식으로 바꾼 것들을 계승시킨다는 의미가 담겨 있다.

예를 들면, 고대 그리스 아테네에서 귀족이 향유했던 비극—영웅의 탄생, 신탁에 따른 운명적 서사, 그리고 파멸에 가까운 죽음에 이르는 내용—에 대해 민중은 나름의 미무스mimus라는 독특한 형식을 발전시켰다. 아놀드 하우저의 《문학과 예술의 사회사》에 따르면 미무스는 비극과 달리 귀족과 특권층은 물론 보편적인 인간사를 풍자하고 희극으로 끝맺는 양식의 민중 연극이었다. 기록이 남아 있지는 않지만 아테네 말기 비극의 결말이 조금씩 바뀌는 것은 미무스의 영향을 받아서라고 기록되어 있다. 하층문화가 거꾸로 상층의 문화에 영향을 주었다는 말이 된다.

아내 팔기 과정에 민중의 적용 방식을 나름대로 구축해 보면 다음과 같다. 아내 팔기는 부부 상호 동의—특히, 아내의 자유 의지의 표시—라는 증명이 필요하다. 아내가 직접 걸어 나가는 행위가 그것일 것이다. 둘째, 공개된 장소에서 올가미를 두른 채 공개 경매에 부친다. 셋째, 거래가 이루어지면 화폐나 금을 건네고 상대방에게 올가미째 아내를 넘기거나 아내와 바꾼 개나 소를 올가미에 걸어서 가져 간다. 마지막으로 거래가 성사되었음을 알리면서 같이 술을 마신다. 이것은 거의 결혼식에서나 볼 수 있는 음주와 가무 형태를 띤 것처럼 보이기도 한다.

아내 팔기의 관례가 20세기 독자에게 알려지게 된 것은 토머스 하디의 《캐스터브릿지의 시장市長》(1886) 덕분이었다. 그는 이 소설을 출판하면서, 아내 팔기를 허구적으로 지어 낸 것이 아니라 스스로 직접 들어 알고 있는 관습이라고 증언함으로써 독자에게 충격을 주었고 '신사의 나라' 영국의 이미지를 훼손시켰다. 소설의 주 내용은 시장이 된 남자 주인공이 과거에 아내(와 아이)를 팔았다는 사실을 비밀에 부쳤는데, 팔렸던 아내가 출세한 전 남편을 찾아와 협박하는 것이다. 소설임을 감안하더라도 협박하는 아내와 초조해하는 남편을 보건대, 이 '야만적인 범죄'의 피해자는 남편이라는 점이 눈에 띈다.

여성 억압?

아내 팔기 관행은 19세기 초부터 영국 지식인들 사이에서 자주 언급되기 시작했다. "야만적인", "비인간적인", "수치스러운" 행위이며 일부 여성 학자들은 '자신들에 대한 위협이며 모욕'이라고 항의하기도 했다. 실제로 아내에 올가미를 씌워 끌고 가 시장에 내다 팔아 돈이나 개와 바꿔 다시 끌고 오는 이 관행의 야만적인 과정이 여성에게는 썩 유쾌한 광경은 아니다. 그러니 여성을 물건 취급하고 그 지위를 인정하지 않는 대표적인 여성 억압적 사례가 아닐 수 없다.

하지만 시대 맥락에 맞게 다시 한번 들여다보자. 18세기 계몽주의가 도래하기 전까지 여성은, 인간으로서 그러니 당연히 시민으로서 지위는 없었다. 계몽주의 시대에서야 여성은 겨우 半half 인간으로 인정되었다. 또 영국에서는 1918년이 되어서야 겨우 재산이 있는 기혼 여성의 투표권이 인정되었다. 여성이 시민권을 가진다고 해서, 이혼을 할 수 있다고 해서, 재산권을 가진다고 해서, 자기 아이에 대한 양육권을 가질 수 있다고 해서 여성의 지위가 나아졌다고 일반적으로 서술하기는 어렵다. 법 제정/개정은 숱한 투쟁이나 사례의 결과로 볼 수 있지만, 여성을 여전히 단일한 하나의 집합체로 규정하면 개개인 여성의 지위를 고찰할 수 없게 된다. 즉 여성도 그들이 당연히 계급/인종/연령 등등으로 다양하다는 사실을 받아들이고 난 뒤, 그들이 누구인지에 따라 지위 상승 여부를 가늠해 볼 수 있다.

17세기에서 19세기에 이르기까지 영국의 민중 여성의 경우를 살펴본다면, 아내 팔기는 당시 국가의 법이나 제도를 벗어난, 지배층의 눈으로 본다면 하나의 일탈이었다. 그러나 이 일탈은, 즉 아내 팔기는 민중이 자기네만의 방식으로 하나의 관습으로 전유하여 향유했음을 보여 주는 사례다. 깨질 수 없는 약속/계약은 그때나 지금이나 없었던 것이다.

재산권이 인정되지 않는 사회에서 여성들이 자신의 노동으로 번 돈을 자신이 소유하고 자신의 의지대로 재산을 처분하고자 한다면, 자신의 뜻에 동의하는 남편을 '고르면' 된다. 어려서, 또는 부모의 뜻에 따라 선뜻 결혼했지만, 그 생활이 불만족스럽거나 후회될 때, 그들은 이것을 돌이킬 수 없는 상황으로 받아들이는 대신, 당시 교회나 법을 전혀 개의치 않고 나름의 해결책을 찾을 수 있었는데, 그것이 아내 팔기인 것이다. 물론 민중 여성들 누구나 이 방법을 선호했다거나 거꾸로 수치스러워했다는 증거는 없다. 그러나 300여 건이 넘는 기사들은 민중이 지배층의 지배 규범을 그대로 수용하지 않았다는 증거이며, 여성들은 시장에 한 번 나가기만 한다면 손쉽게 이혼할 수 있었다는 사실을 말해 준다.

다른 해석

아내 팔기 관행은 기록에 따르면 16세기에 런던에서 사례가 나타나기 시작하고 18세기 말, 특히 1750년에서 1800년까지 거의 전 지역에서 보인다. 그러다가 1850년을 기점으로 줄어들기 시작하며 1880년에서 1900년 사이에 급격히 쇠퇴한 것으로 보인다. 따라서 하디는 아내 팔기 관행이 거의 사라져 가던 무렵에 이것을 소설에 등장시켜 세간의 이목을 집중시켰다고 볼 수 있다. 그렇다면 300년 이상 계속된 아내 팔기 사례가 18세기 말부터 19세기 중반까지 증가한 이유는 무엇일까?

18세기 후반에 갑자기 늘어난 아내 팔기에 대한 관심은 프랑스혁명 이후 불어닥친 '1790년대의 도덕적 패닉'과 관련이 있었다. 혁명의 영향을 직접 받은 영국에서 이미 자국의 국왕은 처형된 적이 있었고 나름의 사회개혁—1640년대 영국 내란과 1688년의 명예혁명—을 거쳐 안정적인 시기라고 여겼을 그때, 다시 프랑스혁명으로 인한 영국의 사회 혼란은 불가피했다.

여기서 '도덕적 패닉' 현상은 1788년에 고등법원 수석판사 케넌Lord Kenyon이 당시 시끌시끌했던 간통사건을 공개적으로 격렬히 비난하면서, 국내 왕정에 대한 불만을 차단할 여론몰이 시도로 시작된 일종의 도덕계몽운동이다. 이 과정에서 아내 팔기에 대해 엘리트층은 "인간의 신체에 값을 매기는", "아프리카 해안에서나 있을 법한" 관행이라 비난했고 민중의 해이한 도덕성을 보여 주는 것이라 역설했다. 그러나 아내 팔기는 이러한 비판에도 아랑곳없이 100년이나 더 지속되었다.

아내 팔기는 하디의 소설에서처럼 즉석에서, 술김에 그것도 생판 모르는 남자에게 아내를 판 것이라기보다 나름의 형식과 절차를 갖추었다는 사실이 중요하다. 그리고 남편이 아내를 팔아 번 돈은 거의 없다고 보아야 한다. 남편이 경매 이후 받은 돈은 술 마실 정도이거나 3~4일 치 빵값에 불과한 상징적인 의미의 액수였기 때문이다. 돈보다는 경매 사실, 즉 공증이 중요했다.

　아내 팔기는 산업혁명 이전 영국 법이 아내가 진 빚은 남편이 갚도록 한 규정과 관련이 있다는 점도 주목해야 한다. 아내가 번 돈도 남편의 재산이지만 아내가 진 빚도 남편이 갚아야 한다. 따라서 아내 팔기는 이 관련 규정이 변하면서 사라졌을 가능성이 있다. 1853년에 나온 법 지침서는 "남편이 아내를 내다 팔아야만 헤어질 수 있다는 민중의 저속한 실수는 버려야 한다"고 명시하면서 지역 행정기관이 아내 팔기를 처벌한다고 규정했다. 하지만 단속을 피해, 장소를 바꿔 가며 이 아내 팔기는 계속되었다.

　결론적으로 아내 팔기는 300년 이상 유지되었던 영국 민중의 관행이며, 이 관행은 민중이 법과 교회를 의도적으로 무시하고 행한 나름의 '이혼 방식'이었다. 다시 말하면 아내 팔기는 가난한 사람끼리─사실 재산관계가 복잡하지 않은─상호 동의에 의한 결혼의 해체 방식이었다.

　따라서 아내 팔기는 그 표현과 달리 아내가 팔렸다기보다 아내 스스로 결혼을 해체하여 새로운 대상을 '선택'할 수 있었던 제도 속의 하나의 틈이었다. 그래서 이것은 아내의 독립적인 일을 인정하고 그 수입과 재산을 허용한 법 개정이 있자, 저절로 사라졌다. 다시 말하면 엘리트층을 비롯한 지배계급이 아내 팔기 관행을 비난하고 처벌해서 사라진 것이 아니라, 이제 아내들이 그럴 필요가 없어서 사라진 것이라 보아야 한다.

이진옥·부산대학교 사학과 강사

〈참고문헌〉

• 이진옥, 〈근대 시기 영국의 '아내 팔기wife-sale'와 그 역사적 의의〉, 《역사와 세계》 46, 2014, 27~57쪽.

• Manefee, Samuel, *Wives for Sale; An Ethnograpic Study of British Popular Divorce*, St. Martins: Palgrave Mavmillan, 1981.

• Thompson, E. P., *Customs in Common*, New York: The New Press, 1993.

12

여성과 종교개혁
-16세기 주네브 사람들의 결혼과 이혼

종교개혁은 여성에게 어떤 사건이었는가

종교개혁을 시작한 루터는 로마 가톨릭교회의 전통적 구원관을 부정하고 오직 믿음 하나만으로 구원을 받는다는 주장을 내세워 16세기 유럽을 뒤흔들었다. 이러한 루터의 주장이 동시대 여성의 삶과 어떤 관계가 있었는지 쉽게 추론하기 어려울 수도 있다. 그러나 루터의 종교개혁은 단순한 신학적 담론으로 끝나는 것이 아니라, 인간과 신 사이를 중재할 독점적 권리가 있다고 주장했던 가톨릭교회와 성직자의 역할을 부정함으로써 영적 평등을 추구하는 해방의 선언으로 확장될 가능성이 있었다.

이런 견지에서 볼 때, 종교개혁 초기에 농민에서 여성에 이르기까지 사회의 비주류 계층이 종교개혁에 적극적으로 동조한 이유를 짐작할 수 있다. 16세기 초 '반란'을 일으킨 농민들이나 성상파괴운동iconoclasm에 뛰어든 여성들에게 종교개혁이란 루터의 표현대로 "진정한 기독교인의 자유"를 획득할 수 있는 새로운 대안적 질서의 장場으로 여겨졌을 것이다.

나아가 종교개혁은 결혼과 가정의 중요성을 부각시키고 재해석하는 중요한 계기가 되었다. 루터의 '만인 사제주의' 원칙에 따라 성직자도 굳이 금욕에 매이지 않고 결혼하여 가정을 꾸리는 것이 허용되었으며, 결혼이 성사sacrament에서 제외되어 교회가 아니라 국가가 관장하는 사안이 되었기 때문이다.

그 결과 종교개혁 진영에서는 결혼에 대한 새로운 법령을 작성하거나 새 제도를 도입하는 등 일대 변화가 시작되었다. 나아가 가톨릭 진영에서 개신교 목사들의 결혼에 대해 거세게 비난했기 때문에, 종교개혁가들은 바람직한 결혼과 가정의 모습을 직접 구현해야 한다는 의무감을 느꼈고, 그 결과 결혼과 가정의 역할과 책임이 크게 주목받게 되었다. 이처럼 전통시대 여성 삶의 핵심 터전이던 가정이 공적 논의의 대상이 되었다는 것만으로도 큰 의미를 지닌다.

그러나 16세기 종교개혁이 여성에게 바람직한 변화의 시작이었다고만 평가할 수는 없을 것이다. 우선 16세기 중반에 이르면 프로테스탄트 지도자들은 강력한 민중 규율화 작업을 통해 초반의 열정과 무질서를 제어하기 시작했다. 종교개혁가들은 루터가 논했던 자유와 해방을 민중이 사회적 차원으로까지 확대하는 것에 두려움을 느꼈으며,

이런 오해는 복음에 대해 전적으로 무지하기 때문이라 파악했다. 따라서 종교개혁가들은 신도들에게 기독교 교리를 주입하기 위해 교리문답을 의무화하고, 그들이 올바로 생활하는지 하나하나 감시하는 감찰 기관을 구성하게 된다. 이러한 민중 규율화와 함께 종교개혁 초기 한동안 분출되었던 주변부의 목소리들은 위축되어 사라지기에 이른다.

또한 종교개혁 시대 결혼과 가정에 대한 관심은 오히려 부권 중심적 가부장제를 강화하고 여성에게 가정 외 어떤 대안도 남겨 두지 않은 퇴행의 계기가 되었다는 비판도 존재한다. 수녀원제도의 폐지로 인해 프로테스탄트 여성은 결혼과 가정 외 남은 선택지가 없어졌고, 종교개혁가들이 보는 바람직한 가정이란 결국 가부장의 권위에 기반한 질서정연한 공간이어야만 했기에 여성의 자율권은 점차 줄어들었다. 이러한 부권주의의 귀환을 근거로 종교개혁은 오히려 여성의 입지를 약화시키는 계기로 작용했다고 분석하는 학자들도 적지 않다.

그러나 종교개혁 시기 여성사에서 줄기차게 등장하는 질문, 즉 종교개혁이 여성의 지위 향상을 위해 어떤 역할을 담당했는가라는 논점 자체는 재고의 여지가 있다. 종교개혁 시기 여성사를 다룬 다수의 연구자는 보통 종교개혁을 결혼과 가정에 짙게 드리워진 혐오와 무관심의 그늘을 걷어 내어 여성의 지위 향상에 도움을 준 긍정적 사건으로 상찬하거나, 반대로 종교개혁을 여성을 가정에 묶어 두면서 가부장제를 확대 재생산한 반동적 사건이라 비판하는 입장 중 하나를 선택하게 마련이었다. 그러나 이러한 양자택일적 사고방식은 오히려 종교개혁 시기 여성들의 경험을 단순화하여 여성과 가정의 주체적 역량을 간과하게 만들어 버린다.

이 질문에 대해 어떤 답변을 선택하든 여성은 종교개혁의 시혜를 받은 수혜자거나 종교개혁에 의해 가정에 예속된 피해자 이상이 되지 못한다. 양자 중 어느 방식으로 여성을 이해하든 간에 여성은 종교개혁이라는 사건에 능동적으로 참여한 주체라기보다 교회와 정치권에 휘둘린 수동적 객체로 남을 수밖에 없다. 따라서 최근 종교개혁 시대 여성사 연구자들은 종교개혁이 여성에게 일방적으로 영향을 주었다는 해석을 배제하고, 그 시대 여성들이 자신의 경험과 실천 속에서 종교개혁 사상의 내용을 그들 나름대로 재해석하고 변형해 수용한 지점을 찾아내야 한다고 강조하고 있다.

종교개혁과 이혼제도의 도입

그렇다면 여성들이 경험하고 실천한 종교개혁이란 과연 신학자들의 종교개혁과 어떤 차이가 있는가? 이를 살펴볼 수 있는 가장 최적의 장소 중 하나가 칼뱅 시대의 주네브Genève(영어 표기 제네바Geneva)이다. 루터의 종교개혁이 과거와의 단절을 의미했다면 제2세대 종교개혁을 대표하는 칼뱅은 프로테스탄티즘이라는 새로운 교리를 어떻게 일상 속에 뿌리내릴 것인가 하는 좀 더 실질적인 문제에 천착했다. 이를 위해 칼뱅은 주네브 사람들의 신앙과 삶 전반을 개혁하고 선도하기 위해 치리회治理會consistoire라 불리는 감찰 및 교정 기관을 설립하였다.

주네브 치리회에서는 주기도문을 제대로 외우지 못하거나, 신도들 간에 서로 다투거나, 각종 구설에 오른 사람들을 소환하여 진상을 확인하고 잘못을 지적하며 충고하거나 제재를 가했는데, 주네브 치리회의 회합 내용을 기록한 회의록Registres du consistoires Genève au temps de Calvin은 종교개혁의 이상이 민중의 일상에 어떻게 배어 들었는지 추적할 수 있는 중요한 사료라 평가받고 있다.

그런데 치리회에서 관리한 가장 중요한 사안 중 하나가 바로 '이혼'이었다. 사실 종교개혁은 이혼이라는 제도를 본격적으로 서양 사회에 재도입한 중요한 계기였다. 종교개혁가들은 결혼이 성사라는 로마 가톨릭교회의 입장에는 성경적 근거가 없다고 비판하면서, 결혼을 성스러운 것으로만 포장한다면 오히려 결혼제도에 담긴 현실적이고 실용적인 측면을 간과하게 된다는 입장을 피력했다. 따라서 종교개혁가들은 올바른 의미의 결혼생활을 지속할 가능성이 없는 부부는 이혼을 선택하는 것이 바람직하다고 여겼고, 이런 관점을 새로운 결혼법령에 적극 반영했다. 이로써 가톨릭 질서 아래 금지되었던 이혼이 유럽 일부 지역에서 다시금 선택 가능한 제도로 되살아나게 되었다.

그렇지만 종교개혁가들이 이혼을 더 나은 가정생활을 위한 건설적인 대안으로 여겼던 것은 결코 아니다. 종교개혁 시대 이혼은 배우자 간의 상호 동의를 통해 이루어지는 것이 아니라, 상대방의 간통을 증명할 수 있는 경우에만 성립되었다. 이는 곧 종교개혁 시대 이혼이란 (특정 여성의) 성적인 문란함을 규제하여 가부장 중심의 질서정연한 가정을 구현하기 위한 수단에 불과했다고 볼 수 있다.

그러나 당시 주네브에서 이혼을 요청했던 사람들의 속내는 훨씬 더 복잡하고 미묘했다. 왜냐하면 그 도시에는 엄격하고 도덕적인 칼뱅파 교도들만 살고 있었던 게 아니라, 폭력적인 남편부터 바람둥이 아내에 이르기까지 온갖 다양한 인간 군상들이 서로 결혼하고 사랑하며 속이고 미워하며 살고 있었기 때문이다. 그렇다면 주네브의 평범한 사람들은 이혼이라는 제도를 어떻게 이해했으며 무엇을 위해 활용했던 것일까? 이를 파악하기 위해서는 주네브 치리회 회의록 속에 남아 있는 16세기 사람들의 일상으로 직접 들어가야 한다.

사례를 통해 본 16세기 주네브의 이혼

1550년, 스위스 주네브에 위긴 뒤퐁이라는 여성이 살고 있었다. 그녀의 남편 피에르는 스트라스부르와 밀라노, 영국 등지를 오가며 사업을 벌이고 있었기 때문에 피에르와 위긴은 상당히 오랫동안 별거 중이었다. 그런데 어느 날 갑자기 위긴이 임신을 했음이 알려졌고, 아이의 아버지가 누구냐를 둘러싸고 주네브 도시공동체는 한바탕 논란에 휩싸였다. 당시 주네브에서 개혁교회를 이끌며 "신의 뜻에 어울리는 질서정연한 사회"를 만들고자 노력 중이던 칼뱅에게 이 추문은 묵과할 수 없는 것이었다. 1550년 7월 24일, 위긴은 치리회에 즉각 소환되었고, 아이 아버지가 누구냐는 준열한 추궁을 받기에 이른다.

도덕적 순수함과 엄격함의 중심 주네브에서 감히 간통을 저지른 위긴, 그녀는 어떻게 되었을까? 신께서 인간에게 부여한 가정의 질서를 어지럽혔다는 죄목으로 당장 이혼을 당했을까? 아니면 이혼이라는 오명을 피하기 위해 진심으로 자신의 죄를 고백하고 선처를 호소했을까? 거꾸로 개혁교회와 주네브 도시공동체의 냉정함을 탓하며 자신의 간통이란 남편의 부재가 낳은 어쩔 수 없는 결과였다며 스스로를 피해자라 강변했을까?

그 어떤 것도 아니었다. 위긴은 이혼할 생각이 전혀 없었다. 위긴은 이혼을 자신은 물론 아이의 사회적 위상을 무너뜨릴 치명적인 위험 요소로 보았다. 따라서 위긴은 이혼을 피하고 자식을 사생아로 만들지 않기 위해 최선의 전략을 세웠다. 그 전략이란 아이 아버지가 별거 중인 남편이라고 주장하면서, 이 주장을 반박할 수 없도록 모든 증언을 뒤흔드는 것이었다. 위긴은 외국에 거주하고 있던 남편이 허겁지겁 되돌아와 자신의 아이가 아니라고 강변했음에도 불구하고 자신의 주장을 굽히지 않았으며, 오히려 자신과 남편이 만나는 것을 보았다

〈가족과 함께 있는 루터〉, 귀스타프 스팡엔베르그Gustave Adolf Spangenberg, 1875, 개인 소장.

는 증인들을 여러 명 데려오기까지 했다. 위긴이 대동한 증인들의 증언은 중구난방이었지만, 위긴은 오히려 자신의 증언까지도 수시로 바꾸며 치리회를 일대 혼란에 빠트렸다. 결국 위긴이 임신했을 시기에 자신이 주네브에 없었음을 명백하게 입증할 수 없었던 남편 피에르는 위긴과의 이혼을 인정받지 못했다. 이혼을 피하기 위한 위긴의 전략이 끝내 성공했던 것이다.

칼뱅은 순순히 자신의 죄를 인정하고 반성하기는커녕 끝까지 시치미를 떼는 위긴의 태도를 고약하게 여겨 그녀를 주네브에서 추방해 버렸지만, 그럼에도 불구하고 위긴은 사생아가 될 위기에 처했던 자신의 아이를 남편의 핏줄로 인정받는 데 성공하며 소기의 목적을 달성했다. 추방당한 지 1년 후 주네브로 돌아온 위긴은 이후로도 자유분방한 생활 태도를 버리지 못했는지 수시로 치리회에 소환당했지만, 여전히 주네브를 떠나지 않고 그곳에서 평생을 살았다.

이처럼 종교개혁을 통해 주네브에 도입된 새로운 이상과 제도들은 위긴이라는 한 여성의 삶에 여러 차원으로 개입했지만, 위긴은 칼뱅이 제시한 이상적인 결혼과 여성의 소명을 끝까지 액면 그대로 수용하지 않았다. 이처럼 "신의 질서가 구현된 질서정연한 도시" 주네브 한구석에는 교활하고 치밀하게 자신의 부도덕한 행동을 정당화하고 이를 개선할 의지조차 없었던 위긴 같은 여성도 버젓이 존재하고 있었던 것이다.

균열, 전유, 재구성:
종교개혁 시대 여성사 연구의 전망

위긴 뒤퐁의 사례는 종교개혁 시대 여성사 연구자들이 부지불식간에 지니고 있는 각종 편견을 돌아보게 만든다. 16세기 주네브에서 여성들은 남편의 폭력과 가문의 압박 속에서 고통받는 피해자이기도 했지만, 때로는 문란한 성생활로 가정의 존립을 해치는 가해자이기도 했다. 여성의 다양한 위상은 종교개혁이라는 상황에 대한 인식과 경험도 다양하게 만들었다. 종교개혁이 진행될수록 가부장적 사회체제가 견고해졌던 것은 분명하지만, 여성들은 이에 무조건 굴복하지 않고, 자신의 목적을 쟁취하기 위해 종교적 권위를 흔들고 여론을 형성하며 전략을 세우는 교활하고 치밀한 능동적 주체로 살아남았다.

이처럼 주네브 치리회 회의록 속 이혼 사례는 종교개혁 시대 여성들이 종교개혁가들이 제안한 새로운 이상을 액면 그대로 수용하지 않고, 이를 비틀고 변형시켰음을 보여 준다. 그리고 바로 이런 균열의 지점을 찾아내는 것이 전통시대 여성사 연구의 중요한 출발점이 될 수 있다고 본다. 여성의 자유와 욕구를 억압했던 전통의 무게 속에서, 여성들은 자신이 바라는 바를 명백하게 표현하거나 이를 액면 그대로 쟁취하기 어려웠다. 따라서 전통시대 여성들은 가부장제의 언어를 차용하거나, 억측과 오해, 또는 혼동을 의도적으로 불러일으키는 다양한 전략을 사용할 수밖에 없었다.

바로 이러한 균열의 지점을 찾아내고, 이때 여성들이 어떻게 주류의 언어와 사고를 나름의 방식으로 전유했는지, 그리고 이를 통해 자신의 삶에 주어진 얼마 되지 않는 선택의 순간을 움켜잡는 데 성공했는지 파악할 필요가 있다. 전통시대 여성들이 가부장제의 일방적 피해자였다는 편향된 관점을 극복하고, 길고 구불구불한 길을 따라가야만 발견할 수 있는 여성들의 미묘한 욕망과 진솔한 내면을 만나는 작업이 본격화될 때, 전통시대 여성의 삶을 바라보는 폭과 관점이 크게 확장될 수 있으리라 믿는다.

박효근·세종대학교 대양휴머니티칼리지 초빙교수

〈참고문헌〉

• 박준철, 〈변화와 지속: 종교개혁이 가정과 여성에 미친 영향—독일과 스위스를 중심으로〉, 《서양사론》 65, 57~75쪽, 2000.

• 키르시 스티예르나, 박경수·김영란 옮김, 《여성과 종교개혁》, 대한기독교서회, 2009.

• 박효근, 《여성, 종교개혁과 통하다》, 서강대학교출판부, 2018.

• _____, 〈종교개혁 시대 '음란함'의 규정과 통제—1556~1559년 주네브 컨시스토리 회의록을 중심으로〉, 《서양사론》 150, 141~170쪽, 2021.

• Merry Wiesner-Hanks, *Women and Gender in Early Modern Europe*, Cambridge Univ. Press, 2008.

13

성녀와 마녀,
르네상스기 모순적 여성 모델

성녀와 마녀의 시대

많은 사람이 이탈리아 르네상스를 고전고대가 부활하고 예술이 꽃피운, 현세적이면서 세속적인 이미지로 기억한다. 그러나 르네상스기는 이탈리아에서 거룩한 여성이 폭발적으로 등장했던 시기이기도 하다. '살아 있는 성녀santa viva'라고 불렸던 이들은 환시와 예언, 기적을 보임으로써 지역의 숭배 대상이 되었다. 이 시기 등장한 '살아 있는 성녀'의 수를 정확하게 추산하기는 어렵지만, 당대인의 눈으로 보아도 범상치 않은 수준이었음은 분명하다. 16세기 말 이탈리아의 한 수도사 톰마조 본지오Fra Tommaso Bonzio가 콘스탄티누스 대제 시대 이후로 한 시대, 한 지역에 신성함으로 사랑받는 여성이 이토록 많았던 적이 없었다며 경탄을 금치 못했기 때문이다.

동시에 르네상스기는 이탈리아에서 마녀사냥이 활발하게 일어났던 시기이기도 하다. 이탈리아의 마녀사냥은 14세기 말부터 점차 증가해 이탈리아 전쟁기(1494~1530)에 최고조에 이르렀다. 지역적으로는 이탈리아 북부를 중심으로 이루어졌지만 중부와 남부에서도 간헐적으로 나타났으며, 토디Todi, 발 다고스타Val d'Agosta 등과 같은 작은 마을뿐만 아니라 밀라노, 베네치아 같은 대도시에서도 이루어졌다. 르네상스 전성기는 바야흐로 이탈리아 마녀사냥의 전성기였던 것이다.

이처럼 이탈리아 르네상스는 성녀의 시대이면서 마녀의 시대이기도 했다. 성녀와 마녀. 양극단에 서서 결코 섞일 수 없어 보이는 이 두 여성상은 어떻게 동시에 존재할 수 있었을까. 이들은 왜 르네상스기에 폭발적으로 증가한 것일까.

살아 있는 성녀

찬란한 모습에 가려져 있지만 르네상스기는 혼란과 불안의 시대였다. 악몽처럼 반복되던 전염병과 기근은 흑사병과 대기근의 끔찍한 기억을 계속해서 상기시켰고, 도시국가 사이의 다툼뿐만 아니라 외세의 침략과 간섭은 이탈리아 전체를 전쟁의 소용돌이 한가운데로 빠뜨렸다. 불안한 삶 속에서 사람들이 갈구한 것은 내면의 평화였다. 그러나 서방교회 대분열 이후 로마 가톨릭교회는 신자들의 신앙적 요구에 제대로 답하지 못하고 있었다.

기존 교회를 통한 구원과 안식의 길이 요원해지자 민중은 다른 길을 찾았다. 고전고대의 부활을 통해 개인의 자아와 잠재력을 재발견하고 재평가했던 르네상스 문화는 민중에게 교회의 중재를 통하지 않고 신과 직접 소통하려는 욕구를 자극했다. 여기에 부응해 등장한 것이 바로 '살아 있는 성녀'였다. 이들은 대개 한미한 가문 출신이었지만 신비주의적인 환시와 예언을 통해 신의 존재와 보호를 확인시켜주고 교회의 개혁을 지지함으로써 민중의 숭배를 받았다. 특히 이탈리아 중부와 북부의 통치자들은 이들을 통해서 자신의 세속권력에 신성함을 부여하고자 했기에, 살아 있는 성녀들은 민중의 지지와 세속권력과의 연계를 통해 사회에서 비공식적인 권력을 얻었다.

당시 살아 있는 성녀들의 활동에 누구보다 영향을 많이 끼쳤던 사람은 도미니코회 수사 지롤라모 사보나롤라Fra Girolamo Savonarola였다. 그는 1494년 메디치가가 피렌체에서 축출된 이후 예언자로서 권력을 잡고 교회와 사회의 개혁을 주장했다가 이단으로 화형에 처해진 인물이다. 사보나롤라에 대한 숭배는 살아 있는 성녀들에 대한 숭배가 형성된 이탈리아 중부와 북부 지역을 중심으로 널리 확산되었다. 콜롬바 다 리에티Colomba da Rieti, 오산나 안드레아지Osanna Andreasi 등 살아 있는 성녀들은 사보나롤라가 천국에서 축복받고 있다고 증언함으로써 그가 진정한 성인임을 확인시켜 주었다. 사보나롤라의 추종자들 역시 새로운 성녀들이 보여 준 미덕과 기적에 대한 저술과 출판에 앞장섬으로써 성녀 숭배의 대중적 확산에 기여했다.

그러나 예언과 환시가 사회에 끼치는 영향력이 커질수록 그에 대한 우려 역시 증가했다. 이미 14세기 말부터 여성의 예언과 카리스마에 대한 논쟁과 더불어 당대 유명한 성녀들의 예언의 진실성에 대한 조사가 이루어지기 시작했다. 사보나롤라 역시 여성의 허약한 본성 때문에 여성의 예언은 신뢰하기 어렵다고 주장하면서 그 예외적 모델로 카테리나 다 시에나Caterina da Siena를 제시한 바 있었다. 신비주의적인 예언을 하고 교회의 개혁을 주장했던 14세기 성녀 카테리나 다 시에나는 고해신부 라이몬도 다 카푸아 수사Fra Raimondo da Capua에게 자신의 신비주의적 경험을 검증받았기 때문이다. 따라서 사보나롤라의 추종자들 역시 살아 있는 성녀들과 적극적으로 제휴하면서도 그들의 능동적인 역할을 제한하고 그들의 예언과 환시를 철저히 감독하는 전략을 취했다.

"마녀를 살려 두지 말라"

르네상스기 사회적 위기와 혼란이 성녀 숭배만 가져온 것은 아니었다. 현실에서 겪는 위협과 공포, 혼란을 설명해 주는 종말론적 세계관이 유행하면서 마녀가 실제로 존재한다는 믿음 역시 강해졌다. 중세에는 마녀의 존재에 대한 회의감을 드러내면서 야간비행에 대한 증언을 무지한 여성들의 꿈속 환상으로 치부했지만, 바젤 공의회(1431~1438)를 기점으로 악마를 숭배하는 이단자들이 그리스도교 세계를 위협한다는 혐의가 본격적으로 제기되기 시작했다. 곧이어 마녀에 관한 글들이 쏟아졌는데, 1460년에서 1525년 사이에만 이탈리아에서 최소 10명의 작가가 마녀를 고발하는 책을 내놓았다. 마녀는 더 이상

무지몽매한 민중의 미신이 아니라 휴머니스트, 도시 지배자, 성직자 등에게도 매우 진지하게 받아들여지는 존재가 된 것이다.

르네상스기 동안 마녀의 모습은 마녀론 저서들을 통해 점점 정교해졌다. 이러한 저서 중 가장 흥미로운 것은 《마녀, 혹은 악마의 기만에 대하여Strix, sive de Ludificatione Daemonum》(1525)이다. 잔프란체스코 피코Gianfrancesco Pico가 대화록이라는 세련된 휴머니스트 문학 형식으로 집필한 이 책은 곧이어 대중적 인기를 끌었다. 그가 마녀를 고발하는 책을 쓴 계기는 미란돌라를 통치하는 군주로서 자신의 지역에서 벌어진 마녀재판에 대한 비판에 맞서 정당성을 주장하기 위해서였다. 마녀의 실존을 논증함으로써 악마의 위협에 맞서 세상을 정화하기 위해 마녀사냥이 필수 불가결하다는 당위성을 세우려는 시도였다.

잔프란체스코 피코는 자신의 책에서 '스트릭스Strix'의 모습을 자세히 묘사했다. 마녀를 부르는 이탈리아어 '스트레가strega'의 라틴어 어원에 해당하는 스트릭스는 고대 신화에 등장하는 새로, 공포스러운 비명을 지르면서 밤하늘을 날아다니며 어린이의 피를 빨아먹는 존재다. 잔프란체스코 피코에 따르면 스트릭스, 즉 마녀는 짐승으로 변신하여 밤하늘을 날아가기 위해 어린아이의 피로 마법연고를 만든다. 그는 이처럼 고전 속 스트릭스의 모습에 기반하여 마녀를 묘사하는 한편, 당시 마녀론 저서들이 강조했던 이단적 특징들을 더했다. 바로 악마와 계약을 맺은 마녀들이 밤하늘을 날아 악마의 집회인 사바트에 참석하여 성체를 훼손하며 즐거워한다는 것이다. 여기서 보이는 변신, 야간비행, 영아 살해, 악마와의 계약, 사바트, 신성모독과 같은 특징은 르네상스기를 거치며 구축된 마녀의 종합적인 모습이었다.

잔프란체스코 피코는 사람들이 악마의 유혹에 홀려 마녀가 되는 원인으로 성적 욕망을 지적한다. 여성은 선천적으로 욕망에 약한 기질을 타고나기 때문에 악마에 홀리기 쉽다는 인식이 보편적이었고, 이에 따라 《말레우스 말레피카룸*Malleus Maleficarum*》(1486)은 마녀가 본질적으로 여성의 범죄라고 주장한 바 있다. 반면 잔프란체스코 피코는 남녀 모두 악마의 유혹에 넘어가기 쉽다고 주장했는데, 실제로 미란돌라 마녀재판으로 처형된 10명의 희생자 중 7명이 남성이었다. 그러나 그에 따르면 마녀들에게 성체를 제공하여 처형된 성직자가 타락하게 된 원인은 바로 '여자'의 모습을 한 악마에 대한 욕망 때문이었다. 결국 악마에게 자발적으로 굴복한 마녀도, 남성을 타락시키는 악마도 모두 여성의 모습을 하고 있었던 것이다. 이러한 방식으로 여성은 세상의 혼란에 대한 원인으로 간주되었고 마녀라는 이름으로 '사냥'되었다.

동전의 양면

당대인들은 무수한 성녀와 마녀의 출현을 설명하기 위해 다양한 이론을 동원했다. 그중 가장 널리 퍼진 것은 열과 습기의 정도가 기질과 행동에 영향을 미친다는 체액이론이었다. 축축하고 차가운 성질을 지닌 여성이 남성에 비해 영적인 영향을 잘 받는다는 것이다. 그러나 이러한 설명은 여성이 성령뿐만 아니라 악령에게도 영향을 받기 쉽다는 의미이기도 했다. 따라서 이 시기 여성의 영성은 여성의 허약한 본성이라는 미명하에 언제나 의심의 대상이 될 수밖에 없었다.

이처럼 성녀와 마녀의 서사는 여성 혐오적인 인식을 공유하고 있었기 때문에 동전의 양면과도 같은 것이었다. 이를 잘 보여 주는 예시는 카테리나 마테이Caterina Mattei의 기적일 것이다. 라코니지Racconigi 출신의 직공이었던 그녀는 먼 거리를 날아 프랑스 왕과 예루살렘 성지 등을 방문한 기적으로 유명했는데, 1512년 이단 혐의로 토리노 종교재판소에 회부되었다가 무죄판결을 받았다.

그녀의 이단 혐의가 정확하게 무엇을 가리키는지 알 수 없지만, 마녀술과 관련된 의혹이었을 가능성은 충분하다. 당시 증언에 따르면 카테리나는 '신의 마스카masca'라고 불렸는데, 마스카는 알프스 인근 지역 사람들이 마녀를 부르는 명칭이다. 사람들이 그렇게 부른 까닭은 악마가 마녀에게 하는 것과 같은 방식으로 천사가 그녀를 공중으로 옮겼기 때문이었다.

베르나르디오 루이니, 〈천사들에 의해 시나이산으로 옮겨진 알렉산드리아의 성 카테리나의 시신〉, 밀라노 브레라 미술관 소장.

하늘을 날아 먼 거리를 이동하는 성녀는 밤하늘을 날아 사바트에 참석하는 마녀와 매우 유사한 모습을 보여 준다. 그러나 잔프란체스코 피코는 1527년 카테리나 마테이에 대한 성녀전을 집필함으로써 '신의 마스카'를 성녀로 제시했다. 이러한 사실은 정반대에서 대치한다고 생각했던 성녀와 마녀의 모델이 실제로는 굉장히 모호한 기준 위에 있음을 보여 준다. 실제로 신의 은총과 악마의 환상을 구별해 내는 것은 대부분 남성 성직자의 판단에 의존했다. 다시 말해 성녀인지 마녀인지를 가르는 것은 전적으로 남성의 자의적 판단에 달렸던 것이다.

따라서 여성은 남성이 요구하는 여성상을 내면화하고 끊임없이 그것을 충족시키려는 노력을 기울여야 했다. 이것은 비단 종교인에 국한되지 않았다. 완벽한 궁정인과 귀부인을 만들기 위한 저서 《정신론廷臣論Il cortegiano》(1528)을 집필한 발다사레 카스틸리오네Badassare Castiglione는 이상적인 궁정 귀부인이라면 쾌활한 대화를 즐기며 아름다운 육체로 눈에 띄어야 하지만 동시에 얌전한 태도와 함께 순결을 지켜야 한다고 명시했다.

이와 같이 모순적이고 대조적인 덕목이 여성에게 요구되었기 때문에 이상적인 여성상이란 사실상 실현하기 어려운 것이었다. 그리고 이처럼 모호한 덕목은 여성에게 회색지대를 허용하여 행동의 반경을 넓혀 주기보다는 오히려 여성의 행동을 제약하고 그것을 판단하는 남성의 자의성을 극대화해 주었다. 결국 성녀와 마녀의 모습은 모두 르네상스기 여성 모델을 가부장적 질서 속에 편입시키는 과정에서 형성되었던 것이다.

변선경·신라대학교 역사교육과 조교수

〈참고문헌〉

• 변선경, 〈'성인 만들기'와 '신성한 여성들': 중세 말 근대 초 읍도파의 여성 서사 활용
  전략〉, 《서양중세사연구》 50, 한국서양중세사학회, 2022.

• _____, 〈사라진 '어머니': 피에타 보호소를 통해서 본 근대 초 여성 자선기관의 변화
  와 그 의미〉, 《역사와 경계》 122, 부산경남사학회, 2022.

• Gabriella Zarri, *Le sante vive. profezie di corte e devozione femmine tra '400 e '500*,
  Torino: Rosenberg & Sellier, 1990.

• Tamar Herzig, "The 《*Santa Viva*》 and the Dragon: Witchcraft and Religion in the
  Writing of Gianfrancesco Pico della Mirandola" in *Scritture carismi Istituzioni. Percorsi
  di Vita Religiosa in Età Moderna*, a cura di Concetta Bianca e Anna Scattigno, Roma:
  Edizioni di Storia e Letteratura, 2018.

14

고대 아테네에서 여성으로 살아가기

여성에 대한 시선

기원전 5세기 초 페르시아전쟁을 승리로 끝낸 아테네는 본격적으로 민주정치 체제를 확립시켜 나갔다. 소수의 지배에서 다수demos가 지배kratia하는 데모크라티아demokratia 체제로의 이행은 다수의 시민이 정치적 의사결정에 직접 참여하고 정치적 권한을 행사하는 평등체제로의 전환을 의미하는 것이다. 이러한 다수 시민이 직접 참여하는 민주정치는 아테네 사회의 모든 부분에 반영되었고 그 결과 공polis/사적oikos 영역 분리 담론을 형성해 나가는 동력이 되었다.

일반적으로 고대 아테네 사회에서 여성은 공공 영역에서 제한된 권리를 누렸으며, 대부분 집안에서 가사와 양육에 많은 시간을 할애했던 것으로 알려져 있다. 아테네 여성과 남성의 역할을 사적/공적으로 분류하고 숙소 또한 남성/여성 영역으로 분리하였으며, 결혼한 정숙한 여성은 사적(오이코스) 영역 안의 그들의 숙소나 정문 현관의 문지방을 넘지 못하도록 했다. 이러한 공/사적 영역 분리 이데올로기는 남성 시민의 공적 삶의 중요성을 강조한 반면에 전통적 여성상으로 정형화시켰다.

크세노폰의 다음과 같은 기술에서 공/사적 영역 분리를 확증할 수 있으며, 성차이에 따른 영역 분리로 당시 여성의 삶을 잘 묘사하고 있다.

> 이스코마코스Ischomachus의 아내는 모든 가정의 비품을 정리하고, 음식물을 장만해야 하며 아이를 양육하고, 노예 소녀에게 실 짜기와 방적을 가르쳤다. 이러한 집안일로 집을 떠날 수 없었으며, 물건 구입과 그 외 집 밖 일은 노예가 맡았다. 반면에 남편 이스코마코스는 집 밖 외부의 일을 도맡아 도시에서 장을 보고 아고라에서 일을 수행했다. 더군다나 남성과 여성의 거처는 분리되어 있다(크세노폰, 《가정학》 7.3~7.42, 9).

이 인용문에서 아내는 가정의 안주인으로서 주로 가내에 한정되어 집안에서 해야 할 많은 책무가 있으며, 남편은 집 밖에서 머무는 시간이 더 많았음을 암시해 주고 있다. 특히 여기서 주목할 만한 점은 성차이에 따라 남성과 여성의 사회적 역할 및 능력을 공간적으로 엄격하게 구분하고 있다는 점이다. 고대 저술가들 또한 여성의 타고난 생리적 열등과 육체적 약함을 지적하면서 남성과 여성 간의 본성의 차이를 구별하려 했다. 플라톤은 "여성은 육체적으로 남성보다 약하며 여성에게는 남성의 일보다 더 가벼운 일을 주어야 한다"(《국가》 제5권 456b~457a)고 언급하고 있으며, 아울러 "남성의 미덕은 거만함과 용기에 있고 공적인 일을 다루며 여성의 미덕은 남편에게 복종하고 정숙해야 하며, 가사 일에 관여하는 것이다"(《법률》 781b2~4)라고 주장하면서 성차이를 정당화했다.

아리스토텔레스도 "남성과 여성의 관계를 우월한 자와 열등한 자의 관계, 지배자와 피지배자의 관계"(《정치학》 1255b)로 보아 여성과 남성 간의 본성의 차이를 구분하면서 남성 본성이 더 우월하다는 점을 공고히 했다. 이러한 공/사적 영역의 분리 관점은 당시 남성 저술가에 의해 형성된 전통적인 여성관을 반영한 결과이며, 이들에 의해 형성된 여성에 대한 보편적 인식은 아테네 민주정치를 통해 강화되어 나갔던 것으로 짐작할 수 있다.

여성과 결혼

고대 아테네인들은 가족의 존속을 위해 결혼을 하나의 의례로 규정했다. 결혼은 결혼할 남녀 사이의 합의보다 여성의 법적 보호자kyrios와 신랑 사이에 서약으로 맺어진 일종의 계약이었다. 결혼 적령기 여성은 14세에서 18세, 남성은 30세 전후였으며 혼인 성립을 위해서는 합법적 절차가 엄격하게 요구되었다. 예컨대 결혼 성립에는 두 남성 사이의 구두계약인 엔귀에engué(서약), 지참금과 함께 신부를 신랑에게 인도하는 엑도시스ekdosis(인도), 결혼식에 참석한 축하객들과 동행하는 행렬 의식인 가머스gamos(결혼 의식) 등이 요구된다. 이러한 절차를 통한 결혼은 합법적으로 보증한 결혼으로 보고 그렇지 못할 때는 비합법적인 것으로 간주되었다.

아테네 여성을 단일한 집단으로 말하기는 어렵다. 그 이유는 도시민 여성astai, 정부情婦pallakai, 고급 매춘부인 헤타이라이hetairai, 거류외국인 여성, 노예 여성 등 다양한 신분이 존재했기 때문이다. 데모스테네스의 표현을 빌자면 "우리에게는 쾌락을 위해 매춘부가 있고, 일상적으로 우리를 돌봐 주는 정부와 합법적인 자식을 출산하고 집안을 충실히 관리하는 아내gynaikes가 있다"(《네아이라에 대한 반론》 59.122)고 하였다. 이러한 묘사처럼 실제로 다양한 여성들의 존재로 동일한 정체성을 부여하기 쉽지 않지만, 그들의 신분이나 지위에 따라 그들 각각의 삶이 다양한 방식으로 전개되었을 가능성 역시 배제할 수 없다.

결혼은 여성의 삶에서 중요한 전환점이 되는 사건으로 혼인 이전에는 한 집안의 딸로서, 그 이후에는 아내와 어머니로서 사회적 신분이 바뀌는 것이다. 일반적으로 결혼한 여성들은 축제나 종교행사를 제외하고는 집 밖 출입이 쉽지 않았으며, 바깥 활동보다는 많은 시간 집안에 머무르는 것이 바람직한 여성으로 비쳐졌다. 가부장제 사회에서 아테네 여성들은 주로 집안에 한정되어 보호와 통제를 받았으며, 존경받는 아내와 어머니로서 조신하게 행동하도록 제약을 받은 것으로 알려졌다. 이는 전사자의 아내들에게 좋은 일이든 나쁜 일이든 타인의 입에 오르내리지 말 것을 당부하는 페리클레스의 연설문(투키디데스, 《펠로폰네소스전쟁사》 2.45.2)에서 잘 입증된다.

고대 아테네 사회는 면 대 면face-to-face 공동체로서 '명예와 평판'의 정책을 통해 성sexuality을 통제하고 규범화한 점에 주목해야 한다. 아테네인들은 합법적인 자식의 출산과 아내의 성적 순결에 커다란 무게를 두었기 때문에 명예와 수치를 최고의 덕목으로 삼아 공간 분리 이데올로기를 창안해 낸 것이다. 따라서 상속과 더불어 시민권 획득과 밀접하게 연관된 합법적 혼인을 통해 가족과 폴리스의 영속성을 유지하려 한 것이다. 아리스토텔레스가 기술한 《아테네인의 국제》 26.4) "기원전 451~450년에 두 명의 아테네 시민 부모 사이에서 태어난 자만이 시민이 될 수 있다"는 페리클레스의 시민권 법령은 이것을 잘 증명해 준다. 이러한 시민권 법령에 따라 합법적인 아들의 생산은 결혼의 중요한 목적이 되었으며, 이방인 여인이나 정부 소생이 아닌 아테네 시민 집안 여성의 소생만을 합법적 자식으로 인정한 것이다. 아테네에서 결혼은 합법적인 혼인으로 결합한 부부를 통해 사회적인 책임을 공유하려는 장치였다.

여성의 사회적 지위

아테네 여성들은 공적 영역에서 배제되어 남성들과 동등한 지위에 있지 못했으며 일상생활에서도 여성의 외부 활동이 제한되었음을 앞서 언급한 공/사적 영역 간의 분리 이데올로기를 근거로 확증할 수 있다. 이와 달리 여성의 일상으로 시선을 돌려보면, 일반적으로 아테네 여성은 관습과 법률에서 제한적이었던 반면에 일상에서 출산한 친척을 방문하거나 혹은 가정용품을 빌리기 위해 이웃에 들르거나 시장이나 집 밖 샘터에서의 대화 등 여성들 간의 사적인 교류가 빈번했음을 당시 사료를 통해 알 수 있다. 아리스토파네스의 희극에서 남편이 사망한 후 시장에서 자신의 가족을 부양하기 위해 화환을 판매하거나 빵과 무화과 판매자로 혹은 오트밀을 섞은 죽과 씨앗을 파는 여성 등 상업 활동에 참여한 여성들에 관한 묘사가 종종 발견된다.

더군다나 사회 구성원으로서 공공 축제나 종교 영역에서 다양한 방식으로 공적인 역할을 한 사실이 분명히 드러난다. 국가적 축제인 판아테나이아Panathenaia 제전에서 아크로폴리스에 위치한 아테나 폴리아스Athena Polias에 봉헌할 페플로스(고대 그리스 여성들이 어깨에 걸쳐 입은 주름 잡힌 긴 겉옷)를 마련하는 일은 7~11세에 해당하는 아레포로이arrephoroi 소녀가 담당했으며, 페플로스를 건네받아 아테나 여신에게 그것을 입히는 것은 아테나 여사제였다. 이러한 일들은 이들 모두에게 주어진 신성하고 중요한 임무였다. 이 축제는 상업 중심지였던 케라미코스를 지나 도시의 정치·종교적 중심지인 아고라, 아크로폴리스를 거치는 장엄하고 웅장한 행렬을 통해 진행되는 대표적인 공공 축제라 할 수 있다. 이러한 행렬에 남성들과 함께하는 여성들의 모습이 파르테논 신전의 부조에서 다양하게 드러난다.

디오니시아의 영광을 기리는 대大디오니시아Dionysia 축제는 매해 초봄 엘라페볼리온Elaphebolion 달인 3월 말~4월 초에 열리며 아테네의 부와 힘을 외국인들과 아테네인들 자신에게 보여 주는 국가적 축제다. 이러한 축제에서 여성이 희생제물을 담은 제의용 그릇을 들고 행렬에 참여하거나 연극 공연의 관객으로 참여하는 모습이 당시 기념물의 부조나 희극·비극 작품에서 공공연히 보여진다.

고대 아테네 여성이 공동체의 보존을 위한 다산의례에서도 중요한 역할을 한 점 또한 주목할 만하다. 대지의 생산력과 풍요를 주관하는 곡물 신인 데메테르 여신에게 바치는 테스모포리아Thesmophoria 제의는 유일하게 기혼여성만 참여할 수 있는 종교 의식이다. 다산과 풍요를 상징하는 테스모포리아 제의는 아티카 달력으로 씨 뿌리는 피아놉시온pyanopsion(10월 말) 달 11일~13일 사흘 동안 진행되며 결혼한 시민 여성asté만이 의례를 수행하는 특별한 의례라 할 수 있다. 이 제의 동안 공동체의 다산을 위해 여성들에게 중요한 역할이 부여되었으며, 그러한 과정 중에 여성들 간의 교류도 더 공고했을 것으로 추측할 수 있다. 그 밖에 고인의 명성을 기리는 추도식에 남성과 함께 참여하는 여성의 모습을 도기 그림에서 종종 목격할 수 있다. 집단적 혹은 개별적이든 간에 여성의 축제나 제의 참여는 사회적으로 여성 활동의 다양한 측면이 존재했을 가능성을 시사한다.

종교생활은 여성에게 중요한 공적인 사회 활동이었다. 여성의 종교 활동은 여성을 억압하는 기제로 혹은 부계 사회를 유지하는 메커니즘으로 작용했음에도 불구하고 공적인 영역에서 그들이 영향력을 행사했다는 점은 주목할 만하다.

이상과 현실

고대 아테네 여성은 가부장적 사회의 젠더구조 속에서 타자화되어 침묵을 강요받거나 주변부에 있었다는 평가를 받고 있다. 남성 중심적 사회에서 '명예와 수치'와 관련된 가치를 최고의 덕목으로 이상화시킨 틀 속에서 여성의 통제와 격리는 정치적·법률적 그리고 성적인 면에서 정당화되었음은 분명하다. 아테네 여성들은 남성 후견인의 통제와 보호를 받았으며, 민회에 참여할 수도 없고 모든 공직에서도 배제되었으며 심지어 시민권조차 갖지 못했다. 여성을 오이코스 안으로 포장시켰던 공/사적 영역 분리는 여성의 사회적 자산의 중요성과 기능을 고려하지 않는 성 억압의 권력구조를 극명하게 드러내는 것이다. 아테네인들은 삶의 한 방식으로 도시민을 양산해 냈는데, 이와 관련하여 여성들의 신분과 지위에 변화가 반영되었을 가능성은 매우 크다.

전반적으로 아테네 여성은 정치적·법률적으로 권리가 없었으며 공공 영역에서 제한적 권리를 누렸던 침묵하는 집단으로 간주되었다. 그런데 실제 현실의 삶은 다른 양상을 보여 준다. 대부분 가내에 한정되어 가사와 양육 등 가내 활동이 통례였음에도 실제로는 여성들이 다양한 공적 영역에 등장한 점에 주목해야 한다. 이러한 점을 고려한다면 여성이 공적 생활에서 완전히 배제된 것이라 할 수 없다. 그들은 국가적 축제와 종교 영역에 참여하면서 사회적으로 중요한 역할을 한 존재로 재평가받고 있다.

고대 아테네에서 여성의 축제와 종교제 참여는 삶과 가정을 떠나 일상적인 긴장에서 해방되는 유일한 기회가 되며 여성 간의 사회적인 결속을 공유하는 자리라 할 수 있다. 아테네 여성이 대부분 가정 내로 편향되어 그들의 삶이 남성들에 비해 현저히 제한적일 수 있다는 전통적 가치관과는 달리 현실에서 다양한 방식으로 바깥 활동에 적절히 참여했다는 점은 의심의 여지가 없다. 특히 아테네에서 제의 수행자로 여성이 주도적 역할을 한 사실은 여성도 공공 영역에서 사회 구성원으로 공적 권리를 수행했음을 입증하는 것이다.

고대 아테네 여성의 지위에 관해 여전히 논의의 여지가 남아 있음에도 불구하고 실제로는 당시 여성들의 삶의 모습이 다양하게 전개되었을 가능성은 매우 크다고 할 수 있다.

문혜경·제주대학교 사학과 교수

〈참고문헌〉
• 최자영,《고대 그리스 법제사》, 아카넷, 2007.
• 문혜경,〈고전기 아테네에서 여성과 종교〉,《서양고대사연구》25, 한국서양고대역사문화학회, 2009.
• _____,〈고전기 아테네 여성의 연극 관람과 사회적 친교 활동에 관한 담론〉,《서양고전학연구》54권 2호, 한국서양고전학회, 2015.
• S. Blundell, *Women in Ancient Greece*, Cambridge: British Museum Press, 1995.
• J. B. Connell, *Portrait of Priestess: Women and Ritual in Ancient Greece*, Princeton: Princeton University Press, 2007.

15

서옥과 장주낭가
-고구려 여성이 묻고 중국 여성이 답하다

중국의 소수민족, 그리고 그들과 섞여 살며 오랜 세월 영향을 주고받은 일부 한족이나 하층민 사이에는 무척 다양하고 유연한 혼인 관습이 존재했다. 그들에게 혼인은 예법이나 도덕의 차원이라기보다 생존의 수단이고 책략이었다. 특히 혼인의 성립에 반드시 필요한 납징納徵(재례財禮) 단계를 과감히 생략하고 재물을 대신해 노동으로 보상하는 '노역혼'은 지역과 종족을 초월해 현재까지도 보이는 혼인 형태다.

남겨진 사료(《삼국지》〈위지〉동이전 고구려조)의 내용이 너무 간략해 여전히 의견이 엇갈리고 있지만, 필자는 고구려의 서옥壻屋제 역시 일종의 노역혼일 것으로 본다. 다만 '종신'형은 아니고, "자녀의 출산과 성장까지"라고 하는 '한정'형이다.

서옥 한켠에 놓인 '전백錢帛'은 남자 측이 건네는 재례인지, 여자 측이 보내는 지참금인지를 둘러싸고 여전히 결론이 나지 않았지만, 아이가 태어나면 떠날 딸과 사위가 여건이 되는 대로 모아 둔 돈과 옷가지 등을 놓아 두는 상자로 보인다. 어차피 사위는 오랜 기간 숙식을 제공받았고, 또 딸은 시가로 가서 그 집을 위해 일할 것이다. 사위는 딸을 데려가는 대가로 금전 대신 노역으로 봉사했으니 일방적인 채무 관계는 성립하지 않는다.

무엇보다도 고구려에서는 혼인에서 금전거래를 수치로 간주했다. 《주서周書》,《수서隋書》,《신당서新唐書》 등에서는 고구려에 혼납금을 주고받는 습속이 없었으며, 심지어 이를 매우 부끄럽게 여겼다는 기록이 확인된다. 혼인 당사자의 의지가 중요했고 남성은 노동력, 여성은 생식력으로 양쪽 집안의 인정을 받았다.

중국의 장주낭가

그렇다면 딸을 데려가는 것에 대한 보상으로 사위가 본인의 노동이 아닌 일정 기간 아내를 처가로 보내 일하게 하는 방식은 없었을까? 딸의 가계 기여도가 상당하다면 부모 입장에서 딸을 너무 일찍 보내기 아쉽지 않았을까?

근대 중국을 대표하는 지식인 량치차오梁啓超는 〈여자 교육을 논함〉 (1897)이라는 글에서 과거에 중국 여성은 모두가 분리자分利者, 즉 생산 노동에 종사하지 않고 소비만 하며 밥을 축내는 존재였다고 하여 수많은 지식 여성들을 '각성'시켰다. 하지만 중상류층 여성이라면 몰라도 일반 서민이나 빈곤 가정에서의 현실은 달랐다. 특히 농촌에서 미혼의 딸과 아내의 가계 기여도는 상당했다. 이모작이 보편화된 청나라 중기 이후 강남 지역에서는 "남자는 농사, 여자는 길쌈"이라는 '남경여직'의 노동분업이 보편화되었고, 양잠이나 제사, 직포를 통해 벌어들이는 딸이나 아내의 수입은 돈으로 환산할 때 남성 가장이나 형제들 수입의 약 80퍼센트에 달했다는 통계도 있다.

중국의 장주낭가長住娘家는 말 그대로 결혼 후 친정(낭가)에 장기간 거주하는 것이다. 신부는 대체로 결혼 후 사흘째 되는 날 친정으로 돌아가 짧게는 2~3년, 길게는 20년 넘게 친정에 살면서 살림살이를 도왔다. 시가살이는 보통 자녀의 출산을 기점으로 시작하는데, 그 이유는 출산으로 생식 능력을 인정받았기 때문일 것이다.

'장주낭가' 풍속은 민법 제정을 앞두고 1920년대에 널리 시행한 민간관습 조사와 그것을 바탕으로 한 연구논문을 통해 학계의 관심을 끌게 되었고, 1930년대 독일인 의사 스튜벨Hans Stübel(1885~1961)의 해남도 려족黎族에 대한 현지조사를 통해 일본과 구미 각국의 인류학자와 민속학자들의 주목을 받았다.

중화민국과 중화인민공화국 정부 모두 '누속陋俗'이라며 장주낭가를 폐지하려고 했지만, 현재도 몇몇 소수민족 자치구나 농촌에 남아 있으며, 소수민족의 풍속을 관광자원으로 활용하고 한족과의 융합을 강조하려는 정부 시책에 따라 더 이상 '누습'이 아닌 '기특한 풍속'으로 표현되고 있다. 장족壯族, 요족瑤族, 묘족苗族, 려족黎族, 태족傣族 등 남부 지방의 백월百越계 소수민족 대부분에게서 보이며, 백월계 민족과 오랜 기간 잡거하며 영향을 주고받은 푸젠성 후이안惠安 및 광둥성 순더順德와 난하이南海 등지의 한족 사이에도 존재했다. 북방의 조선족, 만주족, 몽골족 일부에도 보인다.

장주낭가, 고구려 여성이 묻고 중국 여성이 답하다

서옥제와 장주낭가, 두 혼인 풍속을 한걸음 더 가까이 접근해서 이해하는 방법으로 우리는 3세기의 고구려 여성과 장주낭가 중인 20세기 초 중국 여성의 시공을 초월한 대화를 들어 보려고 한다. 편의상 이름을 아영(고구려 여성)과 링링鈴鈴(중국 여성)으로 지었다.

Q1. 배경

아영: 서옥제의 배경으로 원시 모계 사회의 잔재임을 제시한 연구자가 많았는데요, 혹시 장주낭가도 그런가요?

링링: 대체로 그렇게 봅니다. 엥겔스와 모건의 연구에 영향을 받은 것 같아요. 한국과 마찬가지로 중국에서도 1920년대에 이들의 이론이 붐을 이루었지요. 1920년대에 푸젠성 후이안 지구 한족의 장주낭가 관련 논문을 발표해 연구의 물꼬를 튼 한 학자는 이 지역의 장주낭가가 모계에서 부계로 이행하는 과정에서 나타난 일종의 '잔재'로 보았습니다. 1950년대에는 장주낭가 연구의 고전이라 할 논문이 발표되었는데 이 논문을 쓴 교수는 연구 대상 지역 한족의 장주낭가가 모계제의 유풍임을 강조하는 한편 인근의 려족, 장족, 묘족 등 고대 백월

계 소수민족의 영향을 들었지요.

하지만 1980년대 이후에는 "모계=종모거從母居(친정살이)에서 부계=종부거從夫居(시가살이)로"라고 하는 직선적이고 단선론적 이행 과정은 복잡한 역사 과정을 지나치게 단순화한 것이며, 심지어 중국에 모계제나 모권제 사회가 존재한 적이 있었는지조차 의심스럽다고 보는 연구가 등장하면서 모계 사회의 잔재로 보는 주장은 힘이 약해지고 있습니다. 고구려의 서옥제도 중국의 장주낭가도 기능주의 접근이 필요합니다. 모두 호혜성을 기반으로 하고 있으니까요.

Q2. 소수민족과 한족의 차이점

아영: 그렇군요. 한족과 소수민족은 기나긴 역사를 통해 서로 영향을 주고받은 것 같습니다. 그렇다면 소수민족과 한족의 장주낭가는 어떻게 달랐는지 궁금합니다.

링링: 장주낭가를 한 한족은 앞서 말한 푸젠성과 광둥성 일부 지역에서만 확인됩니다. 스튜벨의 방대한 현지조사를 통해 밝혀진 바이지만 려족 등 소수민족의 장주낭가는 한족의 그것과 많이 달랐습니다. 가장 중요한 것이 연애와 성의 자유 여부입니다. 려족 등 소수민족은 여성이 파트너를 정하는 경우가 많았습니다. 청춘 남녀들은 '요방寮房'이라는 곳에서 자유로이 교제하고 성관계를 갖습니다. 그렇게 해서 실제 부부로 발전하기도 했지요. 결혼 후, 장주낭가 기간에도 그들은 남편 이외의 남성과 자유롭게 교제했는데 그렇게 해서 아이가 태어날 경우 시가에서는 아내(며느리)의 생식 능력이 확인된 것으로 여겨 기뻐했고 아이를 기꺼이 받아 주었어요. 다만 시가 거주 후에는 사통이

발각될 경우 잔인하게 처벌했지요.

반면 장주낭가를 한 일부 한족 여성들은 결혼 전은 물론, 친정에 있는 동안 반드시 순결을 지켜야 했어요. 첫날밤 흔적이 없는 여성은 시가에서 인정받지 못했고 조롱거리가 되었지요. 그들은 결혼과 성에 대한 공포를 갖고 있었으며 '요방'에서의 분방한 남녀교제는 꿈도 꿀 수 없었어요. 따라서 이 지역에서는 소녀들의 자매공동체가 발달했어요. '십자매회'처럼 10명 정도를 단위로 친밀하게 지내며, 결혼도 비슷한 시기에 했고 때로는 평생 비혼을 맹세했어요. 자매 중 한 명이 부모의 압박으로 억지로 결혼해야 하는 상황이 되면 서로 끈으로 허리를 묶어 투신자살을 감행했답니다.

Q3. 소수민족과 한족의 공통점

아영: 여성이 배우자를 선택하는 것은 《삼국지》와 《진서》의 〈동이전〉

필자 미상, 〈여섯 소녀의 투신자살 참극 六女投塘慘劇〉, 《時事画報》 1906. 10.

에 보이는 숙신과 읍루의 혼인 풍속과 유사하군요. 앞으로 한반도와 중국 소수민족 여성의 대화가 많이 필요할 것 같아요. 그렇다면 중국 소수민족과 한족의 장주낭가에 공통점은 없나요?

링링: 그 기능은 유사합니다. 첫째, 아이를 가질 때까지 성적 성숙의 시간을 벌 수 있고, 둘째, 자신의 노동을 통해 혼인에 필요한 물질적 자원을 비축할 수 있고, 셋째, 친정 가족들의 정신적·물질적 상실감을 완화해 줍니다. 소수민족이든 한족이든 장주낭가를 하는 곳의 여성은 전족을 하지 않았는데 이는 그들이 남자 못지않게 거친 일을 해야 했기 때문입니다. 지역에 따라 농사, 양잠, 공장 노동, 어로 등 노동의 종류는 달랐지만 가계 기여도가 상당했어요.

Q4. '전백'과 '사방전'

아영: 그렇다면 고구려의 서옥제에서 사위와 딸이 장래 혼수품을 준비한 것처럼 장주낭가 동안 신부는 재물을 모았나요? 부모님께 지참금 부담을 완화해 드렸는지 궁금합니다.

링링: 장주낭가 여성은 결혼 후 늦어도 닷새 안에는 친정으로 돌아와 장기간 거주합니다. 명절이나 농번기에 잠깐 시가에 가기도 하지만 남편과 잠자리는 하지 않았어요. 어서 손주를 보고 싶은 마음에 병을 핑계로 며느리를 오게 해 아들과 동침을 강요했지만 결국 며느리의 자살이라는 파국을 맞이한 시부모들도 있었지요. 신부는 장주낭가 동안 자신의 노동으로 획득한 돈과 옷가지 등을 쌓아 두었는데 그것은 '사방전私房錢'이라 부르며 훗날 시가로 들어갈 때 갖고 갑니다. 스스로 지참금을 마련한 것이죠.

Q5. 장주낭가와 자소自梳

아영: 고구려의 서옥제를 중국의 '불락부가不落夫家'와 유사한 것으로 보는 한국사 전공자도 있는데 그렇다면 불락부가와 자소는 어떻게 다른가요?

링링: 불락부가는 시가에 들어가는 시기를 늦춘다는 것으로 장주낭가와 같은 의미입니다. 한족 중 광둥성 제사공장 지구에서는 장주낭가보다 불락부가라는 표현이 많이 보입니다. 불락부가에서 한걸음 더 나간 것이 자소라고 보면 됩니다. 자소란 스스로 머리를 빗는다는 뜻입니다. 중국에서 미혼여성은 보통 긴 머리를 땋아 늘어뜨리고 다니다가 결혼식 당일에 가족이나 전문가를 불러 머리를 묶은 뒤 동그랗게 말아 올리지요. 그런데 평생 독신을 결심한 여성들은 스스로 머리를 빗어 올립니다. 결혼을 거부하는 상징적 행위지요.

자소를 한 여성들은 부모 집에 살기도 하지만 대부분은 '고파옥姑婆屋'이나 '자매간姊妹間' 등으로 불리는 여성의 집에서 공동체 생활을 합니다. 여유 있는 가정의 딸도 없지 않았지만 대부분은 여공으로 일하며 가족을 부양해야 하는 가난한 여성들이었어요. 따라서 딸의 비혼을 용인하는 부모도 많았어요. 딸이 여럿일 경우 반드시 한 명은 자소가 되었어요. 아들이 여럿인 가난한 집에서 한 명은 데릴사위로 보낸 것과 같은 이치지요. 외아들을 데릴사위로 보내면 형사처벌을 받지만 외동딸의 비혼에는 처벌규정이 없었어요.

아영: 혹시 자소녀는 평생 비혼으로 살았나요? 결혼을 '종신대사'로 보는 유교문화에서 쉬운 일이 아니었을 텐데.

링링: 당연히 딸의 비혼을 결사반대하는 부모도 없지 않았지요. 이때

딸은 절충의 전략으로 생존을 도모하는데, 그것이 '불락부가'입니다. 중매를 통해 시가에서 결혼식은 거행하지만 사흘이 지나면 친정으로 돌아와 자매들의 공간에서 생활하며 임금노동자로서 생활을 이어 가는 것이죠. 아이가 생기면 큰일이기 때문에 신혼 사흘간 신부는 위아래가 연결된 꽉 끼는 옷을 입고 남편이 접근하지 못하게 합니다. 혹시라도 실패할 경우 더 이상 자매집단의 일원이 될 수 없었고 가혹한 처벌을 받았어요. 순결을 지킨 신부는 남편 가족을 위해 자기 돈으로 첩을 들여 주었어요. 남편과 성관계를 하지 않은 이유는 자녀를 출산하면 일을 그만두어야 하는 문제도 있지만 정결을 지킴으로써 고귀해질 수 있다고 믿었기 때문입니다. 거기에는 유교뿐 아니라 불교, 특히 여성의 이미지로 구현된 관세음신앙의 영향도 있었어요.

아영: 흥미롭네요. 여성들은 사회가 주입한 관념에 순응하면서도 한편에서는 그것을 거꾸로 이용해 생존의 전략으로 삼은 것 같습니다.

현대 여성, 서옥과 장주낭가에서 길을 찾다

최근 한국의 청년 중 여성이 더 비혼을 원하는 이유 중 하나가 친정에 소홀해질까 하는 염려라고 한다. 시집을 가면 남의 식구가 되므로 일부러 정을 주지 않으려 했던 부모라면 비록 한정된 기간이지만 딸이나 사위가 시가 아닌 친정(처가)에 거주하며 노동 봉사를 하는 서옥제나 장주낭가 풍속에 솔깃해질 것이다.

딸 입장에서도 갑작스레 친정과 결별하고 낯선 사람들과 부딪쳐야 하는 시집살이를 몇 년이나마 늦출 수 있다면 그동안 부모와의 분리를 위한 정신적·물질적 준비를 하면서 자유를 누릴 수 있다. 개혁개방 전후, 한 장족壯族 마을의 혼인 관습 조사에 따르면, 몇 년간 정서적·육체적 거리를 유지하면서 서로 적응하는 기간을 둔 덕분인지 장주낭가 부부의 경우 이혼율이 극히 낮았다.

'주택이나 혼수 마련 등 경제적 부담'과 '자유의 상실', '부모와의 정서적 단절', '성관계에 대한 불안' 등을 비혼의 이유로 꼽는 21세기 한국 청년에게 서옥제나 장주낭가는 어쩌면 오래된 미래일지 모르겠다.

천성림·한국과학기술원 인문사회과학연구소 연구부교수

〈참고문헌〉
• 김선주, 〈고구려 서옥제의 혼인형태〉, 《고구려연구》 13, 2002.
• 이능화, 《조선여속고》, 동문선, 2009.
• Edward Westermarck, 정동호 옮김, 《인류혼인사》, 세창출판사, 2013.
• 천성림, 《근대 중국, 그 사랑과 욕망의 사회사》, 소명출판사, 2016.

16

동아시아에서 중국의
사회주의 여성 해방이 갖는 의미

근현대 중국의 사회주의 여성 해방의 특징

사회주의는 19세기 말부터 20세기 초까지 전 세계에 큰 영향력을 발휘했다. 일부 지역에서는 혁명을 거쳐 사회주의가 실체화되면서, 국가와 사회 및 경제 조직 방식의 원리가 되었다. 사회주의는 계급 투쟁, 혁명, 전쟁, 국가 건설뿐만 아니라 사상운동, 공동체 실험에서 개개인의 생활과 사고방식까지 바꾸는 다양한 실천으로 시도되었다.

19세기 말부터 동아시아에서 사회주의는 과거 신분제 봉건질서를 타도하는 하나의 사상적 무기가 되었다. 신분제 봉건질서는 동아시아 사회의 젠더를 규율하는 강력한 권력으로 작동했으므로, 사회주의를 통해 이 권력구조를 타파하고 '여성 해방', '남녀 평등' 등을 지향하는 남녀 활동가들이 등장했다.

20세기 전반 동아시아 사회주의운동의 키워드는 계급 평등 혹은 계급 투쟁이라 할 수 있다. 당시 많은 사회주의 사상가에게 젠더 문제는 구체화되지 못하였고 계급의 언어(사유재산, 여성 노동자 및 여성 농민 문제 등) 혹은 민족의 언어(제국주의의 착취, 폭력 등)로 거듭 치환되었다. 그럼에도 수많은 여성(과 남성)이 사회주의혁명으로 본인과 자신이 속한 공동체의 삶이 나아질 것이라는 신념 아래 혁명에 참여했고 사회주의가 결국 여성 해방을 가져올 것이라고 여겼다.

20세기 중국 여성혁명가들의 경험은 사회주의 국가 건설을 통해 여성 해방이라는 목표를 성취했다고 표방된 점에서 동아시아의 다른 나라와 차이가 있다. 그러면서도 동아시아의 '여성 해방'이 추구한 사항들과 비슷하게 참정권 획득, 교육과 노동의 권리 획득, 축첩제의 폐지, 과부의 재가 허용 등으로 구성되었기 때문에 한국의 상황과 좋은 비교 대상이 된다.

또한 중국의 혁명은 건국 이후 산업화와 근대화 과정에서 젠더 질서를 재편성하였다. 한국과 일본 역시 비슷한 구조에서 급속도로 산업화를 이루었으므로 중국과의 상호 비교를 통해 자국의 여성 문제와 페미니즘의 특징을 더 잘 들여다볼 수 있다. 이러한 공통점에도 불구하고 아직 비교 연구가 시작 단계에 불과한 것은 과거의 냉전이 만든 학계의 폐단이자 굴레이다. 이로 인해 한국의 여성학적 분석은 동아시아보다는 주로 구미를 참조하여 이루어져 왔다.

중국 사회주의 여성 해방 성과와 논쟁점

사회주의 여성혁명가들은 사회적 불평등에 날카로운 문제의식을 드러냈다. 한·중·일을 막론하고 공통으로 여성의 빈곤과 실업, 성매매, 매매혼, (여성) 노동자의 열악한 상황과 무권리 상태 등의 현상 타파를 주장하고 노동조건과 생활의 개선을 위해 싸웠다. 다만 이러한 운동이 2차 세계대전 이후 건국과 함께 사회제도로 결실을 맺은 곳은 북한과 중국이었다. 일본과 한국, 타이완 등지는 미군정의 영향과 여성운동의 확대 등을 통한 또 다른 역사적 경로로 남녀 평등 혹은 성평등을 지향해 왔다.

중국을 포함한 동아시아에서 공통적으로 제기된 문제는 축첩제 반대와 일부일처제 확립을 들 수 있다. 엥겔스의 이론에 따르면 일부일처제 역시 사유재산제도로 만들어진 착취적인 제도다. 하지만 사회주의 혁명가들은 20세기 전반까지 동아시아 지역의 관습과 사회구조에서 가족제도의 주축을 이룬 종법제宗法制를 타파하지 않고서는 사회를 근본적으로 개혁할 수 없다고 보았다. 혁명가들이 보기에 아들을 낳아서 제사를 이어 가는 것은 미신적이고, 혈통을 잇기 위해 한 명의 남성이 부인 이외에 여러 명의 첩과 관계를 맺는 것은 평등하지 못한 일이었다. 게다가 전통 사회의 가족이란 효와 충이라는 이데올로기로 국가 및 사회와 개인을 연결하는 핵심적인 권력이 배치되는 장이었고, 이것이 신분질서와 함께 사회적 불평등을 재생산하고 있었다. 이 때문에 가족제도의 개혁 없이는 혁명적 노동자라는 주체도 형성될 수 없다고 판단하였다.

따라서 가족제도의 개혁은 남녀 혁명가들이 모두 중시한 사안이었고, 1950년 중화인민공화국은 혼인법부터 반포해 일부일처제와 배우자 선택 및 이혼의 자유 등을 천명하였다. 여기에 더하여 토지개혁은 여성에게도 토지 사용권을 부여함으로써 경제적 평등을 가능하게 하였다. 또 헌법에 준하는 효력을 갖고 있던 중화인민공화국 정치협상회의 공동강령(1949년, 헌법은 1954년 반포)은 '남녀 평등'을 명시하였다. 이에 따라 정치 참여와 교육·임금의 평등, 모성 보호 등 다양한 영역에서 제도적인 평등을 추구하였다. 이러한 변화는 북한에서도 마찬가지로 나타났고, 탁아소제도의 건립으로 양육 노동의 불평등을 타파하기 위한 노력도 일부 나타났다.

그렇다면 여성 교육, 혼인 자유, 모성 보호, 노동조건의 개선 등은 사회주의적 여성 해방으로 볼 수 있는가? 가부장제의 타도와 농촌 여성들의 해방에 큰 비중을 둔 중국 여성혁명가들의 활동은 '사회주의'라는 외피를 쓰고 페미니즘운동을 한 것일까? 아니면 여성 해방과 사회주의를 동질적으로 여긴 것인지. 여성 해방운동과 정책의 핵심 논리로서 사회주의적 성격은 과연 무엇인가?

이와 같은 질문에 대해 기존 연구에서는 중국의 여성운동이 사회주의혁명에 종속된 것으로 보고, 사회주의 건설과 함께 여성이 어느 정도 해방되었다고 본다. 이에 비해 중국 외부의 연구자들은 사회주의 중국의 여성정책이 과연 평등 혹은 여성 해방의 의미가 있었는지를 계속 의문시하고 있다. 예를 들어 여성이 남성과 같은 노동을 하게 된 것이 여성 해방인가? 중국혁명사의 논리에 따르면, 여성들이 집안에서 가사에만 얽매이다가 사회에 나와 임금을 받아서 경제·정치적 주체가 되었으므로 해방되었다고 본다. 그러나 그 반대 입장에서는 여성이 남성과 똑같은 육체 노동을 하느라 체력적으로 무리하여 유산流産이나 조산早産, 각종 질병 등의 악영향을 받았고, 가사 노동과 양육이라는 이중부담을 얻게 되었으니 여성 해방 서사는 여성 노동력 동원을 위한 위장일 뿐이라는 것이다.

최근 근현대 중국여성사 연구는 연구 대상이나 주제가 다변화되고 있다. 또 중국 공문서를 보관하는 당안관의 개방 이후 국적에 구애받지 않고 공문서 자료, 구술 자료, 각종 회고록과 신문·잡지 등 다양한 자료를 사용할 수 있게 되었다. 이에 힘입어 수많은 지역 연구, 사건과 사례 연구, 다변화된 현장에 대한 연구가 앞서 제기한 '중국에서 사회주의는 여성에게 어떤 변화를 가져왔는가?'에 대한 질문에 적극적으로 답변을 모색하고 있다.

다만 아직 해결되지 않는 문제들이 있다. 중국의 사회주의에서 여성 해방이 어떠한 중심 논리로 구성되었는지, '여성 해방론'이라 부를 수 있는 사상이 어떤 것인지 불분명하다는 점이다. 국면의 변화에 따른 구호와 정책은 존재하나 전체를 아우르는 지향과 논리가 없고, 그로 인해 마오쩌둥毛澤東이나 류샤오치劉少奇 등의 공산당 지도자들의 여성 해방과 관련된 단순한 언설을 나열하는 식으로 중국 사회주의 여성 해방의 지향점을 제시하고 있기 때문이다.

또한 일관성 있는 논리를 찾기 힘들다 보니 역사가들은 현재의 '여성 해방' 기준으로 당시를 판단하거나, 그 시대의 지향과 목적에 따른 여러 활동의 성과 및 효과를 종합적으로 평가하기 어렵다. 명시적으로 규정된 중국 여성 해방의 논리가 없기도 하지만, 여성 해방운동의 중심이 되는 여성운동가와 여성단체에 대한 연구가 미진한 것도 결국 사안에 따라, 인물에 따라, 지역에 따라 파편화된 방식으로 여성사를 이해하게 되는 이유 중 하나다.

사회주의 체제의 딜레마—제도화된 페미니즘? 평등?

중국 사회주의 특징 중 하나는 앞서 언급한 여성 해방을 추구한 구심점으로 대형 여성단체가 존재했다는 점이다. 1950년대부터 중국의 사회주의 시기 정부와 공산당, 공적 기구들은 남녀 평등을 주장하고 추진한 주요한 주체이자 발언자였다. 그리고 공산당의 지휘로 핵심적인 여성운동 조직인 중화전국민주부녀연합회(후에 전국부녀연합, 줄여서 '부련')까지 탄생하게 된다.

1949년 전국의 여성운동단체를 통합한 부련은 1950년대 초반에는 행정 단위 및 층위별 여성 대표들로 구성된 대형 조직으로 성장했다. 실질적으로 각 지역의 풀뿌리 여성운동과 여성 관련 정책, 복지 사업 등을 책임지는 주체가 바로 부련이었다.

부련의 특징은 공산당의 지도하에 있지만 구성원 모두가 당원은 아니었고, 중앙 정부의 의지를 그대로 관철하는 집행기구로 보기가 힘들다는 사실이다. 실제로 중앙 정부나 각급 공산당이 지역 사회에서 벌어지는 일들을 모두 관여해서 결정하기 쉽지 않았고, 때로는 그렇게 중시하지도 않았기 때문이다. 여성 조직과 지역 주민 조직 간의 갈등, 부족한 물자와 인력, 오랜 관습에서 비롯된 차별 및 다양한 문제들은 그때그때 현장에서 해결되거나 해결이 미뤄지는 일도 많았다. 또한 새로 생겨난 국가에서 남녀 평등의 원칙을 구체적으로 어떻게 실현해야 하는 것인지 사람마다 이해하는 방식이 달랐고, 정치와 경제적 구조가 시시각각 변함에 따라 새로운 과제들과 문제들이 생겨나곤 했다.

공식적으로 국가로부터 독립된 여성운동단체가 더 이상 존재할 수 없게 된 상황에서 부련은 기층여성들의 발언을 대변하는 역할을 하는 동시에 국가 정책을 전달하는 역할도 했다. 여성운동의 주체들은 국가권력만 사용할 수 있는 중앙집중화된 언론(신문, 잡지, 라디오 방송 등)과 조직망, 자금 등을 이용할 수 있었기 때문에, 여성들의 정치 참여, 위생 증진, 식자율 증가, 경제적 권리 확대 등이 급속도로 가능해졌다.

동시에 국가의 자원을 이용했기 때문에 국가가 요구하는 여성들의 동원, 국가 대소사의 선전 등을 해야 했다. 예를 들어 일부일처제를 확립하는 혼인법 관철운동 등 국가와 부련 양자의 지향이 같을 때에는 높은 시너지를 냈지만, 1950년대 초반 한국전쟁 발발 직후부터는 국가적 과제에 여성운동이 침식되었던 것처럼 보인다. 다만 이러한 시기에도 과거와 달리 다양한 직종의 여성 노동자가 탄생하고, 지역 사회와 가족 내에서 여성들이 점차 발언권을 얻어 가는 변화가 있었다.

흥미로운 사실 중 하나는 사회주의를 단기간에 달성하고자 국민을 최대로 동원한 '대약진운동'(1958~1960) 기간에 여성 해방의 구호 역시 가장 급진적으로 나타났다는 점이다. 즉 기존 가족제도의 해체 및 가사 노동의 사회화 구호가 《인민일보》를 비롯한 주요 매체에 등장하고, 공산당 지도자들도 공공연히 가부장제를 비판했다.

물론 이 시기에 대한 평가에는 여전히 많은 의문이 남아 있다. 이것을 중국 사회주의 경험의 독특함으로 볼 수 있는 것인가, 혹은 사회주의 자체가 갖고 있는 급진성인가? 그리고 이 당시 국가의 추동력과 개인의 자발성은 어떤 정도로 이해할 수 있는가? 소련이나 다른 사회주의 국가에서도 비슷한 사례를 찾아볼 수 있을까? 어떠한 요인들의 상호 작용으로 이러한 현상이 나타날 수 있었는가?

오늘날에도 부련이 공산당의 지휘를 받기 때문에 이슈 선정이나 활동 방향에서 자율성이 결여되어 있고, 새로운 이슈에 둔감한 점 등 다양한 문제가 있다. 부련과 공산당(혹은 정부)의 사례는 여성운동이 제도권 정치와 긴밀한 관계를 가졌을 때 나타날 수 있는 효과와 한계를 동시에 생각하게 한다. 정부의 이념이 더 지배적이고 부련과 밀착되어 있으나, 그만큼 부련의 발언은 공식적으로 인정되고, 부련에서 일하는 여성의 사회적 지위가 보장되며, 여성운동을 위한 다양한 자원의 이용이 가능했다. 즉 중국의 사례는 여성운동이 제도적으로 보장받는 형태였다.

이때, 보장된 여성운동의 구체적 내용을 갖고 부련을 평가할 수도 있고, 부련 활동의 역효과 및 사상의 침해들을 갖고 평가할 수도 있다. 한 가지 역사적 사례를 보면, 공산당 내 여성운동에서 가장 경계하는 것이 남성과 여성의 대립, 남성에 대한 여성들의 복수심을 조장하는 것 등이었다. 여성이 기존에 갖지 못한 권리를 가지거나 사회적 역할을 하는 것은 권장했으나, 기존 가부장제 질서에서 남성이 가진 권력이나 젠더 질서 자체에 대한 분석과 비판은 금기시했다. 따라서 부련이 지도한 여성운동은 여성 자신의 사회적 발전을 추구한 것이지만, 국가와 사회에 기여한다는 국가적 논리에 머물러 있는 한계를 보여 주었다.

이러한 역사적 경험을 통해 보면, 여러 불평등을 극복하고 혁명 혹은 개혁으로 정치경제적 평등을 추구한다는 사회주의 논리는 중국에서 여성 해방 지향의 정당성을 쥐어 주었으나, 제도화된 여성운동은 독자적 이론을 발전시키면서 사회구조에 대한 비판적 역량으로 성장할 기회 또한 잃어버렸다고 할 수 있다.

장수지·연세대학교 강사

〈참고문헌〉

• 장수지, 〈사회주의 중국 여성 해방의 출발점, 탁아소〉, 연세대학교 박사학위 논문, 2018.

• 張文燦, 《解放的限界: 中國共産黨的婦女運動(1921~1949)》, 中國政法大學出版社, 2013.

• 耿化敏, 《中國共産黨婦女工作史(1949~1978)》, 北京: 社會科學文獻出版社, 2016.

• 全国妇联妇女研究所, 《当代中国妇女运动简史(1949~2000)》, 北京: 中国妇女出版社, 2017.

• Wang Zheng, *Finding Women in the State: A Socialist Feminist Revolution in The People's Republic of China, 1949~1964*, University of California Press, 2017.

17

일본군 '위안부' · 전범 · 용서
그리고 여성사

여성사란 무엇인가

여성사란 무엇인가라는 질문은 여성이란 무엇인가라는 근원적 문제를 동시에 제기한다. 시몬 드 보부아르의 "여성으로 태어나는 것이 아니라 여성으로 만들어진다"는 오랜 명제를 굳이 언급하지 않아도 우리는 여성으로 호명되는 순간과 여성을 자각하는 순간이 있다. 호명과 자각의 시점이 반드시 일치하는 것은 아니며 호명과 자각이 만나는 지점에서 개개의 '여성'이 탄생한다. 여성의 호명은 당연하지만 사회구조의 반영이다. 호명은 구조를 낳은 사회적 인식과 수많은 제약을 살아가야 하는 존재라는 사실을 일깨운다. 그 호명에 의해서 규정당하는 존재이지만 그것을 어떻게 받아들일 것인가라는 선택에 의해 개개인의 삶의 모습에 정도의 차이를 만든다.

여성사란 그런 사회구조와 인식 속에서 살아 낸 사람들(여성)의 이야기다. 여성사는 구조와 제약 속에서 '살아 낸 여성'에 방점을 찍는 학문이기 때문에, '여성'을 만들어 내는 그 구조와 제약을 비판적으로 성찰하는 여성학과 갈등을 빚기도 한다. 이것은 대단히 거친 정리로 반론이 있을 수 있지만 여성사의 무게중심이 '살아 낸 여성'에 있다는 점을 부인하기는 어렵다. 이것이 때로는 구조의 추인으로 비추어지고 게토화된 영역 안의 역할을 받아들인 보수적 학문이라는 인상을 주는 것도 사실이다. 그런데 일본군'위안부' 문제를 여성사에서 다루게 되면 문제가 지니는 특성상 구조를 보다 근원적으로 묻게 된다. 여성사가 일본군'위안부' 문제를 다각도에서 다루어야 하는 이유이기도 하다.

전쟁범죄와 용서

일본군에 의해 전쟁터로 변해 막대한 피해를 입었던 중국은 전쟁이 끝나고 중화인민공화국이 들어선 후 1956년 랴오닝성 선양과 산시성 타이위안에 특별군사법정을 마련하고 전범 재판을 열었다. 중국 정부는 전범관리소에 수감되어 있던 1,190명 중 842명의 자필진술서를 묶어 2015년과 2017년에 《중앙당안관 소장 중국 침략 일본 전범의 자필진술서 선편》으로 출간하였다. 상상을 초월하는 범죄 행위를 저지른 전범자들을 대상으로 이루어진 1956년 전범 재판에서, 기소된 사람은 45명이었다. 최고 형을 받은 이가 금고 20년이었으며, 사형을 선고받은 사람은 한 사람도 없었다. 그리고 실형을 받은 사람들도 형기 만료 전 석방되어 1964년 4월 마지막 3인까지 전원 귀국하였다. 일본의 어느 학자는 이 재판이 지극히 "인도적"으로 진행되었다고 평가한다.

당시 중국 총리 저우언라이는 전쟁범죄자들에 대한 처리는 "양국이 이른 시일 안에 정상적 관계를 회복하기를 강렬하게 원하고 있는 점을 고려하였다"고 피력했다. 이 재판은 중일관계의 회복을 위해 중국의 '관대한 정의'를 보여 주는 행위였다. 그런데 피해자들은 이 재판을 어떠한 심정으로 지켜보았을까?

허베이성에서 일어난 양민 살해, 부녀 강간, 강제 징용과 징집, 방화 등에 대해서 법정에서 증언한 리더샹이라는 피해자는 "나는 눈 하나 깜짝하지 않고 살인을 하는 일본놈을 엄정 처벌하여 고향의 이웃과 친척 그리고 죽은 자들의 원수를 갚아 주기를 요구한다"고 말하였다. 일곱 살 때 일본군에 의해 온 가족과 마을 사람들이 몰살되는 광경을 지켜보았던 팡수룽이라는 여성은 "일본 사람을 보기만 하면 마구 달려들어 물어뜯어 죽여 버리고 싶은 충동이 일어났습니다. 일본 제국주의가 망했을 때 나는 어머니나 할아버지가 살해당한 것과 마찬가지로 일본놈들을 모조리 죽여 버려야 한다고 울며불며 여러 사람을 애먹였습니다"라고 고백했다.

재판이 끝나자마자 실형을 선고받고 복역하게 된 이들을 제외하고 기소를 면한 이들과 질병으로 석방을 허락받은 이들은 3차에 걸쳐 일본 적십자사에서 보내 온 배를 타고 귀국하게 된다. 특무기관원이었던 전력으로 20년 형을 선고받은 도미나가 준타로는 전범 재판을 마친 후 《인민일보》 인터뷰에서 고사성어 '과즉물탄개過則勿憚改(잘못을 하면 고치는 것을 주저하지 말아야 한다)'를 인용하면서 다음과 같이 말했다.

나는 분명 잘못했다. 오늘 충분히 반성할 기회를 얻었고, 그래서 나는 아주 기쁘다. 많은 재난과 고통을 입은 중국 인민에게 죄송하다. 사람이 좋은 사람으로 변하는 것보다 더 유쾌한 일은 없다고 생각한다. 나는 오늘부터 인생의 첫발을 내딛고, 후반생은 좋은 사람이 되고자 한다. 여러분에게 감사한다. 지금 내 마음은 유쾌함으로 충만해 있다.

피해자와 가해자의 이야기는 대비적이다. 피해자들을 대신하여 가해자에게 형벌을 부여할 권리를 위임받은 국가는 "학살 피해자의 마음으로 죄를 묻는" 공소인을 내세워 가해자의 죄를 물었다. '인도적'이고 '관대한' 처벌과 전원 귀국이라는 귀결을 보면서 처벌권을 '위임한' 피해자는 이 사실을 어떻게 마주했을까? 용서와 화해를 청할 수 있는 자는 누구일까? 무엇이 전제되었을 때 용서와 화해란 가능한 것인가? 형벌권을 독점한 국가의 '용서' 앞에 피해자 개개인은 무엇을 어떻게 용서할 수 있을까?

《모든 용서는 아름다운가》의 저자 시몬 비젠탈은 폴란드의 나치수용소에서 살아남았다. 그는 "언젠가 이 세상이 나치의 잔인한 짓에 대해 복수할 날이 있으리라"는 믿음을 갖고 "이 모든 공포가 끝나고 세상에 빛이 다시 찾아오는 것을 보고 싶어" 살아남은 사람이다. 그는 나치에 의해 일가친척 89명이 학살되고 아내와 단 둘만 살아남았다.

1946년 다른 유대인 생존자 30여 명과 함께 '유대역사기록센터'를 설립했으며, 그의 집요하고 끈질긴 추적으로 1,100여 명의 나치 학살자들을 법의 심판대에 세울 수 있었다. 그의 '복수'는 사적 감정의 공적 처리라는 변증법적 변환으로 이어졌다. 나치수용소의 생존자들 중 많은 이들이 자살로 생을 마감하였지만, 그는 살아남았다. 아시아에서 이러한 예를 찾아보기 어려운 것은 아마도 피해자 유대인 집단과 일본의 전쟁범죄 피해자의 특성에 차이가 있기 때문은 아닌지 생각해볼 만하다.

여성사는 역사의 (여성) 피해자를 어떻게 기록해야 할까

중국에서 풀려난 전범들은 귀국 후 중국귀환자연락회(중귀련)를 조직하여 '전쟁 고발' 활동을 전개했다. 그들은 용서의 불가능성과 '죄책'을 깨닫고 일본의 전쟁범죄에 대한 고발을 이어 갔다.

중국의 타이위안과 푸순 전범관리소의 전범들에 대한 재판은 '개조' 과정에서 무수하게 쓰인 '자백서'를 바탕으로 이루어졌다. 전범들은 자필진술서에서 여성에 대한 범죄, 즉 강간과 위안소와 관련된 다양한 진술을 쏟아 냈다. 앞서 소개한 《선편》에 실린 전범 842명의 자필진술서 중 강간 관련 진술을 한 것은 모두 591명이며 비강간자는 231명에 지나지 않는다. 전체 수록 전범의 842명 중 65퍼센트가 강간 관련 진술을 한 것이다. 중국 공산군, 곧 홍군은 유일하게 전사들의 전의 고양 등을 이유로 병사들에게 여성을 '제공'하는 방식을 취하지 않은 군대라고 한다. 그럼에도 불구하고 일본군의 여성에 대한 폭력이 전범 재판에서 특별하게 다루어지지는 않았다. 전범관리소에서 강간, 위안소 관련 진술이 별도의 항목으로 이루어지도록 하는 문제의식은 있었지만 재판에서는 별도로 묻지 않았던 것은 왜일까? 전범관리소와 전범 재판에서 관리자와 책임자의 인적 구성이 젠더 비대칭한 점 등은 향후 여성사가 밝혀야 할 과제라고도 할 수 있다. 유의미하게 거론되는 전범관리소의 직원과 관계자 중에 여성은 단 한 명도 없다.

전범 재판으로부터 16년이 지난 1972년 중일 국교 정상화가 이루어졌다. 그 과정에서 중국은 공동성명을 통해서 일본국에 대한 전쟁 배상 요구를 포기한다고 선언했다. 중국의 일본군'위안부' 피해자 허우둥어는 피해로부터 반세기가 지나서야 어렵게 간신히 입을 연다. 자신의 피해에 대해서 말하기 전 한나절 이상의 침묵과 눈물 속에서 "중일 수교가 맺어지지 않았을 때에도 역시 한 사람도 이 한을 풀어 주고자 하는 사람이 없었다"라며, 하물며 수교가 맺어져 배상 요구를 포기한 지금은 말할 것도 없다는 속내를 드러냈다. 그녀는 죽기 전 자신과 같은 피해를 입은 여성들을 찾아다니며 "잘못한 것은 우리가 아니다"라고 반복적으로 이야기하였다고 한다.

시몬 비젠탈은 나치수용소에 있었을 때 전쟁 병사들을 치료하는 병원에 노력 동원된다. 그곳에서 만난 죽어 가는 나치 친위대원은 그에게 참회의 고백과 용서를 구하지만 시몬은 침묵으로 일관하다 자리를 벗어난다. 죽어 가는 친위대원이 절절히 구하는 '용서'를 끝내 할 수 없어 고통스러워하는 시몬에게 수용소 친구는 다음과 같이 말한다.

나는 혹시 자네가 정말 그를 용서했을까 봐 걱정했다네. 왜냐하면 그 많은 희생자들이 자네에게 권위를 위임하지 않은 이상 자네로서는 그를 용서해 줄 권리가 없기 때문이지. 누군가가 자네에게 저지른 짓에 관한 한 자네가 원한다면 얼마든지 용서하고 잊어 버려도 되지. 그건 자네가 알아서 할 문제니까 말이야. 하지만 다른 사람들의 고통을 자네의 양심으로 무마하려는 것은 오히려 끔찍한 죄가 될 수 있을 거야.

거듭 태어나 기쁘게 귀국하는 도미나가 준타로를 피해자 리더샹, 팡수룽, 허우둥어는 과연 그와 마찬가지로 기쁘게 배웅할 수 있었을까? "용서는 인간의 의지에 달린 문제이고 결정을 내릴 수 있는 사람은 오직 고난을 당한 장본인뿐"이라는 나치 피해자의 말은 피해자들이 피해를 말하고 자신을 치유하기 위한 행위가 차단당한 중국의 현실에 대한 사유와 연구가 필요한 지점이다. 더구나 사회에서 압도적으로 과소 대표되는 여성들의 피해는 여성사가 깊이 있게 다루어야 할 중요한 과제 중의 하나라고 할 수 있다.

일본군'위안부' 피해의 문제에서 2015년 12월 28일 한일 외교장관이 회담하여 일본군'위안부' 피해자 문제에 대한 합의가 있었다. 이 합의 내용 중 핵심은 "이번 발표를 통해 이 문제가 최종적이고 불가역적으로 해결될 것임을 확인한다"고 천명한 부분이다. 국가란 '개인'의 피해에 대해서 '최종적이고 불가역적 해결'이라고 천명할 수 있는 조직일까? 국가가 형사처벌권을 독점하고 그것을 실행에 옮겼을 때(중국), 여성 개개인의 피해를 "최종적이고 불가역적으로 해결했다"고 하는 천명이 이루어졌을 때(한국과 일본), 개인이 위임하고 국가가 받았다는 질서를 전쟁에서 가장 혹독한 피해에 직면해야 했고 전쟁 당시와 그 후로도 과소 대표되는 여성을 다루는 여성사는 문제제기할 필요가 있는 것 같다.

피해자가 된다는 것은 오욕화되는 일이기도 하다. 가부장제 사회의 (여성) 피해자는 아무런 잘못 없이 오욕화된다. 피해자 허우둥어가 잘못하지 않고 오욕화된 상황을 탈피할 수 있는 방법은 단 한 가지다. 피해자를 오욕화하는 '잘못'이라는 그 요인을 되돌려주어야만 한다는 것이다. '잘못'을 잘못한 자에게 그대로 되돌려주는 것만으로도 피해자는 오욕을 떨치고 자신의 삶을 이어 갈 수 있다. 가해자에게 '잘못'을 되돌려주기 위해서는 잘못한 이가 바로 누구이며, 잘못된 구조를 드러내 올바로 적시해야만 한다. 적시 행위를 통해서 비로소 피해자는 회복의 길로 나아갈 수 있다. 적시는 이 상황을 둘러싼 가해의 공범들에게 '고통'의 분담을 요구하는 일이기도 하다. 적시를 통해 가해자를 드러내고, 가해와 가해자의 문제를 드러내 보여 줌으로써 가해를 만들어 낸 구조를 묵인하고 참여하는 현실을 제시할 수 있다. 중국의 일본군 '위안부' 피해자 허우둥어는 그 적시 행위가 차단된 상황에서 나머지 인생은 '오욕'의 감옥에 갇힌 삶을 살아 갔다고 할 수 있다.

바로 여기에 여성사를 하는 지식인의 역사적 관점이 생겨나는 것이 아닐까? (여성) 피해자가 오욕을 벗을 수 있는 적시, 그것이야말로 여성사의 존재 이유라고 말할 수 있는 것은 아닐까? 피해를 전유하는 것이 아니라, 피해자의 자리에 서서 역사를 서술하는 것이 여성사가 일본군'위안부' 문제를 다루어야 하는 근원적 이유가 아닐까? 여성사가들에게 요청되는 것은 피해자의 자리에서 일본군'위안부' 문제에 대한 지속적 사유와 서술일 것이다. 단일하지 않은 여성의 호명 그리고 그 어딘가에 연결되어 있다는 자각이야말로 여성사에 요구되는 가장 기본적 자세가 아닐까? 그리고 무엇보다도 여성사의 수행성이 지니는 사회적 의미가 아닌가 생각한다.

이선이·경희대학교 인문학연구원 연구원

〈참고문헌〉

• 노다 마사아키, 서혜영 역, 《전쟁과 인간》, 길, 2000.
• 시몬 비젠탈, 박중서 역, 《모든 용서는 아름다운가》, 뜨인돌, 2020.
• 사토 후미카, 〈전쟁과 성폭력: 이야기의 정통성을 둘러싸고〉, 우에노 지즈코 외, 서재길 옮김, 《전쟁과 성폭력의 비교사의 관점》, 어문학사, 2020.
• 이선이, 〈일본군 전범의 자필진술서를 통해서 본 일본군 '위안부' 문제〉, 《이화사학연구》 65, 2022.
• 中央档案馆, 《中央檔案館藏 日本侵華戰犯筆供選編》, 中华书局, 2015·2017.

03

한국 근현대 여성사, 지금 여기

홍양희·한양대학교 비교역사문화연구소 학술연구교수
윤정란·숭실대 교수/이성숙·여성사연구소 대표
소현숙·한국여성인권진흥원 일본군'위안부'문제연구소 학술연구팀장
김점숙·명지대학교 방목기초교육대학 교수
박미현·《강원도민일보》 논설위원실 실장
김수자·이화여자대학교 이화인문과학원 부교수
김미선·이화여자대학교 한국여성연구원 학술연구교수
장미현·연세대학교 국학연구원 객원연구원
이송희·전 신라대학교 역사문화학과 교수
정현주·(사)역사·여성·미래 상임대표
이배용·국가교육위원회 위원장

1

'포스트 가족'을 상상하며
'가족의 시대'를 성찰한다

'가족 위기'의 시대

'가족 위기론'이 한국 사회에 유통된 지도 꽤 오래되었다. 만고불변의 진리와도 같아 보이는 가족, 그것이 해체될 것 같은 사회 현상은 많은 사람에게 위기의 징후로 인식되었다. 비혼, 만혼, 이혼, 거기에서 초래되는 세계 최저 수준의 출산율 등이 가족 붕괴의 원인으로 거론되었다. 사실상 특정 형태의 가족만을 '정상'으로 인정하고, 그로부터 사회적 안정이 이루어진다는 인식론에서 비롯되는 불안감이었다. 여기에는 '가족은 과거부터 있었고, 현재에도 잘 존재하며, 앞으로도 계속 존치되어야만 한다'는 강박적 전제가 작동하고 있다. '가족'을 초역사적인 것으로 본질화하는 사유가 사회의 지배적 담론으로 기능하고 있다는 반증이기도 하다. 시대별 가족의 역사를 서술하는 것도 어찌 보면 '가족'의 실체적 존재를 은연중에 드러내는 것이라 할 수 있다.

물론 현대적 의미의 가족과 비견되는 관계는 늘 존재했다. 부부 및 친자 관계를 품고 있는 관계망, 그것을 '가족'으로 의미화하고, 당대의 맥락에서 그것이 가진 역사성을 추적하는 것은 그 사회를 이해하는 하나의 방편이 되기도 한다. 부부와 자녀로 구성된 최근친의 혈연 관계이면서 생계를 같이하는 구성원들의 공동체로서 '근대 가족', 그 것의 계보를 추적하면 그 시대의 역사를 읽는 동시에, 이를 통해 그것이 가진 역사성이 더 선명해질 것이다.

그렇다면 현재에도 여전히 가족의 역할에 의미를 부여하며, 그것의 역사적 해체에 위기감을 느끼게 하는 '근대 가족', 이것은 언제부터 등장했고, 그 존재가 의미하는 바는 무엇인가. 더욱이 이와 같은 가족 구성 방식의 붕괴가 왜 '위기'로 인식되어야만 하는가. 이러한 질문은 근대 가족이 발 딛고 있는 토양, 그것이 가진 위치성을 분석하기 위해서다. 나아가 가족의 존재 양태와 거기에 내재된 정치학을 문제시하는 근대 가족사 연구의 현재적 의미를 가시화하는 작업이기도 하다.

한국 근대 가족사 연구는 1990년대 중후반 양적·질적으로 비약적 전환을 맞았다. 우선 주로 사회학이나 인류학의 연구 대상이던 가족, 그것의 역사가 역사학자들에 의해 포착되면서 연구의 저변이 확대되었다. 연구 시각 또한 다양화되었다. 특히 가족사는 여성사/젠더사 연구자들에 의해 본격적으로 연구되었고, 근대 가족이 문제화되기 시작했다. 여성에게 요구되는 사회적 기대가 가족 내에서 모성적 역할이나 아내로서의 내조자 역할이기에, '가족'은 필연적으로 여성사/젠더사 연구의 핵심 주제가 될 수밖에 없던 것이다. 여성 젠더의 생활 기반 그 자체이자 삶의 질을 좌우하는 것이 가족 내에서 그들의 위치성 및 관계성이기 때문이다.

이 글에서는 기왕의 연구에 기반하여 근대 가족의 젠더 정치학을 성찰하고자 한다. 이를 통해 '가족의 위기'가 운위되는 시대, '가족의 시대'를 재사유하고, '포스트 가족'의 시대를 상상하기 위한 논의의 단초가 마련되기를 기대한다.

'근대 가족'의 구축과 젠더 정치

1990년대 포스트모더니즘 사조의 유입은 근대 국가의 사회 조직 방식에 대한 비판적 연구로 이어졌다. 이것은 가족사 연구에도 영향을 미쳐, 식민지시기 가족 담론이나 가족제도가 재사유되기 시작했다. 이 변화의 두드러진 특징은 근대 가족사 연구에 '젠더사'의 문제의식이 결합된 것이었다. '가족'이라는 공간에 구조화되어 있는 여성과 남성의 관계가 그들 사이의 불평등을 생산하는, 즉 국가의 젠더 정치가 작동하는 핵심 거점이라 여겨졌기 때문이다. 젠더관계가 생물학적 차이에서 비롯되기보다는 그 시대의 권력관계에 의해 매번 새롭게 구성/재구성되는 유동적인 것이라는 사유는 자연적이고 전통적인 것으로 보이던 가족, 그리고 그 내부의 관계성 또한 특정한 역사적 국면에 등장한 가변적인 것이라는 인식을 가능케 했다.

이와 같은 접근 방식은 당대 지배적인 가족 담론과 그 행위자들 사이의 상호 작용이 특정 형태의 역사적 가족상을 구축한다는 점에 주목한다. 그뿐만 아니라 현재도 여전히 기능하고 있는 부부와 자녀 중심의 '근대 가족'의 계보를 식민지시기 지식의 담론 정치에서 찾는다. '남자는 밖, 여자는 안'이라는 이분법적인 젠더 경계 위에, 국민 재생산이라는 국가적·민족적 사명을 위해 여성을 아내와 어머니의 역할로 호명하는 것은 민족 및 국가의 이름으로 수행되는 담론 정치를 통해 지지되었기 때문이다. 일본의 여성 교육론이자 젠더론인 '현모양처' 논의 또한 이 시기에 도입, 유통되기 시작했다. 이러한 패러다임의 성별 역할 분담은 서구적 모더니티를 공유하는 식민주의와 민족주의의 젠더 정치가 교차하는 지점이었다.

나아가 현모양처의 전형으로 신사임당이 동원되고, 전통적 여성상으로 재구성되는 역설이 연출되었다. 이 과정에는 타자화의 역학이, 즉 젠더 규범을 위반하는 여성들에 대한 젠더 정치가 작동되고 있었다. 1930년대 '나쁜 여성'으로 담론화된 '신여성'은 현모양처 담론의 또 다른 이면이었다. 서구 근대성 비판 분위기와 함께, 젠더 경계를 넘나드는 여성들에 대한 적대성의 표현이었기 때문이다. 전쟁 시기에 이는 더욱 극대화되었다. 총력전 체제하의 가족/가정은 전쟁 수행의 기간 조직으로 남성 병사의 동원 단위이자 총후銃後의 보루로 기능해야만 했다. 여성은 '총후부인'으로서 전쟁에 모든 것을 바칠 각오가 되어 있어야 하며, 위반자들에게는 '스파이'란 낙인이 찍혔다. 결국 1930년대의 '신여성', 1940년대의 '스파이' 담론은 이후 1950년대 '자유부인', 1990년대 '된장녀' 담론과 함께 젠더 정치의 동일 궤도 위에 존재하는 것이었다.

식민지 조선에서 '전통'이 발명되는 방식에 대한 통찰은 조선의 문화 정체성 형성에 작동한 식민주의에 주목하게 했다. 특히 일본인 엘리트들이 재현한 조선의 가족문화에 대한 성찰적 연구다. '동성동본' 마을을 '동족부락'으로 명명하고 이것을 종족주의로 특징화한 것이나, 결혼 관행을 '조혼'으로 규정하고 그것이 조선 여성들의 남편 살해 원인이란 분석에 대한 비판이 그러한 예다. 식민주의에 의한 조선문화 재현은 당대의 관행적 실체이기보다는 조선 사회의 후진성을 강조하고 이를 통해 식민통치의 정당성을 확보하는 식민주의 정치학이었다는 것이다. 서구적 모더니티에 기반한 가족 모델을 가장 진보적인 것으로 상상하는 그들에게, 조선 사회문화는 후진적인 것이었다.

식민주의 문화 재현 비판은 가족법 연구로 이어졌다. 구성주의 관점과 포스트콜로니얼리즘의 문제의식으로 가족 관습/전통 및 젠더 문제에 접근하여, 식민지 가족제도 및 가족법을 통해 젠더관계가 재구성되는 지점이 포착되었다. 특히 '유교'의 젠더관계가 조선의 전형적 가족 관습으로 인식되고, 그로 인해 가족 내의 차별적이고 부계 혈통 중심의 젠더관계가 보편화의 길을 걸었다는 점이 명시되었다. 이들 논의가 중요한 것은 현재 정상 가족으로 인식되고, 또 전통 가족으로 본질화된 가족의 계보를 추적하였다는 점이다. 나아가 가족제도의 상당 부분이 식민주의 정치의 효과라는 점을 드러냄으로써, 포스트-식민성 문제를 제기한다. 이러한 점에서 이들 연구는 현대 한국 사회에도 여전히 작동하는 가족 및 젠더 정치학에 시사하는 바가 크다 하겠다.

가족의 경험, 일상 그리고 행위성

가족제도, 그 법적 환경의 변화는 일상인들의 삶의 모습을 어떻게 변화시켰을까. 그동안 근대 역사 연구에서 일상의 경험 연구가 활성화되지 못한 가장 큰 이유는 거대 담론 위주의 연구, 즉 정치사나 민족운동사가 연구의 주류를 점하고 있었기 때문이다. 정치사와 운동사에서 핵심적 위치를 점했던 엘리트 중심의 연구 또한 마찬가지다. 연구 방법론 또한 공적인 문헌 분석, 즉 정책 당국이 남긴 기록물이나 신문 잡지 등이 주요 분석 대상이었다. 정책사나 제도사 그리고 담론 분석 중심의 연구 성과가 많은 것도 여기에 기인한다.

그러나 문헌 연구 방법론으로는 개인이 경험하는 일상의 모습이 거의 드러나지 않을 뿐만 아니라, 문자에서 소외된 계층이나 여성들의 목소리가 전혀 가시화될 수 없다는 비판이 제기되었다. 일상사의 문제의식과 연구 방법론이 채택되게 된 이유이다. 구술, 회고록, 일기, 문집 등 개인 기록이나 소송 기록 등 자료도 다양해졌다. 구술이나 회고록, 일기 등은 특정인의 주관적 기억이나 기술이라는 점에서 사료로서의 가치가 부정되기도 하였지만, 그럼에도 생생한 삶의 경험을 담고 있다는 장점 또한 크다. 균형감을 가지고 접근한다면 삭제되고 묻혀 있던 많은 이야기가 가시화될 수 있기 때문이다. 일본군'위안부' 연구가 가능해진 것 또한 구술 자료가 역사 연구에 얼마나 큰 부분을 차지할 수 있는지를 드러낸다.

일상의 경험을 담은 연구들이 나오기 시작한 것은 이러한 문제의식의 발로였다. 생활일기를 발굴하여 고찰한 가족의 일상에는 문명의 전환기를 살아가는 개인들의 갈등과 고민이 생생하게 담겨 있다. 가족 원들 사이의 분쟁을 다룬 재판의 판결 기록 또한 당대인들의 삶의 일 단을 엿볼 수 있는 자료다. 가족관계 안에서 법적 소송 행위를 통해 자 신의 이해관계를 관철하려 하는 여성들의 실천 행위에 주목하여, 여성 주체화의 문제를 다층적으로 이해하기 위한 노력이 행해지고 있다. 삶 의 지형을 변화시켜 자신의 욕망을 충족하기 위해 법질서를 전유하고 활용한 여성들의 행위성이 보다 복잡하고 다양한 모습으로 나타나기 때문이다. 자신의 이해를 관철하기 위해 때로 식민지 권력과 공모하기 도 했다는 점에서 당시 여성들이 단순한 피해자이기만 한 것도 아니었 다. 사법체제 안에서 여성들의 법적 행위가 실천되는 방식과 그것의 표현 양태가 지니는 복합적인 면모를 조망하고 복잡한 가족의 일상이 드러나고 있다. 이렇듯 여성들의 행위는 단순하지만은 않다. 어떤 여 성은 식민지 법제의 피해자이지만, 교란자이기도 하고, 상대 여성에게 는 가해자이기도 한 것이다. 따라서 다양한 상황에 대한 폭넓은 분석 을 통해 여성들의 행위성을 다각도로 이해할 필요가 있다.

'포스트 가족'을 상상하며

근대는 '가족의 시대'로 명명된다. 가족과 관련된 담론이 유독 넘쳐나 고, 근대 국민국가 체제는 '가족'을 단위로 조직, 운영되었다. 민족국 가/국민국가 패러다임 안에서 작동하는 가족은 국가 경쟁력의 기반이 었기 때문이다. 개항 이후 한국이 접한 세계는 약육강식의 국제적 경쟁 사회였고, 거기에서 살아남기 위해 강한 국가 건설이 필연적으로 요구되었다. 이것이 비단 한국만의 일은 아니었다. 시민혁명과 산업혁명을 거친 서구 제국주의 국가는 이미 국민 통합력에 기대어 국가 경쟁력을 키우는 방향으로 모든 시스템을 만들어 나가고 있었다. 특히 효율적인 인구 관리는 국가의 존폐를 결정하는, 근대 국가의 근간이라는 인식이 대두되었다.

여기에서 근대 가족은 인구 및 노동력 재생산이라는 주요 역할을 부여받았다. 현재 및 미래의 노동자원이 국가와 민족을 위해 무한 공급될 수 있는 시스템, 그것이 바로 제도로서의 '근대 가족'이었다. 근대적 성별 역할 분담론은 가족의 기능을 극대화하기 위한 것이었다. 현재의 노동력에 대한 내조, 미래 노동자원의 생산, 이것이 가족 내에서 여성에

'가족' 구성의 의미를 다시금 생각게 하는
영화 〈가족의 탄생〉 포스터.

게 맡겨진 임무였다. 그것은 남성과 여성이 태생부터 부여받은 생물학적 성에서 비롯되는 자연적이고 천부적인 역할 분담으로 담론화되었으며, 국가적·민족적 사명으로 지지되었다. 이것이 바로 지금까지도 굳건히 그 기능을 요구받고 있는 '근대 가족'의 모습이다.

그러나 한국 사회에서 이와 같은 가족 모델은 큰 도전에 직면해 있다. 가족이 국가로부터 부여받은 인구 관리, 특히 국민 재생산이라는 역할이 훼손되고 있기 때문이다. '가족 위기론'의 실체는 바로 이것이다. 가족을 자연적이고 초역사적인 것으로 상정하는 본질주의 인식론, 가족의 전형을 전제하는 '정상 가족' 모델 또한 성찰적으로 비판되고 있다. 이것이 다양한 인권 문제를 생산하는 진앙지가 되고 있다는 점이 계보학적 연구를 통해 드러났기 때문이다. 이성애에 기반한 가족 구성의 고전적 원리 또한 거센 도전을 받고 있다. 그간의 연구를 통해, 근대의 가족 정치학이 비판적으로 고찰되고, 그것의 미덕뿐만 아니라 악행 또한 가시화될 수 있었다.

근대 가족의 시대가 저물어 가는 이 시점에, 가족사 연구는 어디로 향하고 있는가. 이제 연구의 중심축은 개인의 일상에서의 경험과 실천 문제로 이동하는 듯하다. 국가와 민족 그리고 그것을 지탱하던 가족보다는 그 안에서 삶을 영위한 '개인', 그리고 그가 맺는 다중의 관계성 등이 연구자들의 초미의 관심사로 떠오른 것이다. 이와 관련하여 특히 여성의 행위성과 주체화의 문제는 앞으로 연구 쟁점이 될 만하다. 기왕의 연구들이 주체화의 문제를 개인의 자율적 행위로 이해하던 것에 반해, 최근에는 이를 권력의 효과라는 측면에 주목하기 시작했다. 자율적 주체 개념으로는 복잡한 개인의 행위를 설명하기 어렵다는 문제의식의 발로였다.

그렇다면, 여기에서 권력에 저항하고 전복적 행위를 가능하게 하는 개인의 행위는 어떻게 상상할 것인가의 문제 또한 가족사와 여성사 연구에 주요한 과제로 제기된다. 행위성과 주체화의 문제는 주체와 그를 둘러싼 권력의 작동, 그리고 개인의 욕망 등이 다각적으로 분석될 필요가 있다. 나아가 가족을 둘러싼 근대의 기획이 매끄럽게 전개되기보다는 그 사회에 얼마나 많은 균열과 파열음을 만들어 냈는지 주목하면서 가족이 당대 사회에 각양각색의 모습으로 기능하고 있었음을 드러낼 필요도 있다. 이것이 다양한 가족관계를 사유하는 인식론적 토대를 마련하는 기반이 될 수 있기 때문이다. 이제 우리는 내셔널한 관점이 아닌, 트랜스내셔널한 관점을 가지고 어떤 가족의 모습 '들'을 상상할 수 있을까. 자못 기대된다.

홍양희·한양대학교 비교역사문화연구소 학술연구교수

〈참고문헌〉
• 김혜경, 《식민지하 근대가족의 형성과 젠더》, 창비, 2006.
• 양현아, 《가족법 읽기: 전통·식민지성·젠더의 교차로에서》, 창비, 2011.
• 김경일, 《근대의 가족, 근대의 결혼》, 푸른역사, 2012.
• 홍양희, 《조선총독부의 가족 정책: 식민주의와 가족, 법, 젠더》, 동북아역사재단, 2021.
• ____ , 〈'가족의 시대'에서 '포스트−가족'의 시대로: 한국 근대 가족사 연구의 현황과 과제〉, 《가족과 커뮤니티》 8집, 2023.

2

한국 '여권통문의 날'은
어떻게 제정되었나?

'여권통문' 법정 기념일 제정

2004년 창립된 한국여성사학회는 해외의 여성사 연구자들과 연대를 통해 여성사 연구의 발전을 도모하기 위해 많은 노력을 기울였다. 2011년 8월, 회장 이송희와 총무 윤정란의 주도로 'Herstory를 만들어 낸 동아시아 여성들'이라는 주제로 개최된 한중일 국제연합학술대회는 그 일환이었다. 당시 김경애 회원은 〈여권통문〉이 발표된 9월 1일을 '한국 여성의 날'로 제정하자는 의견을 제안하였고 정현주 회원은 이를 널리 홍보하기 위해 2011년 8월 24일 자 《조선일보》에 《〈여권통문〉 발표된 9월 1일을 '여성의 날'로》라는 칼럼을 실었다. 2019년 10

월 31일 국회 본회의에서 매년 9월 1일을 '여권통문의 날'로 지정하는 〈양성평등 기본법〉 개정안이 통과되었다. 이리하여 9월 1일은 여권통문 선언 법정 기념일이 되었다. 이는 1898년 9월 1일 우리나라 최초의 여성 인권 선언문인 〈여권통문〉의 발표를 기념하는 것으로 여성 역사가들의 적극적인 연구 활동의 결실이었다.

〈여권통문〉 기록 발굴

대한제국이 선포된 지 2년째 되던 해인 1898년 9월 1일, 서울 장안은 갑자기 놀라운 일로 떠들썩했다. 《황성신문》은 그날의 광경을 "놀랍고 신기하다"고 표현하면서 그 놀라운 일에 대해 논설 대신 별보로 싣는다고 했다. 9월 8일 자 별보에는 이 소사, 김 소사의 명의로 된 한국 최초의 여성 권리 선언문이 실렸다. 마지막 문장은 "여학교 통문 발기인 이 소사, 김 소사"라 쓰여 있었다.

이 〈여권통문〉은 최초의 한국 여성 권리 선언문이며 한국 여성운동의 기원이다. 미국의 세네카폴즈 선언(1848)이 인류 역사상 최초의 여성 권리 선언이라고 한다면, 〈여권통문〉은 전 세계 여성들에게 여성 권리를 알린 한국 역사상 최초의 여성 권리 선언이라고 할 수 있다. 국내 여성들에게는 순한글로 《황성신문》(1898. 9. 8), 《독립신문》(1898. 9. 9)에, 전 세계 여성들에게는 《독립신문》 영문판(1898. 9. 10)을 통해 여성 권리 선언을 알렸다.

〈여권통문〉은 오랫동안 잊힌 역사였다. 70여 년이 지난 후에야 〈여권통문〉은 한국 여성운동의 기원으로 자리 잡게 되었다. 1970년대에는 〈여권통문〉이 1898년 발표된 당시 그대로 〈여학교설시통문〉으로 소개되었다. 그러다 1980년대에 여성 역사가 박용옥이 이를 〈여권통문〉이란 이름으로 재탄생시켰다. 그 뒤 1998년에 이르러 〈여학교설시통문〉을 〈여권통문〉으로 사용하기 시작했다.

〈여권통문〉 유적지 발굴

매년 3월 8일은 유엔이 정한 '세계 여성의 날'이다. 1910년 독일의 클

1898년 9월 8일 자 《황성신문》에
순 한글로 실린 여성 권리 선언문인
〈여권통문〉.

라라 제트킨이 여성의 권리 신장을 위해 제안한 슬로건 "여성에게도 빵과 장미"를 이어받아 1975년에 지정한 것이다. 한국에서는 1985년에야 제1회 한국여성대회가 열리면서 세계 여성의 날을 공개적으로 기념하기 시작했다. 이후 여성 사학자들은 한국 여성의 인권 선언문인 〈여권통문〉 선언일을 기념하여 9월 1일을 여성의 날로 제정해야 한다고 주장하면서 〈여권통문〉을 널리 알리기 위해 관련 유적지를 찾는 작업을 시작했다.

2016년부터 윤정란과 이성숙은 본격적으로 유적지 발굴과 관련 자료 수집에 나섰다. 서울 중구청을 수차례 방문하였고, 수집한 자료의 진본 여부를 확인하기 위해 전문가의 재확인 작업을 거쳤다.

역사 연구자들이 혼자서 문서와 씨름을 하는 일반적인 연구와는 달리, 이 작업은 다양한 분야의 전문가들과의 협업이 필수적이었다. 예컨대 역사 현장을 찾는 작업이 그러했다. 지적도 주소와 지역 명칭이 시기에 따라 바뀌었다. 대한제국기에는 호수가 왼쪽에서 시작했다가 일제강점기부터는 오른쪽에서 시작되었다. 도시계획 변경으로 도로가 없어지거나 도로 한가운데 건물이 들어서면, 기존 주소의 호수가 사라지기도 했다. 이런 현장조사는 전통적인 역사가들의 연구 방식이 아니었다.

조사 끝에, 윤정란과 이성숙은 〈여권통문〉을 공식적으로 선언한 한국 최초의 여성단체인 찬양회가 조직된 장소가 오늘날 신한은행 백년관(이하 백년관)으로 추정하고, 수차례 거듭된 회의와 자문을 통하여 이곳이 〈여권통문〉의 발상지임을 확인하였다. 현재 주소는 서울 중구 남대문로 10길 29번지(중구 삼각동 117번지)이다. 백년관 자리는 1898

년 9월 11일 남녀 유지들이 모여 〈여권통문〉 선언을 앞으로 어떻게 추진할 것인지를 두고 논의를 했던 홍문섯골 사립소학교가 위치했던 곳이다. 신문 지상에는 9월 11일에 남녀 유지들이 모였다고 했으나 다음 날인 12일에 찬양회원이 무려 400명이었다는 사실에 비추어 보면 9월 1일 〈여권통문〉을 선언하기 이전부터 수차례 모임이 있었다고 유추할 수 있다.

독립협회는 기관지 《독립신문》에 지속적으로 남녀 평등, 여학교 설치 등과 관련된 글을 꾸준히 게재하며 여론을 조성하고 있었다. 그리고 〈여권통문〉 선언과 찬양회 조직에 주요한 역할을 했던 인사들은 독립협회를 주도한 인물들이었다. 홍문섯골 소학교는 공적으로 남녀가 함께 모여 의논할 수 있는 최적의 장소였다.

신문 지상을 통해 전국적으로 알린 〈여권통문〉을 공식화하고 이를 실천에 옮기기 위해 조직적인 여성들의 활동이 필요했다. 그래서 찬양회가 홍문섯골 사립소학교에서 조직되었다. 홍문섯골 소학교는 교사 이시선의 집이었다. 그는 1897년 1월 초에 자신의 집에 홍문동 사립 소학교를 설치하여 학생들을 가르쳤다. 이시선의 집을 찾기 위해 국사편찬위원회 마이크로필름에서 1903년 대한제국 한성부 호적표를 일일이 확인했다. 그 결과 이시선의 주소가 한성부 대평방 홍문동계 홍문동 8통 1호라는 것을 알 수 있었다.

이시선이 거주한 홍문동에는 100가구 이상이 살고 있었다. 대한제국기 한성부 지적도는 많은 부분이 유실되어 홍문동 지적도는 남아 있지 않았다. 고민 끝에 1912년 토지대장과 경성부 남부 삼각정 지적도를 대조해서 그 위치를 추적해야 했다. 대한제국기 곡교동, 소교동, 홍문동 등이 삼각정으로 편입되었다. 그래서 삼각정 토지대장과 지적도를 비교했다. 1912년 지적도는 1994년까지 거의 변하지 않았다. 1999년 4월에 토지구획이 완료되어 오늘날 신한은행 백년관이 자리 잡게 되었음을 확인하였다.

〈여권통문〉 선언 장소와 찬양회 조직 장소는 오늘날 신한은행 백년관과 그 옆의 31번지를 포함하는 곳이다. 현재 두 공간 사이에 작은 공터가 있다. 이를 근거로 서울시 문화재위원회의 심사를 거쳐 2019년 9월 1일 표지석이 설치되었다.

'여권통문의 날' 제정

〈여권통문〉의 발표일을 한국 여성의 날로 법적으로 제정하기 위해서는 〈여권통문〉의 의미를 널리 알리는 대중화 작업이 선행되어야 했다. 2012년 여성사전시관 관장을 맡게 된 이성숙의 주도 아래 한국 근대 여성운동의 출발점으로 〈여권통문〉을 전시했다. 동시에 〈여권통문〉 선언을 주도한 인물 중 한 사람인 김양현당을 주인공으로 한 연극을 공연했다.

그 뒤 여성사전시관이 대방동에 위치한 서울여성플라자에서 고양시 정부청사로 이전하게 되었다. 2014년 9월 1일 국립여성사전시관 이전 개관 특별전이 개최되었는데, 그 주제가 '1898년 9월 1일 북촌에서 온 편지, 여권통문'이었다. 전시 개막식에 참석한 여성 역사가들과 여성 국회의원, 여성단체 대표들은 여성가족부 장관에게 매년 9월

1일 〈여권통문〉 기념 행사 개최를 요청했다. 또한 언론에서도 〈여권통문〉을 "한국 여성운동의 시작이며 한국 여성 최초의 인권 선언문"이라고 소개했다. 언론을 통해서 〈여권통문〉의 역사적 의미가 수많은 여학생에게 알려졌고, 학생들과 교사들이 함께하는 전시 관람 문의가 쇄도했다.

그러나 9월 1일 〈여권통문〉의 법정 기념일 제정까지는 아직 긴 여정이 남아 있었다. 국립여성사전시관 이성숙 관장은 여성가족부로부터 2015년 국립여성사전시관 사업계획서에 9월 1일 기념 행사 개최 예산을 승인받았다. 그리고 여성 역사가 기계형이 '역사·여성·미래' 단체 사무총장이 되면서 이듬해 2016년에 〈여권통문〉 선언을 기념하는 행사를 기획하게 되었다.

2016년 9월 1일 종로구 덕성여자중학교에서 〈여권통문〉 발표 기념식이 최초로 열렸다. 이 자리에서 여성 역사가들이 번역한 〈여권통문〉 전문이 여성 역사가들과 덕성여중 학생들의 집단 낭독으로 처음으로 울려 퍼졌다. 이때부터 9월 1일 〈여권통문〉 기념 행사에서 〈여권통문〉 전문 집단 낭독이 하나의 전통으로 자리 잡았다. 2016년 9월 1일에는 국회에서 여성 국회의원들의 지원으로 〈여권통문〉 행사가 개최되었다. 2017년 국립여성사전시관장으로 취임한 기계형은 9월 1일을 기념하여 글로벌 관점에서 〈여권통문〉을 재조명하는 특별기획전을 개최했다.

이후 지속적으로 〈여권통문〉 선언을 기념하는 행사가 이어지면서 이제 9월 1일 〈여권통문〉 선언일을 한국 여성의 날로 제정하는 것이 너무나 당연한, 이 시대를 살아가는 우리에게 부과된 역사적 의무로 여겨지게 되었으며, 2019년에 마침내 실현되었던 것이다.

여성사 연구의 지평 확대

〈여권통문〉 선언 기념일 제정은 21세기 한국 여성 역사가들이 이루어 낸 큰 성과이다. 여성 역사가들은 첫째, 오랫동안 잠들어 있던 〈여권통문〉이라는 역사적 기록을 발굴했고, 둘째, 기록의 차원에 머물러 있던 〈여권통문〉 선언 장소를 역사적 현장으로 되찾았고, 셋째, 〈여권통문〉을 기념하는 법정 기념일을 제정했다. 〈여권통문〉 법정 기념일 제정이라는 기나긴 여정을 통해서 여성 역사가들은 여성사 연구의 새로운 방법론을 만들어 냈을 뿐만 아니라 연구 분야의 지평을 확대하는 의미있는 성취를 이루었다.

윤정란·숭실대 교수/이성숙·여성사연구소 대표

〈참고문헌〉
•《황성신문》, 1898년 9월 8일 자, 〈五百年有〉.
•《독립신문》, 1898년 9월 9일 자, 〈녀학교〉.
•《독립신문》 영문판, 1898년 9월 10일 자, "Female Education Society"
•박용옥, 《한국근대여성운동사연구》, 한국정신문화연구원, 1984.
•윤정란, 〈한국 근대 여성운동의 역사적 기원자─여권통문 결의 장소 발굴〉, 《여성과 역사》 30, 한국여성사학회, 2019.

3

근대 초기 이혼소송과
'역사적 행위자'로서 여성

여성의 이혼 청구권은 제국의 선물?

1914년 경성에 거주하는 겨우 열여섯의 앳된 여성, 박숙양은 남편을
상대로 이혼소송을 제기했다. 결혼 이후 남편의 학대와 폭력으로 하
루도 편히 지내지 못한 그녀는 견디다 못해 친정으로 도망갔지만, 남
편이 쫓아와 그녀는 물론 친정어머니까지 결박해 놓고 밤새도록 폭행
했기 때문이다. 경성지방법원은 1, 2심을 통해 박숙양의 손을 들어주
었지만, 남편은 이에 불복하여 소송은 당시 최종심인 조선고등법원에
까지 올라갔다. 남편 측은 '삼종지도'를 말하면서 조선의 '관습'에 따
라 아내의 이혼 요구는 인정할 수 없다고 주장했다. 그러나 재판부는

"정당한 사유가 있을 때는 아내도 남편에 대해 이혼을 청구할 권리가 있다"며 아내의 손을 들어주었다.

여성이 이혼을 요구하는 데 아무런 제약이 없고 날마다 이혼율이 치솟아 '가족의 해체'를 우려하는 오늘날의 관점에서 보면 이 소송은 참 낯설다. 이혼이 자유로웠던 고려시대와 달리 조선시대 이후 성리학적 관념이 확산하면서 이혼은 점차 어려워졌다. 그나마 하층에서는 비교적 이혼이 자유로웠지만, 양반층에서는 국법에 이혼이 없다는 말이 나올 정도로 이혼이 쉽지 않았다. 당시 이혼은 '기처棄妻(아내를 버림)'라 불렸는데 이는 남성은 아내의 잘못(칠거지악)을 근거로 아내를 내칠 수 있지만, 아내는 어떤 이유라도 남편을 버릴 수 없었다는 사실을 보여 준다.

박숙양의 소송은 이러한 법과 관행이 무너지기 시작한 20세기 초반에 일어난 일로, 일제가 여성의 이혼 청구권을 명시적으로 인정한 최초의 판례였다. 애초에 일제는 조선을 식민화한 이후인 1912년 〈조선민사령〉을 제정하여 일본의 민법을 조선에 도입했다. 그러나 조선인의 내밀한 일상생활, 특히 가족과 관련된 사안을 함부로 변경하기는 쉽지 않았다. 가뜩이나 식민지화에 대한 반발이 여기저기서 터져 나오는 불안정한 정치적 상황에서 가족이나 상속과 같은 민감한 문제를 잘못 건드렸다가 조선인들이 벌 떼처럼 들고일어날지도 모를 일이었다. 일제가 〈조선민사령〉을 제정하면서 제11조 능력·친족·상속에 관한 사항은 조선의 '관습'을 따르도록 규정한 것은 이러한 염려에서였다.

그러나 관습주의 원칙에도 불구하고 일제는 관습에 대한 새로운 해석과 〈조선민사령〉 개정을 통한 일본 민법의 의용으로 가족법을 변경하면서 점차 일본식 가족제도를 조선 사회에 이식해 나갔다. 이혼법은 1922년 〈조선민사령〉 제2차 개정을 통해 재판이혼이 도입됨으로써 일본 민법을 따르도록 변경되었다. 이를 통해 관습에 의해 허락되지 않는다고 여겨졌던 여성의 이혼 청구권이 법적으로 명문화되기에 이른다. 이 때문에 이혼법의 변화는 일제의 동화주의 정책이 시행된 결과로 이해되었다. 말하자면, 식민지 조선 여성에게 이혼 청구권은 일본 제국주의가 가져다 준 '선물'이라 설명되어 온 셈이다. 과연 그럴까?

일제하 이혼법 개정과 여성 원고

조선의 가족에 관한 사안은 관습에 따른다는 관습주의 원칙을 천명한 일제는 조선의 관습이 무엇인지 조사하여 《관습조사보고서》를 간행했다. 이 보고서에 따르면 조선의 관습에는 이혼 원인으로 칠거지악이 있으며, 이혼할 때 부모나 호주의 동의가 필요하고, 아내는 이혼을 청구할 수 없으며, 협의이혼을 인정치 않고, 관청에 신고나 허가 절차가 없다는 것이었다.

　이처럼 《관습조사보고서》를 통해 조선의 이혼 관습을 명확히 규정했지만, 곧 이렇게 '조사된 관습'은 당대의 현실을 그대로 반영하지 못했다는 사실이 드러났다. 관습으로 인정되지 않는다는 협의이혼은 이미 통계로 집계되어 1910년 3,897건이던 이혼 건수는 매년 격증하여, 1917, 18년에는 1만 건을 상회했다. 또, 조사된 관습에는 언급되지 않았던 재판이혼 역시 각지에서 행해졌고, 더욱이 관습상 이혼 청구권이

<그림 1> 1910년대 이혼소송 추이(1908~1916)

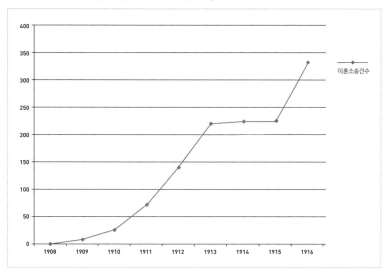

<그림 2> 원고별 이혼소송 추이

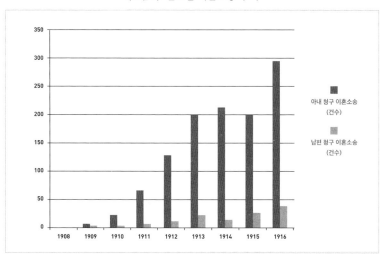

없는 것으로 규정되었던 여성이 전체 원고의 90퍼센트를 차지했다.

그렇다면, 어떻게 이렇게 조사된 관습과 현실 사이에서 괴리가 나타났던 것일까? 사실, 관습주의 채택 자체가 이러한 괴리를 필연적으로 수반했다. 즉, 관습은 늘 변화하는 것으로, 고정되어 있지 않을 뿐만 아니라 지역적·신분적 편차를 가지므로 단일하지도 않다. 따라서 유동적이고 다양한 편차를 갖는 관습을 획일적이고 보편적인 법제도로 확립하면, 실제 관습과 현실 사이의 간극은 피할 수 없다.

앞서 언급한 것처럼 조선시대에도 양반층과 달리 하층민 사이에서는 이혼이 자유롭게 이루어졌던 상황을 고려한다면, 일제에 의해 조사된 이른바 '관습'은 조선시대 양반층의 관행과 법조항을 '조선의 관습'으로 일반화한 것에 불과하다. 일제가 조사한 관습 자체가 일본 민법과 조선의 양반문화를 참조하여 만들어진 것으로 현실 그 자체를 반영한 것은 아니었다. 결국 《관습조사보고서》의 이혼 관습 규정은 이혼이 극도로 억제됨으로써 실질적으로 큰 법적 효력을 갖고 있지 않았던 조선시대의 이혼법 조항과 양반층의 이혼 관행을 그대로 '관습'으로 명기함으로써, 사실상 실효성이 없었던 조선시대 이혼법이 오히려 식민지가 된 1910년대에 일제에 의해 '관습'으로 확정되는 모순적 상황을 낳았다.

조사된 관습과 현실의 괴리는 이혼 문제에서 가장 첨예하게 나타났다. 1910년대 증가한 이혼 재판에서 청구자의 90퍼센트 이상이 여성이었다는 사실은 일제의 관습주의 원칙을 무너뜨리기에 충분했다. 여성들이 계속해서 이혼을 청구할 뿐만 아니라, 그 사유도 남편이 아내에게 이혼을 요구하는 사유였던 칠거지악에 해당하지 않았으므로,

《관습조사보고서》에 기록된 이혼에 관한 내용은 재판에 활용될 수 없었다. 여성 원고들의 등장이 일제의 관습주의 원칙을 교란하는 역할을 한 것이다.

재판부는 여성들이 이혼소송을 제기할 때마다 무엇이 관습인지를 두고 논란을 거듭했고, 재판마다 매번 관습을 새롭게 규정해야 하는 번거로움에 직면하게 되었다. 결국 일제는 이러한 번거로움을 해소하기 위해 이혼에 관해 일부 조항은 관습주의를 포기하면서 1922년 〈조선민사령〉을 개정하였다. 이로써 재판이혼과 협의이혼이 법적으로 인정되고 재판이혼에 관해서 일본 민법이 적용되었다. 또한 여성의 이혼 청구권이 최종적으로 법적으로 명문화되었다.

여성들은 왜 이혼을 청구했을까

이혼을 청구한 여성들은 대체로 10대 후반에서 30대의 젊은 여성들이고, 상·하층을 아우르는 다양한 계층을 포괄하고 있었다. 이들이 이혼을 위해 법원 문까지 두드려야 했던 것은 사실 그녀들의 가족 내에서의 열악한 지위를 반증한다. 여성들이 이혼을 위해 가족 외부의 권력에 의탁하여 이를 활용해야 했던 것과 달리, 남성들은 아내를 버리면 그뿐, 법원까지 갈 필요도 없었다.

그렇다면 여성들은 어떤 이유로 이혼을 요구했을까? 1910년대 이혼 원인에 관한 통계를 보면, 남편과 시부모의 학대와 폭력이 절반 이상을 점하고, 그 외에 남편에게 버림받거나 남편의 복역 혹은 생사불명으로 생활난에 빠진 경우가 다수였다.

당시 소송 사례를 보면 남편과 시부모에 의한 가정폭력은 매우 심각한 수준이었다. 예컨대, 1916년 이혼소송을 제기한 경기도 고양군 거주의 한순옥(17세)은 열두 살에 숯장수 김정동과 결혼했는데, 남편은 음주와 노름에 빠져 집안 살림을 돌보지 않을 뿐만 아니라 술에 취하면 밤마다 발로 걷어차고 입으로 무는 등 폭력을 행사했다. 그뿐만 아니라 불량배에게 강간당한 일을 간통했다고 검사국에 고소했고, 시부모 역시 도끼로 생명을 위협하여 도저히 함께 살 수 없는 상태였다. 이처럼 이혼을 제기한 여성들이 당한 학대와 폭력은 거의 동거생활이 불가능한 수준이었다.

한편, 감옥에 복역하거나 생사불명으로 남편이 부재한 상태에 놓인 여성들은 생계를 위해서라도 재혼할 수밖에 없는 처지가 되었다. 여자 혼자 생계를 꾸려 나가는 것은 녹록지 않았다. 이들이 곁에 없는 남편을 걸어 굳이 이혼소송을 제기한 것은 혹여라도 나중에 남편이 돌아왔을 때 간통으로 몰려 처벌받지 않기 위해서였다.

흥미로운 청구 원인도 눈에 띈다. 예컨대 남편의 '성불구'를 이유로 한 소송이 그것이다. 1910년대~20년대 초까지 언론에는 남편의 '성불구'를 이유로 한 이혼소송이 종종 보도되었는데, 이는 조선 말기에 궁중에서 봉사하던 내시가 제도가 폐지되면서 민간으로 돌아와, 거세 사실을 숨기고 결혼한 경우가 많았기 때문이다. 남편의 성적 상황을 모르고 어린 나이에 결혼한 여성들은 성장한 후 성에 눈뜨자, 자신의 성적 욕망을 드러내며 이혼을 청구했다.

예컨대 1921년 사회적 논란이 되었던 양원묵의 이혼소송을 보자.

양원묵은 가난한 그녀의 부모가 시집으로부터 생계비를 보조받는 대가로 12세라는 어린 나이에 강제로 결혼했다. 그녀는 차차 자라서 남녀의 성에 관해 알게 되자 "생식기가 없는 남편"과의 결혼생활에 불만을 품고 결국 이혼소송을 제기했다. 그녀는 재판정에서 "청춘의 욕망을 달치 못함은 인생 일대의 비참사"라고 진술했다. 그렇다면 이러한 양원묵의 이혼 청구에 대해서 재판부는 어떻게 판결했을까? 당시 여론은 양원묵에 대해 동정적이었지만, 재판부는 "평화롭게 지내 온 가정의 파멸에 따르는 남편의 고통"과 "사회 기강의 문란"을 염려하여 이혼을 허락하지 않았다. 양원묵은 그대로 물러나지 않고 다시 항소했다. 그녀는 이번에는 승소를 얻어 내기에 유리한 '학대·모욕'을 이혼 사유에 첨가하여 결국 재판부로부터 승소를 얻어 냈다.

식민지의 가족과 일상, 그리고 역사적 행위자로서 '여성'

흔히 1910년대는 일제의 무단통치로 상징되는 암흑기로 일컬어진다. 그러나 그러한 정치적 억압 속에서도 조선인들, 특히 여성들은 자신의 삶을 개척해 나가며 고군분투했다. 박숙양이나 양원묵의 소송 사례에서 보듯 이들은 신학문을 접하고 시대의 변화를 선도한 '신여성'이 아니었지만, 역사의 주체로서 세상을 바꾸는 동력을 만들어 내고 있었다.

그동안 식민지하에서 여성 이혼 청구권의 부여는 일제에 의한 법적 동화주의 정책 혹은 법의 근대화라는 맥락에서 이해해 왔다. 이러한 시각에 따르면 여성들은 식민지 근대화를 통해 이혼 청구권을 획득한 '수혜자'에 지나지 않게 된다. 그러나 이는 지나치게 정책사적인 시각에 불과하다. 일상에 대한 식민권력의 지배는 일방적일 수 없기에 정책의 변화를 이해하기 위해서는 조선인의 동향을 고려해야 하고, 이혼이 남녀 간의 문제인 만큼 젠더 문제가 이 문제에 어떻게 개입되어 있는지도 추적해야 한다. 이처럼 위로부터의 관점에서 벗어나 아래로부터 연구 시각을 전환해 보면, 비로소 정책사에서는 보이지 않던 1910년대 여성들의 흥미로운 발자취가 드러난다.

이러한 발자취를 추적하면서 이혼법의 변경과 여성 이혼 청구권의 명문화는 단순히 일제의 정책 변화에 따른 산물이기보다는 이혼을 청구할 법적 권리가 없는데도 불구하고 끊임없이 재판소의 문을 두드리며 이혼을 요구한 여성들의 줄기찬 요구 덕분이었음을 알 수 있다. 그녀들의 요구가 일제의 관습주의 원칙을 무력화하고, 이에 대응하는 과정에서 일제는 관습에 의거하던 이혼법을 일본 민법을 의용하는 방식으로 변경해 간 것이다.

이처럼 식민지 일상과 가족을 일제의 지배정책과 조선인들의 욕망이 경합한 장으로 파악함으로써, 우리는 이 시기 일상과 가족의 변화를 정책사 일변도의 제한된 시각에서 벗어나 균형 잡힌 시선으로 바라볼 수 있다. 그리고 이를 통해 1910년대 여성들이 단순히 제국주의가 가져온 근대화의 '수혜자'이거나 혹은 역사의 배경 속에 묻힌 '침묵하는 존재'가 아니라, 자기 삶을 위해 고군분투한 '역사적 행위자'였음을 발견하게 된다.

소현숙·한국여성인권진흥원 일본군 '위안부' 문제연구소 학술연구팀장

〈참고문헌〉

• 소현숙, 《이혼법정에 선 식민지 조선 여성들》, 역사비평사, 2017.

• 이승일, 《조선총독부 법제정책—일제의 식민통치와 조선민사령》, 역사비평사, 2008.

• 정해은, 〈조선 후기 이혼의 실상과 《대명률》의 적용〉, 《역사와 현실》 75, 2010.

• 양현아, 《한국 가족법 읽기: 전통, 식민지성, 젠더의 교차로에서》, 창비, 2011.

• 홍양희, 《조선총독부의 가족 정책: 식민주의와 가족·법·젠더》, 동북아역사재단, 2021.

4

사진신부 천연희의 생애 기록
−여성사와 생애사의 만남

천연희 생애 기록의 고국 찾기

천연희의 생애 기록은 그녀의 셋째 딸인 메리 자보Mary K. Zarbaugh가
2012년 하와이이민연구소 이덕희 소장을 통해 하와이대학교 한국학
연구소에 기증함으로써 세상 밖으로 나왔다. 2014년 봄 이덕희 소장
이 메리 자보가 어머니의 기록을 한국에 있는 기관에 기증해서 한국
학자들이 널리 이용할 수 있기를 바라는데 어느 기관이 적당한지 물
어 왔을 때, 필자는 한국학중앙연구원의 장서각을 떠올렸다.

　당시 한국학중앙연구원 이배용 원장은 천연희 기록에 관한 연구를
적극 지원할 것을 약속했고, 그 결과 그해 11월에 443점에 달하는 '천

연희 컬렉션'이 한국학중앙연구원 장서각으로 자리를 옮겼다. 그 속에는 천연희가 7권의 대학 노트에 친필로 쓴 생애 기록(이하《사진 혼인 기록》)과 딸 메리 자보가 어머니 천연희를 인터뷰한 녹음 테이프 24개, 메리 자보가 어머니와의 인터뷰 내용을 요약한 노트 1권, 천연희의 여권과 결혼증명서, 신분증, 서한, 사진 등이 포함되어 있다. 천연희 기록을 고국으로 모셔 오는 일을 맡은 장서각의 정해은 책임연구원이 천연희의《사진 혼인 기록》이 유실될까 염려되어 품에 안고 비행기를 탄 덕분에 1915년에 고국을 떠난 사진신부 천연희의 기록은 무사히 고국의 품에 안길 수 있었다.

2014년부터 한국학중앙연구원의 지원으로 두 개의 프로젝트가 진행되었다. 첫 번째는 사진신부를 포함하여 구한말부터 신이민이 개시되는 1965년 이전까지 미국으로 이주한 한인 여성에 관한 연구다. 그 성과가《한국 근대 여성의 미주지역 이주와 유학》(2018)으로 발간되었다. 이 프로젝트를 통해《사진 혼인 기록》을 한글 파일로 입력하는 일과 구술 테이프 24개의 녹취록이 만들어졌다.

두 번째는《사진 혼인 기록》을 간행하는 프로젝트였다. 그녀가 한국을 떠날 때의 어법에 따라 왼쪽부터 오른쪽으로 세로쓰기로 되어 있는《사진 혼인 기록》의 가독성을 높이기 위해 현재의 어법에 맞추어 가로쓰기로 바꾸는 현대문화 작업과 함께 4편의 해제가 작성되었다. 그 결과《사진 혼인 기록》의 탈초문과 현대문, 4편의 해제가 담긴《하와이 사진신부 천연희의 이야기》(2017)가 발간되었다. 필자는 천연희 컬렉션을 장서각으로 옮겨 올 수 있도록 '기여'한 덕분에 국내 연구자 중 가장 먼저 그녀의 친필 기록을 읽는 호사를 누렸다.

천연희 기록이 세상에 나오는 데 가장 큰 공을 세운 분은 메리 자보다. 2013년 1월에 하와이 한인 이민 120주년 기념 행사로 하와이대학교 한국학연구소에서 개최된 학술회의 발표 차 갔을 때 양로원에 계신 어머니를 대신해서 회의에 참석한 메리 자보의 딸을 만났다. "나는 좋은 미국인이지만 나의 한국적 유산을 자랑스럽게 생각한다"는 메리 자보의 유산이 그녀의 딸에게 이어지고 있음을 느꼈다. 그리고 올해 초에 메리 자보가 해를 넘기지 못하고 영면했다는 소식을 전해 들었다. 2015년 호놀룰루 자택에서 처음 뵈었을 때 어머니의 기록을 연구하는 연구팀이라고 우리를 반갑게 맞아 주던 그녀의 환한 미소가 떠올랐다.

재미 한인 이민사에서 사진신부

공식적인 한인의 미국 이민사는 1903년 1월 13일 갤릭호에 몸을 실은 한인 102명이 호놀룰루항에 도착하면서 시작되었다. 이후 1905년에 대한제국 정부가 하와이 이민을 중단하기까지 7,400여 명이 하와이로 이주했다. 한인의 하와이 이주는 사탕수수 농장의 부족한 노동력을 충당하기 위한 미국의 제안에 따라 시작되었고, 한인 이주자의 90퍼센트가 남성이었다. 남성 이주자 중 43퍼센트가 기혼자였지만 기혼자 중 가족을 동반한 남성은 15퍼센트에 불과했다.

미국에서 아시아 이민자에 대한 배척 정서가 확대되자 1908년 미국 정부는 일본과 신사협정을 체결하고, 일본인의 미국 이주를 중단시켰다. 일본에 외교권을 박탈당한 대한제국의 인민도 미국으로 이주할 수 없게 되었다. 다만 이민자가 가족을 초청하는 경우에는 미국 입국이 허용되었다. 이런 상황에서 미국으로 이주하려던 일본 여성과 한인 여성들이 중매쟁이를 통해 미혼남성 이주자와 사진을 교환해서 혼인을 약속하고, 예비 신랑감이 있는 하와이 또는 미국 본토로 입국하여 결혼식을 치르는 '사진결혼'이 시작되었다. 1910년 말에 최초의 한인 신부 최사라가 호놀룰루에 도착한 이래 1924년 아시아인들의 미국 이민이 사실상 금지되기 전까지 사진결혼을 통한 한인 여성의 이주가 이어졌다.

김원용은 《재미 한인 50년사》(1959)에서 "재미 한인에게 사진혼인법이 필요했으니, 만일에 사진혼인이 아니었더라면 다수 동포의 생활 안정이 곤란하고 후예도 번성하지 못했을 것이다"라고 사진신부에 역사적 의미를 부여했다. 하지만 초기 재미 한인사를 연구하는 대다수 학자가 남성이었고, 국외 독립군 기지로서 미주 한인 사회를 바라보는 그들의 관점으로 인해 재미 한인사는 미국으로 이주한 한인 남성들의 서사로 채워졌다.

1960년대 미국에서는 반문화혁명의 여파로 '밑으로부터의 역사 쓰기'를 지향하는 사회사적 전통이 확산되었다. 1960년대 후반부터 그동안 주목받지 못했던 미국 내 이민자와 소수민족 집단, 여성에 대한 연구가 활기를 띠었다. 그 과정에서 재미 한인 학자들도 문자화된 기록의 부족을 메우기 위해 초기 한인 이민자들의 구술을 채록하는 작업에 나섰다.

소니아 선우Sonia S. Sunoo는 1970년대 중반부터 초기 한인 이민자

94명을 인터뷰했다. 그녀는 특정 시기나 사건이 아닌 구술자의 전 생애에 걸친 인터뷰를 진행했고, 부부를 함께 인터뷰해서 감추어져 있던 한인 여성 이민자들의 삶을 세상 밖으로 끌어냈다.

1970년대 중반부터 하와이에서도 에스터 아리나가Esther K. Arinaga 와 하와이대학교 여성학과 교수인 앨리스 채Alice Chai에 의해 여성사와 생애사를 접목한 연구가 수행되었다. 앨리스 채는 "문화, 계급, 인종, 성별의 다중 억압을 경험한 여성들에 초점을 맞추어 여성 역사를 밑바닥에서부터 구축"하기 위해 1975년부터 하와이에 이민 온 노년 여성들을 인터뷰하는 생애사 프로젝트를 추진했다. 그녀가 여성사 연구 방법으로 생애사를 선택한 이유는, 생애사가 "역사와 전기를 결합하여 사회구조가 여성에게 미치는 영향을 탐구하고 여성들 자신이 문화를 창조하는 방식을 묘사하기 위한" 방법이라고 생각했기 때문이다.

앨리스 채는 1985년부터 일본, 오키나와, 그리고 한국에서 이주해 온 사진신부 20명의 구술을 채록하고, 이듬해 이를 편집한 〈사진신부Picture Bride〉라는 영상을 제작하여 공공장소에서 수십 차례 발표했다. 그녀는 "자신들의 삶이 중요하지 않다고 사회화된 많은 여성들이 자신들의 경험을 소중히 여기는 데 어려움을 겪었으나, 자신의 이야기를 공유함으로써 자신감을 얻었다"고 프로젝트의 성과를 평가했다.

천연희는 앨리스 채가 1993년 미주 한인 이민 90주년 행사 때 추가로 인터뷰한 7명의 한인 사진신부 중 한 명이었다. 놀랍게도 천연희는 앨리스 채가 자신을 인터뷰하고, 자신의 이야기를 공공장소에서 공유함으로써 그녀를 '의식화' 시키기 전에 이미 스스로 자신의 삶을 기록하는 일을 시작하고 있었다.

생애 기록을 통해 본 천연희의 삶

1896년 진주에서 태어난 천연희는 19세에 사진신부로 미국으로 이주했다. 그녀는 75세가 되던 1971년부터 자신이 살아온 세월을 본인의 기억을 토대로 기록으로 남겼다. 그녀가 남긴 기록을 통해 그녀의 삶을 살펴보면 다음과 같다.

열두 살에 아버지를 여의고, 엄마와 큰언니와 살던 천연희는 선교사가 세운 광림학교 고등과 졸업반이던 1915년에 하와이 사탕수수 농장 노동자인 길찬록과 혼인을 약속하고 태평양을 건너 1915년 6월 20일 호놀룰루항에 도착했다. 그녀가 사진결혼을 선택한 이유는 조선인들을 억압하는 일제가 "꼴 뵈기 실[싫]으니까 안 보고 내 자유를 찾아 민주주의로 선 나라, 남을 속이지 않고 도덕이 있는 나라"인 미국으로 가기 위해서였다.

호놀룰루 한인중앙학원에서 홍한식 목사의 주례와 한인 여성들의 도움으로 서른 살 연상인 길찬록과 결혼식을 올린 천연희는 마우이의 파이아 농장에서 이민살이를 시작했다. "우리나라 백성이 보통 교육이 없어 노예 백성이 되었다"고 생각한 천연희는 일부종사一夫從事라는 전통적 가치 대신에 자녀 교육을 위해 두 번의 이혼과 세 번의 결혼을 선택했다. 백인 남성과 세 번째 결혼할 때는 "예절로 잔뼈가 굵고 인종 구별이 많은" 사람이어서 망설였지만 "나는 나이가 젊고, 자식 다섯을 데리고 여자 혼자서 사업을 해도 도와 줄 사람이 있어야 되었다"고 결혼을 선택한 이유를 밝혔다.

《사진 혼인 기록》에 "우리 한국 여자 사진 혼인해 온 이들이 대단히 일찍 깨었고, 살기를 원해 남편들은 나이 많고 아무 재주 없고 사역도 잘 못하니 아이들은 많이 있어서 이 여자들이 살길을 찾아서 빨래숍도 내고, 바느질도 하고, 장사는 할래도 밑천이 없어 큰 회사나 청국 사람에게 헌 집을 몇 해 세 내어 약조하고 잠자는 방을 꾸민 후 일꾼들에게 세 놓아서 차차 잘되어 큰 여관도 사고, 아파트 집도 사고 했다"고 적었듯이, 그녀도 생계를 책임지지 않는 남편을 대신해 가장의 삶을 살았다. 그녀는 마우이 농장에서 한인 남성 노동자들의 밥을 해 주거나 바느질과 빨래로 생계를 꾸렸다. 1922년 오아후섬으로 이주한 뒤에는 한글학교 교사, 재봉, 바느질, 보모, 가사도우미, 파인애플 농장에서의 노동, 여관업을 거쳐 호텔의 경영자가 되었으며 코코헤드에서 카네이션 농장을 경영했다.

천연희는 1919년에 창립된 대한부인구제회와 1921년에 조직된 대한인동지회에 참여하여 고국의 독립을 지원했다. 그녀가 하와이에 도착했을 때 한인 사회는 일제에 맞서 무장투쟁을 주장하는 박용만의 지지자와 외교와 교육을 통한 독립을 주장하는 이승만의 지지자로 나뉘어 있었다. 무장투쟁론이 시의에 맞지 않는다고 판단한 천연희는 이승만을 지지했다.

그녀는 고향의 진주교회에서 이승만을 처음 만났다. 또한 일제가 이승만에게 거액의 현상금을 걸었다는 것을 기억하고 있었다. 게다가 호놀룰루에 도착해서 결혼식을 올린 곳이 이승만이 교장으로 있던 한인중앙학원이었고, 호놀룰루로 이주해 와서 자녀 교육을 위해 아이들을 맡긴 곳도 이승만이 세운 한인기독학원이었다. 또한 호놀룰루로 나왔을 때 그녀에게 거처와 한글학교 교사라는 일자리를 제안한 곳도 한인기독교회였다. 그녀는 이승만의 지지자로서 한인 사회의 중심이 던 교회와 사회단체에서 경험한 내용뿐만 아니라 전해 들은 이야기도 상세하게 기록해 놓았다.

한 걸음 더 나아가기

《사진 혼인 기록》은 가부장적 가치관을 내면화한 천연희가 아시아계 한인 이민 여성으로서 하와이라는 새로운 환경에 적응하면서 역사의 주체로 자신을 형성해 나가는 과정을 생생하게 보여 준다.

그녀가 "우리 한국 여자 사진 혼인해 온 이들이 대단히 일찍 깨었고"라고 적었듯이 그녀는 '깨인 여성'이었다. 자신이 "하와이에서 사진혼인으로 들어온 여자들 중 학식 있는 여자 몇 사람" 중 한 명이라는 것과 한인 이민 사회에서 중심 역할을 해온 사진신부 중 생애 기록을 남긴 이가 없다는 것을 자각하고 "내 일평생 한도 많고 원도 많은 살아온 이야기를 사실적으로 기록"해서 후세에 전해야 한다는 사명감을 가졌을 정도였다.

그녀가 쓴 《사진 혼인 기록》은 한인 사진신부가 쓴 생애 기록 중 유일하게 남은 것이다. 《사진 혼인 기록》 속에 담긴 천연희의 일상 경험에 대한 다양한 기억은 삶 속에서 한 개인의 선택과 결정의 복잡성 및 독특함을 강조하는 '아래로부터의 글쓰기'를 위한 소중한 자원이다. 그녀의 기록은 이민의 역사적 배경, 재미 한인의 독립운동 기여, 디아스포라적 삶 속에서 떠나온 고국과의 깊은 유대의식과 실천의 다양성에 관심을 가진 연구자들에게 풍부한 서사를 제공한다.

연구자들은 그녀의 기억을 재미 한인사 연구에서의 주장을 뒷받침하거나 연구되지 않은 공백을 메우는 데 활용해 왔다. 또한 그녀의 생애 기록은 연구자들의 시선을 재미 한인의 결혼, 출산, 육아, 교육, 남편과 아내의 역할, 여성들 간 네트워크와 정서적 유대, 전통적 가치의 변용, 문화적 정체성의 복잡성 등으로 돌리는 데 기여했다.

앨리스 채가 제시한 여성사에 접목한 생애사의 문제의식에 따르면, 천연희의 삶의 경험은 그녀가 살았던 시기의 사회적·역사적·문화적 맥락 속에서 해석될 때 비로소 가치를 발휘하게 된다. 그리고 여기서 한걸음 더 나아가 사회·문화적으로 형성된 성을 나타내는 젠더적 관점에서 그녀의 기록을 다시 읽는 작업이 요구된다.

김점숙·명지대학교 방목기초교육대학 교수

〈참고문헌〉

• 문옥표·이덕희·함한희·김점숙·김순주 역주 및 해제, 《하와이 사진신부 천연희의 이야기》, 일조각, 2017.
• 김성은 외, 《한국 근대 여성의 미주지역 이주와 유학》, 한국학중앙연구원출판부, 2018.
• Alice Yun Chai, "Women's History in Public: 'Picture Brides' of Hawaii", *Women's Studies Quarterly 16*, Spring/Summer 1988, pp. 51~62.
• Sonia Shinn Sunoo, *Korean Pictures Brides*, Xlibris, 2002.

5

1920~1930년대 강원 여성의
'연대' 역사 쓰기

근대, 여성 연대의식을 발휘하다

근대는 여성들이 다른 여성과 협력해 목적을 이루려는 연대 활동을 본격화한 시기다. 주로 산악지대인 강원은 교통 발달이 더뎌 지역 내·외부 정보 교류와 소통에 원활하지 않고 여학교 설립 또한 늦어 여성 주체적인 연대 활동이 거의 없는 것으로 오해될 여지가 있다.

그러나 그렇지 않다. 한말 춘천의 윤희순(1860~1935)은 의암댁, 최골댁, 턱골댁, 벌골댁, 정문댁, 용문댁, 소리댁 등 마을 여성과 협력해 항일의병 활동을 펼쳤다. 성역할에 완고한 남성의 눈을 피해 1896년 항일선전문 배포와 물자 보급 등에 이어 1907년에는 서울 진격을 도모하던 마을 의병부대에 동참하였다. 윤희순은 1934년 회고 글에서 "친척이 앞장을 서서 운동을 하니 잘 이루어지기도 하였으나 그중에도 반대가 많았다. 그러나 나중에는 합심하여 의병이 오기만 하면 잘 도와 주더라"라며 당시 연대 활동이 인상 깊게 각인됐음을 증언해 주었다.

1907년 2월 국채보상운동이 대구에서 시작돼 3월 전국적으로 확산될 때 강릉 지역에서는 여성 8인이 일찌감치 동참해 동조 분위기를 이끌어 냈다. 강릉부 관기 출신인 초옥·경선·신춘·춘앵·금선·월선·금향·옥선은 6환 50전을 모아 후원하였다. 이 무렵 강릉 향교에서 유생은 매호 1환 50전씩 거두기로 통문을 냈는데 강제적이라며 일부가 반발해 물의를 빚을 때 여성이 집단적으로 의연금을 내놓았던 것이다. 이에 《황성신문》은 1907년 3월 27일 자 〈강릉 팔선〉 기사를 통해 애국사상이 충만한 국채보상운동의 선구로 소개함으로써 지역 동참을 환기하는 자극제가 됐다. 관청 소속 직업 경험 및 남다른 국권 수호의식의 공통점을 가진 이들은 사회적 사안에 여성이 협력해 참여하는 선례를 보였다.

일제강점기 상황은 어땠을까? 1920~30년대 노동 현장과 취업 교육 과정에서 대표적으로 연대 활동이 보인다. 춘천과 강릉의 제사공장 여성 노동자들은 임금 착취에 반발하고 열악한 작업환경 개선을 촉구하기 위해 협력하였다. 직업 교육기관인 강원도 기업전습소 여학생들은 교사 부당해고 반대 및 학생을 술좌석에 앉히는 등의 비교육적 행태와 폐단을 단절할 목적으로 동맹 휴·퇴학 운동을 벌였다.

비위생 착취적 공장과 강릉 여성의 대응

춘천, 강릉, 철원 등지에 들어온 잠사업계 기업은 양잠농가의 고치를 턱없이 싼 값으로 사들이고, 공장에서는 임금을 줄이려 혈안이 된 탓에 "염치도 인정도 모르는 악귀"라는 평이 나돌 정도였다. 주로 10대 여성인 공장 노동자들은 하루 15시간을 넘나드는 장시간 노동에 시달리면서 남성보다 2분의 1 심지어 3분의 1에 지나지 않는 차별적 임금을 받았다. 1933년 가동된 종연방직 철원공장의 경우 현지에서 400명 정원을 채우지 못하자 강원도청과 군청의 행정 협조를 얻어 고성, 양양 등지에서 여성 인력을 조달해 기숙사에 몰아넣고 24시간 통제하며 착취하였다.

급기야 1934년 7월 기숙사 여성 노동자 여러 명은 공장생활을 견디다 못해 담장을 뜯고 뛰쳐나왔다. 주변 민가로 피신한 이들이 공장 측 수색으로 마구잡이 폭행을 당한 채 끌려가는 처참한 광경은 1934년 7월 11일 자《조선중앙일보》의〈죽어도 못 있겠다고〉라는 기사로 세상에 알려졌다.

장시간 노동에 적은 임금인데도 이마저 지급을 늦추거나 불량품이 많다는 이유로 깎는 일이 빈번하였다. 일상적으로 벌어지는 임금, 작업환경, 휴식 등과 관련된 부당한 문제에 직면하면서 어떻게든 해결하고자 하는 능동적인 움직임이 일어났다. 1928년 8월 강릉 총원제사 공장의 10대 여성 대여섯 명은 잠견 계량과 임금 계산이 부당하다며 지적하고 나선 것이다. 성과품을 무게로 측정해 임금을 계산하는 방식이었는데, 불량이 아닌데도 계량에서 제외하는 등 제멋대로 임금을 깎는 행태에 반발한 것이다. 감독자 남성의 폭력이 무서워 불안에 떨며 일하는 실태도 폭로했다. 공장주는 문제제기와 개선 요구를 묵살하고 일방적인 해고 통지로 쫓아냈으나, 이들은 무기력하게 순응하지 않았다. 다 함께 거리 시위를 벌이며 부조리한 운영과 부당해고 사실을 알리며 투쟁하였다.

이어 1934년 6월 18일 강릉 동양잠업사 여성 노동자 30여 명이 연대해 시위를 벌였다. 두 가지 개선조건을 건 파업이었다. 임금을 최저 10전에서 15전으로, 최고 20전에서 25전으로 각각 인상할 것과 불결한 공기의 잠아 교미실에서 1일 2회 이상 바깥 공기를 쐬도록 해줄 것을 요구하였다. 교미 개체의 날갯짓으로 바람이 일어 내부는 혼탁한 가루로 가득해 목이 멜 지경이라고 호소했다. 비위생적인 환경에서 1일 15시간 장시간 일하는데도 불구하고 하루 단 한 차례도 바깥 공기를 흡입하지 못하여 건강 이상을 우려하며 개선을 요청한 것이다.

임금은 숙련 여부에 따라 1일 최저 10전, 최고 20전으로 2배 격차이고 최저임금은 매우 낮은 데다가 견습생에게는 지급액을 터무니없이 깎거나 늦추는 경우가 흔한 부당성을 지적하였다. 이들 여성의 연대파업은 〈15시간 노동에 임금 단 10전!! 그리고 공장은 비위생적〉 등의 신문기사로 여론화되었으나, 공장주는 모질게 대하였다. 이들 여성 노동자의 요구를 일체 무시한 것은 물론 전부 해고한 뒤 새 인력으로 대체하는 가혹한 방식이었다. 생계와 직결된 일자리를 잃게 될 것이라는 점을 번연히 알면서도 불이익을 감수하고 파업 시위에 나섰던 여성 노동자들의 용기를 새삼 알려 주는 대목이기도 하다.

춘천 숙련 노동자의 견습생 옹호투쟁

춘천에서는 1930년 12월 사창제사공장 견습 여성 노동자들이 자신들의 임금과 수당을 터무니없이 깎거나 지급을 늦추는 업체를 상대로 태업과 동맹파업을 벌였다. 나아가 숙련 여성 노동자들이 이들을 지지하며 합세해 대항한 일이 있다.

견습 노동자 35명은 채용조건을 지키지 않고 부당 규정을 적용하는 공장주에 반발해 개선을 요구하는 동맹파업을 벌였고, 자신들의 요구가 관철되지 않자 전원 귀가해 버리는 단결력을 발휘하였다. 숙련 노동자들은 견습생 요구를 무시하는 공장주 태도에 분개하여 연대파업을 벌이며 수용을 촉구하였다.

시위는 공장에만 머무른 것이 아니라 춘천 시가지를 도는 차량 시위로 공장주를 비판하는 단합된 힘을 보였다.

당시 상황을 더 살펴보면 견습 채용조건은 △3개월간 견습

견습생을 지지한 숙련 여성 노동자들의
강원 최초 차량 시위가 보도된
1930년 12월 8일 자 《매일신보》,
〈춘천사창제사회사 여직공 시위 행렬〉.

△견습 기간에 1일 수당 10전 △수당은 견습을 필한 후 3개월분 한꺼번에 지급 등 세 가지 항목이었다. 견습생들은 점심 식비도 받지 못한 채 매일 오전 7시부터 오후 5시 반까지 10여 시간 노동하였다. 수당 10전은 식비의 반값도 해결하지 못하는 금액이었다. 그런데 이조차 받지 못하는 상황에 처했을 뿐만 아니라 임금의 100분의 5는 적립금이란 명목으로 떼어 갔다. 더욱이나 결혼, 질병 등이 아니면 퇴직해도 이 적립금을 되돌려주지 않았다.

이에 일제히 부당한 처사임을 지적하고 매월 말 지급을 요구하였으며, 공장주가 거부하자 12월 3~6일 작업을 중단하는 동맹파업과 태업을 벌였다. 끝내 요구가 묵살되어 견습생들이 집으로 돌아가는 상황이 되자 숙련 노동자들이 지급을 거부한 공장주에 대항하였다. 20여 명은 견습생 요구에 동조하는 시위를 벌여 밀린 임금 전액 지급을 요구하며 12월 6일 동맹휴업으로 집단 항의에 나섰다. 공장 사무소를 둘러싸고 "험한 임금이나마 왜 1개월이 넘은 이때 그 전액을 지불치 않고 내금으로 짤금짤금 지불하느냐"라고 항의하였다. 점심을 굶고 해 질 때까지 회사 문 앞을 떠나지 않고 시위를 계속하였다. 공장주가 경찰을 불러들여 압력을 가했으나 굴하지 않았다. 오후 6시 반 무렵엔 공장 밖으로 나와 시가지로 진출해 공장주의 부당성을 고발하는 시위를 전개하며 지역 사회의 관심을 환기하였다. 자동차를 빌려 타고 시가지를 질주하며 돌면서 "제사공장은 망하였다"고 목소리 높여 외치고 노래를 부르면서 행진하였다. 이날 숙련 여성 노동자들의 시가지 차량 시위는 춘천에서 처음으로 보는 광경으로 화제를 모으며 보도돼 사회적 관심을 끌어냈다.

차량 시위를 벌인 숙련 노동자들은 경찰로 끌려가 밤 10시 넘도록 취조당하고 서약서에 도장까지 찍은 뒤에야 풀려날 수 있었다. 이 시위를 주도한 이 씨와 장 씨 2명은 취조가 더 혹심하였다. 그렇지만 경찰의 협박과 회유에도 불구하고 13명은 끝까지 복귀를 거부하였다. 견습에 비해 임금이 많은 숙련 여성들의 동조파업과 파격적인 차량 시위, 복귀 저항으로 이어진 일련의 활동은 세간에 화제를 뿌리며 강한 인상을 심었다.

전습소 개혁과 학생의 동맹퇴학

일본에서 유입된 기생문화와 미인 투표, 얼굴로 평가하는 직원 선발 등 여성의 성을 상업화한 하급문화는 교육 현장에도 유입되었다. 이런 저질 문화를 용납하지 않고 제동을 건 여성 연대 활동이 1927년 춘천에서 전개되었다. 사건의 발단은 교육 공간인 전습소 안에서 벌어진 바둑회와 술 여흥 자리에서였다. 잠사업계 취업생을 양성하는 강원도 기업전습소는 강원도에서 직영해 오다가 1925년 무렵부터 도비 보조 형태로 일본의 제사업체 야마주구미山十組에서 운영하였다.

1927년 7월 24일 강원도청 산업과 공무원과 전습소의 일본인 가타오카片岡 주임교사, 가네코金子 교사 등은 전습소에서 내기 바둑회를 마치고 거나하게 술판을 벌이던 중 학생 2명을 불러 옆에 앉히고 술을 따르게 하였다. 그 광경을 목격한 동료 학생들은 "학생에게 술을 따르게 하는 풍속은 조선 풍속으로는 결단코 있을 수 없는 일"이라며

"선생이 학생을 기생으로 취급하는 것이냐"고 항의하였다. "우리는 희생이 될지라도 후진을 위해 그런 버릇과 그런 제도는 혁신시켜 놓고야 말겠다"라며 요구사항이 관철되지 않으면 퇴교하겠다고 강경하게 나섰다.

여학생의 술판 접대 동원사건을 계기로 그동안 교육 취지에 맞지 않는 전습소 운영 전반에 걸친 문제점을 조목조목 짚고 개선을 촉구하였다. 요구사항은 학생 대우를 개선하고 풍기문란한 행동을 하지 말 것, 전습 시간이 너무 길어 여성 보건에 좋지 않으므로 오전 7시부터 오후 6시 반으로 줄일 것, 한 달에 2일 휴일을 줄 것, 교습소라는 미명하에 악공장 제도를 쓰지 말 것, 공무원과 전습소 편에 서서 선생이 시키면 무엇이든지 순종해야 한다고 한 일부 불량학생의 퇴학 조치였다. '악공장 제도'란 명칭만 전습소일 뿐 그 미명하에 학생이 아닌 공장 노동자보다 열악한 수준으로 노동력을 착취하는 행태를 지목한 것이다. "나중에 오는 학생에게도 못할 일이니 못된 폐단을 고치도록 하자"고 의견을 모으고 수용되지 않으면 동맹퇴학할 것을 알렸다. 동맹퇴교를 감행한 배경에는 후진을 위해 폐단을 고쳐야 한다는 공동 의지가 컸다.

전습소 및 감독기관인 강원도청에 책임을 요구하며 전습소 교육 전반의 개혁사항을 내걸고 동맹 휴·퇴학 운동을 전개한 여학생들을 가리켜 당시 신문은 "개혁파 학생"이라고 명명하였다.

개혁파 학생은 개선 요구사항 및 강원도청 담당주임을 배척하는 진정서를 지사 앞으로 제출하고 5일 동안 시위를 이어 갔다.

강원도지사는 진정서 제출 건에 대해 어떤 회답도 하지 않고 방관하였다. 이 과정에서 강원도청 담당자 전창섭은 오히려 전습소 편에 서서 여학생 징계를 극렬하게 주장하였다. 총독부 기관지인 《매일신보》의 춘천 기자는 "사이다를 먹었다고 은사의 자애에 감읍은 못할망정 분개할 이유는 없을 것 같다"라며 술을 사이다로 바꾸어 사실을 왜곡하고 조롱하였다. 심지어 이들의 동맹휴학을 중등학교 학생운동을 따라 하는 식이라며 "가관"으로 비하, 매도하였다.

전습소 측에서는 개혁파 학생의 연대 행동을 막기 위해 직원들을 동원해 여러 차례 막아섰을 뿐만 아니라 감독기관인 강원도청 직원을 동원해 '엄중한 훈시'를 하도록 압박을 가하였다. 술자리에 학생을 동원한 경위는 밝히지 않고, 사이다를 먹이려 했을 뿐 술을 따른 것으로 오해했다는 변명만 늘어놓았다. 더욱이 일본 풍속으로는 학생이 술을 따랐어도 이상할 게 없다고 반응하여 지역 주민에게도 분노를 샀다.

개혁파 학생들은 교내에서의 성희롱 폐습을 없애고 교육환경 개선을 위해 동맹 휴·퇴학 운동을 전개하는 동안 함께 행동하며 주장을 굽히지 않았다. 훈시하는 도청 직원을 향해서는 날카로운 질문을 쏟아 냈고 훈시장을 아수라장으로 만들었다. 밤 늦게까지 경찰에게 4, 5시간 심문을 당했을 때도 굴복하지 않았다. 마지막 수단인 퇴교를 결정하기까지 줄기차게 저항하는 기세를 발휘하였다.

지역 여성사의 가치와 미래

1920~1930년대 강원 지역 여성이 노동 현장 및 직업 교육 과정에서

부당한 처사에 순응하지 않고 저항한 연대운동은 여러 시사점이 있다.

우선 연대를 통해 이루려는 목표가 침략에 저항하는 국권 수호, 부당한 임금 착취 반대, 열악한 노동환경 개선, 교육기관의 비교육적 행태 근절, 성희롱 차단 등과 같은 공공의제인 것으로 나타났다. 둘째, 여성 연대 활동에 식민통치 기관인 행정, 경찰, 기관언론은 물론 지역 지배층은 호의적이지 않았다. 심지어 비하 조롱하는 불리한 상황을 딛고 돌파하고자 진취성을 발휘했다. 셋째, 연대 활동의 범위가 집안이나 직장을 벗어나 거리 시위로 확대됐으며 신문 보도로 알려짐으로써 사회적 영향을 주었다. 여성 역할은 '집안'이라는 굳은 성역할 관습의 경계에 균열을 냈다.

강원 여성이 착취적 경제와 노동 문제, 여성 비하에 대응해 사회적 관심을 환기하고 해결을 촉구해 온 역사 쓰기는 아주 오래전부터 있었고, 경험치는 현재 우리 사회에 기억되고 전승되고 있다.

박미현·《강원도민일보》 논설위원실 실장

〈참고문헌〉

• 윤정란, 〈식민지 시대 제사공장 여공들의 근대적인 자아의식 성장과 노동쟁의의 변화 과정—1920년대~1930년대 전반기를 중심으로〉, 《담론 201》 9-2, 한국사회역사학회, 2006.

• 박미현, 〈윤희순 여성 의병단 조직 연구〉, 《의암학연구》 8, 의암학회, 2011.

• _____ , 〈근대 강원 여성 연대 활동 고찰〉, 《강원문화연구》 31, 강원대학교 강원문화연구소, 2023.

• 박명은, 〈1910~1920년대 일본 제사 자본의 대구부 진출과 조선 잠사업계 재편: 片倉製絲·山十製絲·朝鮮生絲를 중심으로〉, 영남대학교 석사학위 논문, 2023.

6

해방 직후 '여성의원 최저 할당제' 입법화 좌절기

1945년 해방 직후 한국 여성의 지위

1945년 8월 15일 일본의 무조건 항복으로 한국은 해방을 맞았다. 한국의 여성들은 '국가'가 일제의 억압에서 벗어나 자주권을 회복한 것처럼, 여성들도 자신을 속박하고 있던 불합리한 것들로부터 벗어날 것이라 믿었다. 당시 여성들이 꼽았던 대표적인 악법으로는 차별적 성격의 상속권, 아내를 법률 행위 무능력자로 취급하는 것, 아내의 이혼 청구권 제한 등이었다.

상속권의 핵심적 문제는 여성의 호주 상속 지위를 전혀 인정하지 않는 것이었다. 해방 전 일제는 호주 상속을 관습법에 따라 처리했다.

한국의 관습법은 가족의 재산 처분이나 결혼에 권리를 행사하는 호주가 사망할 경우 호주의 법률상의 지위를 여성이 계승하는 것을 인정하지 않았다. '남성이 호주를 계승해야 한다'는 원칙에 따라, 아내 또는 딸은 호주 사망 후 남자가 없는 경우, 양자가 선정될 때까지 일시적으로 호주를 계승할 뿐이었다. 그리고 양자로 들어온 남성이 호주 상속권을 계승하면 아내나 딸은 경제적으로 양자에게 종속되기도 했다. 이와 같은 문제는 근본적으로 남성 중심의 가부장제 사회가 가진 모순에 기인하는 것이었다.

또한 일제가 제정한 민법 제14조에 따라 아내는 남편의 허락을 받지 못하면 자신 소유의 부동산이나 동산일지라도 처분하지 못하며 소송 및 증여 등을 할 수 없었다. 반대로 남편은 처의 재산을 마음대로 처분해도 법적으로 아무런 문제가 되지 않았다. 그러므로 여성은 결혼을 하면 경제적으로 남성에게 종속되는 것과 마찬가지였다.

처의 이혼 청구권 또한 법적인 여성의 차별적 지위를 극명하게 보여 주었다. 해방 전 관습법에 따르면 처는 남편이 난폭한 행위를 해도 이혼을 청구할 권한을 인정받지 못했다. 여성들은 자신이 인격체로서 존중받지 못하고 남편의 소유물처럼 취급되고 있다고 인식했다.

여성들은 해방 이후 여러 가지 면에서 불합리하게 작동하고 있었던 기존의 악법들이 없어질 것이라 '희망'하거나 '좋은 기회'가 올 것이라 생각했다. 여성 지식인 및 여성 단체들은 선진 국가들의 결혼과 이혼 평등권 등을 제시하며, 법적으로 남녀 평등의 구조를 만들자고 소리 내기 시작했다. 그리고 여성에게 불리한 법적 지위 등을 바로잡기 위해 여성의 입법기관 진출을 중요시했다.

미군정의 남조선과도입법의원 창설

해방이 되었으나 자주독립국가 건설은 바로 실현되지 않았다. 해방과 함께 남한에 진주한 미군에 의해 군정이 실시되었다. 미군정은 1946년 8월 군정법령 제118호 〈남조선과도입법의원(이하 입법의원)의 창설〉을 공포했다. 여성들이 해방 후 법률의 제정 및 폐지를 담당하는 입법기관에 참여한 것이 바로 입법의원이었다. 입법의원은 미 군정장관의 동의를 얻어야 법률이 효력을 발생할 수 있다는 한계가 있었으나, 기존의 불합리한 것들을 논의해 볼 수 있는 곳이었다.

입법의원에서 처리한 안건을 살펴보면 공포된 법률 11건, 심의한 법률 50여 건 정도로 많지는 않았지만 약 1년 반 동안 입법의원은 이후 수립될 정부의 입법부로서의 준비단계 임무를 수행했다.

입법의원 의원은 총 90명이었다. 이 중 45명은 선거로 선출되는 민선의원이었으며, 나머지 45명은 미군정이 임명하는 관선의원이었다. 민선의원은 1946년 10월 21~31일 사이에 실시된 선거로 뽑혔다. 민선의원의 선거 방법은 대체로 리, 정(2명)→면, 읍, 구(2명)→군 및 부(2명)→도(1~2명) 순으로 각 대표를 선출하는 간접선거였다.

입법의원 선거는 법령에 "남녀 구별이 없이 보통선거를 실시"하도록 규정되어 있으나 군정장관이 정한 세부 규정에는 "일정한 납세액 요건을 충족하는 가장에게만" 선거권을 부여하도록 했다. 남성이 가장인 한국 사회에서 이 규정은 여성의 투표를 제한하는 것으로, 가장이 아닌 여성이 민선의원 선거에 선거권자로나 피선거권자로 참여하여 입법의원에 진출하는 것은 매우 어려운 일이었다.

이와 같은 선거제도를 두고 여성계는 미군정이 "남녀동등과 여성 참정권을 내세우면서도 실제로는 여성 배제의 선거를 실시한다"고 비판했다. 독립촉성애국부인회 박인순은 "금번에 남녀동등과 여자 참정권을 운운하면서도 과도입법의원 민선 대의원 투표는 세대주에 게만 투표권을 주었고, 우리 여성들은 권리가 없으므로 그 불만은 실로 적지 않습니다"라며 여성의 참정권 보장을 주장했다. 여성계뿐 아니라, 좌익 및 중도세력 또한 제한적 성격의 선거에 반대했으나, 미군정 주도하에 선거는 계획대로 실시되었다. 여성계의 우려대로 여성의원은 단 한 명도 당선되지 못했다.

4명의 여성, 관선의원으로 선출

1946년 12월 7일 미군정이 선출, 발표한 45명 관선의원 중 여성은 4명이었다. 박승호, 박현숙, 신의경, 황신덕이 정당 및 여성단체 대표 자격으로 선출되었다. 미군정의 하지 중장은 "이번 관선은 조선 독립을 위하여 희생적으로 투쟁한 지도자의 실력과 경험을 고려했다"며 "여자 대표 4명은 일제강점기, 세계대전 시기에 훌륭한 태도와 인내력을 발휘한 여성계의 적당한 대표로 생각하며, 민주적 발전에 많은 공헌이 있을 것"이라고 선출 이유를 밝혔다.

당시 언론은 "전 여성의 주시 속에 네 명의 여성의원이 있어 민주조선 건설의 새날을 위하여 이채를 던지고 있다. 법령 126호(《도 및 기타 지방의 관공리, 회의원의 선택》)로서 오랫동안 안방에 깊이 파묻혀 있던 우리 여성들도 당당하게 정치에 참여할 수 있고, 모든 대표 선출에 있어 선거권과 피선거권을 얻게 된 이제 네 명의 대표를 내보내는 것은 전 여성을 위하여 반가운 소식이 아닐 수 없고……"라며 대대적으로 보도했다. 언론은 네 명의 여성의원을 1,500만 여성의 대변자로, 여성의원 선출을 여성의 권익 확보로 해석, 이해했다. 선출된 네 명의 여성의원도 여성의 대표라는 인식과 여성의 지위 향상을 위해 '노력'해야 한다는 강한 의무감을 가졌다.

　네 명의 여성의원은 공통점이 있었다. 기독교인, 교육자, 일제강점기 근우회 활동 경력 등이 그것이다. 그리고 해방 직후 이들은 우익 여성 지도자로 여성단체에서 중요한 역할을 담당하고 있었다. 박승호는 도쿄 츠다영학숙津田英學塾을 졸업하고 《동아일보》 기자로 활동했으며,

4명의 여성 입법의원.

해방 이후에는 독립촉성애국부인회 회장으로 활약했다. 신의경은 일본 도호쿠제국대학東北帝國大學 역사학과를 졸업한 후 이화여전에서 교편을 잡았고, 해방 이후 김규식을 지지하며 여자기독청년연합회에서 활동하고 있었다. 박현숙은 평양 숭의여학교 교사로, 3·1운동에 적극 참여한 독립운동가이며, 해방 후 38선을 넘어 월남한 후 대한여자국민당, 민족통일총본부에서 활동한 인물이다. 황신덕은 도쿄 일본여자대학 사회과를 졸업한 후《동아일보》기자로 활약했으며, 해방 이후 교육자로 독립촉성애국부인회 정치부장으로 활동하고 있었다.

'여성의원 특별 취급안' 입법화 분투기

미군정기 입법의원의 중요한 임무 중 하나는 보통선거법 제정이었다. 입법의원에서 선거법을 제정하며 쟁점이 된 사안은 선거 연령과 투표 방식이었다. 선거법 초안에는 선거 연령을 만 25세 이상, 피선거권자를 만 30세 이상으로 명시했다. 그러나 선거 연령이 너무 높다는 미군정 측의 지적과 입법의원 내에서도 연령을 낮추어야 한다는 의견들이 제기되어 23세로 낮추었다.

투표 방식에 대해 선거법 초안에는 후보자의 성명을 투표 용지에 직접 쓰도록 하는 자서自書 조항이 포함되어 있었다. 선거법 검토 과정에서 여성의원들은 자서 조항을 강하게 비판했다. 여성계도 반발하며 여론을 형성했다. 여성 문맹률 75퍼센트인 현실에 비추어 자서 조항은 여성에게 절대적으로 불리하며 이는 여성을 선거에서 제외하고

자 하는 것과 다름없다는 것이었다.

쟁점이 된 조항들은 미군정이 최종 수정하여 보통선거법으로 공표되어 1948년 국회의원 선거에 적용되었다. 선거권은 23세에서 21세로 더 낮추어졌고, 투표 방식은 자서제에서 기표제로 하여 문맹인에 대한 선거권을 보장했다. 이 외에 선거구는 소선거 단순다수제를 채택하여 의원 1인이 인구 10만을 대표하도록 했다.

한편 여성의원들은 여성의원 할당제라 할 수 있는 '여성의원 특별 취급안' 입법화에 심혈을 기울였다. 제37차 본회의 선거법 토의 과정에서 신의경은 현실적으로 "여러 가지 조건으로 여성의 진출이 어려우니 여성에 대해서는 많이 나올 수 있는 그런 방법이 있는지 알고저 합니다"라는 의견을 내놓았다. 황신덕 또한 "이 선거법에 의지해서 이것이 실시가 될 때 가령 여자 대의원이 몇 사람이나 나오느냐 하는 것을 우리 자신이 퍽 의심합니다.……현재와 같은 과도기니만큼 여기 대하야 어떠한 편법으로 가령 50명 하면 거기의 2할가량은 여자를 낼 수가 있다는 이러한 방법을 강구하는 것이 좋겠다고 생각합니다"라는 의견을 제기했다. 여성의원들은 '전체 의원 수 중 일정 비율 또는 일정 수의 여성의원을 할당하는 특별 조례', 즉 '국회의원 여성 할당제'를 제안했다.

그러나 선거법의 초안자였던 김붕준은 "선거법을 기초한 사람들은 조곰도 여성의 권리를 침해한 일이 없습니다. 그 권리의 행사는 여러분 자신에 있습니다"라거나 "그것은 부녀운동을 잘하면 남자보다도 투표를 많이 할 수 있고 의원도 더 많이 나올 수 있다고 봅니다"라며 제안을 일축했다. 여성의원들의 제안에 남성의원들은 웃거나, 제대로 경청하지 않았다. 논의는 진전되지 않고 다른 의제로 넘어갔다.

1947년 5월 15일 열린 제74차 본회의에서 신의경과 황신덕은 다시 '여성의원 할당제'를 제기했다. 신의경은 "이번 선거법안에서 여성들을 특별 취급하는 것에 대해서는 수치스러운 생각이 들지만 현 단계에서는 여권을 옹호하기 위한 적당한 조치라고 생각한다"고 말문을 열었다. 그리고 황신덕은 "여성에 대해 특별 취급이 없다면 선거의 문을 열어놓아도 들어오지 말라는 것과 같다. 우리는 여성의 참정으로 국제적 체면을 유지하려는 것은 아니며 진정한 조선의 민주화를 위해서 이런 특별 조치가 필요하다"며 다시 특별 조례를 주장했다.

이번에는 남성의원 중에서도 여성들도 해방 후 반탁운동 등 열렬한 애국운동을 전개했으니 여성에 대한 특별 조례를 고려할 필요가 있다는 의견이 제기되기도 했다. 그러나 많은 남성의원은 "여성의원이 여성 특별 취급을 원한다는 것은 의외다"라는 발언을 했다. 이외에도 "조선은 민주주의 국가를 형성한다고 하는 것이 국제적으로 인정받고 있는데 여자에게만 특별 편법을 쓴다면 아직도 민주주의 국가가 될 수 없다는 측면을 미국에 선포하게 되는 것"이라든가, "편법을 쓰게 되면 여성 자체의 투쟁력이 없어지고 노력 없이 될 것을 기대하기 때문에 여성운동에 추진력이 없어지는 것", "투쟁해서 실력으로 선거가 되어야 한 사람이 나와도 가치가 있고 귀하다"는 등의 이유를 들어 반대했다. 이것은 입법의원의 남성 중심적 분위기를 잘 보여 주는 것이었다.

여성의원들은 남성의원들의 "남녀동등권이 실현되었으니 실력으로 투쟁하라"라는 말과 여권의식을 폄하하는 태도 등에 적절한 대응 논리를 찾지 못했다. 여성의원들은 이후 "여성의 자각, 실력을 키워야겠다"는 다짐을 할 뿐 다시 '여성의원 특별 취급안'을 제안하지 않았다.

여성의 최초 의회 경험은 남성 중심의 의회에서는 여성 권익 관련 법 제정을 기대할 수 없다는 것을 절실히 느끼게 했다. 그러므로 여성의원들은 입법의원이 해체된 이후 여성단체를 중심으로 1948년 5·10선거에 대비했다. 그러나 대한민국의 헌법을 제정하기 위해 구성되는 제헌국회의원을 선출하는 5·10선거에서 여성의원은 단 한 명도 선출되지 못했다. 1949년 보궐선거에서 임영신이 당선되어 제헌국회는 '홀아비 국회', '여성 없는 국회'를 간신히 면했다.

남성 중심 사회에서 여성의 의회 진출의 어려움에 대한 여성의원들의 우려는 현실이 되었으며, 그 당시 '여성의원 할당제' 제정을 반대했던 논의와 '유사한 논리'는 80년이 지난 현재에도 여전히 각 분야에서 힘을 발휘하고 있다. 이 글에서 '여성의원 할당제' 입법화 좌절기를 새삼 살펴본 것은 이러한 상황들과 논리 등을 극복하기 위해 지금 여기에서 '무엇'을 해야 할지 다시 되새겨 보기 위해서다.

김수자·이화여자대학교 이화인문과학원 부교수

〈참고문헌〉
• 김영미, 〈미 군정기 남조선 과도입법의원의 성립과 활동〉, 《한국사론》 32, 1994.
• 정현주, 《대한민국 제1공화국의 여성 정책》, 한국학술정보, 2009.
• 김수자, 〈남조선 과도입법의원 여성의원의 입법 활동(1946~1948)〉, 《이화사학연구》 53집, 2016.
• _____, 《독립운동가 박현숙, 한국 여성 정치를 이끌다》, 여성의정, 2023.

7

'한국 젠더경제사'를 위한 시도
-한국전쟁 후 양장점의 부상

한국 여성 노동사에서 누락된 여성 자영업/자

지금까지 한국적 맥락에서 자기 고용을 통해 경제 활동을 하는 여성 자영업/자의 역사적 경험에 대한 관심은 없었다고 해도 과언이 아니다. 페미니스트 학자들은 근대화와 산업화 과정에서 떠오른 여성의 임금노동만을 주목하는 것을 문제시하면서, 여성 자영업/자에 주목할 것을 촉구해 왔다. 여성노동사가로 유명한 틸리와 스콧(2008)은 전통 사회에서 산업화 과정으로 전환되더라도, 여성들은 근대 산업에 진입하기보다는 전통적 방식의 노동에 종사한다며 공장 노동과 산업화에 집중된 여성 노동 연구의 한계를 지적한 바 있다. 기혼여성의 경우 산업적 생산양식의 환경에서 생계 노동과 재생산 활동을 조화시키는 것이 어려우므로 비공식 영역에서 더 많은 노동을 한다는 지적이었다.

한국 여성의 노동 경험을 연구한 여성학자 조순경(2007) 역시 취업 여성 중에는 시장 노동이나 전통적인 노동보다는 근대화 과정에서 새롭게 등장한 자영업이나 무급 가족 노동에 진출한 여성이 큰 비중을 차지한다고 강조했다. 자영업과 무급 가족 노동을 간과할 경우, 한국 여성 다수의 현실과 괴리된 연구 결과를 낳을 수 있다고 비판한 것이다.

이러한 지적과 비판에도 불구하고, 한국에서 여성의 자영업 경험, 즉 여성 자영업자의 역사화를 시도하는 학술적인 논의는 거의 이루어지지 못했다. 이와 같이 여성 자영업/자에 관한 역사적 논의가 부족한 배경에는 한국 여성 노동(사) 연구가 지금까지 공적 영역의 임금 노동과 사적 영역의 가사 노동을 중심으로 이원화되어 전개되어 왔기 때문이다. 또한 노동 연구의 근간이 되는 관점인 마르크스주의가 '쁘띠 부르주아'에 해당하는 자영업자는 생산수단을 소유함에 따라 이들을 부르주아의 일종으로 이해함으로써 자본주의 발전에 따라 사라질 계급이라고 여겼기 때문이다.

이러한 이론적 틀에서 자영업 그 자체는 주목할 가치가 없는 대상으로 받아들여졌다. 하지만 한국 근현대사에서 여성의 자영업 진출은 특정한 맥락 속에서 전개되었다는 점에서 중요한 가치와 의미를 갖고 있어 여성사의 관점에서도 새삼 주목할 필요가 있다.

한국전쟁과 '여사장'의 탄생

한국전쟁 이전까지만 해도 여성의 자영업은 두드러지지 않았다. 조선시대나 일제강점기에 여성의 자영업이 존재하지 않은 것은 아니었다. 하지만 한국전쟁에 참전한 남성의 죽음과 이로 인한 가족 내 남성 부재의 현실 속에서, 자영업은 여성 경제 활동의 일환으로 급부상했다. 여성들은 남성들의 부재 속에서 가족의 생계를 책임져야만 했지만, 여성들이 취업할 수 있는 일자리는 매우 부족했다. 이에 여성들은 자기 스스로 일자리를 창출하며 가족의 생계부양자 역할을 시작했다.

여성들은 눈앞에 닥친 생계 문제를 해결하기 위해 가장 손쉬운 방법의 하나로 '장사'를 선택했다. 제조업이 갑작스럽게 중단된 상황에서, 가내수공업 방식으로 만들어진 음식이나 물건들을 팔고 사는 상업에 본격적으로 진출한 것이다. 여성들은 집에 있던 옷가지나 음식을 팔았으며, 담배 등 갖가지 물건을 마련해 좌판을 깔고 노점을 하거나 행상을 시작했다. 장사를 통해 밑천을 마련하거나 자금을 융통할 수 있는 여성들은 음식점, 양품점, 화장품 가게, 다방 등 상점을 열거나 소규모 사업체를 운영했다. 전쟁으로 인해 먹을 것과 입을 것 등 물자가 매우 귀한 상황에서 상업은 여성들이 돈을 버는 데 큰 도움이 되는 활동 영역이었다.

한국전쟁으로 인한 경제 위기 속에서 여성들은 자영업이라는 새로운 경제 활동을 하게 되었고, 여성 자영업자, 즉 '여사장女社長'이 되어 경제 영역에 본격적으로 진출했다. 한국전쟁을 계기로 여성들은 물건을 구입하는 소비자만이 아니라 상품의 생산과 판매 그리고 유통

등에 참여하며 경제적 행위자가 되었다.

전후 급부상한 여성의 대표 자영업, 양장점

한국전쟁을 계기로 급부상한 여성의 자영업 중에는 양장점이 있다. 여성 의복의 대세가 한복에서 양장으로 변화되는 과정에서 양장점이 결정적인 역할을 했다. 당시는 양장 기성복이 거의 없어, 양장점을 방문해 맞춤복을 주문해야만 양장을 착용할 수 있었기 때문이다. 1950년대 개봉한 외국 영화는 물론 한국 영화에도 양장 차림의 여성들이 주인공으로 등장했으며, 여성지에 양장을 입는 요령에 관한 기사들이 자주 실렸다. 미군을 상대하는 '양공주'는 물론 사회생활을 하는 직업여성들을 중심으로 양장의 대중화가 빠르게 이루어졌다.

전후 여성들 사이에서 한복 대신 양장 소비가 증가하면서 가족의 생계를 책임지거나 경제적으로 자립하고자 했던 여성들은 양장점 운영에 뛰어들었다. 일제강점기 여학교를 다니며 양재기술을 배운 여성들이나 해방 후 양재학원을 다닌 여성들이 시중에 유통되던 구제품을 수선하고 양장을 제작하면서 돈을 벌기 시작했다. 전후 사회에서 양장업은 미용실이나 다방에 비해 여성이 운영하기에 괜찮은 자영업으로 권장되었는데, 여성의 전통적인 성역할인 바느질을 하며 여성 고객을 주로 상대했기 때문이다. 물론 직원도 대다수가 여성이었다.

양장점 여사장은 자영업자로서 경제 활동을 위해 필요한 것을 스스로 마련했다. 자본이 충분치 않은 여성들은 최소한의 자본으로 양장점 운영을 시작했다. 재봉틀은 양장점을 운영하는 필수적인 생산수단이었는데, 손바느질보다 속도가 빠르고 또 정확하게 재봉을 할 수 있었기 때문이다.

양장점은 고객이 직접 방문해 주문하는 방식으로 운영되었으므로, 가게의 위치 선정이 중요한 고려사항이었다. 처음에는 살림을 하던 집에서 시작했으며, 밑천을 가진 여성들은 가게를 마련하기도 했다. 양장점은 대도시 번화가나 주택가에 주로 위치했으며, 구매력을 가진 여성들이 몰려 있는 방직공장 근처나 '양공주'가 거주하는 기지촌에도 들어섰다.

양장점 여사장이 마지막으로 구비한 생산수단은 양장지였다. 양장지는 가격도 비싸고 귀했다. 이에 초기에는 고객들이 옷감을 직접 가져 왔으나 1950년대 후반 직물산업이 번창하면서 양장지를 들여놓기 시작했다. 이처럼 한국전쟁을 계기로 부상한 양장점은 전후 여성의 대표적인 자영업이 되었으며, 산업화를 거쳐 1980년대 기성복이 대중화될 때까지 번성했다.

여성 중심의 비즈니스 세계, '여성의 경제' 형성

한국전쟁 이후 여성에 의해 새롭게 부상한 양장점은 한국의 경제사적 측면에서 중요한 의미를 갖는다. 전쟁 이후 여성의 경제적 실천이 이루어지는 공적 영역이 새롭게 구성되는 과정에서, 양장점은 여성 중심의 메커니즘과 구조를 드러낼 수 있는 공간이기 때문이다.

양장점 여사장들은 여성이 주도하는 경제 영역을 구성했으며, 전후 재편되는 가부장적인 질서를 위반하고 균열을 일으켰다. 또한 여성의 자기 고용을 통한 양장점 운영은 대량 생산과 자본 축적이라는 자본주의적 가치보다는, 맞춤복이라는 소생산 방식을 통해 관계·돌봄·지속가능성의 성격을 지녔다. 이러한 점에서 전후 사회에서 여성의 양장점 운영은 '여성의 경제female economy'라는 개념으로 이론화할 수 있다. 이때 '여성의 경제'란 전후 여성의 주도적인 사업체 운영을 통해 새로운 경제적 실천과 경제 활동의 양상과 그 성격을 이론화한 개념이다.

'여성의 경제'는 여성 위주로 전개된 경제 활동의 장·영역·구조·양식을 뜻하는 것으로, 미용이나 양재와 같은 '여성적 기술'을 기반으로

1950년대 후반 대구에 있는
양장점을 운영한 여성과 직원들.
사진 제공: 신희자(뒷줄 왼쪽에서 세 번째).

여성 관련 상품을 생산 및 판매/유통하며 여성 주도의 자영업을 통해 전개된다. 이에 전후 사회에 전개된 '여성의 경제'는 지역 사회를 기반으로 경제적 생산은 물론 사회적 재생산 역할을 동시에 수행하며, 생계경제와 자급경제는 물론 가족을 넘어선 여성 중심의 경제적 관계와 다양한 관계망을 구성하는 일종의 공동체 경제이다.

이러한 전후 양장점 운영에 초점을 둔 여성 자영업에 대한 논의와 연구는 가부장제와 민족주의에 집중함으로써 초기 자본주의라는 경제적 맥락을 간과한 기존 접근 방식을 문제시한다. 그러면서 임금/가사 노동으로 이원화된 여성 노동 연구, 그리고 미혼여성 노동자의 공장 노동 중심의 20세기 한국 여성 노동사의 한계를 넘어선다. 또 여성 노동을 자본가 혹은 남성에게 종속적이고 억압적인 노동조건에 속하는 것으로만 접근하는 인식론적인 전제를 문제시하며, 여성의 경제적 실천과 경험을 통해 대안경제를 발굴하고 또 상상할 수 있는 가능성을 보여 준다. 나아가 한국 경제사에서 경제 영역이 특정한 방식으로 구성되었던 성별 정치를 조망할 수 있는 준거가 된다. 이러한 연구 성과는 한국 여성 노동사는 물론 한국 경제사 연구가 갖는 한계를 문제시하고 기존 역사적 논의의 프레임과 패러다임의 전환을 요청하고 있다.

젠더 접근과 대안경제를 모색하는
'한국 젠더경제사'를 향하여

한국 여성 노동사가 임금 노동과 가사 노동에 집중했다면, 한국 경제사는 국가의 경제정책이나 대기업 및 자본가를 중심으로 논의를 전개했다. 국가의 경제 성장을 위해 추진된 경제정책이나 국가의 경제 성장에 일정한 역할을 한 규모의 경제에만 관심을 기울였다. 이는 자본주의적 교환가치를 추구하는 가부장적인 국가와 남성 중심의 경험을 위주로 가부장적 자본주의적 관점에서 한국 경제사에 접근해 왔음을 뜻한다. 이러한 접근은 경제를 생산과 합리, 발전을 추구하는 것으로 이해하면서, 남성적 가치에 의미를 부여한다. 이러한 프레임으로는 여성 개인의 경제적 독립, 가족의 생계를 책임지기 위한 여성의 자영업과 같은 경제적 실천은 결코 조명될 수 없었다.

이에 한국 경제사 연구는 국가경제의 성장과 발전에 대한 가부장적 자본주의적 관심에서 벗어나, 사회적 재생산과 경제 다양성 등에 주목하면서 젠더 접근과 대안경제를 모색하는 '한국 젠더경제사' 논의로 전환해야 한다. 이를 통해 한국의 경제 발전과 산업화의 역사적 전개 과정에서 여성의 경제적 실천이 성별화된 과정과 그러한 경험이 갖는 의미를 새롭게 밝혀야 한다. 또한 경제 영역을 둘러싼 젠더 규범과 가부장적 자본주의 등이 어떻게 성별화된 방식으로 구성되었는지도 비판적으로 드러내야 한다.

이는 경제 영역의 역사적 구성 과정은 물론 경제와 관련한 지식, 실천, 의미가 어떻게 성별화된 방식으로 구성되었는지를 젠더 관점에서 비판적으로 재해석해야 함을 뜻한다. 조앤 스콧Joan Scott(1998)은 경제 영역에서 산업구조와 사업 조직이 구성되는 과정에서 성별화 과정이 어떻게 전개되는지, 그리고 성별 권력관계가 어떻게 재생산되는지에 대한 역사적 논의로 확장해야 한다고 강조한 바 있다. 이러한 논의를 전개하기 위해서는 역사학, 경제학, 여성학 등 분과학문의 경계를 넘나들면서 지금까지 간과된 여성의 경제적 실천과 경험, 기억을 밝히고, 젠더 관점에서 '경제'를 역사적으로 접근해야 한다.

이러한 문제의식에서 제기된 한국 젠더경제사 논의는 그동안 간과된 여성의 자영업을 비롯해 사업체 운영과 금융 활동 그리고 소비운동 등 일련의 경제적 실천과 이를 통한 경제적 여성 주체화 과정을 여성 개인과 가족은 물론, 지역, 사회, 국가 등 다층적 맥락에서 그것이 갖는 경제사적 의미를 밝힐 수 있도록 해야 한다.

예를 들어, 산업화 시기 여성 노동 논의가 특히 미혼여성(노동자)에 집중되면서 배제된 기혼여성의 사업체 운영이나 비공식 영역에서 전개된 '부업'과 같은 다양한 종류의 자영업을 비롯하여, 계모임이나 일수놀이, 부동산 투자 등의 금융 활동, 나아가 여성 소비조합 활동/운동 등을 조명할 수 있다. 이러한 한국 여성의 경제적 실천과 경험, 그리고 인식에 대한 역사적 접근은 '경제' 개념을 새롭게 구성하도록 하며, 궁극적으로 가부장적 자본주의에 저항하는 경제적 실천과 대안을 모색할 수 있도록 할 것이다.

김미선·이화여자대학교 한국여성연구원 학술연구교수

〈참고문헌〉

• 조순경, 〈시장노동을 넘어서: 여성 노동 연구의 유기적 접근을 위한 방법론적 시론〉, 《제3회 이화 여성학포럼》 자료집, 한국여성연구원, 2007년 9월 7일.

• 장귀연, 〈노동 유연화로서 플랫폼노동의 노동조직 과정과 특성〉, 《산업노동연구》 26권 2호, 2020.

• 김미선, 《양장점을 통해 본 1950년대 전후 '여성의 경제(female economy)'》, 이화여자대학교 여성학과 박사학위 논문, 2021.

• Scott, Joan W. "Comment: Conceptualizing Gender in American Business History", *The Business History Review*, Vol. 72, No. 2, 1988.

• 조앤 W. 스콧·루이스 A. 틸리, 김영 옮김, 《여성 노동 가족: 근대 유럽의 여성노동과 가족전략》, 앨피, 2008.

8

한국의 '노동운동가' 이소선과
수많은 '이소선'을 기억해야 할 의무

남편과 자식의 몫을 대신해 싸우는 '어머니'?

한국의 민주화운동과 민주화 이후 인권운동에서 어머니들의 사회적 실천은 낯설지 않다. 하지만 어머니, 아내, 딸과 같은 여성 가족 구성원들의 노동운동이나 민주화운동 참여에 관한 연구는 여전히 부족하다. 한국의 굵직한 노동·인권 운동사에서 여성들의 실천은 늘 부분으로 다루어지며 노동·인권 운동사를 여성주의적 관점으로 해석하고 의미를 부여하려는 연구는 소수에 지나지 않는다.

1970년 11월 13일 이소선(1929~2011)의 아들인 재단사 전태일이 평화시장 앞길에서 노동자의 권익 쟁취를 부르짖으며 분신했다. 병실에서 사경을 헤매던 전태일은 어머니에게 자신이 못다 이룬 꿈을 꼭 이뤄 달라고 부탁한 후 사망했다. 이후 이소선은 전태일의 어머니로 활동하다가 전태일의 어머니를 넘어 노동자의 어머니로, 그리고 직접 현장에서 뛰는 노동운동가의 삶을 살았다. 환갑의 나이에 이르러서는 군부독재 치하에서 가족을 잃은 이들의 민주화운동 단체였던 민주화실천가족운동협의회와 전국민주화운동유가족협의회에서 활동을 이어 나갔고 말년에는 민주노동조합총연맹의 고문 등 노동운동가이자 인권운동가로서의 활동을 멈추지 않았다.

이소선은 1970년부터 2011년 작고하기까지 한국의 노동운동과 인권운동사에서 **빼놓을** 수 없는 대표적 인물이다. 그럼에도 전태일의 이름은 들어봤어도 그의 '어머니' 이소선의 이름은 모르는 이들이 아직 더 많다. 아들 전태일은 열악한 노동조건을 개선하기 위해 나선 노동운동가로 초등역사만화 속 주인공으로 등장하지만, 이 만화에서 이소선은 고생한 어머니로만 묘사된다

이소선의 역할은 노동운동가/여성 이소선의 면모보다 '어머니'라는 상징적 의미만 부여된 면이 강하다. 왜 이소선은 여성으로, 노동운동가로 평가받지 못하고 '어머니'로만 기억될까?

우리가 아는 이소선, 우리가 기억하는 이소선

이소선에 대한 호명은 '전태일의 어머니'에서 '노동자의 어머니'로, 2010년대 사후에야 '노동운동가' 이소선으로 변화해 왔다. 이소선이

누군가의 어머니이던 시기, 우리가 아는 이소선은 노동운동을 하는 다른 아들들의 후원자이자 희생 정신이 투철한 어머니였다.

오랫동안 페미니즘 역사가들이 문제를 제기해 왔듯이 '어머니 희생 담론'은 여성의 삶을 희생 안에 가둘 뿐이다. 실제로 많은 어머니들은 이러한 희생을 감수하지도 않았고 그들 나름의 방식대로 주체성을 발휘하며 살았다.

이소선이 보여 줬듯이 한국 민주화운동에서 어머니의 정치, 모성의 정치학은 희생이란 단어로 정리할 수 없다. 오히려 이소선은 한 번도 노조 조합원인 적은 없으나 전태일의 어머니, 노동자의 어머니라는 호명을 활용하며 노동조합 결성을 지원하고 노동자의 권리 투쟁에 나선 노동운동가로 살았다.

그런데 노동운동가 이소선으로만 부르면 남성 노동운동가와 다른 조건에 처한 여성 노동운동가 이소선이 사라진다. 반면 이소선을 여성 노동운동가로만 규정하면 노동운동가가 아닌 여성 이소선, 개인으로서 이소선의 삶이 사라지고 만다. 이소선은 1930년대 식민지 조선과 해방 후 산업화와 군부독재를 모두 겪었고 장남을 잃은 어머니였지만, 남은 자식들의 어머니이자 어머니가 되기 이전에는 딸이었다.

데려온 계집아이, 이소선

1929년 경북 달성군 성서면 감천리 빈농 집안에서 태어난 이소선은 네 살 무렵 아버지 이성조가 소작쟁의 지도자라는 이유로 순사들에게 체포되어 사살당했다고 기억했다. 아버지 사망 후 생계가 막막해진 이소선의 어머니는 이웃 마을인 경북 달성군 다사면 박실 마을로 오빠와 이소선만 데리고 개가했다. 어린 이소선은 "후살이 어머니"에게 산에 가서 화전민으로 살자고 졸라 댈 정도로 어머니의 개가를 원망했다.

식민지 조선 빈농의 딸 이소선. 이소선의 기억에 의하면 그녀가 재혼한 어머니와 살던 박실 마을에도 1944년 '정신대' 소집 문서가 배달되어 왔다. 16세 청소년 이소선은 '정신대'를 그저 군인을 간호해 주는 역할로 추측했다. 그래서 도망가거나 피하지 않았다. 마을 구장과 면사무소 직원, 순사까지 나서 이소선을 포함하여 6명을 면사무소로 먼저 데려 갔고, 여기서 일단 명단 확인과 부모와의 인사를 마치게 한 후 대구로 다시 데려 갔다. 이소선의 기억에 의하면 대구의 집결지까지 함께 간 구장에게 어머니가 부탁해서 구장의 친척되는 시남이와 자신은 대구 근방의 제사공장에서 일했고, 둘을 제외한 다른 친구들은 헌병 차를 타고 어디론가 멀리 실려 갔다.

해방 이후 한국에는 이소선처럼 근로정신대의 동원을 경험한 피해자들이 많았다. 한국 사회는 이소선 세대의 여성들이 겪은 근로정신대의 경험에는 주목하지 않았다. 일제강점기의 피해를 온몸으로 짊어진 10대 또는 20대 초반의 여성들은 1970년대에 노동자들의 '늙은' 어머니가 되어 있었다.

이소선과 같은 어머니 여성들이 근로정신대의 동원에서 자유롭지 않았다는 점에 주목한 연구자는 같은 시대를 살아온 이이효재였다. 이소선의 화갑 기념 문집을 준비할 당시 한국여성단체연합 회장이던 이이효재는 전태일의 어머니로만 불린 이소선의 생애를 왜곡된 역사의 질곡이 켜켜이 쌓인 제3세계 민중 여성의 삶으로 재평가했다. 하지만 그 후로 오랫동안 식민지기를 살아 낸 여성으로서 이소선의 생애에 대해 관심을 가진 이는 드물었다. 일제강점기 수많은 민중 여성이 감내한 현실이 역사의 수면에 드러나기까지는 더 기다려야 했다.

노조 '돌봄'과 지원 활동

1977년 7월 이소선 구속과 노동교실 폐쇄라는 강도 높은 탄압 전까지 청계피복노조는 평화시장, 동화상가 인근의 봉제 노동에 종사하는 노동자들의 노동조건 개선을 목표로 활동한 대중 조직이었다.

노조에서는 소모임 운영과 등반대회, 연소 노동자 위문공연, 조합원 야유회 등을 진행했는데 여성 노동자나 이소선 같은 노동자 어머니들의 지원 속에서 이뤄졌다. 여성 조합원들이 합숙하는 장소나 이소선의 창동 집에서 준비해 오는 방식이었다. 이것은 일종의 조합의 살림살이인데 당시 대부분 노조가 그러했듯이 여성 노동자들이 담당했다. 이소선과 여성 노동자들이 노조 '돌봄' 활동을 함께 수행한 것이다.

1973년 5월 21일 노동교실 개관 이후 그 운영권을 사측에 뺏길 위기에 처하자 여성 노동자들이 '근로자를 위한 교육기금 모으기 바자회'를 개최했다. 여성 노동자들이 직접 만든 수예품과 봉제완구를 판매한 수익금 49만 원을 교육기금으로 적립하는 성과를 거두었다.

1975년에도 노조가 노동교실의 운영권을 확보할 수 없게 되자 이소선은 노동교실 점거 농성을 통해 이를 되찾자고 제안했다. 당시 이소선은 자신의 제안에 반대할 것을 우려해 남성 노조지부장에게는 이 사실을 말하지 않았다. 이소선과 함께 뜻을 모은 이들은 여성 미싱사들과 10대 시다들이었다. 마침내 이소선은 이들과 함께 노동교실을 되찾고 실장으로 부임했다. 이소선이 청계피복노조운동에 가담한 이후 맡은 유일한 직책이었다. 이후 노동교실은 이소선이 평화시장 여성 노동자들과 함께 교육하는 장소이자 소모임 활동 장소였고, 농성투쟁을 시도할 수 있는 공간이 되었다.

청계피복노조가 만들어 낸 근로시간 단축의 성과 이면에도 이소선의 노조 돌봄 활동이 있었다. 1975년에 평화시장 근로시간 단축 농성에 참여한 조합원들이 중심이 되어 횃불회라는 모임이 조직되었다. 이소선은 횃불회 회원들의 모임 장소인 여인숙 비용을 대고 저녁밥과 아침밥을 사 먹이는 등 경제적 지원을 도맡아 했다. 하지만 헌옷 장사로는 비용을 댈 수 없자 모임 장소를 창동의 본인 집 근처의 여인숙으로 옮겼고, 자신의 집에서 식사를 준비해 회원들에게 제공했다.

이소선과 청계피복노조
여성 노동자들.
※전태일기념재단 제공.

막내 순덕의 어머니이자 여성 가장, 이소선

유신 말기 농성과 수감을 반복한 이소선의 큰 고민은 자신의 구속으로 인해 가족들이 겪을 생계의 어려움이었다. 가난한 가정의 어머니들이 그렇듯이 오랫동안 이소선도 가족의 생계를 책임지는 가장이었다. 1979년 유신 말기, 이소선은 "너무 힘들다는 생각에 날마다 고민에 휩싸여 지냈다.……밖에서 활동할 때는 잊어먹지만 집으로 들어갈 때는 으레 집안 살림이 걱정이 되었다. 징역 살고 나와 보니깐 우리 집 살림은 거의 거덜이 난 거나 다름이 없었다"고 회고한 적도 있었다.

이소선의 막내딸인 전순덕은 오빠 전태일이 사망할 당시 어린 소녀였다. 어머니뿐만 아니라 오빠 전태삼과 언니 전순옥, 엄마 이소선이 돌아가며 유치장에 갇히거나 수감되었을 때 10대의 전순덕이 면회와 구속자 지원을 도맡아야 했다. 1980년 4월, 이소선이 계엄령 위반으로 수배된 적이 있었다. 당시 상고를 졸업하고 상업은행에 다니던 전순덕은 수도경비사령부로 연행되어 어머니의 행방을 추궁당했다.

전두환 정권은 이소선을 검거한 후 전순덕의 안전을 조건으로 회유했으나 이소선은 거부했다. 자신의 수감 기간과 빨갱이·범법자 취급 때문에 어린 순덕이 겪은 고통과 두려움은 이소선에게 "살점이 점점이 뜯기는 고통의 순간"이었다. 막내딸 순덕이에게 가진 죄책감과 '태일이 엄마'로서 이소선이 겪은 역할 갈등은 사회 활동에 참여한 대부분의 여성 활동가의 구술에서 발견된다.

수많은 '이소선'을 기억해야 할 의무

> 태일이가 그랬어, 노동자와 학생들이 막 소리 지를 때 엄마도 앞장서
> 서 같이 소리를 질러 줘야 된다고……

말년의 이소선은 여러 언론 보도를 통해 자신의 생애를, 아들 태일
이의 당부를 잊지 않은 삶이라 반복해서 말했다. 실상 간단치 않은 삶
을 살아온 이소선은 왜 생애 마지막까지 자신의 삶을 발화하지 못했
을까?

사실 그 답은 한국 사회에 있는 것은 아닐까. 우리의 질문이 아들
전태일의 사망 당시 어머니 심경이나 전태일의 어머니였던 이소선의
삶에 대해서만 질문한 탓은 아닐까. 이소선을 늘 '전태일의 어머니',
'노동자의 어머니'로 만든 것은 한국 사회였을지도 모른다.

오랫동안 우리는 이소선이 어머니이기 이전에 딸이었고 그가 식민
지 시기와 전시체제기를 경험한 여성이라는 점에는 눈길을 주지 않
았다. 이소선은 1928년 경북 경산군에서 태어나 일본군 '위안부'로 끌
려가 살아온 김순악과 16세에 대구 제사공장에 취직하러 가는 줄 알
고 따라 나선 이용수와 동년배 여성이다. 이소선의 생애 경험은 전시
체제기를 살아간 식민지 조선의 여성들과 다르지 않다. 해방 후 바로
결혼한 이소선은 평생을 가족을 부양하며 살았다. 평화시장 인근에서
봉제업에 종사하는 노동자는 아니었으나 청계피복노조와 조합원들을
지원하면서 함께 싸워 온 활동가였다.

청계피복노조 활동가인 이소선은 노동청 점거 농성, 연행자 석방

투쟁과 같은 노동운동만 한 것이 아니라 조합원들이 먹을 음식을 만들고 노동교실을 운영했다. 이소선의 역할은 전통적 성역할에 충실한 활동이었고, 돌봄 노동이 좋든 싫든 딸 전순옥과 며느리 윤매실도 동참해야 했다. 이 또한 조합원들을 위한 노동조합 활동이었다.

이소선을 포함한 여성 노동가들은 남성 노동운동가들이 노조 활동에 전념할 때 그들을 대신해 가족의 생계를 부양하고 구속된 남편 활동가들의 활동을 지원했다. 이 수많은 이소선은 과연 어떤 여성들이었을까. 어쩌면 한국의 노동·인권 운동은 여성들이 먹여 키운 시간이었을 것이다. 이제 이소선의 생애를 전태일의 어머니로 산 시간이 아니라 여성/인간 이소선의 시간으로 되돌려 놓아야 할 때다.

장미현·연세대학교 국학연구원 객원연구원

〈참고문헌〉
• 이소선 어머니 화갑준비위원회, 《노동자의 어머니 이소선》, 비매품, 1990.
• 민종덕, 《노동자의 어머니 이소선 평전》, 돌베개, 2016.
• 유경순 엮음, 《나, 여성 노동자 1, 1970~80년대 민주노조와 함께한 삶을 말한다》, 그린비, 2011.
• 유경순, 〈노동조합의 지도력과 젠더 정치─청계피복노조의 여성 지도력 형성 시도와 좌절(1970~1987)〉, 《역사문제연구》 21-2, 2017.
• 김화숙, 〈여성의 사회적 저항 경험에 관한 여성주의적 접근─민주화실천가족운동협의회·전국민족민주유가족협의회 어머니 활동을 중심으로〉, 이화여대 여성학과 석사학위 논문, 1999.

9

1980년대 이후 부산 지역
진보여성운동 속의 지식인 여성들

부산 지역 지식인 여성들의 역할 조명해 보기

부산 지역의 근대 여성운동은 1907년 국채보상운동에서 출발하여 일
제강점기를 거치며 민족주의·사회주의 계열의 다양한 단체들의 형성
과 활동으로 전개되었고, 특히 여성 노동자들의 민족해방·계급해방·
여성 해방 운동 등이 두드러졌다. 하지만 해방 이후 운동은 활발하지
않았고 별다른 성과를 거두지 못했다.

그러다 1980년대 말 1990년대 초, 부산 지역에서의 진보여성단체
들이 등장하고 진보여성운동이 시작되면서 부산 여성운동이 다시 점
화되었고 다양한 층의 여성들이 여성운동의 주체로 등장했다.

여기에는 1979년 부마민주항쟁, 1980년 5·18광주민주화운동, 1987년 6·10민주항쟁 등으로 이어진 사회민주화운동이 그 시대적 배경으로 주요하게 작동하였다. 그리고 더욱 중요한 것은 여성들이 여성 문제를 사회변혁운동의 범주에서 보려는 시각을 갖고 민주·평등·평화를 목표로 다양한 계층의 문제를 직시하면서 이를 해결하고자 하는 운동을 펼쳤다는 점이다. 이러한 변화는 부산 지역 여성 노동자·여자 대학생 등을 중심으로 1980년대 중반부터 나타나기 시작했다.

그러한 가운데 이 시기 부산 지역 지식인 여성들이 서서히 활동 주체로 등장했다. 다만 아직 이들의 활동과 변화에 관한 구체적 사실들이 정리된 바 없어서 그 역할이 잘 드러나지 않고 있다. 이 글에서는 부산 지역 '여성운동의 전체상'을 만들기 위한 기초 작업으로, 1980년대 말 90년대 초 지식인 여성들의 인식 변화와 활동을 정리해 보고자 한다.

1980년대 말, 대학 내에서의 여성 인식의 변화

1980년대 말, 부산 지역 대학 내에서는 여성학 강좌 개설을 통한 교육 활동과 연구소 설립과 운영을 통한 학술·연구 활동이 등장했다.

가장 눈에 띄는 성과가 여성학 강의 개설을 통한 교육 활동이었다. 1988년 부산여자대학교(현 신라대학교)가 여성학 강좌를 개설했다. 여성학 강좌는 여성 문제를 인식하고 해결해 나가기 위해서는 젊은이들에게 여성학을 강의해야 한다는 목적에서 시작했다. 강의 목표는 "여성에 대한 편견을 인식하고 올바른 여성상을 정립하며, 여성의 사회적 지위 향상과 인간화에 기여하고자 한다"는 것이었다.

당시 부산여자대학교 학생들은 민주화운동 참여와 학내 민주화운동을 주도해 나가면서 현실적 여성 문제에 눈을 뜨게 되어 여성학 강의 신설을 요구했다. 여학생 운동 속에서 여성·여학생·지역 등이 주요 이슈로 떠올랐다. 이미 서울의 이화여자대학교는 1977년부터 여성학 강좌를 개설하여 학생들에게 많은 호응을 얻고 있었다. 부산여자대학교 학생들은 학생운동의 경우도 남성 중심적이고 서울 중심적임을 느끼고 이를 바꾸어 나가고자 했다.

한편 여성 교수들은 1986·1987년 시국선언 등을 통해 민주화운동에 참여하면서 학내 민주화에도 관심을 갖게 되었다. 이들은 1987년 학생들의 건의에 동의하면서 여성학 강좌의 필요성을 강조하고 강좌 개설을 적극 권장했다.

1988년 2학기에 교양 선택과목(3학점)으로 여성학 강좌가 개설되었다. 여성학 강좌는 여성학 이론, 여성운동사, 여성과 교육, 가족·결혼·성, 여성과 문학, 여성과 노동 6개의 주제를 갖고 4개의 분반에서 팀티칭으로 진행되었다. 1989년 2학기에는 '여성학 이론'과 '여성과 사회구조'로 나뉘어 강의가 진행되었다.

부산대학교는 1988년 12월 학생들의 요구에 따라 1989년에 여성학 강좌를 열었다. 강의는 팀티칭으로 운영되었는데, 교육, 사회학, 경제학, 법학, 문학, 생물학, 간호학, 가정관리학, 정치학 등 전공 교수들이 주 1회 돌아가면서 강의하는 방식이었다. 1992년에는 여성학 강의를 위해 공동 집필로 개설서 《성·여성·여성학》을 발간했다. 제1부 여성학의 이론적 이해, 제2부 성과 사회제도, 제3부 여성과 사회변혁으로 나누어 이론, 가족제도, 경제제도, 교육제도, 정치제도, 법, 문학, 생물학적 구조, 여성운동 등을 다루었다.

동아대학교는 '여성과 사회'라는 강좌명으로 여성학 강좌를 개설했는데, 당시 가장 강좌 수가 많고 수강생들도 많았다. 한 학기당 10개 강좌가 개설되었고 1천여 명이 수강했다. 여성학 강좌 붐은 수산대학교, 경성대학교, 부산외국어대학교 등으로 확산되었다.

여성학 강좌 개설의 파급력은 매우 컸다. 여성학 불모지에서 강좌 개설은 일반 여자 대학생들의 의식화로 이어졌다. 더 나아가 남학생들도 여성이라는 주제에 관심을 갖기 시작하면서 이제 대중적 주제가 되었다. 그러는 한편 진보여성운동이 전개되어 가는 과정에서 촉매제 역할을 해주었다.

여성연구소의 설립과 학술지 발간도 주목할 만한 성과로 평가할 수 있다. 부산대학교는 1988년 7월에 여성연구소를 설립했다. "여성에 관한 문제를 연구함과 동시에 교육과 훈련 사업을 추진함으로써 한국 여성의 능력 개발과 지위 향상에 기여함"을 목적으로 부산 최초로 문을 열었다. 주요 활동은 심포지엄의 개최와 월례발표회, 논문집《여성학연구》의 발간이었다. 심포지엄에서는 '남녀 고용 평등법과 여성 고용 문제'(1989), '개정 가족법과 여성의 자아실현' 등 여성 관련 법과 정책이 논의되었고, 부산 지역 여성 근로자의 노동 실태(1990), 부산 지역 아동복지를 위한 탁아 수급 실태, 부산 지역 여성운동의 현황과 과제(1992) 등 지역 여성의 삶에 관한 내용도 다루었다.

부산여자대학교도 1988년 12월에 여성문제연구소를 설립했다. 여성학 이론을 튼튼히 해줄 학문적 연구 축적 필요, 지역에 맞는 여성학 강좌 개설, 여자대학의 특수성 등이 여성학 연구를 강력 요구하면서 연구소의 설립으로 이어진 것이었다. 여성문제연구소는 "여성에 관한 문제를 연구, 조사함과 동시에 본교 및 지역 사회 여성에 대한 교육을 실시함으로써 여성의 발전에 기여함"을 목적으로 했다. 이를 위해 "연구 자료의 조사 및 수집, 연구 발표회 및 강연회 개최, 정기학술지 발간, 지역 사회 여성을 위한 사회교육 프로그램의 운영" 등을 추진하기로 했다

연구자들은 '부산 여성의 문제가 무엇인가?', '지역에서 여성으로 산다는 것은 무엇인가?' 등의 문제의식을 갖고 부산 지역 여성들의 가족, 교육, 역사, 노동, 여성운동, 성 등을 주제로 월례발표회와 심포지엄을 개최했다. 그리고 연구지 《여성연구논집》을 매년 발간했다. 부산 지역과 여성에 대한 연구 성과의 축적은 바로 부산 지역 지식인 여성들의 인식 변화에 기반한 것으로 지역의 여성들이 진보여성운동을 전개해 나갈 수 있는 이론적 토대가 되었다. 그리고 지역 여성운동이 지속될 수 있는 저수지 역할을 했다.

1990년대 초, 여성 연구의 축적과
지역 여성 전문 연구자의 배출

1980년 말에 여러 영역에서 여성운동이 새롭게 움트고 지역 여성 연구에 대한 요구가 커지자, 1990년대 초반 연구 모임이 연이어 결성되었다. 대표적으로 지역여성연구회와 여성연구회 등이 등장했다.

지역여성연구회는 여성 연구자들의 모임으로 1990년 5월 결성되었다. "지역 사회의 여성 문제와 관련된 분야의 제반 학술적 조사, 연구 활동을 통하여 여성 해방 및 한국 사회의 발전에 기여함"을 목적으로 활동을 시작했다. 1989년 말 1990년 초 지역 여성 연구에 대한 필요성이 제기되면서, 지역과 여성의 문제를 한 고리로서 해결해 보고자 하는, 각기 전공이 다른 연구자 몇 명이 뭉쳤다. 이들은 정기 세미나를 통해 여성 문제의 해결을 위한 대안과 전망을 논의했다. 이 모임이 지역여성연구회 설립으로 이어진 것이었다.

활동상을 보면 노동분과와 이론분과가 학습과 연구를 계속해 나갔고 '여성 학술운동의 과제', '마창 지역 여성 노동운동의 흐름과 과제' 등을 주제로 초청강연회를 열었다. 1992년에 여성사분과를 만들고 3월부터 소식지를 발간했다. 1993년에는 '지역 현실과 여성'이라는 주제로 심포지엄을 개최했다. 심포지엄에서는 여성 노동자들의 고용 문제, 노동운동, 복지 실태 등을 통하여 지역 여성의 현실을 명확히 드러내고 그에 대한 정책적 대안을 모색하는 장을 마련했다.

지역여성연구회의 활동 시기는 길지 않지만 이후 부산 지역 여성운동과 여성 연구에 이정표가 되어 그 영향력을 발휘하며 연구자들이 단체나 연구 모임의 중심세력으로 활약했다.

여성연구회는 1990년 3월 '지역사회여성연합'이라는 이름으로 연구가들과 활동가들이 함께 모여 부산 지역의 여성 문제를 구체적으로 풀어 가는 단체로 출발했다. 이 단체는 공명선거를 위해 부산여성연맹에 참여했고, '정신대 참상에 대한 현지 보고'도 수행했으며, 연구 활동도 병행하여 여성학 강좌를 개설했다. 활동 과정에서 1991년 3월 여성학 관련 학술문화운동에 주력하기로 노선을 바꾸고, 1992년 명칭도 '여성연구회'로 변경했다. 그 목적도 "여성 발전을 위하여 여성적 시각으로 제반 사회 현상을 연구 분석하며, 이에 주체적·창조적으로 참여하는 것을 목적으로 한다"라고 명시했다. 이때 현장 활동가들은 모두 탈퇴했다. 이후 여성연구회는 매달 '여성 연구 논단'을 개최하고 여성과 관련한 다양한 주제로 발표하고 토론하는 연구 모임으로 자리 잡았다.

매달 연구논단 발표에서는 '성·사랑·결혼', '고부 간 갈등의 문제', '고정희의 여성 해방 시', '정신대 문제', '정치 영역에서의 여성의 역할', '페미니즘 상업소설 무엇이 문제인가?', '여자의 성, 남자의 성 – 은폐된 성, 과장된 성', '고학력 중산층 주부의 갈등에 관한 연구' 등 다양한 주제들이 다루어졌다.

여성연구회는 학술적 범주를 넘어 페미니즘을 일반 사회에까지 소개하고 영향을 주고자 했으며, 문학작품을 통한 시도는 일정하게 대중성을 확보했다.

여성 지식인 활동의 성과와 의미

1980년대 이후 부산 지역 지식인 여성들의 활동 성과와 의미는 다음의 몇 가지로 정리할 수 있다.

첫째, 여성학 강좌의 개설은 여성과 남성에게 의식화를 가져다 주고 여성 문제를 대중적으로 논의할 수 있는 장을 만들어 주었다.

둘째, 연구소와 연구자들의 지역 여성에 관한 연구는 이제까지 논의되지 않은 '지역'과 '여성'이라는 새로운 영역에 대한 관심을 끌어내고 연구 성과 축적을 가능하게 했다. 그리고 지역 여성 연구의 축적은 진보여성운동의 이론적 토대를 마련했다.

셋째, 연구자들의 다양한 관심, 관점과 결과물은 페미니즘을 일반 사회에까지 소개하고 대중화하는 계기로도 작용했다.

넷째, 학술 연구 활동과 교육 활동의 주체였던 지식인 여성들은 이론 제시와 연구 성과 축적에 멈추지 않고 실제 여성운동의 주체로도 한몫했다. 특히 부산 지역 진보여성단체의 설립과 운영에 참여했고, 운동 방향의 정립, 이론적 기반을 만들어 가는 데 기여했다.

이송희·전 신라대학교 역사문화학과 교수

〈참고문헌〉

• 이송희, 〈부산지역 여성 연구의 현황〉, 《지역 여성과 현실》, 지역여성연구회 제1회 심포지엄 자료집, 1993.
• 부산여대 여성문제연구소, 〈부산지역의 여성 관련 활동일지〉, 《여성연구논집》 5, 1994.
• 하정화, 〈부산지역 여성학 연구사와 그 성찰〉, 《부산여성사 Ⅲ—역사 속의 부산여성, 현대편》, 부산여성가족개발원, 2011.
• 이송희, 〈신라대학교 여성문제연구소 설립 30년을 회고하며—그 설립 활동 성과를 중심으로〉, 《여성연구논집》 29, 신라대 여성문제연구소, 2018.
• 부산민주운동사 편찬위원회, 《부산 민주운동사》 2권, 부산민주항쟁기념재단, 2021.

10

여성사 보급과 대중화
–역사 여성 인물 교육프로그램 개발과 여성사박물관 건립운동

역사 대중화 논의와 여성사

한국 역사학계에서 대중화가 본격적으로 진행된 시기는 1990년대 이후로 본다. 역사 연구 대중화의 한 획을 긋는 출판물로는 1987년 출판된 《한국사 시민강좌》와 《역사비평》을 꼽을 수 있다. 이후 1997년 《역사비평》에서 창간 10년을 맞이하여 역사 대중화에 대한 논문을 실었으며, 2000년에 역사 대중화를 내걸고 창간된 《내일을 여는 역사》도 2005년, '역사의 현재성과 대중성'을 주제로 한 글들을 게재했다. 한국역사연구회 연구자들이 공동 집필한 《조선시대 사람들은 어떻게 살았을까》(1996)는 이후 '어떻게 살았을까'라는 시리즈 출판 붐을 일으키기도 했다.

이러한 역사 대중화가 진행되는 가운데, 한국여성연구회 여성사분과의 《한국여성사》(1992), 《한국사시민강좌》 제15집의 '한국사상의 여성' 특집호(1994), 《인물여성사 한국편》(1994) 등 여성사 대중서가 출간되었다. 출판물이 아닌 다른 매체를 활용한 역사 대중화도 활발하게 진행되었다. 연산군, 장희빈 같은 주제는 일제강점기부터 영화나 연극의 주요 소재였다. 최근에는 영화는 물론 TV 드라마, 다큐멘터리, 역사교양물, 게임, 만화, 웹, 팟캐스트나 유튜브에서도 역사는 중요한 소재로 활용되고 있다.

역사 대중화의 필요성과 과제는 무엇인가? 첫째, 대중에게 역사 지식과 역사적 사고방식을 보급한다. 둘째, 첫 번째 목표에 따라 당연히 역사 대중화가 역사 교육의 수단이라는 점이다. 역사를 교훈의 수단으로 보는 전통적인 역사 인식이며, 인물에 대한 저서나 프로그램이 많은 것도 그 이유다. 셋째, 위의 두 가지 목적에서 역사 대중화를 실천한다면 당연히 전문성과 동시에 대중성도 갖추어야 한다. 이러한 필요성과 과제는 여성사에도 똑같이 적용된다. 그러나 여성사가 대두된 배경과 여성사의 서술 목표 등을 볼 때 일반 역사와는 달리 여성사의 경우 유의해야 하는 목표와 지향점이 있다.

성 주류화 정책과 여성사 연구

한국의 여성사는 대학에 여성연구소 등이 생기면서 활성화되었다. 숙명여대 아세아여성문제연구소의 《아세아여성연구》에 실린 정요섭의 여성사 관련 연구, 이화여대 한국여성사편찬위원회가 발간한 《한국 여성사》 3권(1972) 및 《한국 여성 관계 자료집》(1977) 등이 선구적 업적으로 기록된다. 광복 70주년을 계기로 한국학중앙연구원에서 펴낸 《한국 여성사 연구 70년》(2017)에서 그간의 여성사 연구의 성과와 한계를 파악할 수 있다.

1990년대에 국가적으로 '여성정책'이 도입되어 여성의 지위 향상을 위한 각종 법률이 제정되는 등 제도의 발전이 진전되었다. 여성사도 여성정책(성평등 정책)의 영역에 포함되었다. 다른 분야 여성정책과 마찬가지로 여성사도 주류 역사학계에서 주변화되어 있다는 문제의식의 발로였다. 여성사는 역사학계의 큰 물줄기에서 벗어난 지류支流였다.

유엔은 1995년 제4차 베이징 세계여성대회에서 지류에 속한 여성에 관한 모든 정책을 주류로 포함시킨다는 목적하에 이전의 여성정책 대신 성 주류화gender mainstreaming 정책을 내세웠다. 한국도 성 주류화, 성 인지적 관점을 반영한 여성정책을 추진했다. 여성정책은 〈여성발전기본법〉(1995, 2015년 〈양성평등 기본법〉으로 변경, 시행)과 이 법에 의거하여 수립된 여성정책 기본계획에 의해 추진되었다. 이 계획은 2022년까지 여섯 차례 수립되었는데, 2002년에 출범한 여성사전시관도 이 계획에 포함되었다. 구체적으로 지역 여성 인물의 발굴과 선양, 지역 여성 문화유산의 발굴 등을 목표로 했다.

〈양성평등 정책 기본계획과 여성사〉

구분	정책 과제 중 여성사 관련 내용
제1차 여성정책 기본계획 (1998~2002)	– 여성의 문화 활동 지원 – 여성 문화 교류 활성화
제2차 여성정책 기본계획 (2003~2007)	– 문화예술 실태 조사 시 여성 관련 평가요소 도입 – 여성 참여 문화예술 활동 활성화 – 문화 산업 분야 여성 인력 양성 지원 – 여성 역사 인물 및 여성 관련 문화재 발굴 – 여성사전시관 운영
제3차 여성정책 기본계획 (2008~2012)	– 여성 문화유산의 생산적 가치 증진 – 여성 문화유산의 발굴 – 여성 문화 창작자 활동 지원 강화 – 여성사전시관 활용으로 평등문화 체험학습 기회 확대
제4차 여성정책 기본계획 (2013~2014)	– 문화예술 관광 및 체육 분야 여성 역량 강화 및 참여 활성화 – 국립여성사전시관 운영을 통해 여성의 역사와 　양성평등 문화 재조명 – 여성 문화예술인 지원 강화
제1차 양성평등정책 기본계획 (2015~2017)	– 미디어와 문화예술 분야 양성평등 환경 조성 – 문화예술 분야 양성 평등성 제고 및 성차별 해소 – 문화예술 정책 전담기구 설치 및 인력 확충 – 지역 여성 문화유산 발굴 및 네트워크 구축 – 지역의 여성 인물 발굴 및 선양 사업 등
제2차 양성평등정책 기본계획 (2018~2022)	– 여성 문화유산 계승 및 보존 관련 정책 – 지역 여성 문화유산 발굴 네트워크 활성화 – 역사 속 여성 인물 재조명 및 여성문화, 여성사학 　전문가와의 지속적인 프로젝트 – 국립여성사전시관 운영

국립여성사전시관 사업과 국립여성사박물관 건립

여성사전시관은 2002년 12월, '국내 최초로 여성의 역사를 다루는 전문전시관이며 문화공간'으로 서울 대방동 소재 서울여성플라자 2층에 설치되었다. 2001년 여성부* 출범 후 추진한 여성정책 사업의 하나였다. 문화관광부 소속의 각종 국립박물관처럼 인원과 예산 등 기구를 갖춘 조직이 아니라 하나의 사업으로 출범했다. 여성부가 직접 운영한 적도 있으나, 여성문화예술기획 등 여러 민간단체가 위탁받아 운영하다 2012년 이후 한국양성평등교육진흥원(여가부 소속)이 운영하고 있다. 2014년 9월, 현재의 경기도 고양시 지방합동청사로 이전했다.

  여성사전시관은 전시, 유물, 교육, 아카이브 구축 등 박물관의 기본적인 기능을 수행하고 있다. 하지만 전시관 면적 250평, 인력 4~6명, 연예산 2억~5억 원 수준으로 매우 열악한 형편이다. 자체 독립 건물이 아닌 일부만 사용하는 데서 오는 어려움—일요일·공휴일 휴관 등—도 있다. 여성사전시관은 여성사 연구 성과를 반영한 전시, 교육, 특강 등을 실시하고, 유물을 수집하여 여성의 역사를 정리한다는 점에서 여성사 대중화의 중심기관이라 할 수 있다. 공헌사, 젠더사, 보충사로서의 여성사 연구 성과를 바탕으로 각급 학생과 일반인 대상의 프로그램을 운영하고 있다.

* 여성부의 전신은 1988년 여성정책을 담당하는 정무장관(제2)실이었다. 1998년에는 대통령 직속 여성특별위원회였고, 2001년 여성부(장관 한명숙)로 개편되었다. 이후 2005년 여성가족부로 기능이 확대 개편되어 오늘에 이르렀다.

박물관의 '꽃'은 전시이다. 그간 매년 1~4회 정도 실시한 다양한 규모의 전시 주제를 살펴보면 전시관의 경향성을 파악할 수 있다. 첫째, 여성사전시관은 서양의 여성(사)박물관처럼 여성주의 예술가들의 그림부터 미디어 아트까지 다양한 예술작품을 콘텐츠로 하는 전시회를 개최했다. '여성의 힘, 일상의 창조성(예술)'(2003), '7인의 여성작가전'(2009) 등을 들 수 있다. 둘째, 여성의 지위 향상을 주장하거나 가부장제하 여성 삶의 모순을 보여 주는 여성주의 관점의 전시도 개최했다. '가족과 호주제'(2003), '모던 걸의 자존심, 가방: 1920~80년대 여성 가방'(2012) 등을 들 수 있다. 셋째, 공헌사의 연구 결과를 반영한 역사 속 여성 인물에 대한 전시이다. '개관 10주년 기념 10인전'(2012), '광복 70년 기념 특별기획전: 독립을 향한 여성 영웅들의 행진'(2015), '기증전: 독립운동가로서의 삶－조화벽 지사의 가죽가방'(2016) 등이다. 넷째, 젠더사 관점의 전시로 '가족과 함께한 출산과 양육의 역사'(2016), '개관 특별전: 북촌에서 온 편지 여권통문'(2016) 등을 들 수 있다.

　2012년 4월, 한국여성사학회(2004년 출범)는 여성사전시관의 직제를 확대 개편하고, 자체 건물을 확보하는 등 박물관으로서의 모습을 갖추어야 한다고 주장했다. 이어 여성사전시관과 공동으로 여성가족부 장관에게 '국립여성사박물관 건립 건의서'를 보냈고, 여성사전시관은 2012년 9월 12일, '국립여성사박물관 건립추진협의회'를 발족하고 본격적인 국립여성사박물관 건립운동을 펼쳤다. 2013년 7월 5일, 국립여성사박물관 건립 발기인 대회가 열렸다. 이 과정에서 위원회보다는 민간 시민단체가 더 적극적인 운동을 펼칠 수 있다는 데 의견을 모으고, 2013년 9월 9일 사단법인 역사·여성·미래 창립 발기인 총회를 열고, 12월 23일 여성가족부 등록 법인이 되었다.

이 과정에서 '국립여성사박물관 건립' 조항이 포함된 〈여성발전기본법〉 일부 개정 법률안(대안)(길정우 의원 외 26인의 발의)이 국회를 통과했다. 이후 여가부는 여성사박물관을 용산 부지에 건립한다는 계획을 제출하여 선정되기도 했으나, 정부에서 계획을 철회하면서 무산되었다. 2024년 현재 한국여성정책연구원(불광동 소재) 내 기숙사 부지를 국립여성사박물관 부지로 선정하여 건축 설계를 마치고, 전시 콘텐츠 연구 용역을 완료한 상태이다. 같은 해 3월, 국립여성사박물관 건립추진위원회가 발족했다.

역사 속 여성 인물 교육프로그램 개발

여성사 대중화에 가장 유효한 프로그램은 역사 속 여성 인물 교육프로그램이다. 한국 역사 속 여성 인물 교육 프로그램 개발에 대해 (사)역사·여성·미래의 사업을 참고로 제시해 보고자 한다. 법인 회원들과 함께 추진한 역사 속 여성 인물 교육 프로그램 개발 예산은 서울시, 동작구, 여가부 등의 공모 사업을 통해 확보하였다.

이 교육 프로그램의 참여자들은 주로 주부였다. 참여자들은 강의를 수료하면 어린이집, 단체, 초·중등학교 방과 후 과정 등에 강사로 활동할 수 있다. 초기 사업 제목은 '여성사 강사 양성 과정'이었으나, 나중에는 '여성 인물 해설사'라고 이름을 바꾸어 새로운 직종으로 발전을 시도했다. 수강생들에게 표준화된 과정을 제공한 후 초·중등학교

방과 후 교실, 어린이집 특별 과정 등에서 동일한 교육 자료를 가지고 강의하도록 지원했다. 특히 2019년 여성가족부 지원 사업은 서초여성가족플라자와 컨소시엄으로 진행하면서 '100인의 역사 속 여성 인물'을 선정하여 기본 교재를 완성했고, 전문업체와 협력하여 일부 교육 프로그램의 교육 키트도 개발했다.

이 외에 현대 여성 인물의 역사를 정리하기 위해 구술 아카이브 구축 사업을 2015년도부터 2023년도까지 여성가족부, 서초구청, 국사편찬위원회 지원 사업으로 추진해 일정한 성과를 거두었다. 구술 대상은 일반 여성부터 전문직 여성에 이르기까지 현대 여성사의 주역들이었다. 해방둥이 여성(2015), '나의 어머니'(2019), 전문직 은퇴자(박용옥, 김명자 교수)(2021, 2022), 중앙 및 지역의 여성단체 회장(2019, 2020), 한지 장인(2022), 베트남 참전 간호장교(2022) 등을 대상으로 구술 자료를 수집했다.

이 외에 여성사 출판 사업도 추진했다. 2021년에는 역사 속 여성 인물과 독립운동가 부부들에 대한 전문 연구자들의 글들을 모아 3권의 책, 《문화유산으로 본 여성 인물사》, 《부부 독립운동가열전》, 《'여권통문' 새 세상을 열다》를 발간했다. 2024년에는 구술 생애사 총서로 《박용옥 교수, 한국 여성사의 새 장을 열다》를 출판했다.

앞으로의 과제

여성사 대중화 사업의 목표는 여성사의 주류 진입이다. 주류 진입을 통해 여성사가 여성정책으로 한국 사회의 성평등 실현에 기여하려면 다음과 같은 과제를 풀어야 한다.

첫째, 현재까지 국내 모든 기관에서 추진된 여성사 연구와 사업 성과를 반영한 디지털 아카이브를 구축한다. 특히 구술 작업 성과물의 영상 편집과 업로드가 필요하다. 이는 앞으로 유튜브로 발전할 가능성을 두고 준비하는 것으로 독자 확보와 수익 창출에 도움이 될 것이다.

둘째, 여성사 관련 사업의 재정 자립을 도모해야 한다. 여성사(혹은 여성 인물)를 테마로 하는 각종 굿즈를 제작, 판매하여 수익을 올린다. 이로 인한 수익의 일정 부분을 여성사 연구에 지원하여 여성사 콘텐츠 개발과 연구인력 양성을 도모한다.

셋째, 여성사 활성화 및 대중화의 기본인 도서 출판 사업을 활발하게 추진한다. 전문성과 대중성을 동시에 담보하는 대중 교양서를 발행한다.

넷째, 여성사 팟캐스트 또는 유튜브를 개설한다. 이는 수익 창출뿐 아니라 대중화에 가장 효율적인 방안이다.

다섯째, 여성사 교육을 통한 남녀 평등의 역사 인식, 여성에 대한 이해 심화 등을 목표로 하는 '여성 인물 해설사' 과정을 확대 개발한다. 현재 100인의 인물 자료가 개발되어 있다. 이들에 대해서는 교육의 추가 실시와 강좌 보급을 위한 적극적인 홍보 전략이 필요하다. 이 과정은 경력 단절 여성 대상 직업교육 프로그램으로도 활용 가능하여

지자체나 중앙 정부의 지원 사업으로도 적합하다.

여섯째, 여성 자서전 집필과 편찬 사업을 확대한다. 이를 통해 현대 여성사 사료 발굴에 일익을 담당하고, 재정 확보에도 도움을 받는다. 자서전 집필 사업 참여자들의 소장품 기증(국립여성사박물관)도 유도하여 여성사박물관 유물 확보를 지원한다.

일곱 번째, 여성사 콘텐츠 플랫폼의 구축이다. 내용은 ① 구술 채록, ② 여성 인물 해설사 과정, ③ 여성 인물, ④ 여성사 연표, ⑤ 기존의 여성사 대중서 내용 및 연구 성과 요약 제공 등이다. 이 과제는 국립여성사박물관 건립과 연계되어 추진되는 것이 바람직하다.

정현주·(사)역사·여성·미래 상임대표

〈참고문헌〉
• 송기호, 〈역사의 대중화를 향하여〉, 《문학과 사회》 1집, 문학과지성사, 1988.
• 정현주, 〈여성사전시관의 콘텐츠〉, 《국립여성사전시관 업무협약MOU 체결 및 '국립여성사건립관 건립의 과제와 전망'세미나》, 국립여성사전시관, 2016. 10. 4, 48~63쪽.
• 김정인, 〈한국 근대여성사 연구의 변화 추이와 전망〉, 《한국여성학》 32(2), 한국여성학회, 2016.
• 강영경 외, 《한국 여성사 연구 70년》, 한국학중앙연구원출판부, 2017.

한국 역사 속 여성들의 도전 정신

역사 속에서 찾아낸 여성들

오랜 세월 동안 여성들은 역사에서 뒤안길에 있었다. 그러나 역사의 수레바퀴는 두 축이 함께 달려야 힘을 얻을 수 있다. 그래도 우리는 훌륭한 인물 뒤에는 늘 훌륭한 어머니와 아내가 있다고 여성의 힘을 강조해 왔듯 그동안 소외되어 온 여성 관계 자료를 발굴하고 해석하여 정당한 역사적 평가를 내려야 한다.

한국 역사 속에서는 여성 교육기관이 설립되기 이전부터 적극적으로 자신의 삶을 개척한 여성들이 존재해 왔다. 여성들의 삶과 활동은 역사 서술에서 소외되었지만 그 편린 속에서 적극적이고 도전적인 삶을 영위한 여성들이 발견되고 있다. 필자는 이들의 삶을 적극적으로 발굴하고 연구해야 한다는 사명감을 가지고 여성사 연구를 해왔으며, 2004년에는 한국여성사학회를 출범시켜 초대 회장을 역임했다. 현재 한국여성사학회는 여성사 연구자들이 연구 결과를 발표하고 토론하는 장이 되고 있으며, 학제 간 연구와 국제 교류도 활발하게 하고 있다.

역사학자로서 어려운 상황에서 좌절하지 않고 도전 정신을 실천한 많은 여성 인물을 발굴하고 연구해 왔다. 또한 교수로서, 총장으로서, 한국대학교육협의회 회장으로서, 국가브랜드위원장으로서, 한국학중앙연구원장으로서, 현재는 국가교육위원장으로서 강단과 수많은 역사문화 현장에서 학생과 국내외 각계 인사들에게 역사 속 여성들의 정신과 삶을 강의해 왔다. 필자의 저서《한국 역사 속의 여성들》(어진이, 2005)을 영문으로 번역한 *Women in Korean History*(이화여자대학교 출판부, 2008)를 출간하여 한국 여성사를 해외에 전파하고자 했다. 베이징대에서 출간한《고급한국어》교재에는〈한국 역사를 빛낸 아름다운 여성들〉이라는 원고를 수록하여 중국 학생들이 한국어 공부를 하면서 한국 여성사를 자연스럽게 접할 수 있도록 했다.

정치적 리더십을 발휘한 여성들

전근대 시대 왕실 여성들은 왕의 아내나 어머니 등의 지위를 기반으로 정치적 역량을 발휘하기도 했다. 특히 신라에는 세 여왕이 존재했으며, 고대 국가 성립 시기에는 국가 건설에 기여한 여성들도 있었다.

고구려의 시조 동명성왕의 건국 신화에는 동명성왕, 즉 주몽의 어머니 유화의 지혜가 드러난다. 유화는 동부여에서 아들 주몽을 낳아 길렀는데, 금와왕의 아들들과 신하들이 주몽을 해하려 하자 준마를 골라 주고 곡식의 종자를 주어 새로운 세계를 개척하도록 했다. 주몽은 동부여를 떠나 졸본에 이르러 고구려를 건국했다. 유화는 위기를 돌파하는 미래지향적인 자세로 아들 주몽이 고구려를 건국할 수 있는 방향을 제시해 주었다.

주몽은 졸본에서 과부인 연타발의 딸 소서노와 혼인했다. 소서노는 정치세력과 경제력을 기반으로 주몽이 고구려를 창건할 수 있도록 가장 측근에서 도왔다. 소서노에게는 전 남편인 우태와의 사이에서 얻은 온조·비류 두 아들이 있었는데, 주몽이 동부여에서 예씨 부인 사이에서 낳은 아들인 유리가 졸본부여에 오자 그를 후계자로 삼으려 했다. 그러자 소서노는 아들 비류와 온조를 데리고 한강 유역으로 남하했다. 비류와 온조는 미추홀과 하남 위례성 일대에서 각각 국가를 건국했다. 소서노는 정치적 갈등을 피해 과감하게 자신의 정치적·경제적 기반인 졸본을 떠나 새로운 세상을 여는 상생의 리더십을 발휘했다. 단재 신채호는 이러한 소서노를 '백제의 여 대왕'이라고 칭했다. 고구려, 백제의 건국 설화 속 주몽과 온조의 어머니는 현실에 안주하여 위기가 닥쳤을 때 절망하기보다는 희망과 상생의 리더십을 발휘해 새로운 역사를 창조하는 진취적인 모습을 보였다.

신라의 세 여왕 중 제27대 선덕여왕은 신라가 삼국을 통일할 수 있는 기반을 마련하는 리더십을 보였다. 국내적으로는 삼국 통일의 주역인 김춘추와 김유신을 발탁하여 정치적 성장을 지원했다. 또한 분황사, 기림사, 통도사 등의 사찰을 건립하여 정신적 구심점을 마련하고, 황룡사에 9층 목탑을 세워 불교를 통해 백성들의 결집을 도모했다. 42척의 거대한 건축물인 황룡사 9층 목탑은 상징적으로 1층은 일본, 2층은 중화, 3층은 오월, 4층은 탁라, 5층은 응유, 6층은 말갈, 7층은 단국, 8층은 여진, 9층은 예맥을 나타내며, 이들을 물리치고 통일을 이루겠다는 의지를 담은 소위 '안보의 탑'이다. 불교 건축물을 통해 적국을 물리쳐 평화로운 나라를 이루고자 한 염원을 한데 모아 달성해 나가고자 한 것이다. 또한 경주 시내에는 동양 최초의 천문학 기구인 첨성대를 건립했는데 농업 사회의 풍요로움을 일군 '민생의 탑'이다. 대외적으로는 김춘추를 통해 당과 동맹하여 고구려, 백제 두 나라로부터 협공을 받는 국가적 위기 상황을 타개하고자 했다. 국제 정세를 기민하게 포착하여 한반도 내에서의 군사적 위기 상황에 대응하는 외교적 역량을 발휘한 것이다.

주체적으로 삶을 개척한 여성들

조선시대에는 왕비, 대비로서의 지위를 기반으로 정치적 능력을 발휘하는 여성들도 있었지만 본인의 재능과 노력을 바탕으로 역사에 이름을 남긴 여성들도 많았다.

신사임당은 흔히 현모양처의 표상으로 여겨진다. 그러나 본래 그가 주목받았던 이유는 뛰어난 예술가였기 때문이었다. 동시대의 학자 어숙권은 《패관잡기稗官雜記》에서 산수화로 뛰어난 세 사람 중 한 사람으로 사임당을 꼽았다. 그리고 "신 씨는 어려서부터 그림을 공부했는데, 그의 포도 그림과 산수화는 절묘해서 평하는 자들이 안견의 그림에 버금간다고 했다. 그러니 어찌 부녀자의 그림이라고 해서 가볍게 여길 것이며, 또 그림 그리는 것이 어찌 부녀자에게 합당한 일이 아니라고 나무랄 수 있겠는가"라고 평하기도 했다. 동시대의 인물들에게 사임당은 산수화와 포도 그림의 대가였던 것이다. 신사임당의 재능은 조선시대 대표적 유학자인 아들 율곡 이이의 어머니라는 점과 결부되어 근대 이후 현모양처의 표상으로 인식되었다. 그러나 그가 후대에까지 지속적으로 회자되고 재조명되었던 근본 이유는 그의 뛰어난 예술적 명성 때문이었다.

신라 제27대 선덕여왕.

이외에도 명나라에서도 인정받았던 허난설헌의 한시, 일상생활에 필요한 지식을 정리한 《음식디미방》의 저자 정부인 장 씨, 이사주당, 서영수합, 이빙허각 등의 저작들이 전해지기도 한다. 이 저작들을 통해 여성의 사회 활동이 제한되고, 여성의 필적을 유통하는 것이 금기시되었던 조선시대에도 여성들이 학문적·예술적 재능을 발휘하며 주체적인 삶을 영위했음을 알 수 있다.

18세기 제주 여성 김만덕은 상업 활동을 통해 부를 축적했는데, 1790년부터 5년 동안 기근으로 굶어죽는 사람이 속출하자 이들을 위해 자신의 재물을 쾌척했다. 흔히 '노블레스 오블리주'라는 말을 하곤 한다. 이는 19세기 초 프랑스에서 처음 사용된 말로 사회적 신분이 높은 사람들이 사회적으로 혜택을 받았던 만큼 자기들이 받은 혜택을 사회에 환원하는 것을 의무이자 명예로 여겨야 한다는 의미에서 나온 말이다. 조선의 양반들도 사회와 국가가 어려운 상황에 처했을 때 자기들의 부를 출연하여 함께 위기를 극복하려 하기도 했다. 그런데 양반도 아니고, 남성도 아닌 제주도의 여성 상인 만덕이 평생 축적한 부를 어려운 이웃을 위해 사용했다는 점에서 당대 사회에서 더욱 큰 울림이 있었다. 추사 김정희는 '은광연세恩光衍世', 즉 "은혜의 빛으로 세상을 길이길이 밝혔다"라고 이를 기렸다. 본인의 힘으로 부를 이루고, 본인의 의지로 축적한 재물을 과감하게 사회에 환원한 여성상이 조선시대에도 빛을 발했던 것이다.

조선시대 생활 속에서 작성된 저작과 문서는 전 시대에 비해 상대적으로 많이 전해진다. 이를 통해 자신들의 삶을 주체적으로 영위했던 일반 여성들의 일상이 드러나기도 한다. 자신의 전략적 판단에 따라 재산 증여 대상자를 지정하는 여성들도 있었고, 자신이나 가족의 권리를 확보하기 위해 관에 청원하고 소송을 제기하는 여성들도 있었다. 자신의 삶을 주체적으로 영위하고자 했던 진취적 태도는 근대 이후 여성들이 학교 교육을 받게 되고 사회 활동 기회가 확대되는 환경에 부응하여 여성의 활동이 증대되는 기반이 되었다. 또한 여성들이 의병 활동과 독립운동에 헌신하고, 독립운동을 하는 가족들을 독려하는 모습을 보였던 것도 자신의 삶을 주체적으로 영위하고자 했던 여성들의 의지가 발현된 것이라 할 수 있다.

전문성을 가진 여성들의 진취적 활동을 기대하며

1898년 9월 1일 우리나라 최초의 여성단체인 찬양회가 출범하면서 〈여권통문〉을 발표했다. 〈여권통문〉은 문명, 개화정치를 수행하는 민족 구국 대열에 여자도 참여할 권리가 있으며, 여자도 남자와 동등하게 직업을 가지고 일할 권리를 가지고 있고, 아울러 남자와 동등하게 교육받음으로써 독립된 인격을 가질 권리가 있다는 선언이었다. 이는 여성 스스로가 여성의 권리를 선언하고 여성의 교육받을 권리를 주장한 여권운동의 시발점이었다.

  찬양회에서는 1898년 고종 황제에게 관립 여학교 설립 청원 상소문을 올리고, 1899년에는 순성여학교를 개교했다. 한국 여성에 의해 설립된 최초의 여학교였지만 재정 곤란과 1903년 교장 김양현당의 병사로 더 이상 존속하기 어려웠다. 그러나 이들의 활동은 여학교 설립의 필요성을 환기하는 역할을 했다. 여성 교육은 여성이 각자의 분야에서 전문성을 확대하여 자아실현과 사회적 기여를 확대할 수 있는 디딤돌이 되는 제도적 기반이 될 수 있었다. 이를 여성 스스로가 인식하고 여성 교육을 확대하기 위한 노력을 실천에 옮겼던 것이다.

찬양회 출범 이전에도 선교사에 의해 설립된 여학교들이 있었다. 1886년 미국인 선교사 스크랜튼에 의해 한국 최초의 근대 여학교인 이화학당이 설립되었다. 이 해 네 번째 학생으로 입학한 박에스더의 의료인 활동은 여성 교육의 중요성을 잘 보여 준다. 그는 이화학당에서의 공부와 경험을 계기로 의사의 꿈을 꾸게 되고, 미국 유학길에 올라 볼티모어 여자의과대학에서 의학을 전공해 한국 여성 최초로 의사 자격을 취득했다. 귀국 후에는 서울의 보구여관, 평양의 광혜여원 등에서 활발한 의료 활동을 하고 위생 관념을 전파했다. 또한 맹아학교 교사로 활동하고 간호학교의 설립을 주도했다. 의료 사업, 교육 사업, 계몽 활동, 선교 활동, 사회 사업 등 다방면에서 활동한 박에스더는 밤낮 없는 고된 생활로 얻은 폐결핵으로 1910년 34세를 일기로 세상을 떠났다. 비록 짧은 생애를 마감했지만 최초로 여성 의료의 횃불을 밝힌 박에스더의 헌신은 이 땅에서 소외받은 여성을 치유해 준 값진 역사적 업적으로 명예의 전당에 길이 새겨져 있다.

여성의 사회 활동이 제한되었던 전근대 시대에도 일부 여성들은 자신의 신분이나 재능을 바탕으로 도전 정신과 창의성을 발휘하여 비범한 성취를 이루기도 했다. 또한 일반 여성들도 재산권과 청원의 권리가 보장되었던 현실을 잘 활용하여 적극적으로 자신의 삶을 영위해 나갔다. 그러나 여성에 대한 교육제도가 마련되지 않은 상황에서 전문적 지식을 기반으로 자아를 실현하고 사회적 역할을 수행하는 여성들은 소수에 불과할 수밖에 없었다.

흔히 21세기는 여성의 시대라고 한다. 말하자면, 여성들의 사회 진출이 증가되고 역할이 확대되면서 그만큼 비중이 커진 것이다. 앞으로 남녀가 함께 대등한 위치에서 공존하며 세상을 이끌어 갈 때 우리가 진정으로 바라는 따뜻한 인간 사회가 열릴 수 있다. 그럼으로써 역사 속에서 여성의 지혜와 힘을 다시 찾아 되새겨 보면서 현재 여성의 삶과 미래를 위해, 나아가서는 인류에 헌신할 수 있는 진정한 역사의 길을 만들어 가는 것이다.

이배용·국가교육위원회 위원장

〈참고문헌〉

• 이배용, 《한국 역사 속의 여성들》, 어진이, 2005.
• Lee Bae Yong, *Women in Korean History*, 이화여자대학교 출판부, 2008.
• 이배용, 《역사에서 길을 찾다》, 행복에너지, 2021.
• 이배용 외, 《우리나라 여성들은 어떻게 살았을까》 1, 2, 청년사, 1999.

04

조선·고려·고대 여성사

박경·건양대학교 인문융합학부 강의전담교수

하여주·부산광역시청 시사편찬 연구위원

임혜련·한남대학교 교육연구소 연구교수

이미선·한국학중앙연구원 전통한국연구소 연구교수

박미해 · 서울대학교 아시아연구소 선임연구원

한효정·한국학중앙연구원 비교문화연구소 연구교수

이순구·전 국사편찬위원회 편사연구관

정해은·한국학중앙연구원 책임연구원

남미혜·동덕여자대학교 국사학과 조교수

김정운·경북대학교 학술연구교수

박주·대구가톨릭대학교 역사교육과 명예교수

서지영·서울대 아시아연구소 선임연구원

탁효정·순천대학교 연구교수

권순형, (사)역사·여성·미래 전문위원

이현주·아주대학교 인문과학연구소 연구교수

김선주·중앙대학교 교수

1

조선 여성들의 권리 찾기

살인사건 판결에 드러난 조선의 정절 관념

1790년(정조 14) 안 조이를 칼로 찔러 살해한 김은애를 정조가 특별히 방면하도록 판결한 사건은 18세기 후반 여성의 정절이 얼마나 중요했는지를 보여 주는 유명한 사건이다. 이 사건의 전말은 다음과 같다.

최정련이 이웃에 사는 김은애가 간통했다고 소문을 퍼뜨리고서 안 조이를 통해 그녀에게 구혼했는데, 김은애는 청혼을 받아들이지 않고 다른 사람에게 시집갔다. 최정련은 그 후에도 안 조이와 함께 더 심하게 거짓 소문을 퍼뜨렸다. 김은애는 분을 참지 못하고 밤에 안 조이의 집에 가 먼저 목을 찌른 후 칼로 여기저기를 찔렀다. 최정련의 집에도 가려 했지만 그녀의 어머니가 만류하여 가지 못했다.

조선시대에 형률로 활용했던 《대명률》에 따르면 살인범은 대체로 사형에 처하도록 규정되어 있다. 살해 의도는 없었는데 폭행을 하여 사람이 죽게 되면 교형, 고의로 살해하면 더 무거운 형벌인 참형에 해당했다. 다만 피해자가 친족 중 아랫사람이거나 노비, 고공인 같은 특수관계일 경우에는 형량이 가벼웠다. 이외에도 아들이나 손자가 조부모나 부모를 살해한 자를 죽인 경우에는 장 60에 처하고, 살해당한 후 즉시 죽이면 처벌하지 않도록 했다. 여기에 18세기 초반 숙종 대에는 남편을 살해한 원수를 죽인 처, 자식을 살해한 자를 죽인 어머니 역시 사형에 처하지 않고 장 60에 처하게 하는 법이 제정되었다. 또한 정조 대의 살인사건 판결 사례 중에는 형을 살해한 자를 죽인 아우의 형량을 감형한 사례들이 나타난다. 조선 후기에는 효뿐만 아니라 형제 간의 우애, 남편에 대한 의 또한 살인사건 판결의 감형 요소였던 것이다.

형률에 따르면 김은애의 행위는 사형을 감면해 주기 어려웠다. 그러나 김은애는 최종 판결 권한을 가진 정조에 의해 방면되었다. 이 판결은 정숙한 여성이 음란하다는 누명을 쓰는 것만큼 억울한 것이 없다는 인식에서 비롯되었다. 정조는 판결문에서 김은애가 억울하고 분함이 사무쳐 죽고자 했는데, 죽기만 해서는 사람들이 알아 주지 않을까 염려되어 살인을 통해 자신에게 허물이 없고 안 조이가 보복을 받을 만하다는 것을 알린 것이라고 했다. 또한 자신의 억울함을 숨긴 채 자결로 마무리하지 않은 점과 관정官庭에서도 자신의 목숨을 구걸하지 않은 당당함을 높이 평가했다.

정조는 이 판결을 같은 해에 내린 신여척 사건의 판결과 같은 의미라고 부언했다. 신여척은 보리 두 되를 축낸 동생을 폭행한 김순창을 구타해서 죽게 했는데, 정조는 아우를 폭행한 형을 징계한 신여척의 의기를 높이 평가하여 그를 방면했다. 신여척 사건의 판결은 부모, 조부모, 남편, 자식을 살해한 사람을 죽인 자의 형량을 가볍게 처벌하도록 규정한 법과 형제를 살해한 사람을 죽인 자의 형량을 감면한 정조 대 판결 경향의 연장선에 있는 판결이었다. 그런데 정조는 간통했다는 거짓 소문을 퍼뜨린 자를 꾸짖고 살인으로 징계하여 자신이 간통하지 않았다는 것을 알린 김은애의 행위를 신여척같이 의기를 떨친 행위로 평가했다.

이 판결에는 정절을 잃었다는 소문 때문에 자결하거나 살인을 선택할 수밖에 없었던 사회, 스스로 정숙한 여인임을 알리기 위한 고의적인 살인을 의기의 분출로 판단했던 사회의 모습이 드러난다. 이는 당시 정절 관념이 얼마나 사회 전체에 뿌리 깊게 자리 잡고 있었는지 보여 준다.

정절 관념, 내외법 그리고 여성의 소송권

김은애 사건에 대한 정조의 판결에는 간통했다는 소문 때문에 목숨을 끊는 여성들이 있다는 사실이 언급되어 있다. 그만큼 정절 관념은 조선 후기 여성들의 사고와 생활, 행위를 규제하고 억압하던 관념이었다. 조선시대에는 법조문과 법 적용에도 이 관념이 반영되어 있었다.

실행失行하거나 재가한 여성의 아들과 손자를 동·서반 관직에 임용하는 것을 금지하고, 증손 이후로는 의정부, 6조, 한성부, 개성부, 승정원, 장예원, 사간원, 경연, 세자시강원, 종부시 관원, 춘추관 지제교, 관찰사, 도사, 수령에는 임용할 수 없게 한 《경국대전》 규정이 그 대표적인 규정이다. 아들과 손자의 동·서반 관직 임용을 전면 금지했을 뿐 아니라 대대손손 위 관직들에 임용되지 못하게 한 것은 직계 조상 중에 실행하거나 재가한 여성이 있다면 그 집안은 문반 관료 가문으로 행세할 수 없게 된다는 것을 의미한다.

양반층 여성이 간통하면 사형에 처하도록 한 것도 정절 관념이 법제화된 것이다. 간통한 남녀 사이가 특수관계가 아닌 경우 그 형량은 《대명률》의 화간和奸·조간刁奸 규정에 따라 장 80~100에 해당한다. 그런데 양반층 여성의 간통은 태종 대부터 사형 등 중형에 처하다 결국 중종 대에 교형에 처하도록 법제화되어 《대전속록》에 수록되었다. 양반층 여성이 정절을 지키지 않는 것을 목숨을 내놓아야 할 범죄 행위로 보았던 것이다.

정절 관념의 영향으로 남녀의 생활 영역을 분리하고 여성의 활동 영역을 집안 내로 제한한 내외법이 법조문에 반영되기도 했다. 《경국대전》에는 양반 여성이 절에 올라가거나 산간 계곡에서 놀거나 야제野祭, 산천제, 성황제, 사묘제祠廟祭를 올리면 장 100에 처하도록 규정되어 있다. 양반 여성을 조사할 때는 관에 소환하여 조사하지 않고, 일종의 질문서인 공함公緘을 보내 문서로 답변을 받았다. 부득이하게 양반 여성을 수금하거나 고신할 때는 왕의 윤허를 받아야 했다. 판결 후 태형이나 장형을 집행해야 할 때도 법으로 규정된 특정 사안을 제외하고는 실제로 형벌을 집행하지 않고 돈이나 베, 쌀 등으로 받았다.

여성에게 태형이나 장형을 집행할 때는 《대명률》에 의해 홑옷을 입고 집행하도록 하는 원칙도 지켜지고 있었다. 이러한 상황에서 소송이 벌어졌을 때도 양반층 여성은 관정에 나가 상대 측과 대질하지 않는 것이 일반적이었다.

조선시대에는 관에 청원하거나 소송을 제기하고자 할 때 소지所志를 제출했다. 당시 여성들도 다양한 사안을 가지고 소지를 올렸으며, 양반 여성이라 하더라도 소지를 올리는 데 제한받지 않았다. 조선시대 아들 없는 양반 집안에서 안정적으로 후사를 잇기 위해서는 예조의 허가를 받아 입후立後하는 것이 가장 좋은 방법이었다. 이때 예조의 허가를 받기 위해서는 친가와 입후할 집안에서 각각 입후 허가를 요청하는 소지를 올려야 했다. 양가에서 소지를 올릴 수 있는 법적 권한을 가진 사람은 친부와 양부, 친부와 양부가 없을 때는 친모와 양모였다. 이들 외에 입후 청원의 법적 권한을 가진 사람은 없었다. 이 법은 1437년(세종 19)에 제정된 후 조선 왕조 내내 준수되었다. 이는 조선에서 여성의 청원이 제한되지 않았다는 것을 단적으로 보여 준다. 그러나 여성이 관에 청원할 수 있는 권리와 양반 여성이 원고나 피고로서 관정에 직접 나아가 상대 측과 논변하거나 대질하는 것은 다른 문제였다. 따라서 《경국대전》에는 양반 여성이 소송을 할 때 아들, 손자, 사위, 조카, 노비가 대신할 수 있도록 규정되어 있었다.

양반층 여성뿐 아니라 남성도 다른 이에게 대신 소지를 제출하게 하거나 소송하게 하는 일이 많았다. 양반 남성들도 병이 있다거나 관정에 출석하기 어려운 상황일 때 아들 등에게 대신 소송하게 하기도 했다. 또 관정에서 이권을 다투는 것을 꺼려 노비 명의로 소지를 제출

하고 대신 소송하게 하는 경우도 많았다. 그런데 양반층 여성들은 관
정에서 외간 남성들과 접촉하는 것을 꺼렸던 사회적 인식과 관습에
의해 소송에 더 제한받을 수밖에 없었다.

여성의 권리 찾기,
조선 여성의 삶을 들여다보는 또 하나의 열쇠

1560년(명종 15) 최세온 처 신 씨는 시부모가 시누이인 손중돈 처 최 씨
에게 준 재산을 돌려받기 위해 소송을 제기했다. 신 씨는 최 씨가 자식
없이 사망했으니 시어머니가 생전에 작성한 문서에 따라 시부모가 최
씨에게 준 재산을 봉사위 노비 일부를 제외하고 남편에게 돌려주어야
한다며 경주부에 소지를 올렸다. 이 소송에서 승소한다면 이는 결국
신 씨의 자식들에게 증여·상속될 재산이었다. 그런데 이 소송의 주체
는 아들이 아닌 신 씨였다. 다만 관정에 나아가 논변하는 것은 아들에
게 대신하도록 했다. 양반 여성이 관정에 나아가는 것이 제한되었지만
관에 호소할 수 있는 권리는 크게 위축되지 않았던 것이다.

　영광의 영월 신 씨 가문에 시집간 신정수 처 유 씨가 18세기 초 관
에 제출한 소지에는 자신의 권리를 찾기 위한 여성의 활동이 잘 드러
나 있다. 유 씨는 1700년(숙종 26) 28세의 나이에 남편과 사별하고 슬
하에 두 아들이 있었는데, 1708년(숙종 34) 첫째 아들이 사망했다. 그
러자 유 씨는 시부모 묘를 길지에 천장하여 남은 아들이 잘 성장하게
하려고 10대 조모의 묘가 있는 산에 시부모 묫자리를 정했다. 우선 그

옆에 죽은 아들을 장사지내려고 하자 남편의 일가인 신성중이 이를 막았다. 자신의 증조모, 종조모 묘 근처라는 것이 그 이유였다. 그러나 유 씨는 신 씨 가의 여러 집에서 묘를 쓴 곳이라며 신성중에게 묘를 쓰는 것을 막을 권리가 없다고 주장했다.

신성중이 묘를 쓰는 것을 막자 유 씨는 우선 신성중의 집에 직접 가 애걸했다. 그런데 들어주지 않자 문장을 비롯한 문중 사람들의 도움을 받았다. 그러자 신성중은 시부모 묘의 천장만 허락했다. 이에 유 씨는 영광군에 소지를 올려 소송을 시작했다. 그녀는 집에 소송할 사람이 없고, 시부모 묘의 천장을 노비의 손에 맡길 수 없다며 직접 관정에 나아가 신성중을 상대로 논변하고자 했다.

유 씨는 남편과 사별하고 어린 아들만 있는 자신의 처지와 시부모

1709년(숙종 35) 신정수 처 유 씨가 죽은 아들의 장례를 막은 신성중의 행위가 부당하다며 영광군에 호소한 소지.

에 대한 효를 내세우며, 양반 여성이 직접 관정에 나아가지 않는 관습을 지키지 않은 것을 합리화했다. 그러나 신성중이 관정에 출두하지 않아 이 사건에 대한 심리가 진행되지 않았다. 이에 유 씨는 아들의 묘를 쓰는 것을 신성중이 금지하는 것이 타당하지 않다는 점을 조목 조목 제시한 긴 소지를 다시 영광 관아에 올려 승소했다.

1714년(숙종 40)에 유 씨는 김해 향교에 투탁한 남편 집 도망 노비의 자손을 추심하기 위해 김해부로 사람을 보냈다. 그런데 김해부 소송에서 패소하자 유 씨는 직접 왕에게 호소하기 위해 문서를 작성했다.

조선시대에는 백성들이 수령, 관찰사, 중앙 관서에 호소하여 억울함을 풀 수 없을 때 직접 왕에게 호소하는 제도가 있었다. 신문고를 치는 격고, 상언, 격쟁이 그러한 제도였다. 이 가운데 격쟁은 징을 치는 행위가 대중의 시선을 집중시킬 수 있고, 호소 내용을 진술하기 위해 관리를 만나야 했으며, 진술 전후에 수감되기도 했기 때문에 내외법과 정절 관념이 지배하고 있던 조선 사회에서 양반층 여성이 감행하기에는 부담스러운 호소 수단이었다. 그럼에도 불구하고 일부 양반층 여성들도 격쟁을 했다. 하물며 문서로 제출하는 호소 수단으로 조선 전기부터 양반층 여성들이 많이 활용해 온 상언은 말할 것도 없었다. 이러한 상황에서 유 씨도 노비 소유권을 찾기 위해 왕에게까지 호소하려 한 것이다.

정절 관념과 내외법은 여성의 감정과 행동을 규제하고 활동 반경을 가정 내로 축소시킴으로써 여성을 억압한 대표적 관습으로 여겨진다. 이러한 관습이 조선 후기로 갈수록 점차 강화되었지만 여성이 관에 호소할 수 있는 권리 또한 지속적으로 보장되었다. 왕과 관료들이 백성의 목소리를 널리 들어 억울함이 없게 해야 한다, 과부의 경제적 처지를 돌보아 주어야 한다는 등의 유교적 통치 이념이 여성의 권리 찾기를 보장하게 한 것이다.

여기에서 한 가지 잣대로만 조선시대 여성의 삶을 평가할 수 없다는 사실이 드러난다. 다만 현재 남아 있는 여성이 올린 소지의 수가 남성에 비하면 매우 적다. 또 남편 생존 시 여성의 청원과 소송은 제한적으로 이루어졌던 것으로 보인다. 그렇다면 조선 여성의 삶에 대해 어떻게 평가해야 할까? 여성들의 청원 및 소송 활동과 이에 대한 관의 대응에 관한 연구가 사안별로 구체화된다면 좀 더 진전된 답이 나올 수 있지 않을까?

박경·건양대학교 인문융합학부 강의전담교수

〈참고문헌〉

• 한상권, 《조선 후기 사회와 소원제도》, 일조각, 1996.
• 김경숙, 〈조선 후기 여성의 정소呈訴 활동〉, 《한국문화》 36, 2005.
• 박　경, 《조선 전기의 입양과 가족제도》, 혜안, 2011.
• ＿＿＿, 《《흠흠신서》 殺獄 판결에 나타난 감정의 법적 수용 방식: 복수 살인 및 부모 위해자 살해 사건을 중심으로〉, 《역사민속학》 60, 2021.
• ＿＿＿, 〈정조 대 여성 격쟁擊錚의 실태와 특징〉, 《여성과 역사》 35, 2021.

2

조선의 '효성스러운 며느리' 만들기 프로젝트
-남성 중심 사회를 꿈꾸다

양반 남성이 남긴 여성 생애 기록

많은 조선의 지식인에게는 자기만의 문집이 있었다. 물론 지식인들은
대부분 양반 남성이다. 문집에는 죽은 이를 애도하며 그 행적을 기록
한 글도 있다. 묘지문, 제문, 행장, 가전 등 다양하다. 이러한 글들은
글쓰기를 제한받아서 생애 기록을 남기지 못한 조선 여성들의 삶에
접근하기 좋은 자료다.

물론 양반 남성들이 기록으로 남긴 여성은 대체로 '유교 젠더 규범'
에 적합한 양반층이었다. 그러므로 조선 여성의 생애 기록을 읽을 때
는 글의 행간을 읽어 내는 비판적 사고력이 반드시 필요하다.

'유교 젠더 규범'이란 유교 이데올로기에 따라 정의한, 성별에 따라 지켜야 할 역할과 기준을 말한다. 젠더 규범은 특정 사회에서 남성과 여성에게 기대하고 적합하다고 믿는 남성적·여성적 태도와 가치, 행동 양식을 습득시킨 결과로 개인이 갖게 되는 성적 태도나 정체성을 의미한다. 중요한 것은 젠더에 가치 판단이 개입되고 그 과정에서 둘 간의 '권력관계'가 만들어진다는 점이다. 페미니즘 이론의 기초를 다진 시몬 드 보부아르가 "여성은 태어나는 것이 아니라, 만들어지는 것이다"라고 한 '제2의 성性'에 대한 정의는 조선 사회에도 유효했다.

양반 남성들은 여성을 '가르치기' 위해 유교 젠더 규범서를 제작했다. 우리의 전통 규범대로 여성들이 시가보다 친가를 더 중요시하는 세태를 비판하면서 말이다. 그들이 원하는 것은 '죽어서도 시가의 귀신이 될 여성'이었다. 여자는 '출가외인出嫁外人'이어야 한다는 뜻이다. 이상적인 여성상은 '효성스런 며느리'였다.

여성에게서 친가를 지우면 어머니를 통한 모계뿐만 아니라 아버지를 통한 부계를 축소하고 남편을 통한 친족인 부계夫系질서를 확대할 수 있다. 유교 이상 사회에서 추구하는 남성 중심의 사회를 꿈꾸었던 것이다.

그런데 일종의 젠더 규범서라고 할 수 있는 남성들이 남긴 양반 여성의 생애 기록을 읽어가다 보면 한 가지 특이한 지점에 도달한다. 효성스러운 며느리들이 '이상하게도' 친가의 일원으로서도 살아간 모습들이 보인다는 것이다. 양반 남성들의 '효성스러운 며느리' 만들기 프로젝트, 과연 성공했을까?

효성스러운 며느리의 숨은 의미

유교 윤리 중에서 으뜸은 '효'이다. 이는 노년의 안정과 가문 유지를 위해 자식의 돌봄을 받으려고 했던, 현실적인 문제에서 나온 이념이기도 했다. 조선 양반 남성은 '제대로 된' 유교 사회를 꿈꾸며 여성에게 혼인 이후에는 '시아버지 가문'의 권력관계로 들어가라고 요구하였다.

이때 효 이념은 여성을 남편 가문으로 포섭하는 데 전략적으로 이용되었다. 시부모가 가지는 무소불위의 권위와 며느리의 복종 의무의 근거가 된 것이다. 시부모는 "하늘인 나의 남편을 낳고 길러 준 분으로 그 은혜가 망극하니" 부모보다 더 높은 사람이었다. 그런데 효성스러운 며느리는 판에 박힌 표현들로 이미지화되어 있다.

흥미로운 점은 이런 천편일률적인 묘사들 가운데 효성스러운 딸 이미지가 중첩되어 있다는 것이다. 바로 여기에서 여성들이 추구했던 삶의 양식을 감추려 한 프로젝트의 숨은 의도를 알 수 있다. 효성스러운 천성을 가지고 효녀로 이름난 사람이 부모에게 쏟았던 마음을 시부

17~20세기 초 양반 남성이 남긴 여성 생애 기록의 효부 표현
천성이 효성스러웠다.
혼인 전에는 효성으로 이름이 났다.
부모에서 시부모에게로 효를 옮겼다.
부모를 섬기는 도리로 시부모를 섬겼다.
시부모상을 당했을 때 부모상을 당한 듯이 행동했다.
시부모가 며느리를 친자식처럼 대했다.
혼인 전 시부모가 돌아가셔서 직접 봉양하지 못함을 애통해했다.

모에게로 단박에 옮길 수 있었을까. 며느리가 부모를 대하듯이 시부모를 모셨다는 표현에서 효성스러운 딸의 정체성이 읽히기까지 한다.

이런 표현들뿐만 아니다. 기록 속의 효성스러운 며느리들의 마음속 일순위는 친가처럼 보인다. 사실 그들은 시가와 친가 사이에서 애매하고도 유동적인 입장을 유지했다. 전략은 효부로서 복무했다는 명분을 내세우는 것이다. 이제 글의 행간을 뚫어 내며 조선 여성들의 실제 삶을 들여다보자.

친가를 챙기는 출가외인의 효성스러운 며느리

제문, 행장, 묘지문, 가전 등에 기록된 친가를 살뜰히 챙기는 효성스러운 며느리들의 활동을 주제별로 확인해 보면 ① 부모 생전 봉양하기, ② 사후 봉양인 장례와 제사, ③ 형제와의 교류, ④ 가문 돌보기였다.

가장 높은 비율로 나타난 주제는 ① 부모 생전 봉양하기다. 물건이나 음식을 챙겨 보내거나 가져가서 직접 전해 주는 일은 당연했고, 곁에서 살며 모시기도 했다.

예를 들면 박윤원(1734~1799)의 여동생은 어머니와 가까운 곳에서 살기 위해 거주지를 바꿨다. 그는 혼인 후에 어머니와 멀리 떨어져 자주 찾아뵙지 못하는 상황을 한스러워했다. 이를 해결하기 위해 박 씨는 지방의 집을 팔고 상경하여 친가가 있는 마을로 이주했다. 이에 대해서 박윤원은 여동생의 효심이 깊다며 칭찬했다.

조지겸의 부인 청송 심 씨(1639~1685)는 유배형을 받은 아버지를 곁에서 봉양했다. 혼인한 지 얼마 되지 않은 시점이었다. 그녀는 4년 만에 아버지가 풀려난 후에야 남편이 있는 집으로 갔는데, 그 뒤로도 친가 왕래를 이어 갔다. 조지겸은 심 씨가 부모 봉양하기를 '아들'처럼 하였다며 최고의 칭송을 아끼지 않았다. 심 씨는 혼인생활 내내 거의 친가에 머물렀고 남편이 사는 시가에 잠시 가서 인사를 하는 정도였다. 그러나 남편 조지겸은 부인 심 씨의 태도를 부정적으로 보지 않았다. 오히려 그는 유교의 이상적인 부부관계처럼 서로를 손님처럼 대했으므로 사이가 좋았다고 평했다.

다음으로 ② 사후 봉양인 장례와 제사다. 장례는 외동일 경우에는 직접 주관했고 대체로 형제와 함께 3년 상을 다 치렀다. 조선의 법전인 《경국대전》에 있는, 친부모 상을 당했을 때 기혼여성의 상복 입는 기간이 1년이라는 규정과 현실은 달랐던 것이다.

1736년 윤봉구의 여동생은 어머니가 위독하다는 소식을 듣고 급히 말을 달려서 염습하기 전에 도착했다. 윤봉구가 말하기를, 《소학》에서 '여자는 상을 치르러 100리를 가지 않는다'라고 한 것은 옛날 제후의 땅이 큰 나라일 경우에도 100리를 넘지 않고 여자가 국경을 넘어갈 수 없기 때문이다. 그렇지 않다면 비록 여자라고 해서 어찌 부모의 상에 달려가는 것을 허락하지 않겠는가?"라며 여동생의 행동을 효성에서 우러나온 것이라고 평했다.

제사의 경우는 대체로 제사에 쓸 물자를 보냈다. 혼인할 때 가져간 재산을 활용했거나 시집의 재산을 썼을 것이다. 부족한 친가 살림을 생각해 본인 가문의 제사를 위해 따로 재산을 마련하기도 했다.

③ 형제와의 교류는 주로 서로의 집을 방문하거나 함께 살았다는 내

용이다. 자매끼리 이웃하며 지내거나, 혼자 된 여동생이나 언니와 함께 산 경우도 있었다. 남자 형제들과 이웃하고 지내며 그들을 뒷바라지하기도 했다. 남동생이 누나 집에 방문한 사례도 많았다. 특히 남자 형제들과의 교류는 살아 있을 때도, 사후에도 끊이지 않았다. 대표적인 예로, 송준길宋浚吉(1606~1672)은 죽은 누나를 위한 표석을 세웠으며 묘소에 가서 제사를 지냈다.

④ 가문 돌보기는 집안의 대가 끊어지지 않도록 조치한 경우다. 방식은 후사後嗣 세우기, 제사 주관하기 등이다. 후사를 직접 골랐으며 성인이 될 때까지 키우면서 혼인도 주관했다. 여성들은 어린 나이의 후사에 대한 경제적·사회적 조력자로서 친가의 든든한 배경이 되었다.

친가를 위해 활발히 움직인 효성스러운 며느리들은 나이가 들면서 어머니 혹은 시어머니로 거듭났다. 이제 여성들은 시어머니이자 어머니로서 획득한 권력으로 시가의 물적 자원뿐만 아니라 자녀와 며느리라는 인적 자원을 적극 활용했다. 아들, 손자 부부를 시켜서 자기 가문의 제사를 챙기거나 자기 아버지의 글을 모으고 묘비를 건립했다.

이처럼 효성스러운 며느리들은 친가 일원 의식을 지닌 딸이기도 했다. 이러한 현실에 남성들은 '며느리들의 뛰어난 효심'이라는 평가로 대처할 수밖에 없었다. 효 이념은 유교 젠더 규범을 따르지 않는 여성들의 생활을 유교식으로 미화시키는, 효과 좋은 필터였다.

프로젝트는 성공했는가

이 글에서 분석한 양반 여성들의 생애 기록은 유교식으로 '만들어 낸' 것이다. 그럼에도 불구하고 '아버지의 딸'이 드러난다는 점에서 '효성 스러운 며느리' 만들기 프로젝트가 과연 성공했는지 의문이 든다.

물론 조금만 눈을 돌리면 양반 여성의 삶을 확인할 수 있는 자료는 얼마든지 찾을 수 있다. 편지나 일기 같은 자료에서 삶의 흔적을 밟아 가는 것이다. 이런 자료들에서도 친가를 중시했던 양반 여성의 모습이 쉽게 확인된다. 여성들이 친가와 긴밀한 관계를 유지했던 일반적인 삶의 양식은 '근친覲親' 혹은 '근행覲行'이라고 불린, 시집살이 중에 친가에 가는 것이었다. 근친은 기혼여성의 당연한 권리였다.

18세기 후반 무렵을 살았던 성산 여 씨의 경우를 보자. 어느 날 여느 때와 다름없이 그녀가 친가에 가겠다고 시아버지에게 요청했다. 이때는 손아래 동서가 병세가 깊어져 상당히 위중한 상황이긴 했다. 과연 시아버지가 큰며느리의 근친을 막을 수 있었을까? 시동생 노상추는 자기 부인이 몹시 아픈데도 근친을 가겠다고 '공지한' 형수가 못마땅하다는 푸념을 일기에 잠깐 언급했을 뿐이다. 시가 남자들은 성산 여 씨를 그녀의 친가에 바래다주었다. 사실 양반 남성이 세운 효성스러운 며느리 만들기 프로젝트대로라면 여성들은 친가 출입을 자제해야 한다. 하지만 실제로 근친은 여성들에게는 일상이었다.

우리는 조선 양반 여성이 '출가외인'이었다는 통념을 의심해 보아야 한다. 인지상정의 개념에서 볼 때 우리가 확인한 자료에 그려진 여성들이 친가 일원 의식을 지니고 있었던 사실은, 어찌 보면 당연하다고 볼 수 있다. 그래서 양반 남성들은 여성의 일생을 사실대로 쓰기보다는 유교식으로 변형하는 방법을 택했다. 이때 손쉽게 이용된 이념이 '효'였다.

그렇다면 역으로 여성의 입장에서 그들 삶을 돌아보자. 그들은 출가외인으로 살았어도 친가와의 단절을 추구하지 않았다. 근친뿐만 아니라 다양한 방법과 명분으로 친가에 살거나 출입하고 물자를 보냈으며 친가 사람들을 돌보는 등 친가와 긴밀하게 지냈다. 이러한 삶이 가능했던 이유는 '효' 이념을 시가와 친가 사람들 모두에게 실천했기 때문이다.

그렇기에 조선의 효 이념은 이들에게 '역설'이다. 효 이념은 조선 여성이 친가 사람이기 위해서도, 조선 남성이 이러한 여성들을 감추기 위해서도 필요했다.

이 글에서 요리조리 '뜯어 본' 여성 생애 기록을 시기별로 나누어 보면 17세기에는 상대적으로 많은 수의 양반 여성들이 친가와 가까운 관계를 유지하고 있었다. 18세기 이후로는 친가와의 관계 유지 방법이 다소 소극적으로 바뀌기도 했다. 유교 이념의 사회적 확장이 반영된 결과였다. 그렇지만 그들이 딸로서 살아가는 모습에는 변함이 없었다.

결국 '효성스러운 며느리' 만들기 프로젝트는 절반만 성공하였다. 기록에 버젓이 남아 있는 효성스러운 며느리의 존재를 부정할 수는 없는 노릇이지만 이들은 한편으로 친가를 살뜰히 챙기는 '이중적' 삶을 살았다. 프로젝트의 부분적 성공에는 이처럼 역설과 이중성이 함께 존재했다.

조선의 양반 여성들은 남편과의 관계에서 비롯되는 친족질서에만 머무르기를 거부하였다. 오히려 시가의 며느리로 역할하면서 얻은 대가와 어머니이자 시어머니로서 갖게 된 권력을 친가 유지에 적극적으로 활용했다. 친가와 부모를 비롯한 친가 가족을 돌보고 그들과 함께하기 위하여 고안해 낸 양반 여성들의 생존전략은 주도면밀하고 철두철미했다. 이로 인해 조선 양반 남성이 유교식 포장지로 꼼꼼히 싼 아름다운 이야기 속에서도 양반 여성들의 친가 일원 의식은 뚜렷이 살아남았다.

하여주 · 부산광역시청 시사편찬 연구위원

〈참고문헌〉

• 정형지 외 역주, 《17세기 여성생활사 자료집 1~4》, 보고사, 2006.

• 황수연 외 역주, 《18세기 여성생활사 자료집 1~8》, 보고사, 2010.

• 홍학희 외 역주, 《19세기 · 20세기 초 여성생활사 자료집 1~9》, 보고사, 2013.

• 김현미, (사)한국여성연구소 엮음, 〈젠더와 사회구조〉, 《젠더와 사회》, 동녘, 2014.

• 하여주, 〈조선 후기 양반 여성의 친정 가문 일원 의식 고찰〉, 《조선시대사학보》 89, 조선시대사학회, 2019.

• 조앤 W. 스콧, 정지영 외 옮김, 《젠더와 정치의 역사》, 후마니타스, 2023.

3

수렴청정, 여성 정치 활동에 대한
인식 전환의 통로

수렴청정에 대한 오해

수렴청정垂簾聽政 하면 사극이나 역사 대중서에 등장했던 장면을 떠올릴 것이다. 어린 왕을 대신해서 정치권력을 행사하던 대왕대비가 주인공이었을 것이다. 때로는 왕의 나이는 상관없이 대왕대비이든, 왕비이든, 누구든 간에 왕실 여성이 배후에서 왕을 조종하며 영향력을 행사할 때에도 "수렴청정한다"라고 표현했다. 수렴청정은 비단 역사 속에만 등장한 것은 아니었다. 현대 사회에서도 여성의 정치적 목소리가 강할 때 "○○○ 수렴청정하나?"라는 신문기사를 접할 수 있고, 여성뿐만 아니라 막후에서 정치적 영향력을 행사하면 남녀 불문하고

"수렴청정한다"라고 한다.

　이러한 인식들에는 부정적 시각이 깔려 있다. 매체들이 수렴청정이라는 용어를 제대로 이해하지 않은 채 무분별하게 사용하고, 이 매체들을 소비하는 대중 역시 수렴청정을 부정적으로 생각하게 된 것이다. 이렇게 수렴청정을 바라보는 부정적 인식은 '뒤에서 떳떳하지 못하게', '석연치 않게', '누군가를 조종하면서'와 같은 의미를 내포하게 되었다. 여기에는 수렴청정의 주체가 주로 여성이었던 만큼 정치 활동을 하는 여성에 대한 부정적인 인식도 함께 포함된 것이다.

수렴청정, 제도와 그 시행

수렴청정은 조선시대에 국왕이 어린 나이에 즉위했을 때 왕실의 가장 어른인 대왕대비나 왕대비가 왕과 함께 국정을 운영하는 정치제도이자 정치 운영 방식이다. 수렴청정의 본래 명칭은 '수렴동청정垂簾同聽政'이다. 수렴은 발을 드리운다는 뜻이고 청정은 정사를 듣는다는 것이니 '수렴동청정'은 왕과 함께 발을 드리우고 정치를 한다는 뜻이 된다. 그러므로 명칭 자체만 보더라도 정치를 독단하거나, 왕을 대신하는 것이 아님을 알 수 있다.

　발을 치는 이유는 조선이 유교 국가였기 때문이다. 조선시대에는 '남녀칠세부동석'이라고 해서 남녀 간 내외를 엄격히 구분했다. 대왕대비라도 남성들인 신하들과 직접 대면하여 정무를 보는 것은 내외에 맞지 않는 것이었기에 발을 치게 된 것이었다.

아래의 표는 조선시대 시행되었던 수렴청정을 정리한 것이다.

〈조선시대 수렴청정의 시행〉

국왕	수렴청정 시행 대비	국왕 즉위 연령	수렴 청정 기간	철렴 시 국왕 연령	국왕과 관계	왕의 모후
성종	세조 비 정희왕후 윤 씨	13세	8년	20세	조모	덕종 비 소혜왕후
명종	중종 비 문정왕후 윤 씨	12세	9년	20세	모	중종 비 문정왕후
선조	명종 비 인순왕후 심 씨	16세	8개월	17세	모(입후)	하동 부부인 정 씨
순조	영조 비 정순왕후 김 씨	11세	4년	14세	증조모	수빈 박 씨/ 효의왕후
헌종	순조 비 순원왕후 김 씨	8세	7년	14세	조모	익종 비 신정왕후
철종	순조 비 순원왕후 김 씨	19세	3년	21세	모(입후)	용성 부대부인 염 씨
고종	익종 비 신정왕후 조 씨	12세	4년	15세	모(입후)	여흥 부대부인 민 씨

※ 임혜련,《19세기 수렴청정 연구》, 숙명여대 박사학위 논문, 61쪽 〈표〉 참고 보완.

조선에서 최초의 수렴청정은 성종이 13세에 즉위했을 때, 대왕대비인 세조 비 정희왕후가 성종이 20세가 될 때까지 8년간 시행한 것이다. 이것이 선례가 되어 명종이 12세에 즉위했을 때, 모후이자 대왕대비인 중종 비 문정왕후가 역시 왕이 20세가 될 때까지 9년간 수렴청정을 했다. 선조 대에는 조선에서는 유일하게 왕대비였던 명종 비 인순왕후가 8개월이란 짧은 기간 동안 수렴청정을 하다, 선조가 17세가 되자 철렴撤簾했다. 이후 수렴청정은 오랫동안 시행되지 않았다.

숙종이 14세 어린 나이에 즉위했을 때에도 시행되지 않았던 수렴청정은 19세기 들어 어린 국왕이 연이어 즉위하면서 다시 시행되었다.

1800년 순조가 11세에 즉위하자 대왕대비였던 영조 비 정순왕후가 수렴청정을 하였다. 이때에는 수렴청정이 제도적으로 완비되어 이후 수렴청정의 지침이 되었다. 정순왕후는 순조가 15세가 되는 해부터 친정親政을 하기로 결정되자, 그에 맞추어 전년도 말에 미리 철렴을 하교했는데, 이것이 이후 선례가 되었다. 조선의 국왕 중 가장 어린 나이인 8세에 즉위한 헌종 대에는 순조 비 순원왕후가 역시 헌종이 15세가 되는 해부터 친정할 수 있도록 그 전해까지 수렴청정을 하였다. 이는 고종도 마찬가지여서 고종이 12세에 즉위하자 익종 비 신정왕후는 대왕대비로 수렴청정을 하였고, 고종이 15세가 되는 해에 수렴청정에서 물러나면서 고종이 친정을 하게 되었다. 고종의 경우 계획된 철렴은 아니었지만 15세부터 친정을 한 것은 동일했다. 다만 철종은 예외적으로 19세에 즉위했음에도 수렴청정을 했다. 이는 철종이 강화도에서 지내다 즉위하여 군왕 수업을 받지 못했던 점, 또 당대 정치 상황과 관계되었다. 철종 대에는 역시 대왕대비인 순원왕후가 조선에서는 헌종 대에 이어 유일하게 두 번째 수렴청정을 했다.

그러면 수렴청정과 자주 혼용되었던 섭정攝政을 비교해 보자. 섭정은 정치를 대신한다는 뜻으로 삼국시대와 고려시대에 왕의 어머니가 섭정을 한 선례가 있었다. 어린 왕이 즉위했을 때 섭정을 하였던 모후는 왕의 어머니로 이들은 사적 관계에 있었다. 이때에는 어머니로서 아들을 보호한다는 명분을 바탕으로 모후가 섭정권을 가질 수 있었던 것이다. 그러나 조선의 수렴청정은 이러한 섭정과 차이가 있다. 앞의

표를 보면 조선의 수렴청정은 왕의 어머니가 아니라 왕실의 가장 큰 어른이 시행했다. 그리고 수렴청정은 왕을 대신하는 것이 아니라 왕과 대왕대비가 조정에 나가서 함께 정치를 하는 것이었다. 이때 대왕대비와 국왕은 공적 관계이다. 즉 대왕대비는 왕의 할머니로서가 아니라 이미 훙서한 선왕의 왕비로서 지위를 받은 것이었다. 대왕대비나 왕대비는 선왕의 왕비로서 국모였으며, 부군인 선왕과 함께 왕조를 이끌었고, 통치에 도움을 주었던 공이 있었기 때문에 선왕으로부터 이어 온 왕조를 계승해야 할 공적 역할을 부여받은 것이었다.

그러므로 수렴청정은 어린 왕이 즉위했을 때 왕실의 가장 어른인 대왕대비가 왕과 함께 정치에 참여하여, 국왕이 성장하여 스스로 정치를 할 수 있는 기반을 마련해 주고 그때까지 왕조를 지탱해 주는 정치적 장치였다.

대왕대비의 권한, 규정된 정치력

수렴청정은 어린 왕이 즉위했다고 해서 대왕대비가 조정에 나아가 바로 정치를 하는 것이 아니다. 이 모든 것에는 규정이 있으며, 이에 따라 대왕대비는 정해진 권한을 행사하는 것이었다. 수렴청정 시 대왕대비의 정치 활동 및 이에 수반된 예우 등 관련 규정은 〈수렴청정절목〉으로 작성되었다. 순조 대 제정된 절목은 수렴청정을 공식화하고 제도화한 것을 의미하며, 이후 19세기 내내 그 내용이 바뀌지 않고 연이은 수렴청정의 지침이 되었다. 수렴청정은 선왕이 훙서하고 사왕嗣王이 즉위하기 전 신료들의 합의와 요청을 수락하면서 시작된다. 그러면 이 절목을 통해 수렴청정의 기본 내용을 살펴보자.

첫째, 대비의 임어臨御 규정이다. 수렴청정을 하는 대왕대비는 왕이 정무를 보는 편전에서 발을 치고 정사를 처리했다. 그런데 매번 편전에 나갔던 것이 아니라 5일마다 수렴을 하고 신하들을 만나도록 규정했다. 대신 중요한 사안은 수시로 청대를 허락하였다. 때로는 대왕대비가 왕이 공부하는 경연經筵에 발을 치고 참석하기도 했다. 한편 대왕대비는 수렴청정을 시작할 때 '수렴청정 의식'을 거행했다. 관료들과 인사를 나누는 이 의식은 수렴청정을 공식화·합법화하는 행사였다.

둘째, 수렴청정이 시행될 때 왕과 대왕대비의 위치와 대왕대비의 위상이다. 왕과 대왕대비가 '수렴동청정'을 할 때 이들은 함께 남쪽을 향하여 신하들을 바라보고 앉았다. 이때 왕은 중앙에 위치했고, 대왕대비는 왕과의 사이에 발을 치고 왕의 동쪽에 자리했다. 이것은 동쪽

순조 대부터 수렴청정의 전각으로 주로 사용된 창덕궁 희정당의 모습.

이 윗자리였기 때문에 대왕대비를 존숭한 것이지만, 신하들과의 관계에서는 왕이 중앙에서 남면南面함으로써 관료제 사회의 수장이 국왕인 점을 분명히 한 것이었다. 그렇지만 수렴청정을 할 때 대왕대비의 위상은 왕과 같은 것이었고, 왕과 같은 호칭과 칭호를 쓰고, 각종 의례에서 왕과 같은 대우를 받았다.

셋째, 국정 참여와 출납의 방법이다. 대왕대비는 직접적으로는 편전에서 수렴동청정을 하여 신하들이 직접 보고한 사안을 듣고 결정했으며, 국정에도 간접적으로 참여했다. 왕은 상소나 장계는 직접 보고를 받지만, 이를 결정할 때 때로는 대왕대비께 여쭈어서 결정하겠다고 했다. 이때 업무를 대왕대비에게 전달하고, 하교를 출납하는 것은 승지가 담당했다. 그러나 역모, 군사를 비롯한 국정의 중요한 일은 대왕대비가 직접 결정하도록 하여 국정의 중요한 역할을 대왕대비가 맡도록 했다. 이러한 수렴청정의 운영에서 중요한 원칙은 일단 보고는 왕에게 먼저 한다는 것이다. 이는 국정 운영의 주체는 왕이라는 것을 확인한 것이며, 이러한 과정을 통해 왕은 정치적 역량을 키워 갈 수 있었다.

수렴청정의 명암과 역사적 의미

대왕대비는 왕실의 어른이자 선왕의 왕비라는 위상을 가지고 있었다. 그러므로 현왕의 모후보다 명분상 수렴청정을 하기에 적절하다고 인식되었다. 조선의 수렴청정은 제도화되어 공적 영역에서 시행되었고, 사적 관계가 지양되고 공적 배경을 바탕으로 수렴청정권의 향배가 결정되었다. 이는 관료제가 발전하고 수렴청정이 정치제도로서 자리매김한 결과이기도 했다.

조선의 수렴청정은 공통적으로 철렴으로 끝을 맺었다. 철렴은 수렴청정 본래의 목적이 이루어졌음을 뜻한다. 즉 대왕대비가 정치권력을 행사하기 위해 수렴청정을 한 것이 아니라 어린 국왕이 성장할 수 있을 때까지 국정을 보좌하여 왕조를 유지하고 왕의 정치적 능력을 함양하고자 시행했음을 의미한다. 그럼에도 수렴청정에 대한 부정적 인식이 형성된 배경에는 수렴청정을 하는 대왕대비의 권위에 가탁하여 외척들의 정계 활동이 두드러졌던 상황과 관련된다. 문정왕후가 수렴청정을 하자 윤원형을 대표로 하는 소윤이 집권하며 각종 폐단을 야기했다. 정순왕후는 제도적으로는 왕과 분담하며 국정을 운영했지만, 정조 대 정계에서 소외되었던 경주 김문 외척들의 진출이 두드러졌다. 순원왕후가 헌종과 철종 대 수렴청정을 하게 되면서는 소위 안동 김문의 세도정치를 야기했다. 신정왕후는 이러한 정국을 전환하고자 흥선대원군과 정치적 협력관계를 맺었다.

이처럼 대왕대비가 수렴청정을 할 때 외척들의 진출이 두드러지고 이로 인한 폐단이 발생했던 것은 대왕대비가 여성이고, 조선시대 여성은 공적 영역에서 활동을 하지 않았던 것과 관계된다. 즉 어린 왕이 즉위한 비상 상황에서 정치를 하게 되었으나, 그 이전에 정치 경험이 없던 대왕대비들은 자연스레 자신의 핏줄들에게 의지할 수밖에 없었다. 이것이 수렴청정의 폐단으로 지목되었고, 부정적 인식이 형성되는 데 일조하였다.

그렇지만 수렴청정은 발달된 관료제도 아래에서 정치제도로 자리매김하였고, 조선 왕조체제 유지를 위해 최선은 아니나 차선책은 될 수 있었다. 성리학이 크게 발전했던 조선에서 여성이었던 대왕대비의 국정 참여를 신하들이 합의하고 요청했던 것은 왕조 유지를 위한 방법일 수 있다고 인식했기 때문이다. 조선에서 여성은 국왕으로 즉위할 수 없는 것이 시대적 현실이었다. 게다가 국왕이 어린 경우 정통성만으로 왕위를 지키기 어렵다는 것을 단종의 선례를 통해 경험한 바 있었다. 그러므로 선왕의 적처嫡妻로서 왕실의 가장 어른인 대왕대비가 일정 기간 수렴청정을 통해 정치에 참여할 수 있도록 하는 것은 왕조의 존속을 위한 차선책으로 받아들여졌다. 이렇게 수렴청정제는 명암을 모두 가지고 있다. 하지만 오늘날 일반인들의 인식처럼 그 의미를 부정 일색으로 퇴색시키는 것보다는 공적 운영체제를 갖춘 정치제도의 하나로 이해하는 것이 중요하다. 여성사의 시각에서 볼 때 여성의 공적 활동이 제한되어 있는 조선시대에도, 왕비라는 공적 지위 그리고 국가와는 다른 왕실이라는 일종의 한 가문의 일이라는 인식이 수렴청정 제도를 만들었다고 생각한다.

• 한국역사연구회,《조선정치사》상, 청년사, 1990.
• 임혜련,〈19세기 垂簾聽政 研究〉, 숙명여대 박사학위 논문, 2008.
• ____,〈19세기 수렴청정의 공과 사〉,《역사와 현실》93, 2014.
• ____, 임혜련,〈19세기 '垂簾聽政儀'의 시행과 즉위의례〉,《사림》80, 2022.
• ____,〈조선시대 왕비·대비의 언문 교서 작성과 수렴청정 시 변화〉,《사학연구》151
    호, 2023.

334 여성사, 한 걸음 더

4

조선 후궁,
내명부 일원이자 왕족 여성

요녀·악녀 이미지에서의 인식 전환

조선시대 후궁이라 하면 흔히 궁중 암투를 벌이는 요녀 또는 악녀의 이미지를 떠올린다. 〈후궁: 제왕의 첩〉(영화, 2012), 〈동이〉(MBC, 2010), 〈왕의 남자〉(영화, 2005), 〈장희빈〉(KBS2, 2002), 〈여인천하〉(SBS, 2001) 등 유명한 사극을 보면, 후궁은 왕비에 버금가는 여성으로 등장한다. 심지어 이들은 궁중에 앉아 조선 정치를 쥐락펴락하는, 권력에 눈이 먼 사악한 존재로 그려지기도 한다. 대중의 흥미를 자극하는 소재로만 쓰이다 보니 비상식적인 악녀로 묘사되는 경우가 많은 것이다.

　왜 그럴까? 《조선왕조실록》, 《승정원일기》 등 관찬 자료에 의존할 수밖에 없는 상황인데, 이들 사료에는 당대 문제적 여성들에 대한 이야기만 자세히 싣고 있기 때문이다. 즉 '공식적인 사료 부족'이 후궁에 대한 편견을 낳은 가장 큰 원인이다. 이렇게 현재 남아 있는 사료마저 남성 중심 역사관의 함정을 피할 수 없게 하는 크나큰 걸림돌이 되고 있다. 그 결과 희빈 장 씨(1659~1701), 경빈 박 씨(?~1533), 장녹수(?~1506), 조 귀인(?~1651) 등은 이러한 이미지로 대중에 익숙한 후궁들이 되었다.

실제 조선의 후궁은 어땠을까? 대중에게 익숙한 장녹수나 장희빈 등의 이미지가 강하다 보니 왕비는 고위 집안, 후궁은 한미한 출신이라는 선입견이 강한데 사실은 그렇지 않다. 후궁은 정식 절차를 통해 선택된 간택 후궁과 궁녀나 외부인—기생, 여종 등—이 승은(국왕과 동침)을 입거나 다양한 '샛길'—추천, 진헌, 상납 등—을 통해 후궁이 된 비간택 후궁으로 나뉜다. 순조의 어머니 수빈 박 씨는 간택 후궁, 사도세자의 어머니 영빈 이 씨의 경우는 비간택 후궁이다.

간택 후궁은 왕비나 세자빈을 뽑을 때처럼 선발 기구인 가례청을 설치하고 금혼령을 내려서 정식으로 선발했다. 그래서 당대 유력한 명문 사대부 가문에서 나오는 경우도 많아 사회적 지위가 높았다. 중종 때 후궁으로 선발된 희빈 홍 씨는 외증조부가 정인지이고, 부친 홍경주는 중종반정을 성공시킨 정국 1등 공신으로 당대 실세였다. 숙종의 후궁 영빈 김 씨는 유명한 재상 김수항의 종손녀였다. 반면 장희빈이나 장녹수 같은 경우는 비간택 후궁이다. 〈동이〉로 알려진 숙빈 최 씨나 〈여인천하〉에 나오는 경빈 박 씨도 여기에 속한다.

현재까지 파악된 조선시대 후궁은 대략 175명 정도다. 27명의 조선 국왕은 평균 6.4명의 후궁을 맞이했는데, 가장 많이 둔 왕은 태종으로 19명에 이르렀다. 그 뒤를 이어 광해군 14명, 성종 13명, 고종 12명, 연산군과 중종은 각각 11명의 후궁을 두었다. 반면 현종, 경종, 순종은 1명도 두지 않았는데, 모두 재위 기간이 짧거나 병약한 체질이라고 알려져 있다. 전체적으로 보면 조선 초기엔 7.5명, 중기엔 6.8명, 후기엔 3.5명으로 갈수록 후궁의 수가 감소했다.

《경국대전》의 첫 조항, '내명부' 함의

1397년(태조 6) 첫 제정 후 몇 차례 개정된 내명부는 국왕의 후실이었던 후궁의 사적 지위를 생전에 공적 지위로 격상시켜 준 제도였다. 조선 왕조 법전인 《경국대전》의 내명부 조항을 살펴보면, 내명부는 기능상 크게 내관과 궁관으로 나뉘었다. 내관과 궁관 모두 궁궐 안에 기거하며 왕비 아래 공식적인 위계를 가진 여성 관료, 즉 여관女官이었다. 궁관은 궁궐에서 일하는 전문직 여성들이다. 그들은 종9품 주변궁에서 정5품 상궁에 오르기까지의 품계와 업무를 지녔다. 내관은 왕의 후궁들이다. 왕의 후궁들은 종4품 숙원淑媛에서 정1품 빈嬪에 이르기까지 품계에 따라 각기 해당하는 내명부의 일정한 직무를 갖고 있었다.

　유교적 이념이 확립되었던 조선 사회에서는 다처제를 인정하지 않았기 때문에 정식 혼례절차를 거친 한 명의 배우자만을 적처로 인정했고, 기타 여성들은 혼례절차 없이 첩으로 받아들여졌다. 왕실에서 국왕의 정실부인은 최고의 지위를 지닌 왕비이고 첩은 후궁이다. 즉,

가부장적인 가족제도의 정점에 서 있던 왕비에 비해 후궁은 왕실 가족의 주변에 있던 또 다른 타자他者였다. 이 때문에 후궁은 배우자인 왕에 대해 부부로 칭할 수 없었고 주군과 신첩의 관계로 인식되었다. 이러한 상황에서 일부일처제인 조선에서 왕의 첩인 후궁을 합법적으로 궁궐에 두려면 명분이 필요했는데, 그것이 바로 내명부제도였다. 법으로 규정한 내명부에 편입시켜 그들에게 임무를 부여하는 것만큼 좋은 명분은 없었다.

조선시대 후궁은 이처럼 '여성 관료'인 여관의 일원으로서, 공인公人이었다. 그들은 왕과의 개인적 관계에 머물지 않고 명실상부한 공적인 지위를 갖는 여성이 되어 왕비를 보필하는 직무를 담당하게 된 것이다. 게다가 이들의 명호를 올바로 세우는 데 더하여 정1품~종4품의 관료체계 속으로 흡수하고 이들을 서열화함으로써 일사불란한 위계질서를 확립하고자 했다. 이는 유교적인 신분질서를 추구하면서 후궁의 위상을 법제상으로 뒷받침한 것이다.

조선시대 왕실은 왕과 왕실 여성을 중심으로 하는 가정이자 국가였다. 왕은 지존이자 최고 권력자이며, 왕비는 조선의 여성 가운데 권력의 중심부에 있는 여성이었다. 왕비는 국왕의 정실 배우자로서 국왕을 내조하며, 위로는 종묘의 제사를 받들고, 윗전인 대왕대비, 왕대비를 모시며, 아래로는 왕자, 왕손을 양육하여 대통을 잇게 하는 등의 임무를 담당했다. 이렇게 왕비는 사가의 부부가 가업을 함께 이루어 나가듯 군주인 왕과 더불어 왕업을 수행했다.

이상적인 유교국가를 지향했던 조선에서 왕실 여성의 역할로서의 내치와 내조는 전 시대를 관통하며 왕실 여성에게 일관되게 요구된

덕목이었다. 왕비의 내조는 남편인 왕과 함께 교화의 정치를 이루어 가는 공적인 정치 주체로서 역할이었다. 왕실에서 후궁 역시 왕비와 함께 가업의 한 축을 맡게 되었다. 후궁들에게도 왕비와 마찬가지로 내치가 강조되었다. 이처럼 명문 사대부 집안 자손부터 노비·과부까지 출신이 다양했던 조선 후궁은 왕비와 함께 내치를 수행한 '왕실 여성 집단'에 속한 일원이자 '정승'에 버금가는 관직이었다. 따라서 내명부 조항이 《경국대전》의 첫 조항에 들어간 것은 "후궁이 왕비와 함께 내치를 수행하는 여성 집단"임을 법적으로 인정한 결과다. 그런 만큼 공적인 여성으로서 후궁의 위상은 매우 높았다.

왕비 예비자에서 후사 생산자로서의 역할 변화

조선 건국 초기인 태조·태종·세종 대까지만 해도 정실 왕비가 아들들을 많이 두었기 때문에 후사를 넓혀야 한다는 필요성이 그토록 절실하지 않았다. 그러나 세조 대부터 정실 왕비의 아들이 적거나 심지어 일찍 죽는 일이 잦아지면서 후궁의 역할이 한결 커졌다. 더구나 경종 대 이후 고종 대까지 정실 왕비 출신의 왕통이 끊기면서 간택 후궁은 왕통을 잇는 데 필수적인 존재로 부각되었다.

　후궁을 통해 왕실에서 얻을 수 있는 중요한 이점 가운데 하나는 바로 왕실세력을 확장시킨다는 점이었다. 후궁 집안과의 혼인을 통해 인척관계를 맺음으로써 왕실세력을 공고히 하려고 했다. 이는 고대국가 이래 모든 지배세력이 자신들의 신분을 확고하게 보장하고 막강한 지배력을 확장하기 위해 꾸준히 취해 왔던 정책이었다.

주목되는 점은 간택 후궁의 가장 큰 역할이 '왕비 예비자'로서의 기능이었다는 사실이다. 조선 전기 왕비 예비자로서의 후궁의 역할은 합법적으로 동일한 지위의 후비를 여러 명 두었던 고려시대의 유습이 남아 있었기 때문에 가능했다. 문종의 현덕왕후를 시작으로 안순왕후(예종), 폐비 윤 씨와 정현왕후(성종), 장경왕후(중종), 장희빈(숙종) 등 5명은 후궁 출신으로 왕비에 올랐다. 그러나 조선 조정에서는 예禮에는 두 명의 적처嫡妻가 없다는 '예무이적禮無二嫡'의 명분을 내세워 일반 사서인士庶人들이 첩을 처로 삼거나 처가 있으면서 다시 처를 얻는 다처多妻 행위를 강력히 규제했다.

조선 사회가 중·후기로 갈수록 성리학적 신분질서가 안정기에 접어들며 왕실 혼인에서도 적서 분별을 강조하게 됨에 따라 후궁을 왕비로 승봉시키던 관례에 제동이 걸렸다. 중종 대 계비로 들어온 장경왕후가 인종을 낳은 후 1515년(중종 10)에 산후병으로 죽자 후궁 가운데에서 계비로 승봉하려는 중종의 견해에 대신들은 적서와 상하의 분별을 강조하며 후궁을 왕비로 올리는 것에 반대했다. 결국 '왕비 예비자'로서의 간택 후궁의 역할은 1517년(중종 12)에 중종 때 궁 밖 외부에서 왕비 문정왕후를 간택하면서 끝나게 되었다. 이후 왕비 유고 시더 이상 후궁의 지위에 있는 여성을 승격시키지 않고 간택 절차를 통해 외부에서 새로운 여성을 계비로 맞아들이는 관행이 정착되었다. 이로써 후궁의 역할은 후사의 확대와 왕실세력의 확장이라는 두 가지 기능만 남게 되었다.

왕비 예비자로서의 후궁의 역할이 소멸되었다 하여 후궁의 왕비 승봉이 법으로 금지된 것은 아니었다. 조선 초기에 간택 후궁을 왕비로 승봉시키는 것이 관례였던 데 반해 중종 대 사림의 등장과 함께 처첩의 구분을 강조하는 정계 분위기에 편승해 이를 금기시하는 분위기가 형성되었을 뿐이다. 희빈 장 씨의 왕비 승봉은 그런 의미에서 대단히 파격적이고 이례적인 사건이었다. 희빈 장 씨는 간택 후궁이 아닌데 왕비에 오른 유일한 사례다. 간택 후궁도 아닌 비간택 후궁인 장 씨가, 게다가 공석인 왕비 자리에서 승봉된 것이 아니라 살아 있는 인현왕후를 폐출시키면서 왕비가 되었기 때문이었다.

그러나 1701년(숙종 27) 왕비에서 희빈으로 다시 강등된 장 씨가 인현왕후를 저주해 죽게 한 일이 발각되면서 숙종이 희빈 장 씨를 자결하도록 하고 "이제부터 후궁이 왕비 자리에 오를 수 없도록 하라"는 후궁의 정비 승격을 금지하는 교서를 반포하면서 후궁의 '왕비 예비자' 자격은 박탈됐다. 이에 따라 왕비 예비자로서 간택 후궁의 역할이 '후사 생산자'로 축소되었지만, 역할 축소에 대한 보상 차원에서 이들에 대한 대우에 변화가 생겼다.

게다가 왕비와 후궁의 출산율이 현격히 떨어지면서 왕실에서는 광계사廣繼嗣라는 당면의 목표를 위하여 후궁의 위상을 파격적으로 높여 주었다. 실제로 계비가 되지 못해도 왕의 총애를 입고 자녀까지 출산하면 '정1품 빈'에까지 책봉됐는데 이는 '정승'의 지위에 비견되는 자리였다. 게다가 선조 이후 후궁 소생 왕자가 왕위에 오르는 사례가 많아지고 철종부터 왕실 직계 자손이 단절되어 방계 자손들이 왕이 된 사실만 봐도 후궁의 영향력과 역할은 작지 않았다.

시대에 따른 출신 신분과 위상 변화

앞서 언급하였듯이 후궁은 간택 여부에 따라 간택 후궁과 비간택 후궁으로 나뉜다. 종래 정식 후궁과 승은 후궁, 또는 간택 후궁과 승은 후궁이란 분류가 다양한 입궁 경로와 출신 성분을 가진 후궁의 존재 양상을 포괄하지 못하기 때문이다.

연산군~숙종 대 간택 후궁의 가문에서 그 이전과 다르게 당상관과 공신세력의 비중이 작아지는 현상을 보여 준다. 그럼에도 이 시기에 간택 후궁 가문에서 왕비를 다수 배출한 가문의 성관인 파평 윤 씨, 여흥 민 씨 등이 보이는 것처럼 후궁 가문의 가격家格은 높은 편이었다는 점이 주목된다. 중종 이후에도 간택 후궁은 당대 정치적 역학관계에 의해 선발되었다. 조선 사회에서 혼인이 강력한 가계 집단과 인척관계를 확립하는 중요 수단이었던 점을 감안한다면, 후궁의 선발도 예외가 아니었다.

비간택 후궁의 경우, 초기(태조~성종 조)엔 노비, 과부, 첩녀 등 다양한 출신의 여성들이 포함됐으나 후기(영조~고종 조)에는 정식 절차를 거친 궁인 출신들이 많아졌다. 전기에는 유교의 명분론적 법체제가 미비했으나 중·후기로 갈수록 성리학적 신분질서가 고착화되었기 때문이다. 주목되는 사실은 중기(중종~숙종 조)에는 이전에 견주어 중인 가문이나 양반의 서녀가 그 자리를 차지하면서 출신 배경이 올라갔다는 점이다. 또한 이들 집안에서 왕실 여성의 후원을 얻거나 국왕 측근 세력에 연계된 출신들이 늘어났다는 점도 매우 흥미로운 사실이다. 연산군 때의 장녹수와 인조 때의 김개시 등이 정치에 깊이 관여하게 된 것은 우연이 아닐 것이다.

후궁은 출신 성분에 따라 어떤 대우를 받았을까. 조선 초기에 간택 후궁의 위계는 비간택 후궁보다 두 단계가 높고, 왕비보다 두 단계 낮은 종2품 숙의였고, 비간택 후궁의 위계는 정3~종4품의 품계였다. 즉 간택 후궁은 종2품(숙의)에서 정1품(빈)까지, 비간택 후궁은 종4품(숙원)에서 정1품(빈)까지 봉작封爵될 수 있었다.

조선 후기에 왕비와 후궁들의 출산율이 현격히 떨어지면서 후궁의 위상은 파격적으로 높아졌다. 왕자녀를 출생했을 경우 간택 후궁에게 처음부터 정1품 빈의 승진을 약속했고, 비간택 후궁에게도 빈으로 초고속 승진을 보장해 주었다. 궁녀 출신 영조의 생모 숙빈 최 씨가 셋째 자녀까지 낳으면서 마침내 빈으로 책봉된 것이 그 예다. 또한 홍국영의 누이동생 원빈 홍 씨는 처음부터 빈에 오른 조선 최초의 간택 후궁이 되었다.

한편 선왕의 후궁이자 후왕의 사친私親을 예우하는 제도도 생겨났는데, 궁원제宮園制의 시행이다. 궁원제는 후궁이었던 왕의 생모를 격상하여 사당을 '궁'으로, 무덤을 '원'으로 승격한 것이다. 내명부가 후궁의 사적 지위를 생전에 공적 지위로 격상시킨 것이라면, 사친 추숭은 후궁 사후에 왕의 사적 영역의 공적 제도화를 이룬 것이다.

그동안 후궁에게 덧씌워진 선입견을 없애고 '여성 조정朝廷' 격인 내명부의 일원으로서 왕과 왕비를 보좌했던 후궁의 진면모를 되새겨 보았으면 한다. 또한 편견 속에 홀대받아 왔던 후궁의 역사를 재정립했으면 더 바랄 나위 없겠다.

이미선·한국학중앙연구원 전통한국연구소 연구교수

〈참고문헌〉

• 이미선, 《헌종의 후궁 경빈 김씨의 혼례식 풍경을 담다》, 민속원, 2020.

• ____, 《조선 왕실의 후궁―조선조 후궁제도의 변천과 의미》, 지식산업사, 2021.

• ____, 《조선 후궁; 제도화된 지위, 감추어진 일상》, 국학자료원, 2022.

5

조선 가부장제의 유연성

조선 가부장제를 보는 시각

가부장제는 현대 사회에 와서 생겨난 개념이다. 가부장제란 사전적으로는 강력한 가장권을 지닌 남성 가장이 가족 구성원을 지배하는 가족 형태 또는 사회체계를 말하며, 좁은 의미로는 남녀노소 상하 간의 억압 상황을 말하기도 한다. 오늘날 성차별을 논할 때 역사상에서 가장 많이 소환되는 것은 조선 왕조의 가부장제다. 그러나 조선의 가부장제가 어떠한 경로를 거쳐서 구조화되어 왔는지는 명확히 밝혀졌다고 보기 어렵다.

가족사회학자인 필자는 양반가의 일기들을 분석하는 과정에서 이

제까지 통념적으로 그려 왔던 전제적 가부장의 모습과는 다른 면모를 발견하였다. 이 글은 가부장제에 대한 새로운 논거의 제시라기보다는 필자가 연구한 양반가 일기를 중심으로 조선 가부장제의 일면을 시기별로 살펴보는 데 촛점을 맞춘다. 즉, 여성 억압의 연원으로 지목되어 왔던 조선의 가부장제가 어떻게 운용되었는지를 가족 및 친족 관계의 변화와 관련하여 살펴보는 가족사회학적 접근이다.

조선 왕조를 세 시기로 나누어서 조선 건국 이후 신흥사대부가 주도했던 15세기를 조선 전기로, 사림, 즉 사족이 사회를 주도하던 16세기부터 17세기 중반까지를 조선 중기로, 사족 지배체제가 동요되는 그 이후를 조선 후기로 하여 시기별 가부장제의 추이를 보고자 한다.

조선 전기의 가부장제:
중국식 예제 도입과 관행의 지속

유교국가로 탈바꿈하기 위해 강력한 개혁 드라이브를 펼쳤던 지배층들의 의도와는 달리, 조선 전기 민간에서는 기존의 습속과 관행이 지속되어 권위적 가부장제는 아직 두드러지게 나타나지는 않았다. 조선 초기 신흥사대부들은 중국의 종법적 가족제도를 조선 사회에 이식하고자 《주자가례朱子家禮》에 의거한 예제와 의식 정비에 주력하였다. 특히 왕실에서는 전 왕조의 습속인 남귀여가혼男歸女家婚, 즉 처가살이를 시집살이로 바꾸고자, 솔선하여 모범을 보이기도 했다. 그러나 사대부 집안조차도 중국식 친영親迎으로 바꾸는 것을 주저하고 있었다. 즉, 고려시대부터 이어져 온 남귀여가혼에 따라 사위와 딸 그리고 외손주들과 거주하는 습속은 쉽사리 바뀌지 않았다. 처가살이를 하는 사위는 처부모의 보은을 생각하는 또 다른 아들이었으며, 외손이나 사위는 제사나 가계를 물려줄 대상이 되기도 하였다. 사위가 처가에 영입迎入된다는 의미가 강했던 이 시기에는 재경在京 관료들이나 사족들이 처가나 외가 근처로 낙향하거나 이주하기도 했다.

조선 전기의 가부장제는, 건국 초부터 유교적 예제와 의식 정비에 박차를 가하였음에도, 중국식 종법적 가족과는 거리가 있었다. 여성들에게 삼종지도와 내외관습의 유교적 이념이 주입되었음에도 고려의 유제遺制인 균분상속均分相續과 남귀여가혼은 가장권을 제한하는 요인으로 작용하고 있었다. 이 시기의 상속 관행은 혈연 자체를 중시하여 아들과 딸, 장자와 차자, 친손과 외손 간에 차별이 심하지 않았다. 남귀여가혼으로 인한 처가 또는 외가 거주는 모계친과의 친밀한 유대를 유지함으로써 기존에 가지고 있었던 여성의 가족 내 위상과 지위를 크게 흔들지 않았다. 조선 초에 위정자들이 주입하려 했던 중국식 예제가 이념을 넘어 생활에서 구현되는 데에는 시간이 걸렸다. 성리학의 보급과 사림의 성장에 따라 조선 왕조가 지향하였던 유교적 예제와 가부장적 가족은 15세기보다는 16세기, 그리고 16세기보다는 17세기가 되면서 서서히 정착되어 가는 경향을 보인다.

조선 중기의 가부장제:

성리학적 예제 수용과 가부장권의 강화

조선 중기는 성리학적 이념이 양반가의 유교 예식으로 실천되면서 일상생활에 정착되는 시기이다. 17세기 전반에 집권한 서인 정권은 정국의 혼란을 수습하고자 친족질서를 부계 위주, 적서 차별, 장유와 상하의 관계로 정립하고자 하였다. 상장례에서 《주자가례朱子家禮》를 점차 준수하려는 양반들의 노력과 함께 상속에서 장자 우대가 심화되었으며, 제사에서도 기존의 윤회봉사에서 제자諸子 윤회 내지 장자 단독 봉사로 변화해 가고, 점차 부계 친족 위주의 동성촌同姓村이 확대되고 있었다. 그럼에도 불구하고 조선 중기 가부장제의 운용에는 혼속에서의 절충혼, 제사에서의 유동성, 여성들에 대한 사회적 용인 등이 잔존하고 있었다.

가부장적 지배구조를 살펴보면 조선 중기 가부장제는 가장중심적이며 권위적인 가족제가 정착되지 않았다. 16세기 중반 미암 유희춘柳希春(1513~1577) 집안의 가부장적 지배구조에는 권위적이라기보다는 다소 느슨한 면이 있었다. 미암은 시인이었던 부인과 동지적 관계를 가지고, 자애로운 조부로서 가족원들을 온화하게 통솔하며, 사위로서 처가의 일을 돌보고, 형편이 어려운 혼인한 누이들에게 경제적 도움을 주며, 이종사촌들과도 서로 집안 제사를 챙길 정도로 가깝게 지내던 가장이었다.

조선 중기 양반들의 생활에서, 유교 예식과 가산을 운용하는 주체는 가부장이었지만, 그 권한은 절대적이라고 할 수 없다. 그것은 종자宗子를 통한 가장권의 승계가 확립되지 않았던 사회적 여건, 유교화되지 않은 절충적인 혼속, 그리고 여성들이 가졌던 부권婦權의 존재와 무관하지 않다. 제사나 종손에 대한 관념은 집안에 따라 차이를 보여, 16세기 중반 유희춘 집안의 경우 집안에 일이 생기면 제사를 지내지 않는 경우를 보이지만, 16세기 말 17세기 초 오희문 집안에서는 전쟁 중에도 제사를 철저히 지키고자 하며 종손에 대한 관념이 형성되어 있었다. 유희춘의 장손은 '반친영半親迎' 예식으로 혼인하였는데, 이것은 전래적인 남귀여가혼과 중국식을 절충하여 신부가 친정에 1년 정도를 머물다 시가로 가는 형태였다. 여기에는 신랑의 출세와 혼례비용을 절약하려는 양쪽 집안의 실리가 작용하고 있었으며, 신랑은 처가를 왕래하며 친밀한 관계를 형성하는 계기가 되었다. 오희문吳希文(1539~1613)의 딸이, 비록 수령인 남편의 지원으로 가능했지만, 정례적으로 친정을 부양한 사례는 딸이 친정을 봉양하는 사회적 관행이 있었음을 보여 준다. 또 유희춘의 지인 중에 남편이 부재하자 부인이 혼례를 주관한 사례에서 가장을 대신한 부인의 역할과 활동이 사회적으로 허용되는 분위기였음을 알 수 있다.

조선 중기 사회는 전기에 비해 성리학적 이상을 구현하려는 노력으로 유교 예제가 구체적으로 양반가의 생활에 침투하여 내면화되는 시기이다. 양반가에서 가부장적 가족제를 정립하려는 노력은 가계를 계승하는 아들과 종손, 그리고 양자에 대한 높은 관심과 집착에서도 나타난다. 양반가의 가족 구성원들은 유교 이념의 틀로 남녀의 역할을 구획짓고 성리학적 예제를 내면화하고 있었으며, 여성들은 내외 관습과 정절 이념을 체화하여 성차별적 제도에 순응해 가는 모습을 보여 주고 있었다. 조선 중기 양반가의 가부장은, 권위적이고 억압적으로 가족원을 통제하기보다는 집안의 화목을 도모하였다. 이것은 전래적으로 여성들이 가지고 있었던 균분상속과 남귀여가혼으로 인한 물질적 기초가 뒷받침된 여성의 부권婦權과 관련이 있다고 생각한다.

조선 후기의 가부장제:
유교 예제의 구현과 가부장권 정착

조선 후기 사회는 전기와 비교했을 때, 성리학자들이 의도하였던 부계 위주의 가부장적 가족이 정착된 모습을 보여 준다. 효와 공순恭順의 윤리를《주자가례》의 유교 의례를 통하여 완벽히 실천하려 했다는 점에서, 학자들은 동아시아에서 성리학 이념을 가장 잘 구현한 국가로 조선 왕조를 꼽는다. 조선 후기에 부계 위주의 가부장적 질서가 자리 잡는 데에는 재산 상속과 제사 상속이 장자 위주로 확립된 것이 주효했다. 반정反正으로 즉위한 인조 당시의 혼란스런 정치적 상황을 타개하고자, 서인 위정자들은 사대부가에서 양자가 조부모의 제사를 받들게 하였다. 1669년 현종 대에 양자의 조부모 봉사奉祀가 법제화된 것은 종법질서의 확립과 적장자 우대의 상속이 제도적으로 확립되었음을 의미한다. 이로써 17세기 중반 이후에 장자에게 봉사조奉祀條가 증가되고 종가 재산이 집중적으로 전해져서 가부장의 물적 기반이 공고히 되었다. 이러한 물적 토대에서 조선 후기 양반가에서 부계 위주의 가족제가 정립되어 갔지만, 아직 가부장제는 강고하지 않았으며,

여전히 가족 내에서 여성 또는 모계 친인척의 위상도 크게 축소되지는 않았음은 사례 연구에서 나타난다.

18세기에서 19세기 경북 선산에 살았던 노상추盧尙樞(1746~1829) 집안의 여성들이 친정을 왕래한 것은 주로 임신하거나 출산을 위해서였는데, 남편이 요절하여 청상이 된 여동생은 친정을 수시로 출입하고 있었다. 특히 남편의 사망 후 화병이 난 노상추의 형수는 시부와 시동생의 허락을 구하지도 않고, 또 집안의 대소사가 있었음에도 불구하고, 끝내 친정에 가려는 자신의 뜻을 관철시키고 있었다. 구례의 유형업柳瑩業(1886~1944)의 사돈은 몸이 아픈 며느리를 친정에 보내 요양하도록 하며, 몸소 친정에 데려다 주기도 하는 덜 권위적인 모습을 보인다. 양반가에서는, 특히 경제력이 있는 경우에, 조선 후기에도 반친영의 혼례를 여전히 행하고 있었으며 여성들에게도 재산을 물려주고 있었다. 가부장은 집안의 각종 의례를 포함한 집안일들을 관장하지만, 가족원들에게 강압적이지만은 않았으며, 여성들의 친정 왕래를 도와주고 필요한 물품을 제공해 주는 도움 역할을 하고 있었다. 집안의 상장례를《주자가례》에 따라 엄격히 준수하던 가장 노상추가, 부인들의 사망으로 제사와 살림을 맡을 사람이 없다고 한탄하는 모습에서 가내 여성들의 역할이 부권婦權으로 인정되고 있었음을 알 수 있다.

조선 후기 부계 우위의 제도와 정책이 가부장의 권한이 강고해지는 방향으로 시행되었고 그 이면에는 여성들이 기존에 가졌던 재산 상속권이나 총부 봉사권 등이 약화되는 면이 분명히 있었다. 그러나 조선 후기 양반가의 여성들이 혼인 후에도 지속적으로 친정과 교류한다거나 사위나 손자가 처가나 외가와 친밀한 유대를 이어 가고 있는 모습은 위정자들이 이루고자 했던 엄격한 가부장적 가족과는 다소 거리가 있는 것이었다. 실제로는 여성들이 가지고 있었던 부권이 여전히 유효하게 작동했으며, 가장권과 함께 가家를 지탱하는 또 다른 축이었다고 생각한다. 조선 전기에 비하여 후기에 상장례, 상속, 내외 관습 등에서 남성 가부장의 권한과 지위가 강해져 가는 듯 보이지만, 양반가의 일상에서 나타나는 가장의 권위는 절대적이거나 엄격해 보이지는 않는다.

조선 가부장제에 대한 정리

필자는 조선 중기를 연구하면서 유교적 공순confucian piety에 상응하는 부자간의 효가 친친親親으로 확장되는 조선 후기에 이르러서는, 어쩌면 더 강력한 가부장제가 구현될 것이라고 생각한 적이 있다. 왜냐하면 유교 상장례를 지키기 위해 물심양면으로 최선을 다하는 양반들의 모습은 사회적으로 가속화되어 강력한 가부장제로 귀결될 것이라고 보았기 때문이다. 비교사회학적으로 보자면, 조선 후기 가부장제가 서구 사회를 대상으로 한 막스 베버의 가부장적 가산제의 원형보다도 더 강한 가부장성을 띨 수 있다고 생각했다. 그러나 생사여탈을 좌우할 수 있었던 로마의 가장권이나 가산 전반을 지배했던 중국의 가장권보다는, 필자가 일기들로 살펴본 조선 양반가의 가부장제는 그리 경직되지 않은 것으로 나타나며, 구성원들에게 자율성을 허용하는 유연함을 여전히 지니고 있었다.

이것은 전 왕조부터 이어져 온 전통과 관행이 쉽게 변화하지 않은 결과로 해석된다. 즉, 여말선초의 혼례, 상속, 제사, 족보 기재 등에서 보이는, 남녀를 차별하지 않는 균등성은 강력한 부권父權에 입각한 수직적 지배를 기대할 수 없게 하였다. 이러한 고려 이래의 관행이 조선조에도 지속적으로 작동하며, 가족 내에서 가장권을 강화하려는 국가적 법제와 충돌하고 있었다. 가부장적 가족이 생활에서 점차로 모습을 드러내는 것은 다소 시간이 지난 조선 후기이지만, 이 시기 양반가의 가부장제도 통념과는 달리 경직되지 않고 다소 유연하게 운용되었다.

조선 사회 가부장제의 대략적 모습을 세 시기로 나누어서 살펴본 이 글에서 필자는 부계 위주로 변화되는 추이 속에서 양반가 가부장제가 어떠한 유연성을 지니면서 운용되었는지를 보고자 하였다. 조선시대의 가부장제가 가족 및 친족의 변화와 관련하여 역사적으로 어떻게 구조화를 겪었는가를 밝히는 작업은 매우 중요하지만 주로 남성이 기록한 양반가의 일기 사례를 연구한 이 글이 그 임무를 다했다고 보기는 어렵다. 한국 사회 가부장제의 역사적 성격과 가족과 친족, 그리고 여성과 관련된 총체적인 통찰을 위해서는 앞으로 심도 있는 연구와 관심이 더 필요한 이유이다.

박미해 · 서울대학교 아시아연구소 선임연구원

〈참고문헌〉

• 박미해,《유교 가부장제와 가족, 가산》, 아카넷, 2010.

• ____, 〈조선 후기 친정 왕래와 여성의 '관계적 실재'〉,《여성과 역사》 38집, 2023.

• ____, 〈17세기 養子의 제사 상속과 재산상속〉,《한국사회학》 33집 겨울호, 1999.

• 이수건, 〈朝鮮 前期의 社會變動과 相續제도〉,《한국친족제도연구》, 일조각, 1995.

• 박병호,《근세의 법과 법사상》. 도서출판 진원, 1996.

• 이혜옥, 〈여성의 자아실현과 의식세계〉,《동방학지》 124집, 2004.

6

조선 후기 가부장제에 대한 '위험한 발상'

-양반 여성의 소송과 법적 능력

조선 후기 여성들의 권리 찾기

한국 여성은 마치 귀먹고 눈 어두운 병신과 같다.……남자와 똑같은
온전한 신체를 가진 평등한 인간인 여성이 어째서 평생 동안 깊은 규
중에 갇혀 남자의 절제를 받아야만 했는가!

1898년(순종 1) 9월 1일, 서울 북촌의 양반 여성 300여 명이 모였다.
이곳에서 한국사에 길이 남을 강렬한 사건 하나를 벌였다. 〈여권통
문〉의 발표였다. 그녀들은 남녀차별 관습을 비판하고 여성의 권리와
해방을 주장했다. 여전히 가부장적 사고와 방식으로 완고했던 19세기

말, 살림살이하던 양반 여성들이 밖으로 뛰쳐나와 조선 사회를 향해 여권을 부르짖은 것이다. 개화기 여성들이 어떻게 이처럼 강렬한 자기주장을 펼칠 수 있었을까? 억압·복종·희생의 아이콘, 조선 후기 여성들이 하루아침에 돌변한 것인가.

우리의 통념과 다르게 개화기뿐만이 아니라 조선시대 여성들이 주체적으로 권리를 주장하던 모습은 쉽게 찾아볼 수 있다.《조선왕조실록》을 보면 전·후기를 막론하고 여성들은 소송, 정소呈訴, 상언上言, 격쟁제도를 통해 관에 억울함이나 원하는 바를 호소했다.

조선시대에는 상언과 격쟁제도를 통해 급박하고 중요한 사안을 국왕에게 민원으로 제기할 수 있었다. 여성들도 상언이나 격쟁을 이용하여 처·첩의 자리 다툼, 재산 상속, 양자 분쟁, 가산 다툼 등 가족이나 친족과의 관계 속에서 직면했던 다양한 갈등과 문제들을 해결하고 권리를 찾고자 했다.

예를 들어 1784(정조 8)~1800년(정조 24) 시기,《일성록》의 입후立後, 즉 가계 계승 양자를 세우는 문제와 관련된 상언 중 양반 여성 청원자는 약 27퍼센트였다. 특히 분쟁이 발생한 경우에 여성 청원인 비율은 43퍼센트로 올라가고, 또 양어머니의 청원이 양아버지보다 더 많았다. 이러한 통계는 양반 여성들이 입후 청원이나 분쟁에 매우 적극적으로 참여했던 사실과 더불어 일정한 권리가 있었던 점을 보여 준다.

또한 소송 판결문에서도 소송을 통해 적극적으로 문제를 해결했던 조선시대 여성을 만나 볼 수 있다. 조선시대 민사 판결문인 결송입안 決訟立案 분석에 따르면, 16~19세기 총 73건의 소송에서 여성이 참여한 것은 13건(18퍼센트)이다. 좀 더 세부적으로 볼 때 177명의 원·피고 가운데 여성은 18명(10퍼센트)이고 그중 양반층 여성이 11명이었다. 통계의 절대 수치가 부족하지만, 소송 참여 여성 중 61퍼센트가 양반 층인 점은 조선 사회에서 여성의 소송 권리가 보장되었고 대외 활동에 제약을 받았던 양반 여성들도 이를 활용했던 사실을 보여 준다.

대송, 여성에 대한 제약인가? 보호인가?

조선시대 소송에서 양반 여성들은 대부분 대송代訟 방식을 활용했다. 대송이란 한마디로 전근대의 대리 소송이라고 할 수 있다. 지금의 민사 소송 격인 사송詞訟에서 당사자를 대리하여 아들이나 노비 등이 소송하는 방식을 의미한다. 조선시대의 소송은 당사자가 직접 참여하는 친송親訟이 원칙이었으나, 예외적으로 양반 여성, 고위 관료, 지방 파견 관리, 상주喪主에게 대송을 허용했다. 대송은 《경국대전》에 규정이 마련된 이후 보편적인 양반 여성의 소송 방식으로 자리 잡게 되었다. 따라서 대송은 조선시대 여성의 법제적 권리와 지위를 파악할 수 있는 중요한 단서다.

대송제도는 여성이 소송에 직접 참석하지 못하고 대리인을 통해 소송한다는 점에서 여성의 법적 권리에 대한 제약이라고 할 수 있다. 그러나 조선시대에도 소송은 전문적인 영역이었기 때문에 법 지식을 가진 대리인을 활용하는 편이 여성에게 유리한 면도 있었다. 과연 대송은 양반 여성의 소송 능력을 제약한 것인가? 보장한 것인가?

우선 대송은 일부일처제 정책의 하나로서 내외법에 따른 남녀의 공간 분리와 관계가 깊다. 즉 법정 출입에 따른 양반 여성의 정절을 보호하기 위한 목적성이 강하며 이에 따라 허용된 특례의 성격을 띤다. 조선 초기부터 위정자들은 유교적 일부일처제를 이상적인 가족제도로 간주하고 부계 혈통을 대대로 이어 나가는 정책을 폈다. 여성에게 정숙과 수절을 도덕적 덕목으로 제시하고 이에 대한 실천윤리로 남녀 유별과 내외를 요구했다. 이러한 관념은 단순히 예절 교육이나 교화 정책의 차원에 머물지 않고 양반 여성의 공공장소 출입 제한, 얼굴을 가리는 폐면蔽面정책으로 확대되면서 공간의 분리를 강제한 내외법으로 제도화되었다.

더욱이 세종 대 빈번했던 양반층 여성의 간통사건으로 남녀의 공간 분리를 위한 여성의 출입 제한 필요성이 대두됨에 따라 양반 여성의 친송을 점차 부정적으로 인식하고 제재하기 시작한다. 세종은 형사적 사안에서 중대한 죄를 제외하고 양반 여성들의 수감, 직접적인 대면 심리, 법정 출입을 금지했다. 그 대안으로써 서면 심리(공함公緘), 대송을 허용하여 《경국대전》에 수록하게 되었다.

그러나 대송제도를 단순히 여성 억압정책으로 단정할 수는 없다. 애초에 대송은 고위 관료의 영향력 행사를 견제하기 위한 목적으로 만들어졌지만, 점차 법정에서 고위 관료와 양반 여성의 존엄과 지조를 지켜 주기 위한 우대 특례로써 운용되었다. 특히 17세기 중반에 이르면 대송의 이용층은 관료나 양반 여성에 국한되지 않고 양반층 전체로 확산된다.

이러한 대송 선호 현상은 지배층의 품위 유지와 관련되어 있다. 양반들이 직접 법정에 출석할 경우, 아전이나 군졸 등 낮은 신분의 사람들 틈에 섞여서 자신의 사연이나 억울함을 호소하거나 또는 소송 상대와 첨예한 이익을 두고 시비를 다투는 과정에서 지배층으로서 체면을 지키기란 매우 어려운 일이었다. 이러한 점에서 양반 여성의 대송 규정은 여성의 소송 능력을 부정하거나 법률상 무능력자로 간주한 것이 아니라, 법정이라는 거친 공간에서 대리 소송을 통해 약자 혹은 지배계층으로서 여성을 보호하기 위한 입법 의도가 포함되었다고 볼 수 있다.

또한 고금을 막론하고 소송에서는 전문적인 법적 지식이 필요한 경우가 대부분이다. 이러한 이유로 현대의 변호사나 소송 대리제도가 마련되었다. 조선시대도 마찬가지로 불법적이지만 법률자문가로서 외지부外知部가 존재했고, 향촌 사족들이 일반 백성을 위해 소장을 작성하거나 소송의 자문가 역할을 담당하기도 했다. 대송은 소송 당사자보다 법적 지식이 풍부한 대리인을 활용할 수 있다는 점에서 장점이 되었다. 공식적으로 인정된 양반 여성의 대송 자격은 오히려 그들의 소송 능력을 확장할 수 있는 토대를 제공한 측면이 있다.

소송·민원 제도의 전략적 활용, 그리고 여성 보호정책

대송할 경우, 대리인이 소송을 주도하는 것처럼 보이고 당사자는 잘 드러나지 않는다. 더욱이 양반 여성들은 대리인에 의존하는 소극적인 존재로 인식되기 쉽다. 그러나 실제 소송에서 양반 여성들이 대리인을 내세웠지만 배후에서 당사자로서 소송에 개입한 사례들이 적지 않다. 그녀들은 전략적으로 임금이나 상부 기관에 상언이나 소장을 올려 민원을 제기하는 방식으로 소송의 판세를 유리한 방향으로 이끌어 가기도 했다.

1586년(선조 19) 나주에 사는 충의위 이유겸李惟謙의 아내 서 씨는 남편 쪽 노비인 다물사리와 소송을 시작했다. 다물사리가 자신은 성균관 노비로서 자녀들도 모두 공노비라고 주장하며 서 씨 측에 신공 납부를 거부했기 때문이다. 소송은 전남 영암에서 개시되었지만 다물사리와 아전이 결탁함으로써 서 씨 측에 불리하게 전개되었다. 그러자 서 씨는 관찰사에게 민원을 제기하여 거주지인 나주로 관할을 옮겨 소송을 진행했다.

하지만 다물사리의 반격이 만만치 않았다. 서 씨 측에서 증거문서를 제출했지만 다물사리 측 문서 내용과 상반되어 소유권을 입증할 근거로 충분하지 않았다. 쉽사리 결론이 나지 않자, 서 씨는 직접 성균관에 소장을 올려서 다물사리가 제출한 문서의 사실 여부를 확인하고 재판관의 소극적 소송 진행을 질타했다. 결국 서 씨는 다물사리가 관비가 아니라는 내용의 성균관 입지를 받았고, 이것이 결정적인 근거로 인정되어 소송에서 이길 수 있었다. 서 씨는 아들을 통해 대송했지만 당사자로서 소송을 주도한 것이다.

또한 양반 여성들은 국왕에게 상언을 올려서 소송을 개시하거나 진행 중인 소송에 개입하기도 했다. 인조 대 반정공신 이중로李重老의 며느리 박 씨는 시아버지의 공로로 받은 사패노비賜牌奴婢를 두고 이배련과 오랜 기간 다투었다. 1662년(현종 3)부터 시작된 노비 소송에서 박 씨 측이 패소했다. 박 씨는 이에 불복하고 여러 차례 상언을 올려서 1667년(현종 8)에 소송을 재개할 수 있었다. 그러나 재판관은 이전에도 여러 번 패소해서 소송을 제기할 권리가 없다며 박 씨 측의 소제기를 기각했다. 1673년(현종 14) 박 씨는 다시 상언을 올려서 재판관의 기각 처분에 근거가 부족하다는 점을 주장하며 소송을 재개해서, 결국 11년 만에 승소했다.

그 외 양반 여성들은 입후와 관련된 문제에서도 상언을 적극적으로 활용했다. 입후는 부계 혈통의 가계 계승자를 입양하여 종통을 잇는다는 점에서 성리학적 가부장제 특징이 잘 드러나는 제도이다. 그러나 실질적으로 입후한 양자는 향후 집안의 재산과 헤게모니를 장악하는 동시에 양모가 노후를 의탁하거나 가계家計를 안정적으로 운영하는 데 보호막 역할을 하는 중요한 존재이기도 했다. 이에 따라 양반 여성들은 양자의 선택에 적극 개입했다.

조선 사회에서 공식적인 입후권자였던 어머니들은 친족과 협의하에 평화적으로 입후하기도 했지만 때로는 자신이 선택한 양자를 세우기 위한 분쟁도 마다하지 않았다. 그 과정에서 양반 여성은 가계를 계승한다는 대의명분 아래 소송이나 상언 등의 법적 제도를 적극 활용했다. 또한 국가는 여성의 입후 민원을 단순 청원으로 간과하기보다는 사회의 윤리와 기강과 관련된 엄중한 사안으로 분류하여 어머니의 입후권과 양자의 가계 계승권을 보호하려는 경향을 보였다.

이처럼 양반 여성들이 정소나 상언을 통해 소송이나 분쟁에 개입한 사례는 결송입안이나 조선 전·후기의 관찬 사료에서 쉽게 찾아볼 수 있다. 특히 상언제도는 16세기 중엽에 이르러 청원 수단으로 널리 활용되면서 양반 여성들도 소송이나 분쟁의 승패를 바꿀 수 있는 유효한 전략으로 사용했다. 대송이 확산되고 직접 참여가 제한되는 상황에서 양반 여성들이 소송과 분쟁에서 억울하고 불편한 문제를 빠르고 직접 해결하는 방법으로 상언제도를 활용했을 가능성이 크다. 또한 국가도 여성에게 상언제도를 한층 관대하게 허용했던 경향을 볼 때, 여성의 언로 수단의 하나로 확대했던 조선시대의 정책적 운용 방향을 찾아볼 수 있다.

조선 후기 가부장제의 양면성

조선 후기 여성에 대한 우리의 인식은 파편적이다. 한쪽에서는 정절을 지키기 위해 죽음도 불사한 열녀, 내조하는 아내, 복종하는 며느리 등 억압받고 순종했던 아이콘으로 묘사한다. 양란 이후 혼인제, 재산 상속, 가계 계승 등의 여러 제도에서 성리학적 가부장제가 강화되었다는 논리에 따라 조선 후기 여성들을 타자화된 존재로 인식한 것이다. 그러나 같은 시기에 책을 읽고 글을 쓰는 여성 선비, 여성들의 독서 열풍, 여성의 경제 활동, 독실한 천주교 여신도 등 기존 성리학적 여성상에서 벗어난 여성들이 존재했다.

마찬가지로 조선시대 여성들의 법적 권리와 활동에도 양면적 특성이 나타난다. 제도적으로 여성의 정절 보호를 위해 양반 여성의 직접 소송 참석을 규제하고 대리인을 강제했다. 이로 인해 조선 사회에서 양반 여성의 친송이 매우 저조한 현상이 초래되었다. 이런 점에서 조선시대 소송제도는 여성 억압적이고 가부장적이다. 그러나 다른 한편 여성을 소송 당사자로 인정했고, 또 대송한다고 해서 소송 능력이 부정된 것은 아니었다. 오히려 여성은 대송을 통해 보호받는 측면이 있었고 소송 능력을 확장할 수 있었다. 또한 여성들은 문제를 해결하고 권리를 찾기 위해 정소나 상언 등의 민원제도를 적극 활용했다. 여성의 민원은 제도적으로 뒷받침되었고, 보호 대상으로서 여성에게 유리한 측면이 있었다.

가부장제로 일컬어지는 조선의 유교적 제도에는 표면적으로는 여성 규제정책, 타자화한 여성이 보이지만 그 이면에 여성 주체가 동시에 존재했다. 그동안 조선 후기 여성의 주체적 활동에 대한 원인을 경제력 향상, 천주교의 전파 등 외부적 요소나 변화 속에서 찾고 '제도'라는 내재적 요소에 대해 소홀했다. '가부장제는 여성의 적이다.' 흔히 이렇게 판단했으나 역설적으로 조선의 가부장제는 여성에게 도움이 된 측면이 있었다.

많은 제도는 시대에 따라, 상황에 따라 다양한 스펙트럼이 존재한다. 이제는 여성의 주체성과 제도와의 연관성에 대해 눈을 돌려 조선시대 가부장제에 대한 입체적인 연구가 필요할 것으로 보인다. 이것은 위험한 발상이자 판단일 수 있으나 한 번쯤 이런 지면을 통해 환기하고 싶은 문제이기도 하다.

한효정·한국학중앙연구원 비교문화연구소 연구교수

〈참고문헌〉

• 박용옥, 《이조 여성사》, 한국일보사, 1976.

• 이순구·정해은 외, 《우리 여성의 역사》, 청년사, 1999.

• 한효정, 〈조선 전기 유교적 사회질서의 강화와 사족 부녀의 소송권〉, 한국고문서학회 학술회의 '조선시대 소송과 결송입안' 발표문, 2019.

• ____, 〈조선 전기 사족 부녀 대송의 성격과 소송 양상〉, 《여성과 역사》 32, 2020.

• ____, 〈조선 후기 양반 여성의 모권과 입후 분쟁〉, 《여성과 역사》 38, 2023,

7

딸에서 며느리로
-16세기 양동 마을 여성들의 정체성 변화

양동 마을은 사위 마을이었다

15세기 경주 양동 마을은 '사위 마을'이었다. 이상도에서 유복하, 유복하에서 손소, 손소에서 이번으로, 사위에서 사위로 이어졌다. 이 시기 조선에서는 흔히 볼 수 있는 현상이었다. 이른바 남귀여가혼男歸女家婚으로 여자들은 자신의 집에 그대로 살고, 남자들이 움직였기 때문이다.

  그런데 16세기가 가까워지면서 양동 마을에는 변화가 오게 된다. 손소(1433~1484)가 그 시작이다. 손소는 유복하의 사위로 양동에 들어왔다. 즉 유복하의 딸 유 씨에게 장가든 것이었다. 그 손소가 큰 인물이 되면서 변화가 시작됐다.

1467년(세조 13) 손소는 이시애 난에서의 공적으로 적개공신 2등에 봉해지고 이후 계천군鷄川君 칭호까지 받았다. 지역 사회 안에서 기념할 만한 인물이 된 것이다. 자연 손소 중심으로 집안이 이어지고 사람들이 모여들기 시작했다. 손 씨 집안의 현달은 손소 일대로 끝나지 않았다. 둘째 아들 손중돈(1463~1529)이 손소 이상으로 관직이 높아지고 학문적으로도 뛰어났기 때문이다. 손 씨 집안은 양동 마을에서 핵심 집안이 되어 갔다.

그런데 이런 변화에 박차를 가한 또 한 명의 인물이 나타났다. 손소의 외손 이언적(1491~1553)이다. 손소의 둘째 딸 손 씨가 이번과 혼인해서 낳은 아들이다. 이언적은 아홉 살에 아버지를 잃고 외삼촌 손중돈에게서 학문을 익혔다. 그리고 열일곱 살에 문과에 급제했다. 이후 사헌부 지평을 거쳐 대사성, 각종 판서직을 역임했다. 최고의 관직에 오른 것이다. 그런데 이언적은 관직만 높았던 것이 아니다. 더 중요하게 평가된 것은 그의 학문이었다. 이황이 이언적의 이론을 수용했다고 말함으로써 이언적은 조선 성리학에서 중요한 위치를 차지하게 됐다. 결국 문묘 18현으로 배향되었다. 이언적 집안은 양동 마을의 또 다른 한 축이 됐다.

본래 사위 마을이었던 양동 마을이 부계 중심의 마을이 되면서 그 안에서 거주하는 여성들의 삶에는 큰 변화가 왔다. 유 씨나 손 씨 모두 딸로서 이곳의 중심 인물로 살았는데, 이제 그 중심이 최 씨, 박 씨 등 다른 지역에서 온 며느리들로 옮겨 가게 됐다. 즉 이 지역 여성들의 정체성이 '딸에서 며느리로' 변화하게 된 것이다.

시집가지 않은 딸들

| 유복하의 딸, 손소의 처 유 씨 |

1457년(세조 3) 유 씨는 혼인으로 남편 손소를 양동 마을로 오게 했다. 유 씨의 아버지 유복하는 재산이 넉넉했고 유 씨는 외동딸이어서 이 재산을 온전히 혼자 상속받았다. 유 씨는 손소와의 사이에 모두 8명의 자녀를 두었다. 손백돈, 장녀[금원형琴元亨], 손중돈, 손숙돈, 차녀[이번李蕃], 손계돈, 손윤돈, 삼녀[강중묵姜仲默] 등 5남 3녀이다. 이들 중 둘째 아들 손중돈의 관직이 이조 판서에 이르렀고, 둘째 딸은 외손 이언적을 낳았다.

유 씨 부인의 재산 규모는 1510년(중종 4) 손중돈 동생의 〈화회문기〉를 통해 짐작할 수 있다. 죽은 첫째 딸을 제외한 7남매 분재기인데, 노비 134명, 논 13결 98부 3속과 98마지기, 밭 6결 7부 3속과 87마지기, 묘전苗田 1고庫라고 한다. 노비만 계산해도 한 집당 20명 가까이 분배될 규모다. 이 자체로도 엄청난 재산인데, 이것은 전체 재산의 일부였다. 이전에 정식 재산 상속이 있었고 이번에는 미처분 분을 나눠준 것이라고 했다. 막대한 재산인데 이 큰 재산이 대부분 유 씨 부인 쪽에서 온 것이다. 남편 손소는 부모로부터 받은 재산이 그렇게 많지 않았다. 둘째 딸 노비 상속분을 분석해 보면 노비 18명 중에 아버지 손소로부터 2명, 어머니 유 씨 부인으로부터 받은 노비가 9명, 기타가 7명이다. 어머니 유 씨 부인 쪽 노비가 월등히 많다.

유 씨 부인은 시대적 배경에 의해, 딸이지만 집안의 중심 인물로 살았다. 5남 3녀를 두었고 남편 손소 그리고 아들 손중돈이 집안을 빛나게 했다. 손소 부부의 산소 위치를 보면, 부인 유 씨의 묘가 손소의 묘보다 더 위쪽에 있다. 부인이 남편에게 압존해서 밑에 있어야 한다는 의식이 없다.

유 씨 부인이 이런 위치를 차지할 수 있었던 것은 역시 유복하의 딸로서 재산권을 갖고 그것이 집안의 물적 토대가 되었기 때문일 것이다. 유 씨는 딸로서의 정체성을 강하게 지니고 양동 마을에서 중요한 역할을 한 대표적인 인물이라고 할 수 있다.

| 손소의 딸, 이언적의 어머니 손 씨 |

이언적의 어머니 손 씨도 딸로서의 정체성이 강했다. 손 씨는 양동 마을에서 태어나고 자랐으며 끝내 양동 마을을 떠나지 않았다. 어머니 유 씨와 마찬가지로 손 씨도 '시집가지' 않은 여자였다. 곧, 본인이 시가로 가지 않고 남편 이번을 양동 마을로 오게 했다.

손 씨의 혼인여건은 나쁘지 않았다. 남편 이번은 자질이 훌륭해서 전국 제술시험에서 1등을 한 적도 있었다. 그런데 그런 이번이 38세 젊은 나이로 죽었다. 이때 손 씨는 서른 두 살이었고 아들 이언적은 아홉 살이었다. 이언적은 어려서부터 공부에 대한 열망이 대단했다. 연보에 따르면 이언적은 "어려서 여럿이 모여 공부할 때 옆에서 애들이 아무리 웃고 떠들며 시끄럽게 해도 전혀 들리지 않는 것처럼 했다"고 한다.

아버지상을 마친 후 이언적은 동네 선생에게 공부하기를 청했으나 거절당했다. 이 상황을 본 손 씨는 이언적을 둘째 오빠 손중돈에게 보냈다. 교육을 먼저 생각한 것이다. 이언적은 훗날 어머니 묘갈명에서 자신이 과거에 급제하고 관직생활을 하게 된 것은 모두 어머니의 교육 덕분이라고 썼다.

손 씨는 계속 양동에서 살면서 집안 내 역할을 충실히 했다. 손 씨는 76세까지 살았는데 자신보다 먼저 죽은 형제들 제사에 직접 제물을 차렸다고 한다. 그리고 그녀가 물려받은 재산이 이언적 경제력의 근간이 되었다. 말년에는 이언적이 자신을 위해 지어 준 집 향단에서 편안하게 생활했다. 손 씨는 어머니의 위치가 된 후에도 양동 마을의 딸로서의 경제력과 정체성을 그대로 유지하며 살았다고 할 수 있다.

며느리 역할에 적응하는 여성들

| 손중돈의 처 최 씨 |

손 씨와 이 씨가 양동 마을에 정착하게 된 것은 딸들 때문이었다. 그러나 딸에서 딸, 즉 사위에서 사위로 이어지는 현상은 이언적 대로 일단락된다. 손 씨와 이 씨 집안 중심으로 부계 계승 전통이 강해졌기 때문이다.

손중돈의 후처 화순 최 씨는 며느리로서의 역할을 요구받았다. 20세에 손중돈의 후처로 들어왔는데 손중돈은 마흔 살이었다. 20세 나이 차이에도 불구하고 최 씨가 혼인을 한 것은 손중돈이 잘나가는 관리였기 때문이다.

최 씨는 혼인 후 바로 손중돈에게 온 것으로 보인다. 유 씨나 손 씨가 남편들을 양동 마을로 오게 한 것과는 다르다. 손 씨 집안과 손중돈의 위치가 높아져 최 씨가 양동 마을로 와야 했다. 공신 집안으로서 부계 전통이 중요해졌다. 이제 최 씨에게는 손 씨 집안 며느리로서의 역할에 충실한 모습이 나타난다. 물론 최 씨에게서 딸로서의 정체성이 전혀 보이지 않는 것은 아니다.

1560년(명종 16) 화순 최 씨 집안은 손 씨 집안에 재산 소송을 제기했다. 최 씨 집안이 손 씨 집안에 상속한 재산을 돌려 달라는 것이다. 결과는 《경국대전》의 "자녀가 없는 계모의 노비는 의자녀義子女에게 5분의 1을 준다"는 조항에 의해 손 씨 집안에 줄 것은 주고 또 최 씨 집안에 돌릴 것은 돌리라는 판결이 났다.

최 씨는 혼인 후 자식이 없었다. 최 씨는 자신이 친정에서 물려받은 재산이 전처 소생들에게 상속되는 것을 원치 않았다. 그래서 남동생 딸을 데려다 수양딸로 삼았다. 그리고는 이 수양딸을 자신이 가장 아끼는 장손 손광서와 혼인시켰다. 이 시기 자식이 없을 경우 친정의 질녀나 손녀 등을 수양딸로 삼았다가 시댁의 아들이나 손자와 혼인시키는 일이 적지 않았다. 친정으로부터 받은 재산을 지키기 위한 것이다.

그런데 질녀이자 손자며느리인 작은 최 씨마저 또 자식 없이 죽었다. 최 씨의 재산이 최 씨 집안의 핏줄에게 돌아갈 가능성은 희박해졌다. 손자 광서는 재취를 할 것이고, 그러면 최 씨 부인이 물려준 재산은 피 한 방울 섞이지 않은 후처 자식들에게 돌아갈 것이기 때문이다. 그래서 최 씨 집안이 소송을 제기한 것이다.

최 씨는 손 씨 집안으로 시집와서 전처의 자식을 키우고 손중돈의 후처로서 살았다. 즉 손 씨 집안 며느리로서의 역할에 충실했다고 할 수 있다. 그러나 최 씨는 며느리 역할도 중요하지만, 친정의 딸이라는 의식이 없지 않았다. 질녀를 수양딸로 삼아 손자와 혼인하게 한 것은 최 씨 집안 딸로서의 정체성을 보여 주는 것이다. 최 씨는 딸에서 며느리로 전환되어 가는 조선 여성들의 정체성 변화 과정 그리고 그에 따른 재산권 행사 추이를 잘 보여 주고 있다.

| 이언적의 처 박 씨 |

이언적의 처 박 씨도 이 시기 여성들의 정체성 변화를 잘 보여 주는 인물이라고 할 수 있다. 1508년(중종 4) 박 씨는 18세의 이언적과 혼인했다. 이언적과의 사이에 자식이 없었는데 후에 입후立後를 해서 아들 이응인을 두었다.

박 씨가 입후를 결심한 데는 이언적의 서자 이전인의 출현이 결정적이었다.

이언적의 기첩妓妾이 임신을 한 후 조윤손의 첩이 되었는데 윤손은 해산 후 자신의 아들로 여겼습니다. 그런데 윤손이 죽은 뒤에 언적의 아들로 확정이 되었습니다(윤손의 첩은 그 아들이 언적의 아들임을 알았으나 윤손이 살아 있을 적에는 말을 하지 않았다가 윤손이 죽은 뒤에 그 아들에게 "언적이 진짜 너의 아버지다" 하였고, 그 아들이 언적이 있는 곳으로 달려갔다고 한다).

1554년(명종 9) 실록 기사이다. 이전인이 조윤손의 아들로 컸으나 사실은 이언적의 아들로 확정됐다는 것이다. 아마도 박 씨는 충격을 받았을 것이다. 아들이 없는 상황에서 장성한 서자가 나타났으니 말이다. 본래《경국대전》에는 적자나 서자가 모두 없어야 입후를 할 수 있다고 되어 있다. 그렇다면 이전인에게 가계 계승권이 갈 수 있다. 적모로서는 초긴장 상태가 되지 않을 수 없다.

박 씨는 빠르게 움직였다. 1551년 시동생과 의논한 후 이언적의 종제從弟 아들 중에 열다섯 살인 이응인을 양자로 삼았다. 그리고 강계에 귀양 가 있던 이언적에게 이 사실을 알렸다. 이언적은 멀리서 양자와 관련 문서를 보내면서 "제사를 받드는 것이 중요하여 너를 아들로 삼으니 제향을 잘 보존할 수 있지 않겠는가? 나는 멀리 적소讁所에 있고 너는 아직 어리니 염려됨이 많다"라고 하였다.

"제사를 잘 받들고 집안을 잘 유지하라"는 대목이 적자 제사를 인정하는 분위기다. 그런데 멀리 유배지에 있으면서 군이 서둘러 입후를 한다는 것은 역시 이언적의 의지로는 보이지 않는다. 박 씨가 입후를 한 후에 바로 자신의 수양딸[질녀]과 응인을 혼인시킨 것만 봐도 박 씨의 입후 의도가 강했다는 것을 알 수 있다. 박 씨는 적모로서의 위치를 지켜 서자에 대해 우위를 점하고자 했다. 조선의 적서 차별이 다른 어느 나라보다도 강력했던 것은 적처 집안의 입김이 강했기 때문이라고 할 수 있는데, 그것이 이 경우에도 적용됐다.

박 씨는 이언적의 적처로서 이 씨 집안 며느리 역할에 집중했다. 여자들에게 이미 며느리로서의 역할이 중요하게 요구된다면 그것에 충실함으로써 주도권을 잡는 것이 중요했다. 박 씨는 맏며느리의 위치를 십분 활용해 명분상 자신의 아들이 되는 양자를 얻어 집안 내 위치를 확고히 했다. 만일 서자인 이전인이 집안을 잇는다면, 자신의 재산도 대부분 그쪽에 상속된다. 박 씨로서는 묵과할 수 없는 일이다. 양자를 들이면 자신의 아들이 생기고 자신의 재산은 아들에게로 간다.

그리고 그 아들과 자신의 조카딸을 혼인시키면 재산이 자기 집안 재산으로 상속되는 효과도 있는 것이다.

박 씨는 앞의 최 씨에 비해 훨씬 더 며느리로서의 위치에 무게중심을 뒀다고 할 수 있다. 입후의 주체가 되고 적처로서의 위치를 확고히 했기 때문이다. 박 씨의 이응인 입후 과정은 '딸에서 며느리로'의 정체성 변화가 한 단계 더 진전됐음을 보여 준다.

종합해 보면 조선에서 여자들이 딸로서 살 때보다 며느리로 살 때 오히려 권리 행사나 역할에서 다양성이 보인다. 유 씨나 손 씨는 집안 관리에서 역할이 그렇게 커 보이지 않는다. 반면 최 씨나 박 씨는 집안 운영이나 재산권 행사에 더 적극적이다. 며느리로 사는 것이 오히려 집안에서 더 중심적으로 보인다. 예를 들면, 종부에게는 더 많은 역할이 요구된 만큼, 그에 따라 더 많은 권한이 오기도 했다. 조선에서 여자들이 딸에서 며느리로 정체성 변화를 겪은 것이 여자들에게 반드시 불리했던 것 같지는 않다. 딸로서의 재산권은 축소됐을지 모르지만, 며느리로서의 권한 행사 영역은 더 커지기도 했기 때문이다.

이순구 · 전 국사편찬위원회 편사연구관

〈참고문헌〉
• 이수건, 〈회재 이언적 가문의 사회 · 경제적 기반〉, 《민족문화논총》 12, 1991.
• 문숙자, 《조선 시대 재산상속과 가족》, 경인문화사, 2004.
• 한효정, 〈16세기 한 양반가 부인의 재산축적과 소유의식〉, 《고문서연구》 36, 2010.
• 이순구, 〈딸에서 며느리로〉, 《한국 여성사 깊이 읽기》, 푸른역사, 2013.

8

《규합총서》,
조선 여성이 구축한 살림 지식의 세계

19세기 초 가정 살림서의 탄생

1809년(순조 9), 조선의 한 여성이 책 한 권을 펴냈다. 《규합총서閨閣叢書》라는 살림 전문서였다. 여성이 살림서를 낸 것이 당연해 보이지만 당대 조선 사회에 조금만 관심을 갖고 들여다보면 척박한 환경에서 일궈 낸 성과로서 한국사 연표에 올라야 할 '사건'이었다.

19세기 유럽에서도 많은 여성이 저작 활동에 뛰어들었지만 《규합총서》처럼 특정 분야를 파고든 전문서를 낸 여성은 드물었다. 대부분 문학작품이었다. 그러므로 《규합총서》는 세계사에서 보더라도 기념비적인 학술 저서로 평가받을 만하다.

19세기를 갓 넘긴 1809년 조선 사회에서 여성이 쓴 전문서가 탄생하게 된 숨은 비밀은 실학이라는 새로운 학문 경향 덕분이었다. 기존의 지식 풍토에 새 바람을 일으킨 실학은 실용적 지식을 바탕으로 민생이라는 낮은 곳으로 향하는 학문의 거대한 물결이었다. 그 물결은 마치 작은 개천이 곳곳의 마른 땅을 적시듯 지식의 변방에 있는 사람들에게까지 닿았으며, 그 속에 여성도 포함되어 있었다.

여성들은 닫힌 빗장을 열어젖히고 변화의 물결을 받아들였다. 그 결과 18세기 후반 이후로 여성의 저작물들이 나오기 시작했다. 남성의 저서에 비해 턱없이 적은 양이지만 가부장제가 강화되었다는 조선 후기 사회에서 여성의 저서들이 나오는 현상은 완고한 사회 규범에 틈새를 내는 주목할 만한 변화였다.

그 대표 저서 중 하나가 이빙허각李憑虛閣(1759~1824)이 지은《규합총서》였다. '규합'은 여성이 머무는 거처 또는 여성을 의미한다. 따라서 책 이름을 풀이하면 '가정생활 백과사전'이 된다. 내용은 총서라는 제목에 걸맞게 ① 주사의(술, 음식), ② 봉임측(의복), ③ 산가락(농사·가축 기르기), ④ 청낭결(육아, 질병), ⑤ 술수략(길흉, 재난 방지법) 등 5개 장으로 이뤄졌다.

빙허각이 이 책에서 다룬 내용은 살림에 요긴한 지식이었다. 그러나 당시 의식주에 대한 탐구는 단지 여성이기 때문에 갖는 관심이 아니었다. 성리학에서 출발해 실용 학문으로 외연을 넓혀 간 학자들이 백성의 삶을 따라 연구한 주제였다. 그래서《지봉유설》(1614),《산림경제》(1715년경),《임원경제지》(1827년경),《오주연문장전산고》(1856년경) 등에도 요리와 가정생활과 밀접한 내용이 포함되어 있다. 그러므로 《규합총서》는 이빙허각이라는 여성 개인이 구축한 지식임과 동시에 19세기 초 조선 사회의 산물이라 할 수 있다.

이빙허각은 누구인가

이빙허각은 서울에서 태어났다. 본관은 전주이며, 세종의 열일곱 번째 아들인 영해군의 후손이다. 아버지는 이창수이며, 어머니는 류담의 딸이다. 아버지는 이조 판서를 비롯해 예문관 제학, 홍문관 제학 등을 거친 고위 관료 출신이었다.

빙허각의 인적 사항에서 흥미로운 점은 《태교신기胎教新記》를 지은 이사주당이 외숙모라는 사실이다. 빙허각은 《태교신기》 발문을 썼으며, 《규합총서》에도 태교에 관한 내용을 포함시켰다. 이는 여성들 사이에 학술적인 교류가 이뤄졌음을 짐작하게 하는 대목이다.

빙허각은 열다섯 살에 서유본(1762~1822)과 혼인했다. 서유본의 본관은 달성이며, 선조의 부마인 서경주의 후손이다. 서유본은 과거 급제나 관직과 인연이 멀었다. 스물두 살에 생원시에 합격한 뒤로 문과에 응시했으나 계속 낙방했다. 마흔세 살에 지낸 동몽교관(종9품)이 유일한 벼슬이었다.

시가의 살림은 경제적으로 여유롭고 풍족했다. 그러다가 1806년(순조 6) 남편의 숙부인 서형수가 정치사건에 연루되어 귀양을 가면서 몰락했다. 이때 빙허각의 나이 마흔여덟 살로 살림을 도맡게 되었다. 시동생 서유구는 빙허각에 대해 "만년에 집안이 기울어 조상들의 전답을 거의 다 팔게 되자 부지런히 일하느라 고생하셨다"라고 회고했다.

빙허각은 혼인 전부터 '여사'라는 호칭을 받을 정도로 시나 글을 잘 지었다. 그러나 본격적으로 학문의 길에 들어선 것은 살림살이를 책임지게 된 무렵으로 여겨진다. 빙허각은 책의 서문에서 그 시절을 이렇게 회상했다. "기사년(1809) 가을에 내가 삼호 행정에 집을 삼아, 집 안에서 밥 짓고 반찬 만드는 틈틈이 남편의 사랑채로 나가 일상생활에 절실한 옛글과 산야에 묻힌 모든 글을 구해 보고, 오직 견문을 넓히고 적적함을 위로했다."

빙허각이 학문적으로 영향을 받은 곳은 시가의 학풍이었다. 《규합총서》의 인용서에 시아버지 서호수의 저서인 《해동농서》가 포함된 것도 이를 잘 보여 준다. 시가 사람들은 북학파로 알려진 박지원, 박제가 등과 교유하며, 금석, 물, 불, 별, 달, 해, 초목, 동물 등의 명물학과 천문학, 농학 분야에서 눈에 띄는 연구 성과를 남겼다.

빙허각은 "총명이 무딘 글만 못하다 하니, 그러므로 적어 두지 않으면 어찌 잊을 때를 대비하여 일에 도움이 되리오"라는 생각에 요긴한 내용을 가려 적고, 본인의 의견을 덧붙여 이 책을 집필했다. 따라서 나이 쉰한 살에 완성한 《규합총서》는 생활경제의 담당자로서 자신이 처한 환경과 학문적 분위기 속에서 일궈 낸 연구 결과이자 경험의 산물이라 할 수 있다.

남편 서유본은 평소 바깥출입을 잘 하지 않아 자연스럽게 빙허각과 학문을 토론하고 시를 주고받으며 친구처럼 지냈다. '규합총서'라는 책 이름도 남편이 지어 주었다. 빙허각은 서유본과의 사이에 4남 7녀를 두었지만 이 가운데 아들 1명과 딸 2명만 살아남았다.

여성의 시각에서 쓴 가정 살림서

《규합총서》에는 조선 후기의 새로운 학풍이 고스란히 반영되어 있다. 빙허각이 이 책에서 인용한 저서가 무려 100종이 넘는다. 이에 대해 직접 "인용한 책 이름을 각각 작은 글씨로 모든 조항 아래 나타내고, 내 소견이 있으면 '신증新增'이라 썼다"라고 밝히고 있다.

내용의 출처를 밝히는 이 연구 방법은 당시 조선의 이웃나라인 청에서 유행한 고증학의 영향이었다. 여기에 '신증'이라는 표기를 통해 본인의 의견을 새롭게 보태기도 했다. 당시의 학문 풍토에서는 겸양의 의미로 본인이 저술한 책에 본인의 의견이어도 이 사실을 잘 밝히지 않았으나, 빙허각은 '신증'이라 달았다는 점에서 당차다는 표현이 어울리지 않을까 생각된다.

빙허각은 스스로 《규합총서》의 내용을 일상에 꼭 필요한 지식이라고 말했다. 그리고 책의 내용을 다음과 같이 직접 소개했다. 이는 여성의 입장에서 쓴 가정 살림서의 내용들이다.

① 〈주사의〉에서는 장 담그며 술 만드는 법, 밥, 떡, 과일, 온갖 밥반찬이 갖춰지지 않은 것이 없다.

② 〈봉임측〉에서는 심의深衣, 조복朝服을 손으로 마르고 짓는 척수 견본, 물들이기, 길쌈하기, 수놓기, 누에치는 법, 그릇 때우고 등잔 켜는 모든 잡방을 덧붙였다.

③ 〈산가락〉에서는 밭일을 다스리고 꽃과 나무를 심는 일로부터 말이나 소를 치고 닭 기르는 일 등 시골 살림살이의 대강을 갖췄다.

④ 〈청낭결〉에서는 태교, 육아 요령과 탯줄 자르기, 구급 처방, 이와

《규합총서》의 구성과 내용

권수	제목	주제	내용
권1	주사의	술과 음식	○ 술과 음식에 대한 총론 ─음식 예절 ─술과 술잔 이름, 주론酒論, 술 마시는 이야기 ─약주의 종류와 품평 ○ 술과 주식 ─장·식초 담그기, 술 빚기 ─김치 담그기, 생선·고기·꿩 등을 이용한 반찬 만들기 ─차茶에 대한 품평 ○ 부식 ─떡, 면, 과자 만들기 ─과일과 채소 오래 보관하기 ─기름 짜기
권2	봉임측	의복 기타 상식	○ 의복 ─바느질, 길쌈, 수선, 염색, 다듬이법, 빨래 ○ 여성 관련 ─열녀전, 몸단장, 화장 ○ 기타 상식 ─문방, 그릇, 향 만드는 법, 불 밝히는 법 ─돈 이름과 돈의 역사, 방구들 놓는 법 ─누에치기, 뽕 기르기 ─서양 문물의 소개
권3	산가락	경제생활	○ 시골 살림 ─밭 갈기 좋은 날, 과일 따는 법, 꽃 재배, 꽃 품평 ─세시기, 날씨 점치기, 가축 기르기, 양봉
권4	청낭결	질병 치료	○ 질병 관리 ─태교와 육아, 구급 처방, 경험방 ─여러 가지 물린 데 낫게 하는 법, 벌레 없애기 ○ 우리나라 팔도 물산 ○ 잡저雜著: 힘 세지는 법, 잠 안 오는 법, 얼굴 트지 않게 하는 법 등
권5	술수략	재난 방지	○ 방향 및 길일(손 없는 날) 선택 ○ 부적, 귀신 쫓는 법 등 ○ 각종 점치는 법

함께 태실의 소재와 약물 금기를 덧붙였다.

⑤ 〈술수략〉에서는 집에서 나쁜 기운을 진압하고 거처를 정결히 하는 법, 음양구기술陰陽拘忌術로, 방술을 달아 부적과 귀신 쫓는 일체의 민간요법이니 뜻밖의 환란을 막고 무당이나 박수에 빠짐을 멀리하는 것이다.

새로운 관점

《규합총서》는 살림살이 책이지만 여성의 눈으로 관찰한 사회 현상도 곳곳에 녹여 냈다. 예를 들어 《동의보감》에 나오는 '임신 중에 여자아이를 남자아이로 바꾸는 방법'을 소개한 뒤, 남아선호를 비판하는 대목이 있다. 빙허각은 "여태가 바뀌어 남태가 될 리 있겠느냐마는 의학서에 자상하게 기록했고 민간에서도 경험한 바 있다고 하여 쓰긴 쓰지만……이로 인해 죄인이 될까 두렵다"라고 하며 아들을 선호하는 세태를 비판했다.

빙허각은 서양 문물에도 관심을 가졌다. 그녀는 외국의 물건을 〈기기목록〉으로 묶어서 소개하며 서양 그림의 원근감, 온도계, 축음기, 선풍기, 돋보기, 천리경, 현미경, 사람의 힘을 들이지 않고 저절로 음악 연주가 되는 자동희(오르골) 등 새로운 문화에 대한 호기심을 드러냈다. 그러면서도 자국 문화의 특징을 놓치지 않았다. 조선과 청의 흉배를 비교하면서 우리의 수놓는 솜씨가 우수하다고 평가했으며, 고려청자의 자색을 천하제일이라 치켜세우기도 했다.

빙허각은 전국에서 유통되는 물산에도 눈을 돌려 팔도에서 생산되는 다양한 물산을 기록했다. 빙허각이 밝힌 팔도 물산은 조선 산업의 현주소를 반영하고 있다. 예를 들어, 경기도 광주의 사기그릇, 안산의 게와 감, 교동의 화문석, 남양의 굴, 연평도의 조기, 수원의 약과, 평택의 우황, 용인의 오이김치 등이 있다.

또한, 빙허각은 여성으로서의 자부심도 소신껏 드러냈다. 그녀는 "부인 가운데 어찌 인재 없으리오"라고 하며 〈열녀록〉을 작성했다. 내용은 각 인물에 대해 "원 씨, 능송도경, 도덕경을 잘 외우다"와 같이 한 줄로 간단히 적었으나, 충의나 지식, 재주를 지닌 여성, 문장이나 글씨를 잘 쓰는 부인, 여성 장군이나 칼을 잘 쓰는 여성 등 다양한 인물들이 등장한다. 이들은 남성들이 추앙한 열녀의 범주에서 한참 벗어나 있다. 이러한 관점에서 〈열녀록〉은 빙허각이 바라본 '열'렬하게 삶을 꾸려 나간 여성 인물들의 전기라고 할 수 있다.

무엇보다도 한문을 구사할 줄 아는 빙허각이 이 책을 한글로 썼다는 사실이 인상 깊다. 《규합총서》에 실린 실용 지식은 여러 책에도 실려 있지만 대부분 한자로 쓰여서 정작 일상생활을 운용하는 여성들이 쉽게 접하기 어려운 모순이 있었다. 이와 달리 빙허각은 《규합총서》를 한글로 펴내어 살림 지식을 알기 쉽게 다른 여성들과 공유했다. 이는 진정으로 실용의 학문을 추구한 결과라 할 수 있다.

가정 살림의 지식화 의미

조선시대 여성은 가정생활의 담당자로서 임신과 출산, 살림과 요리를 본분으로 여겼다. 빙허각도 이를 부정하지 않고 여성 독자를 겨냥해 가정 살림서를 펴냈다. 이러한 점은 20세기 이후 한국에서 여학생과 주부들에게 가사나 음식, 재봉 지식을 강조한 경향과 유사하게 보인다. 그러나 겉모습이 비슷하다고 해서 그 성격마저 동일했던 것은 아니다.

빙허각은 남성들이 구축한 학문과 지식 세계에서 서성거리지 않고 살림, 태교, 임신 등 여성의 고유 영역을 글로 남겼다. 이 점은 이전에는 찾아볼 수 없는 가정 살림의 '지식화'이며, 이제 가정 살림의 지식도 어엿한 지식체계로 들어왔다고 평가할 수 있다.

이러한 배경에는 일상에서 한글이 정착된 환경과 함께, 여성이 혼인 뒤 시가로 들어가는 우귀于歸의 기간이 빨라짐에 따라 살림 지식이 필요해진 사회 변화가 작용했을 것이다. 그래서 《규합총서》는 빙허각이 살아 있을 때부터 주변 여성들이 베껴서 읽을 만큼 인기 있는 책이었고, 이는 여성들 사이에서 살림 지식을 공유하는 시대가 도래했음을 의미한다. 이런 배경에서 1869년에 이 책 중 음식과 의복의 내용만 새로 편집한 《목판본 규합총서》도 출간될 수 있었다.

요컨대, 19세기 초 빙허각이 《규합총서》에 구축한 지식은 빙허각 개인의 것이 아니었다. 당시까지 조선 사회에서 축적된 지식이 반영된 결과이다. 여기에 더해 한글을 매개로 생활경제 또는 살림 지식을 사적 영역으로 남겨 놓지 않고 여성 독자층을 겨냥해 지식화해서 공

적 영역으로 진출시켰다. 그러므로 《규합총서》의 등장은 한국 역사에
서 중요한 '사건'으로 평가할 수 있다.

정해은·한국학중앙연구원 책임연구원

〈참고문헌〉
• 정해은, 〈조선 후기 여성 실학자 빙허각 이 씨〉, 《여성과 사회》 8, 한국여성연구소,
 1997.
• ____, 〈19세기 《규합총서》의 탄생과 가정 살림의 지식화〉, 《지역과 역사》 45, 부경역
 사연구회, 2019.
• 구만옥, 〈서유본(1762~1822)의 학문관과 자연학 담론〉, 《한국사연구》 166, 한국사연
 구회, 2014.
• 박영민, 〈빙허각 이 씨의 《청규박물지》 저술과 새로운 여성 지식인의 탄생〉, 《민족문
 화》 72, 고려대학교 민족문화연구소, 2016.

9

조선 시대 여성들은 모두
길쌈을 했을까?

조선시대 유교적 이념에서는 여성들을 학문을 할 수 있는 주체로 인식하지 않았다. 따라서 여성을 위한 교육기관은 따로 없었으며, 여성은 어릴 때 가정 내에서 교육을 받았다. 양반가 여성들의 경우에는 유교 의례에 입각한 예절 교육과 서도書道·그림 등의 정서 교육 및 약간의 학문을 배우는 정도였으며, 대부분의 여성 교육은 가정생활을 위주로 여성으로서 갖추어야 할 부덕婦德을 습득하는 내용으로 이루어졌다.

성종의 어머니 소혜왕후가 쓴 한글로 된 최초의 여성 교육서인《내훈》이나 이황의《규중요람》, 송시열의《계녀서》, 이덕무의《사소절》과 같은 조선시대 여성 교훈서는 여성에게 필요한 네 가지 덕목으로 부덕, 부용婦容, 부언婦言, 부공婦功을 꼽고 있다. 이 중에서 부공은 손재

주를 의미하는데, 여기에는 길쌈을 부지런히 하라는 의미가 담겨 있다. 조선 후기 실학자 이덕무는 《사소절》에서 "부인으로서 바느질하고 길쌈하고 음식을 할 줄 모르면, 마치 장부로서 시서詩書와 육예六藝를 알지 못하는 것과 같다"고 하여 여성의 길쌈을 남성의 본업인 학문과 같은 비중으로 평가했다.

조선시대에 직물은 의복 재료, 세금 납부, 그리고 화폐 대용으로 사용되었으므로 길쌈이 국가경제에서 차지하는 비중은 매우 컸다. 그리하여 '권농상勸農桑' 또는 '남경여직男耕女織'이란 용어로 남녀의 일을 구별하여 권장하였다. 즉 남성에게는 농업을, 여성에게는 길쌈을 적극적으로 장려한 것이다. 조정에서는 여성들에게 길쌈을 장려하기 위해 여러 가지 정책을 시행하였다. 국영 잠실蠶室을 설치하여 양잠업 보급에 힘썼으며, 왕비가 주관하는 친잠례親蠶禮를 해마다 여러 차례 시행하였다. 친잠례는 국왕의 친경례와 대비되는 국가적인 행사의 하나로, 왕비가 직접 누에치는 모습을 보여 주기 위한 공식 의례였다. 양잠으로 상징되는 길쌈이 양반가 여성뿐 아니라 일반 여성들에게도 부덕의 하나로 자연스럽게 받아들여지도록 하는 정책이었다.

조선시대에 노비를 많이 소유한 양반가 여성의 경우 직접 가사 노동을 하는 경우는 많지 않았다. 그러나 길쌈의 경우에는 예외였다. 길쌈은 여성이 반드시 해야 할 덕목 중 하나로 여겨졌으므로, 여성들은 어려서부터 길쌈을 배우고 혼인 후에도 길쌈을 하였다.

길쌈의 종류

길쌈은 명주·무명·삼베·모시를 짜는 일련의 과정을 말하며, 원료를 실로 만드는 과정인 방적과 베틀로 천을 짜는 방직 과정을 포함한 용어다. 길쌈을 통해 얻을 수 있는 직물의 종류는 명주·무명·삼베·모시인데, 이 중 무명·삼베·모시는 목화·삼·모시풀을 원료로 한 식물성 섬유이며, 명주는 누에고치에서 실을 뽑아 낸 동물성 섬유다.

길쌈의 원료가 되는 목화·삼·모시는 씨를 뿌릴 전답이 필요한 작물로 밭농사로 간주되어 보통 남성들에 의해 경작되었다. 목화는 3월 파종에서부터 7월의 수확에 이르기까지, 일곱 차례 정도의 김매기를 해주어야 할 정도로 많은 노동력이 필요했다. 무명은 삼베에 비해 보온성과 흡습성이 우수해 빠른 기간 내에 가장 대중적인 옷감으로 자리 잡게 되었다. 무명과 함께 대중적인 옷감이었던 삼베의 원료는 삼(대마)이다. 모시는 저·저마라고도 부르며 주로 여름철에 사용되는 고급 옷감으로 양반가의 여름철 의복 재료로 사용되었다. 삼이나 모시풀도 모두 밭에서 재배했으므로 원료 생산은 주로 남성들의 노동에 의지하였다.

반면에 양잠의 재료인 뽕나무는 재배 전담이 필요하지 않았으며, 양잠 기간도 3월부터 5월까지 약 40일 정도밖에 되지 않았다. 조선시대에는 뽕밭을 소유하고 양잠을 한 농가도 있었지만, 대부분 전국 각지에 자생하는 뽕나무를 이용하여 누에를 쳤다. 따라서 양잠의 경우에는 뽕잎을 따서 누에를 기르고 실을 뽑는 전 과정을 대체로 여성들이 주도했다.

직물별 방적 과정과 노동 강도

그렇다면 조선시대 여성들은 신분에 상관없이 모두 길쌈에 참여했을까? 길쌈과 관련된 조선시대 문헌 기록은 거의 없으므로 신분별로 수행했던 길쌈의 종류나 노동 강도, 방적에 소요되는 시간 등에 대해서는 정확히 알기 어렵다. 실을 만들어 베를 짜는 일은 쉽지 않은데, 길쌈에서 특히 힘든 과정이 바로 실 만드는 일이다. 재래식 길쌈의 방적 과정을 관측·조사한 연구 결과에 의하면, 14새 명주 1필 분의 방적 과정에는 13시간, 8새 무명 1필 분은 69시간, 6새 삼베 1필 분은 71시간, 8새 모시 1필 분에는 약 100시간이 소요된다. 명주 방적 시간이 가장 적게 소요되며, 모시 방적 시간이 가장 많이 소요되는 것으로 밝혀졌다. 고치·목화·삼·모시의 방적 시간이 이렇게 현격히 차이가 나는 것으로 보아 노동 강도도 매우 달랐음을 짐작할 수 있다. 길쌈하는 여성의 모습을 많이 그린 기산 김준근金俊根(?~?)의 풍속화를 통해 방적 과정의 노동 강도에 대해서 살펴보기로 하자.

명주·무명·삼베·모시 네 가지 직물 가운데에서 방적 과정이 비교적 쉬운 것이 명주이다. 명주실은 긴[長] 섬유로 누에고치를 80~85도의 뜨거운 물에 담그거나 끓여서 풀어지게 하여 〈그림 1〉 '명사 뽑고' 처럼 뽑아낸다. 누에고치 1개에 감긴 실의 길이는 대략 1,000~1,500미터 정도 된다. 1개의 고치실은 매우 가늘고 약하므로 보통 6~7개의 고치실을 합하여 한 가닥 실로 만든다. 명주실은 가늘어서 뽑아 내는 과정이 쉽지는 않지만, 무명·삼베·모시실 만드는 과정과 비교해 보면 훨씬 간단하다.

목화·삼·모시는 짧은[短] 섬유로 실로 만들기 위해서 줄기를 잇는 작업이 필요하다. 김준근이 그린 〈그림 2〉~〈그림 3〉에 실 만드는 전 과정이 잘 묘사되어 있다.

〈그림 2〉 '여인 방적하는 모양'은 솜을 무명실로 만드는 과정을 그린 것이다. 좌측 흰 치마저고리를 입고 있는 여성은 씨아를 돌리며 목화씨를 빼내고 있고, 위쪽 연두색 저고리를 입고 있는 여성은 대나무로 만든 솜채로 솜을 두드려서 잠재우고 있다. 옆의 보라색 저고리를 입은 여성은 대나무를 휘어 만든 활줄을 튕기면서 잠재운 솜을 부풀리며 티를 제거하고 있다. 바로 옆의 남색 저고리를 입은 여성은 얇고 넓게 편 솜을 긴 막대기로 돌돌 말아 대롱처럼 만드는 작업을 하고 있다. 우측 분홍색 저고리를 입은 여성은 물레를 이용하여 솜 대롱을 연결해 실을 잇고 있으며, 중앙에 앉은 할머니는 무명실을 실패에 감아 정리하고 있다.

한편 삼·모시 줄기는 길이가 짧으므로 길게 잇는 작업이 필요하다. 삼은 삼 줄기를 고열로 찐 후 껍질을 벗긴다. 이를 '피삼'이라고 하는데 피삼의 길이는 보통 2~3미터 정도이고, 가로는 약 1센티미터 정도이다. 피삼을 가느다란 실로 만들기 위해서 여성들은 〈그림 3〉 '베실 삼는 모양' 좌측 여성처럼 입에 물고 손톱을 이용하여 가늘게 쪼개는 작업을 반복했다. 모시실 만드는 과정도 이와 비슷하다. 모시 줄기를 가늘게 쪼개기 위해 여성들은 〈사진 1〉과 같이 치아로 물어뜯고 손톱으로 쪼개는 과정을 여러 번 반복했다. 삼이나 모시는 실이 가늘수록 상품성이 좋아지므로 여성들은 최대한 가늘게 쪼갰다. 삼·모시 줄기는 3미터 내외였으므로 베를 짜기 위해서는 줄기를 길게 잇는 작업이

〈그림 1〉 '명사를 뽑고'

〈그림 2〉 '여인 방적하는 모양'

〈그림 3〉 '베실 삼는 모양'

〈사진 1〉 앞니로 모시 째는 모습.

필요했다. 이를 위해 〈그림 3〉 우측 여성처럼 맨 무릎 위에 삼·모시 줄기를 겹쳐 놓고, 손바닥으로 비벼 꼬아서 실을 만들었다. 삼과 모시는 식물의 줄기이므로 까칠해서 이러한 일을 오래 하다 보면 입술과 치아 그리고 무릎에 상처가 생긴다. 삼이나 모시 방적 과정에는 이처럼 여성의 신체가 작업 도구로 이용되어 신체가 손상되기도 했다. 따라서 삼이나 모시 방적 과정에 양반가 여성들이 참여하기는 쉽지 않았다.

길쌈 일은 쉽지 않았지만 평민 여성들에게 길쌈은 생존 문제와도 연결되었다. 여성들은 틈틈이 베를 짜서 가족을 위한 의복을 만들거나, 여분의 옷감을 시장에 내다 팔아 가계 수입에 보충하였다. 길쌈은 단순한 가내 노동을 넘어서 가족 전체의 생계와 안정성을 책임지며, 가정경제에 기여할 수 있는 중요한 수단이었다.

양반가 여성과 길쌈

그렇다면 양반가 여성들이 주로 참여했던 길쌈은 어떤 것이었을까? 양반가 여성들이 특히 중요하게 생각했던 길쌈은 양잠이었다. 양반가 여성들은 신체가 손상되기도 하는 삼베나 모시 길쌈은 자신들의 일이 아니라고 여겼던 듯하다. 조선 후기 여성실학자 이빙허각이 지은 《규합총서》에는 삼이나 모시 재배·방적 관련 내용은 거의 보이지 않으며, 목화와 관련된 내용도 많지 않다. 반면에 양잠과 관련된 내용은 여러 장을 할애하여 서술하고 있으며, 빙허각 자신도 매년 누에를 쳐서 손수 명주실을 뽑았다. 조선시대에는 왕비가 몸소 양잠을 수행했으므로 양반가 여성들이 누에를 치고 고치실을 뽑아 베를 짜는 일은 부덕으로 칭송받을 수 있었다.

양반가 여성들이 양잠에 적극적이었음을 보여 주는 기록은 꽤 많이 남아 있다. 경상도 성주에서 오랫동안 유배생활을 했던 이문건은 아내 김돈이가 양잠을 하는 모습을 《묵재일기》에 자세히 묘사하였다. 이문건은 아내가 누에를 많이 쳐서 집안이 번잡해 잠시 다른 곳으로 피신하기도 했으며, 또 명주실 방적을 위해 장작을 많이 때서 집안이 온통 연기로 뒤덮인 모습을 일기에 기록하였다.

양잠에 특별한 재능이 있던 조선 여성들에 대한 기록이 남아 있는데, 첫 번째로 김태중金台重(1649~1711)의 어머니 순천 김 씨를 들 수 있다. 순천 김 씨는 직접 누에를 기르고 명주실을 뽑아 직조까지 하였다. 순천 김 씨가 짠 명주는 매우 고왔는데, 김태중은 "지촌芝村(안동시 임동면 지례리) 여성들이 길쌈을 잘하는 이유가 바로 어머니의 가르침 덕분"이라고 기록《적암선생문집適庵先生文集》)하고 있다.

양명학의 대가인 정제두鄭齊斗(1649~1736)의 후손인 연일 정 씨도 양잠에 뛰어난 여성이었다. 아들 신작申綽(1760~1828)은 어머니 연일 정 씨가 양잠을 하고 길쌈을 한 사실을 《석천유고石泉遺稿》에 매우 구체적으로 묘사하고 있다. "누에가 두 번 자고 나면 어린 종에게 명을 내려 산에서 뽕잎을 따오게 하였고, 고치가 만들어지면 고치를 켜서 길쌈을 하셨다. 종이를 펼쳐서 나방을 놓아 두고 누에 알밴이 종이를 처마에 거셨다"고 누에치는 전 과정을 기록으로 남겨 놓았다.

조선시대에 노비 노동력이 풍부하고 유족한 양반가 여성들은 가사 노동의 대부분을 노비에 의존하는 경우가 많았다. 그러나 시부모나 가족의 의복 조달을 위한 양잠과 같은 일은 부덕으로 간주되었으므로 양반 여성들이 직접 수행하는 경우가 많았다.

이처럼 양반가 여성들에게 길쌈은 상징적 의미가 강했으나 평민 여성들에게 길쌈은 생존과 직결된 노동이었다. 여성들은 가정경제를 돕기 위해 베를 짜고, 이를 통해 가족의 생계를 유지하거나 세금 납부와 같은 의무를 이행하였다.

조선시대 여성들은 숙명과도 같았던 길쌈 일을 자신의 경제적 능력으로 발전시켰다. 이를 직업으로 자부하며 능동적으로 삶을 개척해 나갔다. 그 결과 조선 후기에는 길쌈을 통해 자산가로 성장하는 여성도 등장하였다. 고달픈 삶을 굳은 의지로 개척해 나가는 여성들의 강인한 모습을 길쌈을 통해서 확인할 수 있다.

남미혜·동덕여자대학교 국사학과 조교수

〈참고문헌〉
• 권병탁, 《한국산업사연구》, 영남대출판부, 2004.
• 남미혜, 《조선시대 양잠업연구》, 지식산업사, 2009.
• 경북 여성정책개발원 편, 〈오래 삼으면 무릎 살도 벗겨지고 입술에 피도 나고〉, 《구술 생애사를 통해 본 경북 여성의 삶Ⅱ》, 2014.
• 남미혜, 〈방적 과정을 통해 본 조선시대 여성의 길쌈노동〉, 《사학연구》 133, 한국사학회, 2019.

10

안정복 집안
여성들의 소통과 사랑

인생의 동반자, 아내

18세기 조선의 사대부들은 집안사람들과 어떻게 소통하고, 감정을 나누었을까? 아내와 남편, 어머니와 아버지, 딸과 아들과 같은 다양한 이름으로 그들은 서로를 만나고, 감정을 나누었다. 어떤 모습이었을까?

《동사강목東史綱目》 등을 남긴 18세기 지식인 안정복安鼎福(1712~1791)은 평소에 부부 사이에는 의리가 중요하다고 말해 왔다. 아들이 혼인할 때, 부부는 모든 복의 근원이므로 아내를 대할 때는 처음부터 근신하라고 당부했다. 그러면 안정복과 아내 성 씨는 어떤 관계였을까. 그는 아내에 대한 마음을 어떻게 표현했을까.

안정복은 18세가 되는 1729년 10월 성순成純의 딸과 혼인하였다. 아내는 그보다 두 살 위였다. 부부는 아들 하나와 딸 하나를 두었다. 두 사람이 함께한 지 어느덧 47년이 지났다. 이제 아내는 세상을 떠났고, 그는 아내의 영전에 글을 올렸다. 안정복이 기억하는 아내는 어떤 사람이었을까.

안정복의 아내는 남편의 잘못을 엄하게 질책하던 사람이었다. 간혹 안정복은 부모님께 화를 내곤 하였다. 그럴 때면 아내는 "효자는 안색을 부드럽게 하고 모습을 유순하게 한다고 들었지 굳세고 꼿꼿한 기색으로 부모를 섬긴다는 말은 듣지 못하였습니다. 실제로 그렇게 하지 않으면, 어떻게 학문을 귀하게 여기겠습니까"라고 말하였다. 일상생활에서 실천하지 못할 공부라면, 공부하는 의미가 어디에 있겠냐는 말이었다. 학문을 일로 삼는 사대부에게 이보다 더한 질책이 있을까.

안정복과 아내는 바깥일에 대해서도 의견을 나누었다. 안정복이 관직에 나아가게 되었을 때 아내의 반응은 냉담하였다. 아내는 "세상이 험난하여 곧은 도리가 용납되기 어렵습니다. 다만 생각건대, 당신은 천성이 정밀하지 못해서 남을 지나치게 믿으니 말세에 처신하는 도리가 아닌 듯합니다. 우리 집안은 본래 선비의 집안으로서 높은 벼슬이 귀한 줄을 모르니 농사일에 힘써서 아침저녁 끼니나 이어 가면 이것으로 그만입니다. 이제는 봉양할 부모님도 안 계시는데 벼슬은 해서 무엇하겠습니까"라고 하였다. 남편의 성품과 지향하는 생각 그리고 집안의 사정을 볼 때 구태여 관직에 나갈 필요가 없다는 말이었다.

안정복은 아내가 강한 어조로 남편에게 조언하거나, 종종 집안일에 애쓰는 자신의 노고를 몰라 준다고 질책했으며, 출사할 때 조언한 것을 자세하게 기록하였다. 아내가 남편에게 조언하는 것을 흠이라고 여겼다면 아내를 떠나보내면서 이렇게 기록하였을까. 안정복은 아내의 식견이 집안에서 살림살이만 하는 사람의 것이 아니라고 평했다. 안정복은 아내의 말을 깊이 간직하였고, 아내는 삶을 함께 고민하는 동반자라고 여기며 살았던 것이다.

총명하고 학식을 갖춘 어머니

안정복의 어머니는 전주 이 씨 이익령李益齡의 딸이다. 어머니는 1694년 윤5월에 태어났고, 18세가 되던 해에 아버지와 혼인을 하였다. 1767년 8월 74세로 어머니가 세상을 떠나자 안정복은 어머니의 행장을 지었다. 안정복은 어머니가 효성과 자애가 지극하고 사리에 밝아 부도婦道를 갖춘 분이라고 하였다. 그가 기억하는 어머니는 명석하고, 세상의 이치에 밝은 분이었다. 안정복이 집안 여성들에 대한 평가에서 유독 강조하는 것이 바로 '명석하다'는 것이었다. 안정복이 기억하고, 기록한 어머니의 모습은 그가 생각하는 이상적인 여성의 모습일 것이다.

첫째, 총명한 자질을 갖춘 여성. "자질이 총명하고 영리하여 첫돌이 지났을 때 말을 잘하였고, 여종 둘이 마주 서서 절구질할 때 숫자를 세며 서로 놀이하는 것을 보고 선비께서 그대로 따라 하니 차례로 틀리지 않게 세었다. 6세 때에 언문을 환히 알았고, 7, 8세 때에 어른을 대신하여 편지를 썼는데, 격식에 맞았다. 그리고 여자들이 하는 일[여공女工]도 다른 사람들보다 배나 정교하고 민첩한 분이다."

둘째, 유교 의례를 스스로 실천하는 여성. "9세 때에 외조부님의 상을 당하셨는데 정도에 지나치게 슬퍼하였고, 호상護喪하는 자가 어머니의 나이가 어리다고 상복을 짓지 않았더니 어머니께서 상복을 지어주기를 간절히 요청하여, 입고 조석곡朝夕哭에 참여하기를 예대로 하였으므로, 보는 이들이 모두 감탄하였다."

셋째, 통찰력과 학문 소양을 갖춘 여성. "우리나라 풍속은 본시 부녀자들에게 학문을 배우지 못하도록 했기 때문에 선비께서도 문자를 학습하지 않았다. 그러나 총명이 다른 사람보다 뛰어나 어릴 때부터 옛날 사적 보시기를 좋아하셨으므로, 중국의 상고시대부터 황명皇明시대까지와 우리나라의 고려 말부터 최근까지 나라의 치란治亂과 사람의 현부賢否에 대해서 모두 환히 아셨다. 언문소설은 그 종류가 무려 수백 건이지만 한 번 보시기만 하면 모두 기억하시어 종신토록 잊지 않으셨다."

안정복이 어머니의 행장에서 강조한 것은 총명하고, 의례를 실천하고, 독서하고 학식 있는 사람이었다. 이런 자질을 바탕으로 집안을 운영하는 주체로 어머니를 설명하였다. 안정복은 "조부님께서 어머니의 재주와 기량을 훌륭하게 여기시어 큰 일이든 작은 일이든 모두 상의하셨고, 벼슬에 나아가고 물러나는 일 같은 것은 부인들이 알 만한 일이 아닌데도 반드시 물으셨다"고 하였다. 안정복 집안에서 어머니·아내·며느리는 집안의 주체이면서, 동반자로 집안을 운영하는 중심에 자리하였다.

자녀 교육

안정복은 어떤 아버지였을까. 1750년 안정복은 관직에 임명되면서 집을 떠나게 되었다. 자신이 없는 동안 아이들이 걱정되었다. 아들은 본래 게으른데, 자신이 집을 비웠으니 이리저리 서성일 것이 분명하였다. 그러니 자주 편지를 보내서 단속하는 말을 하였다. 어떤 말을 하였을까. 예나 지금이나 부모가 자식에게 공부하라고 할 때, 가장 많이 하는 말이 공부 열심히 하는 또래의 누군가를 언급하는 것이다.

안정복은 "지금 윤창희尹昌熺의 편지를 보니, 그 사람의 재주와 자질이 너희들과 비교해 볼 때 몇 배도 더 되었지만, 학문을 독실하게 한다는 뜻이 나를 감동시킨 점이 많다. 내가 여기에 와서 사람들을 많이 보았는데 너희 나이 또래에 너희 같은 사람이 없으니 마음속이 답답한데, 누구에게 털어놓고 말을 한단 말이냐"라고 하였다. 그의 답답한 심정을 읽을 수 있다. 이것으로 부족하였다. 그래서 편지의 끝에 "공부할 때는 하루에 읽을 분량을 정해 두고, 마음에 드는 글부터 읽기 시작하라"고 공부하는 방법까지 알려 주었다. 안정복은 아들에게 공부하는 방법을 순서대로 메모해서 일러 주고 이 순서에 따라 하라고 하였다. 안정복은 아들에게 친절하고 꼼꼼한 스승이었다.

안정복은 아들에게 부부생활에 대해서도 훈계를 이어 갔다. 특히 아들이 항상 안방에서 거처하는 것이 몹시 걱정되었다. 안정복은 "집에 방이 없어서 그런 것이지만 매번 생각할 때마다 깊은 염려를 금할 수 없다"고 경계하였다. 그것으로 부족했던 안정복은 선배 학자의 말을 인용해서 "남명 선생(조식曺植)이 말하기를 '사람이 평소 처자와 같이 생활할 경우 자신도 모르게 빠져들어 사람다운 사람이 될 수 없다'고 하였는데 정말 긴요한 말이다. 대체로 사람이 항상 안방에서만 거처하면 인욕人慾만 날로 깊어지는데, 호연지기가 어디에서 생기겠느냐. 맹자가 말씀하신 금수와 별로 차이가 나지 않을 것이라는 말과 같을 것이다"고 하였다. 안정복은 걱정이 많았고, 같은 말을 거듭하는 편이었다.

안정복은 아들에게 세월은 빨리 지나가니 공부를 독실하게 해서 후회할 일을 하지 않아야 한다는 말을 거듭 강조하였다. 안정복이 강조한 공부는 어떤 공부일까.

> 만약 과거의 문장을 지으려고 한다면 왜 그를 따라가 배우지 않느냐? 정말 너를 위해 한 번 탄식한다. 너의 숙부와 조카는 이 겨울을 헛되게 보내지 않고 무슨 글을 읽고 있느냐? 너희들의 나이 점차로 장성해지고 있는데 독서가 귀하고 가업을 계승해야 한다는 점을 모른단 말이냐? 내가 입이 쓰도록 말할 것이 뭐가 있겠느냐. 힘써야 할 것이다《순암집順菴集》.

안정복은 아들에게 과거 시험에 합격해야 한다고 강조하였다. 아들은 종종 산사에 들어가서 과거 공부를 하였는데 함께 공부하라고 보냈던 동생이 일찍 내려가 버려서 안정복은 화가 많이 났다. 아들에게 연달아 보낸 편지에서 가업을 계승해야 한다는 것을 다시 강조하였다. 과거에 응시하고 관직에 나아가는 것은 사대부에게 삶의 일부였다.

그러면 공부는 아들만 시켰을까. 물론 과거 시험 준비는 아들만 하는 것이었다. 딸은 과거를 볼 일이 없으니 단지 집안일만 하도록 가르쳤을까. 안정복은 그렇지 않았다.

> 여아女兒도 무식하게 놔둘 수 없다. 너의 누이동생에게 날마다 《내범內範》 한두 줄씩 조용히 가르치되, 올겨울 안에 많이 가르쳐 반드시 글 뜻과 글자 쓰기를 알도록 해야 할 것이다. 그리고 언해諺解도 아울러 가르쳐야 할 것이다《순암집》.

안정복은 딸 후임은 1741년 연말에 태어났으니 열 살을 막 넘길 때였다. 안정복이 집에 있었으면 직접 가르쳤을 것인데, 지금은 관직 때문에 집을 떠나 있었다. 딸을 직접 가르칠 수 없으니 안타깝고 걱정이었다. 그래서 멀리서 아들에게 누이동생을 공부시키라고 지시하였다. 그리고 후임에게 날마다 조금씩 책을 읽게 하였다. 교재는 《내범》으로 하였다. 한문을 자유롭게 사용할 수 있도록 가르치면서, 더하여 한글[언해]도 가르치라고 하였다. 아무래도 여성들은 한글을 사용하는 경우가 많았기 때문에 실용적인 면을 고려하지 않을 수 없었다.

시아버지와 며느리의 소통

1741년 겨울 안정복의 아내는 해산을 앞두고 있었다. 그런데 시아버지 안극은 집을 떠나 있게 되었다. 안극은 겨울이었고, 해산할 때가 되어 가는 며느리가 몹시 걱정되었다. 안극은 이런 마음을 담아서 집으로 편지를 보냈다.

날씨가 몹시 찬데, 네 먹고 자는 것이 어떠하냐? 걱정이 그지없다. 나
는 무사히 무풍茂豊에 당도해 그길로 유숙하였다. 내일 거창으로 향
하려고 한다. 너의 처는 해산 후 궁귀탕芎歸湯에 도인桃仁 6푼·홍화紅
花 3푼을 더해 단지 2첩만 써도 된다. 나머지는 일일이 적지 않는다.
1741년 12월 4일 부.
【며느리도 함께 보아라. 나는 무풍까지 무사히 왔다. 네가 해태解胎하
는 양을 보지 못하고, [아이를] 낳으니 마음이 어찌 일시나 잊을까마
는 비록 딸을 낳았을지라도 서운해 말고 음식이나 착실히 먹고 병 없
이 있어서 내가 염려하지 않게 하여라. 바빠 그친다. 신묘 납월 초사
일 구부. 네 시어머니께는 바빠서 편지 못 한다. 해태한 후에 마음을
단단히 먹고 밥을 먹어야 병이 없을 것이니 부디 조심하여라.】

(한국정신문화연구원,《고문서집성 8-광주 안 씨·경주 김 씨 편》)

안극은 무주에 살고 계시는 아버지께 내려가느라 집을 비웠다. 며
느리가 해산할 때가 다 되어 가는 것을 보고 왔는데, 무사히 해산하였
는지 걱정이 많았다. 안정복에게 아내[며느리]가 해산하면 먹을 수 있
도록 직접 약을 처방해 주었다. 출산을 한 후에는 어혈을 풀어 주어야
하기 때문에 궁귀탕에 복숭아씨와 홍화를 보태서 먹이라고 하였다.
　이 편지는 내용뿐만 아니라 형태가 특별하다. 한 장의 종이에 절반
은 아들에게 한문으로 편지를 쓰고, 나머지 절반은 며느리에게 한글
로 썼다. 아들을 통해서 며느리에게 자신의 말을 전달하라고 할 법도

한데, 구분해서 한글로 편지를 써서 며느리에게 직접 마음을 전달하였다. 안극은 한글로 쓴 편지에서 며느리에게 자신이 집에 없는 사이에 아이를 낳았기 때문에 멀리 있으면서 한시도 잊지 못한다고 하였다. 그리고 딸을 낳았다고 해서 서운해 하지 말고 밥 잘 먹고, 마음을 단단히 먹고 지내라고 거듭 당부하였다.

안극의 편지를 보면 며느리는 아들에 귀속된 부차적인 존재가 아니었다. 며느리는 독립적인 하나의 인격으로 자신과 직접 관계를 맺고 있는 사람으로 대하였다. 그만큼 며느리에 대해 존중하는 마음을 가지고 있음을 읽을 수 있다.

안정복 집안 여성들의 이야기는 18세기 조선 사회의 모습을 담고 있다. 사대부 여성들은 성장하면서 한자의 글자 쓰기와 한문 문장의 의미를 공부하고, 한글도 함께 배웠다. 집안에서 일상적으로 이루어지는 상례나 제사와 같은 의례는 참여의 주체로서 스스로 실천하였고, 아내가 되어서는 통찰력과 학문 소양을 바탕으로 남편에게 관직에 나아가거나 물러나는 때에 대해 조언하였다. 아들은 총명한 자질과 풍부한 학문적 소양을 갖춘 어머니의 모습을 행장에 기록하여 기억하였다.

조선 사내부 집안의 실제 모습 읽어 내기

우리는 18세기 조선 사회는 가정 내에서 남성 가부장을 중심으로 가족 구성원이 종속적인 관계를 맺고 있었을 것이라고 짐작한다. 하지만 무엇보다 가족 구성원 사이에 사랑으로 연결되어 있는 가족 내에서 가부장적인 사회질서가 그대로 침투되어 관철되었을 것이라고 보기는 어렵지 않을까. 과연 유교적인 가부장적 가족질서에 충실하리라 믿어지는 18세기 조선 사대부 집안의 실제 모습은 어떠하였을까. 아내와 남편, 어머니와 아버지, 딸과 아들과 같은 다양한 이름으로 불리워지고 서로 관계를 맺었던 그들은 어떻게 소통하고, 감정을 나누었을까.

조선시대 사대부의 기록에서 이런 모습을 읽어 내기는 쉽지 않다. 소개한 이야기는 안정복 집안 사람들이 집안 구성원들과 주고 받은 편지와 일상을 기록한 일기, 세상을 떠난 사람의 역사를 기록한 행장과 망자를 추모하는 감정을 담은 제문에서 사대부 집안 사람들의 실제 모습을 이해할 수 있는 대목들을 엮은 것이다. 그 이야기에는 사대부 집안에서 아내로서, 어머니로서, 며느리로서, 딸로서 살아가는 여성들의 모습이 잘 드러난다. 이 집안의 이야기가 18세기 사대부 사회에서 보편적이었다고 단언하기는 어렵지만, 명망 있는 사대부 가문이라는 점에서 결코 가볍게 넘어갈 수 없으리라 생각한다.

김정운·경북대학교 학술연구교수

〈참고문헌〉

• 전경목, 《고문서, 조선의 역사를 말하다》, 휴머니스트, 2013.
• 장병인, 《법과 풍속으로 본 조선 여성의 삶》, 휴머니스트, 2018.
• 김정운, 〈18세기 경상도 사족의 혼례 방식〉, 《지역과 역사》 44, 2019.
• 문숙자, 〈조선 후기 균분상속의 균열과 그 이후의 상속 관행〉, 《국학연구》 39, 2019.
• 이현주, 〈편지를 통한 18세기 가족공동체의 소통양상순암 안정복가 3대의 가족 간 편지 분석〉, 《동양고전연구》 92, 2023.

11

열녀,
조선 사회를 바라보는 하나의 창

경상도 지역의 열녀를 찾아서

일찍이 유교문화에 관심이 있던 필자는 석사과정 때부터 조선시대 유교정책과 유교문화의 보급 등 유교를 보다 심층적이고 입체적으로 이해하는 데 관심을 기울였다. 주된 관심 분야는 당쟁, 문중, 족보, 서원, 사우祠宇 등이었다. 1983년 박사학위 논문을 준비하며 처음 열녀와 인연을 맺었다. 논문 주제를 정하지 못해 고민하던 어느 날 같은 과 동료인 고고학 전공 고故 이은창 교수로부터 마을마다 효자, 열녀 정려문旌閭門이 있는데 아직 연구가 안 되어 있다는 이야기를 들었다.

우연히 들은 이 한마디가 결국 열녀 연구의 계기가 되었다. 조선시

대 효孝와 열烈은 삼강三綱의 중요한 요소로서 유교문화를 이해하는
데 빠트릴 수 없는 윤리이다. 이 가운데 그동안 학계의 관심에서 소외
되어 온 열녀의 존재에 마음이 갔다.

　열녀에 대한 연구 초기에는 《조선왕조실록》과 《삼강행실도》, 《속
삼강행실도》, 《이륜행실도》, 《동국신속삼강행실도》, 《오륜행실도》
등의 유교 윤리서를 중심으로 살펴보았다. 먼저 《태조실록》부터 《숙
종실록》까지 효자, 열녀, 정려旌閭, 정문旌門 관련 자료를 꼼꼼하게 찾
기 시작했다. 이때만 하더라도 《조선왕조실록》이 일부만 번역되었기
때문에 한 권 한 권 검토하는 작업은 지난한 과정이었다. 《조선왕조
실록》은 그야말로 사료의 보고寶庫였다. 정표旌表, 정려, 정문, 효자,
열녀 등과 관련해 그동안 주목받지 못했던 수많은 사료와 만날 수 있
었다.

　그 후에는 경상도 지역의 지리지에 주목하였다. 먼저 수령이나 재
지在地 사족들이 펴낸 사찬 읍지인 함안의 《함주지咸州志》, 안동의 《영
가지永嘉誌》, 진주의 《진양지晉陽志》, 선산의 《일선지一善誌》, 상주의 《상
산지商山誌》, 경주의 《동경잡기東京雜記》, 함양의 《천령지天嶺誌》, 성주
의 《성산지星山誌》, 청도의 《오산지鰲山志》, 단성의 《단성지丹城誌》, 밀양
의 《밀양지密陽志》, 동래의 《동래부지東萊府志》 등에서 열녀 기록을 일
일이 수집했다. 이어서 관찬 지리지인 《신증동국여지승람》, 《여지도
서》, 《경상도읍지》 등을 검토했다.

　경북 지역을 먼저 주목한 이유는 이 지역이 조선시대에 이른바 '추
로지향鄒魯之鄕'으로 꼽힌 곳으로 유교 이념이 지역 사회에 얼마나 확
산되어 있었는지를 실증적으로 확인하고 싶어서였다. 아울러 경남 지

역의 열녀 사례들을 상세히 분석해서 경남 지역 열녀의 특성을 실증적으로 연구하고자 했다.

첫째, 지역사 차원에서 경상도 지역의 열녀 사례를 심층적으로 분석함으로써 그동안 등한시되었던 지역사 연구 발전을 도모하고자 했다. 이것은 그동안 중앙 중심의 역사 서술에 대한 반성과 아울러 지역사 연구를 통하여 열녀에 대한 입체적인 접근을 시도한 것이었다.

둘째, 자료 활용도 16세기의 관찬 지리지인《신증동국여지승람》외에 16, 17세기에 현존하는 경상도 지역 사찬 읍지류, 18세기의 관찬 지리지인《여지도서》, 19세기의 읍지인《경상도읍지》등 주로 관찬·사찬 지리지를 두루 활용했다. 이를 통하여《조선왕조실록》, 유교 윤리 교화서 등의 사료만으로 연구할 때 나타나는 부족한 점들을 보완하여 총체적으로 접근해 보았다.

《경상도읍지》 속 열녀들

읍지는《조선왕조실록》못지않게 열녀 자료의 보고라고 할 수 있다. 그 가운데《경상도읍지》는 1832년(순조 32)에 작성되었으며 경상도의 71개 읍이 전부 수록되었다. 책 수만 무려 20책이다. 다만 이 방대한 자료에 의미를 부여하기 위해서는 읍지 내용을 하나하나 검토하고 분석하는 작업이 뒤따라야 하므로 시간이 많이 걸리는 자료이기도 하다. 그런 만큼 이 자료에서 찾아 낸 열녀의 존재들은 다양한 사회상이나 여성의 삶을 보여 주고 있어서 보람도 있었다.

먼저 전체적인 통계를 볼 때 경북 지역의 열녀는 233건(41개 고을)이고, 경남 지역은 255건(30개 고을)이어서 경남 지역이 경북 지역보다 열녀가 더 많다. 임진왜란 때도 경남 지역이 80건으로 경북 지역의 55건보다 많아서 경남 지역 여성의 피해가 매우 컸음을 엿볼 수 있다.

경북 지역 41개 고을의 233건의 열녀 사례를 분석해 보면, 임진왜란 때 죽은 열녀가 압도적으로 많았다. 임진왜란 때 경북 지역 열녀의 자살 및 피살 유형으로 적에게 참혹하게 살해된 사례가 가장 많고, 그다음으로 강물과 못에 몸을 던진 사례로 나타난다.

남편이 병으로 사망하자 따라 죽는 순절의 사례도 많았다. 순절할 때도 남편의 장례와 제사를 직접 담당하고 후사까지 정한 뒤에 순절하는 경우가 많아서 여성 스스로도 가문을 중시했음을 알 수 있다. 순절 방식은 목을 매어 죽거나 굶어죽는 사례가 많았다. 그 밖에 독약을 마시고 죽거나 물에 빠져 죽는 경우도 나타난다. 청상과부가 되어 부모의 적극적인 개가 권유에도 불구하고 평생을 종신 수절한 사례도 적지 않았다.

흥미로운 사실은 조선 후기로 갈수록 열녀의 수가 급증하는 추세를 보인다는 점이다. 조선 후기에 여성들이 정절을 목숨보다 소중히 여기고 과부의 수절이 조선 사회 전반에 널리 정착되어 가는 풍속이 생겼음을 알 수 있다. 아울러 경북 지역의 지역별 분포를 보면 성주 지역이 열녀가 가장 많았고 그다음이 안동 지역이었다.

다음으로 경남 지역 30개 고을 255건의 열녀 행적을 보면, 경북 지역과 마찬가지로 남편 사후 따라 죽어 함께 묻히고자 하는 여성들이 많았다. 그래서 남편 사후 목 매어 죽는 경우가 가장 많았다. 남편이 죽자 장례일에 죽는 경우도 있고, 유복자가 있는 경우에는 해산 후 자결하는 경우, 후사가 없는 경우에는 후사를 정한 후에 자결하는 경우도 있었다. 이 역시 가문을 매우 중시했음을 알 수 있다. 또 순절이 수절보다 훨씬 많아서 열녀의 행적과 여성의 죽음이 밀접하게 연결되었음을 짐작할 수 있다.

그 밖의 열녀 행적을 소개하면, 남편 사후 종신 수절한 경우, 남편 사후에 상복을 3년 또는 6년, 9년이나 입는 경우, 남편이 호랑이에게 물려 가자 생명을 걸고 남편의 시체를 찾아 오거나 함께 죽은 경우, 화재 시 남편과 함께 타 죽은 경우, 도적 침입 시 남편을 구하고 대신 죽은 경우, 남편이 병들었을 때 본인의 손가락을 잘라 피를 먹이거나 남편의 변을 맛본 경우, 외간 남자로부터 정조를 지키기 위해 목 매어 자결하거나 저항하다 죽은 경우 또는 패도佩刀로 스스로를 찌른 경우, 왜란 때 절개를 지키려다 죽은 경우 등이 있다.

한편, 경상도 전 지역에서 임진왜란 시기에 정절을 지키려다 죽은 여성들이 급증하는 경향을 보여 주었다. 전쟁은 열녀가 나오는 가장 직접적인 계기가 되었다. 당시 경남 지역에서는 임진왜란(1592), 계사년(1593) 왜란, 정유재란(1597), 무술년(1598) 왜란 순으로 여성들이 일본군으로부터 큰 피해를 입은 것으로 보인다. 임진왜란 때의 열녀는 대부분 살해되거나 자살한 예다. 많은 여성이 적을 만났을 때 적을 꾸짖으며 끝까지 굴복하지 않아 참혹하게 살해당하였다. 지역별 분포를 보면 진주 지역이 가장 많고, 그다음이 함안 지역이었다.

이 밖에도 열녀 가운데 효자의 처 또는 효자의 딸이 적지 않아 주목된다. 신분별로 보면 양반의 부인이 가장 많았다. 그리고 경남 지역이

경북 지역보다 하층 신분이 더 많아서 경남 지역 열녀의 특색을 엿볼
수 있다.

《우열녀전》의 발굴

열녀 연구를 진행하면서 가장 큰 보람은 새로운 자료의 발굴이다. 필
자가 2006년에 발굴한 《우열녀전禹烈女傳》이 여기에 해당한다. 열녀
연구에서 《조선왕조실록》과 읍지가 중요한 자료이지만 내용이 단편
적이라는 아쉬움이 있었다. 그런데 이 《우열녀전》를 통하여 우 씨
(1657~?)라는 여성의 삶은 물론 한 여성이 열녀가 되는 과정을 생생하
게 조명할 수 있었다.

《우열녀전》은 1694년(숙종 20) 신덕함申德涵(1656~1730)에 의해 쓰였
다. 《우열녀전》에는 우 열녀의 출생과 성장 배경, 혼인 초의 시집생
활, 1683년(숙종 9) 도적의 침입으로 인해 졸지에 과부가 된 과정, 홀
아비 군인 이영발李永發의 청혼과 협박, 이웃 부인의 개가 권유와 우
열녀의 강한 수절 의지, 이영발의 집 마당에서의 자결 시도와 소생 등
이 매우 생생하게 서술되어 한 편의 소설을 읽는 것 같았다.

작자 신덕함은 우 열녀가 궁벽한 시골 마을(경상도 의성현 동촌 점지
동)에서 신분이 천한 목수의 딸로 태어났음에도 절개, 효, 지혜, 용기
를 겸비한 행실에 감동을 받아 후세에 교훈을 남겨 주려는 의도에서
그의 모든 행실을 자세히 기록했다고 한다. 우 열녀의 사례를 통해서
천한 신분에서도 일부종사의 변함없는 열烈 관념을 다시 한번 확인할

수 있었다.

열녀 연구의 새로운 방향

열녀는 조선시대 유교 사회를 이해하는 하나의 창이라고 볼 수 있다. 하지만 김 씨나 이 씨, 이 조이[소사召史], 정 조이 등 성씨로만 표기된 열녀에 대한 연구는 아직 개척 단계이며, 앞으로 열녀에 대해서는 더 많은 연구가 이루어져야 하겠다.

첫째, 지역별 사례 연구에 주목할 필요가 있다. 현재 경상도 지역에 대한 연구가 이루어진 정도다. 그러므로 경기도, 충청도, 전라도, 강원도, 제주도 등지의 열녀에도 관심을 가져야 하며, 아울러 통일에 대비해 북한 지역까지 그 연구 범주가 확대될 필요가 있다.

둘째, 사료의 경우 그동안은 《조선왕조실록》, 유교 윤리서, 지리지 등 관찬 사료들이 주로 이용되었는데 그 범주 또한 더 확대되어야 한다. 각 지역에 세워진 열녀비가 대표적이다. 열녀비 등을 조사해 보면 문헌 자료에 등장하지 않는 내용과 여성 개인의 삶이 잘 담겨 있다.

셋째, 사료에서 열녀의 목소리를 찾아내야 한다. 정절을 강요받던 조선 사회에서 열녀들이 어떤 생각을 가지고 순절했는지를 알 수 있는 새로운 사료를 많이 발굴해야 한다.

넷째, 개별 열녀 사례도 아직 연구가 미흡한 실정이다. 그러므로 각 지역에서 열녀에 대해서는 개인에 초점을 맞춘 자료의 발굴과 연구가 앞으로 지속되어야 한다.

다섯째, 일기, 편지 등을 비롯한 여성들이 남긴 사료와 선비들이 남긴 열녀전, 문집 등에 대한 적극적인 발굴도 병행되어야 할 것이다.

박주·대구가톨릭대학교 역사교육과 명예교수

〈참고문헌〉

• 박 주, 《조선시대의 정표정책》, 일조각, 1990.

• _____ , 《조선시대의 효와 여성》, 국학자료원, 2000.

• _____ , 《조선시대의 여성과 유교문화》, 국학자료원, 2008.

• _____ , 《조선시대 읍지와 유교문화》, 국학자료원, 2016.

• 박주 외, 《문화유산으로 본 한국 여성 인물사》, 역사·여성·미래, 2021.

12

조선시대 기녀를 바라보는
새로운 인식 틀

예인 또는 창娼?:
전근대 '기妓'의 이율배반성 또는 번역 불가능성에 대하여

한국과 중국의 역사에서 기妓의 기원을 탐문한 이규경李圭景(1788~?)
은 〈화동기원변증설華東妓源辨證說〉에서 여러 문헌에서 찾아낸 다음과
같은 단서들을 제시했다. "용모를 꾸며 음란함을 불러들이는 여성의
형상"《주역》, "아내 없는 군사를 위로한 영기營妓"《서언고사》, "사신
을 접대하는 자리에서 화려하게 단장한 창녀娼女"《삼국사기》, "읍적邑
籍에 예속된 비婢"《성호사설》, "고려시대 교방제도 속에 뿌리내린 기
악妓樂"《고려사》〈악지〉. 파편적인 기술이지만 기妓의 다양한 요소를

찾아볼 수 있다.

이러한 기녀의 다양한 사회적 역할처럼 조선시대 기녀를 지칭했던 호칭들도 여럿이었다. 그들은 여공인女工人, 여령女伶, 기악妓樂, 여악女樂, 여기女妓, 기녀妓女, 기생妓生, 창기娼妓, 관기官妓 등으로 불렸다. 이 가운데 여공인, 여령, 기악, 여악은 관이 주도한 행사와 각종 연회에서 악가무樂歌舞를 담당했던 여자 예능인을 지칭한다.

한편, '창기'라는 지칭은 기생의 직역에 포함된 '창娼'의 성격을 시사한다. 이는 기妓의 직역 가운데 외국 사신이나 왕명을 받아 지방에 파견된 관료들, 변방 장교나 군관 등을 돌보고 시침侍寢을 들었던 '방기房妓'의 역할과 관련된다. 또한 기생의 사유화를 금지했음에도 불구하고 조정의 관리나 사대부가 기녀와 사사로운 관계를 맺거나 첩으로 취했던 관행과도 연결된다. 지배층 남성들에게 성을 제공했던 창娼은 '공천公賤'이자 '관물官物'로 간주되는데, 기녀가 국역國役에 편제된 공적인 존재로서 지방 관아에 소속되어 갖가지 노동을 공급한 관비였기 때문이다. 이처럼 기녀는 여악女樂과 창娼이라는 이질적인 직역을 함께 갖고 있는 여성 정체성의 사례가 된다.

이러한 기妓의 복합적이고 특수한 존재 양태로 인해 동아시아 유교 한자문화권에서 '기妓'는 영어로 번역 불가능한 기호로 간주된다. 중국의 'ji(妓)'라는 단어도 시대와 왕조에 따라 변해 왔지만 서구에서 창녀를 의미하는 'courtesan'나 'prostitute'로 번역되는 것은 적절하지 않다고 보고 있다. 'ji'의 페르소나가 본질적으로 공연하는 예술가의 속성을 가지므로 영어인 'courtesan'이 이를 담아 낼 수 없으며 'prostitute'는 더더욱 부적절하다고 보았던 것이다.

기녀의 존립 근거로서의 여악

조선 전기부터 기녀는 궁중 연향을 관장한 관습도감慣習都監에 소속된 공인工人이었다. 어전에서의 전례나 연향, 사신을 위로하는 사신연과 산대, 나례에서 기악을 연주하거나 노래하는 역할을 담당했다.

　관습도감 기녀에 대한 조정의 훈령에는 "여러 공인의 기예는 나날이 단련하고 다달이 연습하지 아니하면 반드시 정묘한 지경에 이를 수가 없다"는 공인의 사명을 기록하고 있다. 그리고 기예 훈련의 필수 과목으로 9가지 악기 습악 목록 및 노래와 당비파唐琵琶 등을 명시하고 있다. 관습도감이 성종 대에 장악원으로 이속된 이후에도 여기女妓의 습악은 제도적 뒷받침을 받으며 관례화되었다. 전문 악인으로 활동하는 기녀들의 기예 훈련은 궁중으로 올려 보내기 전 지방 관아에서 이미 체계적으로 이루어졌음을 여러 자료에서 확인할 수 있다.

　하지만 여악女樂의 존재는 성리학을 국시로 삼은 조선 초기부터 지속적으로 논란이 되었다. 고려시대 교방악이 궁중 음악으로 계승되었지만 건국 초부터 여악은 정음正音으로서의 아악에 반하는 속악俗樂의 담당자로서, 그리고 공적 공간에서 풍기문란의 원인 제공자로서 지속적으로 비판 대상이 되었다. 또 외교적 차원에서도 중국이 남송 때에 교방(여악)을 폐지한 것이 조선에서 정례正禮의 기준이 되면서, 조선에서 시행된 여악은 예에 어긋나는 풍속, 오랑캐의 풍속[이풍夷風]을 대변하는 것으로 폄하되고 부정되었다. 성리학의 이념적 잣대들이 정치의 핵심으로 자리 잡았던 성종(1469~1494)과 중종(1506~1544) 대를 거쳐 선조 대에 사림파가 득세할 때까지 거의 2세기 동안 속악 논쟁과 결부된 여악의 존폐론은 훈구와 사림이 당파적으로 대립한 사안의 하나였다.

17세기에 이르러 여악은 규모 면에서 대대적으로 축소되었지만 중국과 달리 여악의 현실적 효용성이 지속되면서 왕조 말기까지 존속했다. 기생이란 아내가 없는 군사들을 접대하기 위한 존재이므로 국가의 방어를 위해서는 영기營妓가 존속되어야 한다는 입장, 기녀가 조정 선비나 지방 군현에 머무는 관원을 위한 완롱물로 유지하는 것이 불가피하다고 보는 시각 등이 조선시대 여악의 존립을 뒷받침했다.

또 여악이 존속된 요인은 여러 가지 거론할 수 있지만, 인조 대에 이귀李貴(1557~1633)는 기악妓樂이 속악俗樂임에도 불구하고 200년 동안 폐지되지 않은 이유로 속악이 《오례의五禮儀》에 실려 있는 점, 세종 대 이후로 풍정豐呈에서 노래로 덕을 찬미해 온 점, 사신연과 사객연 그리고 임금이 사악賜樂을 내릴 때 긴요하게 소용되었던 점 등을 제시한다. 이는 당시 견고하게 뿌리내린 궁중의 음악 관습 속에서 여악이 차지했던 비중을 보여 준다. 또한 조선 후기에 정전正殿에서는 여악이 폐지되더라도 자전慈殿을 위해 여성 악인이 필수불가결하다고 보았던 정황은 어머니에 대한 효나 내외법과 같은 유교적 젠더 질서가 역설적으로 여악의 존립 근거가 되었던 지점을 드러내어 흥미롭다.

하지만 좀 더 주목해야 할 점은 전문 예인으로서 여악의 축적된 음악적 수행 능력과 의례 및 연향에서의 기여도다. 실록을 살펴보면 조선 초기부터 여악은 가자歌者로서의 기술과 정밀함을 갖추었으며 궁중의 전례나 연향에서 여악의 노래와 정재呈才 공연은 남악男樂이나 무동舞童으로 대체되기 힘든 독보적 기량을 갖추었다고 평가하고 있다. 이는 기녀와 여악을 둘러싼 부정적 표상과 음란함의 지표로서의 낙인 너머에 제도와 일상에서 기악[樂], 노래[歌], 정재[舞]의 전문성을 갖춘 여악의 퍼포먼스 수행 능력이 수백 년 동안 여악의 존립 근거나 예인으로서의 기녀를 자리매김하는 데 중요한 요인이었음을 시사한다.

예기의 몸에 대한 상상

공적으로 여악 직역을 수행했던 기녀들이 사적 풍류 공간에서 지배층 남성들에 의해 소비되고 향유되었던 창[娼]으로서의 입지 및 그들의 신분적·젠더적 타자성에 대한 문제제기가 여성사에서 논쟁의 초점이 되어 왔다. 하지만, 기녀 집단은 조선시대 유교적 여성 규범이 요청했던 여성의 몸에 대한 또 다른 서사를 내포하고 있어 젠더·섹슈얼리티의 관점에서 여성 정체성에 대한 새로운 접근을 가능케 하는 대상이기도 하다. 특히 이 글에서 주목하려는 점은 양반 여성들에게 요구되었던 부덕과는 다른 패러다임의, 기예의 훈육과 수행을 통해 형성된 예인의 몸이다.

《경국대전》에 경기[京妓]의 경우 오십 세가 넘으면 악적[樂籍]에서 삭제하고 신공과 신역을 면제해 준다는 구절이 있지만, 여악으로서 기녀의 공적 활동은 법전에 성문화된 나이를 넘어서 더 오랫동안 이어졌다. 속량이 되어 종친이나 사대부의 첩이 되는 경우에도 여악의 임무에서 온전히 벗어나지 못한 것으로 보인다. 이는 일생에 걸쳐 관의 속박을 받으며 신역 의무를 져야 했던 관기의 고단한 삶을 환기할 수 있는 측면이기도 하지만 역설적으로 평생에 걸쳐 악가무 연행에 종사했던 예기藝妓의 생애사를 구축할 수 있다는 측면이기도 하다.

예를 들어 1744년(영조 20)에 대왕대비의 58회 생일을 기념하는 잔치에 선발되어 온 지방 여기들의 목록을 보면 진연 무대에서 도기都妓를 포함한 고령의 기생들이 가무 공연자로서 참여하고 있어 주목된다 《영조 조 갑자진연 의궤》). 당시 18개의 전국 각 읍으로부터 차출된 총

〈봉수당진찬도奉壽堂進饌圖〉. 혜경궁 홍씨의 회갑을 기념하여 열린 이 잔치에는 총 31명의 기생이 공연했으며, 이 중 30대부터 60대에 이르는 기생이 9명이었다. 1795년, 동국대박물관 소장.

52명 기생의 연령 분포를 살펴보면, 20대가 17명으로 33퍼센트, 30대가 22명으로 42퍼센트를 차지하며, 40대 1명, 공식적으로 경기京妓로서 은퇴 나이를 넘은 50~70대가 4명(50대 2명, 60대 1명, 70대 1명)이다. 이에 반해 11~19세까지 10대는 8명으로 15퍼센트다. 크게 보아 10~20대 기녀들 25명(48퍼센트)에 비해 30대 이상의 기녀들이 27명(52퍼센트)으로 절반을 상회한다.

조선시대 기녀들은 빠른 경우 7, 8세부터 교방에 들어가 12세 전후로 기역妓役을 시작했으며 일반적으로 기생의 전성기는 풍류 공간에서 육체와 젊음이 최고조를 이루는 10대 중반부터 20대 중반까지 불과 10여 년 정도로 매우 짧으며, 30대가 되면 노기老妓의 범주에 들어 풍류방이나 기방의 중심부에서 밀려난 것으로 본다.

그런데 위에서 소개한 진연의 경우 52퍼센트에 해당되는 선상기들이 30~70대의 소위 '노기'들이다. 이들은 이른바 '전성기'를 지나 육체적 취약성, 성적 결핍으로 표상되는 '노기'의 몸이 아닌, 축적된 공연 경험과 기예의 숙련도를 바탕으로 진연 무대를 이끄는 '예기'의 몸으로 당대 기녀를 바라볼 수 있게 한다.

'수행하는' 주체와 기녀 정체성

조선시대 기녀의 정체성을 구성하는 여악과 창娼이라는 두 범주는 공적 공간과 사적 영역에서 다양한 방식으로 운용된 기녀 직역의 특수성을 보여 준다. 궁녀—의녀, 침선비가 궁중 여악의 역을 대체하거나 지방 관기의 역을 비非관기(관비나 사비)가 대신하기도 했던 관행은 기예, 육체적 노동, 섹슈얼리티가 국가와 지배층 남성들에게 제공되는 회로 속에서 교환되고 보충되었던 주변부 여성들의 불안정한 위치를 드러낸다.

하지만, 직역을 수행하는 과정에서 기녀들은 기예의 역량에 따라 위계적으로 배치되었던데, 이러한 조건 속에서 기녀는 단일한 주체가 아니라 서로 차이를 갖는 복수의 행위자들이 된다. 개별 기녀들의 정체성 역시 고정된 범주가 아닌 무수한 틈새를 반영하는 유동성에 주목할 필요가 있다.

19세기에 《추재기이》(조수삼趙秀三이 지은 한시 연작(1812))나 《근세 조선정감》(박제경朴齊絅이 쓴 야사(1886))에서 확인되는 관기官妓와 창녀娼女를 구분하는 분류법은 창娼과 차별화되는 예인으로서의 기녀의 입지가 제도와 일상 속에 뿌리내리고 있었음을 시사하고 있다. 이는 기녀 평생에 걸쳐 악가무 퍼포먼스를 반복적으로 수행하면서 축적된 산물로 볼 수 있다.

주디스 버틀러는 《젠더 트러블》(1990)에서 젠더는 어떤 본질적이고 고정된 정체성의 토대를 가지는 것이 아니라 수행의 효과, 즉 시간을 통해 양식화된 행위의 반복, 사회적 관습 및 이데올로기와의 상징적 교섭을 통해서 '구성'되는 것이라 주장한 바 있다. 버틀러의 수행성 performativity 개념은 조선 사회가 부과한 기녀 직역의 특수성과 기녀가 구축한 '다른 몸들'을 이해할 수 있는 단서들을 제공한다. 특히 기녀 퍼포먼스의 다중적 층위, 즉 기예의 성취를 통한 악가무의 퍼포먼스를 통해 음란함과 정절의 이중 기준과 협상하거나 그것에 저항했던 젠더 퍼포먼스의 전략들을 논점화할 수 있다. 나아가 기녀 정체성의 수행적 속성은 유교적 부덕婦德을 일관되고 불변하는 여성 정체성으로 전제했던 당대 지배 규범의 명령에 균열을 가하고 있다는 면에서 깊이 통찰할 필요가 있다.

서지영·서울대 아시아연구소 선임연구원

〈참고문헌〉

• 김종수, 《조선 시대 궁중 연향과 여악 연구》, 민속원, 2001.

• 박영민, 〈老妓의 경제 현실과 섹슈얼리티〉, 《한국고전여성문학연구》 23집, 2011.

• 서지영, 〈여악女樂의 재현의 층위들: 조선시대 예인으로서의 기녀에 대한 고찰〉, 《한국 고전연구》 54집, 2021.

• ____, 〈조선 후기 여악의 민간 활동과 기妓·창娼의 분화—명명과 분류법을 중심으로〉, 《여성과 역사》 36집, 2022.

• Beverly Bossler, "Shifting Identities: Courtesans and Literati in Song China", *Harvard Journal of Asiatic Studies 62*, no.1, 2002.

13

여성 불교사의 허브,
조선시대 비구니 연구의 빛과 그림자

비구니 종주국의 명과 암

한국은 세계 불교계에서 '비구니 종주국'으로 일컬어진다. 불교의 시발점은 인도이고, 대승불교의 중추를 담당한 나라는 중국임에도 불구하고 한국이 세계 비구니를 대표하는 종주국으로 불리는 이유는 무엇일까. 결론부터 말하자면 오늘날 한국 비구니의 위상이 세계에서 가장 높기 때문이다.

세계 불교계에서 한국 비구니 승가가 갖는 의미는 매우 크고도 상징적이다. 불교의 여성 출가자는 정식 승려인 비구니와 구족계를 받지 못한 수련생인 사미니로 나뉜다. 이를 좀 더 세밀히 구분하면 출가한 직후 아무런 계도 받지 않은 수련 기간에는 '행자'로 불리다가 일정 기간의 수련을 거쳐 사미니계를 수지하고, 2년간의 식차마나式叉摩那 단계를 거친 뒤에야 구족계를 수지할 수 있는 자격이 주어진다. 그리고 비구니 계사로부터 한 번, 비구 계사에게 또 한 번의 비구니계를 받아야 비로소 정식 승려인 비구니가 될 수 있다.

한국보다 수백 년 일찍 불교를 받아들인 남방계 불교나, 7~8세기 불교가 전해진 티베트 불교에도 여성 수행자들이 존재하지만 이들의 신분은 엄밀히 말해 '행자'에 불과하다. 천여 년 전 비구니 계맥이 단절되었다는 이유로 미얀마, 태국, 스리랑카 등의 불교국가에서는 여성 출가자에게 비구니계를 부여하지 않는다. 티베트의 경우 역사상 단 한 번도 비구니 계단이 설립된 적이 없었다는 이유로 각 종파의 원로들이 얼마 전까지도 티베트의 여성 출가자를 정식 승려로 인정하지 않았다. 최근 태국, 캄보디아, 티베트 등 여러 나라의 여성 수행자들이 비구니 계맥 복구를 위해 다양한 움직임을 보이지만, 정식으로 교단 내에 편입되고 승가를 구성하기까지 여전히 넘어야 할 산이 많다.

이에 반해 한국은 비구니 계단이 설치되었음은 물론 전문 강원, 율원, 선원을 갖춘 비구니 총림叢林까지 존재하며, 비구니 승가 교육도 매우 활발하게 진행되고 있다. 전국 5개 사찰에 비구니 승가대학이 있고, 비구니들의 독립사찰이 조계종 내에만 수백여 개가 존재하며, 승려들의 의결기관인 중앙종회 의원직에도 비구니가 진출했을 정도로 교단 내 정치·경제적 위상이 높다. 현재 대한불교조계종 소속 승려의 절반가량이 비구니이며, 세계 유일의 비구니 종단인 대한불교보문종도 존재한다. 여성이 정식 승려로도 인정받지 못하는 남방계 및 다른 나라 불교계의 입장에서 한국의 비구니 승단은 선망의 대상 그 이상일 수밖에 없다.

그런데 내막을 세밀히 들여다보면 과연 한국이 비구니 종주국이라는 대단한 수식어에 걸맞은 국가인가에 대해 회의가 들 수밖에 없다. 비구니 2부승二部僧 수계, 조계종 종회의원의 남녀 비율, 전통사찰의 주지 비율, 종단 내 비구니의 법계 등 불교계 내 양성평등의 문제는 여전히 뜨거운 감자로 남아 있다.

한국 비구니 법맥의 현주소

오늘날 한국 불교의 장자 종단으로 일컬어지는 대한불교조계종은 비구니들의 피나는 노력을 밑거름 삼아 재건된 종단이라 해도 과언이 아니다. 비구니들은 한국전쟁으로 폐허가 된 전국의 유서 깊은 사찰들을 재건했고, 조계종과 태고종의 분규 이후 조계종이 한국 불교를 대표하는 종단으로 도약하는 초석을 마련하는 데 큰 역할을 담당했다.

이러한 공로에도 불구하고 오늘날까지 조계종 내 비구니들은 여전히 비구에 비해 훨씬 더 낮은 신분에 머물러 있다. "출가한 지 100년이 된 비구니라도 곧 출가한 비구를 보면 예를 표해야 한다"는 등 이른바 '비구니 팔경계八敬戒'라는 2,700년 전의 계율이 오늘날까지 그대로 적용되고 있기 때문이다. 그럼에도 분명한 사실은 한국의 비구니가 다른 나라의 비구니에 비해서는 월등한 위상을 갖고 있다는 것이다. 또 이런 '성과'는 교단으로부터 부여받은 것이 아니라 비구니

스스로가 오랜 노력 끝에 쟁취하였다는 점에 주목할 필요가 있다.

한국 비구니들은 자신들의 권리와 위상을 바로 세우기 위해 지난 수십 년간 각고의 노력을 기울여 왔다. 스승의 업적을 새긴 기념비와 부도를 세우고 비구니 선승의 전기를 편찬하는 한편 비구니 관련 사료들을 모아 편찬하는 등 비구니 역사를 정립하기 위한 다양한 작업을 진행해 왔다. 한국 비구니들이 자신들의 정체성을 확립하기 위해 진행한 작업 중의 하나는 자신들의 법맥을 복원하는 작업이었다.

한국 비구 승려들의 법통은 석가모니로부터 시작되어 신라, 고려와 조선을 거쳐 오늘날로 이어지고 있다. 이는 조선 후기부터 법통 정립 작업이 이루어져 왔기 때문인데, 한국 불교 법통설에 등장하는 승려들은 100퍼센트 비구들이다. 이에 반해 비구니들의 법계와 법맥은 근대 이전에 어떻게 전해졌는지 확인할 길이 없다.

한국의 비구니들은 1970~80년대부터 자신들이 속한 문중의 역사를 새롭게 구축하는 작업을 진행해 왔다. 그 결과 법기 문중, 계민 문중 등 10여 개의 대형 비구니 문중 법맥이 근현대 비구니들의 구술을 토대로 구축되었고, 그 외 수십여 개의 군소 문중이 성립되었다.

여기에서 봉착한 문제는 이 법맥이 거의 19세기 말 20세기 초부터 시작된다는, 다시 말해 그 역사가 일천하다는 점이다. 한국 불교사에서 비구니의 역사는 1,700년 한국 불교사와 궤를 함께하고 있는데도, 근대 이전 시점에 활동한 비구니들에 관해서는 단편적인 기록들밖에 남아 있지 않다. 신라에 이어 고려, 조선시대에도 비구니가 존재했다는 정도로만 알려져 있을 뿐이다.

그 이유는 지극히 당연하게도 사료의 부재 때문이다. 전근대 한국 비구니 관련 연구는 주로 왕실 여성을 중심으로 이루어졌는데, 멀게는 신라의 법흥왕 비 보도부인으로부터 가깝게는 순정효황후에 이르기까지 왕실 출신 여성들의 출가나 신행이 여러 사료에 실려 있기 때문에 이들을 중심으로 연구가 이루어질 수밖에 없었다.

하지만 일반 비구니들에 관한 기록은 매우 단편적으로 남아 있다. 현재 전국 사찰에 남아 있는 근대 이전의 불교사 관련 사료들은 대부분 비구에 의해 집필된, 비구의 역사로 이루어져 있다. 비구니가 남긴 글이 거의 없기 때문에 비구니들의 활동은 아주 작은 단서들을 통해 추적할 수밖에 없고, 그마저도 사찰 운영 자금 및 불사 비용 조달과 같은 특정한 분야에 관한 내용만 등장하는 실정이다. 불화의 화기나 불서의 시주질에는 비구니가 사찰 중창의 주역으로 역할을 담당한 사실이 분명하게 남아 있음에도 불구하고 이들이 어느 사찰에 거주했으며 어떤 방식으로 수행생활을 영위했는지도 알려진 바가 거의 없다. 그로 인해 조선시대 비구니들의 전통이 오늘날의 비구니 법맥과 어떤 연관성이 있는지를 밝히는 작업은 거의 이루어지지 못했다.

조선시대 비구니 사찰 연구의 전개

필자가 최근 진행하고 있는 '조선시대 비구니 사찰 연구'는 이러한 문제의식에서 출발하였다. 조선시대 비구니 승가의 전체적인 윤곽을 파악할 수 있는 단서는 무엇일까, 조선과 현대의 역사적 간극을 좁힐 수 있는 방법은 무엇일까 하는 고민 끝에 조선시대 각종 사료에 등장하는 비구니 법명과 그들의 소속 사찰을 데이터베이스화하고 이를 토대로 전국의 비구니 사찰 분포를 파악하는 작업을 진행했다.

조선시대 비구니들의 흔적은 앞서 언급했듯이 매우 단편적으로 남아 있는데, 사찰의 역사를 기록한 사지寺誌, 불화의 화기畵記, 불상 안에 봉안된 복장 문서, 사찰 현판, 사찰 고문서, 불화의 시주질 등에 법명과 소속 사찰 등이 남아 있는 정도다. 처음 연구를 시작할 당시에만 해도 비구니 법명이 너무 적어서 유의미한 데이터가 도출되지 않을 것을 우려했으나, 예상밖으로 사지와 불화의 화기 등에서 약 4,000여 명에 이르는 비구니 명단을 확보할 수 있었다. 또한 아직 연구가 한창 진행되고 있는 단계이기 때문에 조선시대에 비구니 사찰과 암자가 몇 개나 존재했는지 정확히 드러나지는 않지만, 전국적으로 비구니들의 독립사찰과 암자들이 수십여 개 운영되었다는 사실은 밝혀지고 있다.

조사 과정에서 비구니 문중에서 밝힌 계보보다 앞선 시기에 활동했던 비구니들의 은사—상좌 관계나, 현재 단위 사찰 형태로 이어지는 비구니 계보가 사실상 큰 비구니 문중의 한 계파였다는 사실들을 확인하기도 했다. 이런 성과는 조선과 근대를 잇는 교두보를 확인하는 상당히 의미가 있는 일이기는 하지만 그럼에도 필자의 연구는 아직 피상적인 수준에 머물러 있는 것 또한 사실이다.

현재까지 진행된 조사에 따르면 조선시대 비구니들은 서울 지역과 금강산 지역에서 특히 활발한 활동을 전개했다. 서울 지역은 조선에서 가장 인구가 밀집된 지역일 뿐만 아니라 왕실 여성들의 정치·경제적 비호 속에 자립적인 사찰을 유지할 수 있었기 때문이고, 금강산 지역은 이곳이 조선 최고의 수행자들이 모여드는 가장 수승殊勝한 수행처였기 때문이다.

비구니들의 강학이나 수행의 구체적인 내용은 파악할 수 없었지만, 18세기 송광사에서 열린 화엄대회에서 화엄학을 공부하기 위해 비구니 수십 명이 동참했다거나 금강산을 비롯한 여러 수행처에서 수좌首座나 니사尼師로 불리며 정식 수행자 내지 스승으로 인정받은 사실들을 확인하였다. 또한 비구니들이 자신들만의 독자적인 사찰 혹은 암자를 운영하며, 비구들과 상호 협력관계를 맺어 온 내용도 조금씩 드러나고 있다.

비구니 연구의 과제와 전망

불교사 연구에서 가장 중요한 요소 중 하나는 '법'의 전승이다. 스승에서 제자로 불법이 전승되는 계보를 법통法統 또는 법맥法脈이라고 칭하는데, 법(진리)이 끊임없이 전해지는 것을 사람의 맥박에 비유한 말이다. 전근대의 승려들은 스승이 발우와 가사를 제자에게 전달하거나, 전법게를 내리는 것 등으로 법의 정통성을 인정했다. 한국 비구 승려들의 계보는 석가모니부터 오늘날에까지 면면히 이어지고 있다. 이에 반해 비구니들의 계보는 대부분 근대에서 출발하고 있다.

불교 교단에서 법맥은 매우 상징적인 전통이다. 1,500년 전 신라의 귀족 김대성이 세운 불국사가 오늘날 대한불교조계종의 재산으로 인정받는 이유는 신라에 전해진 불법이 오늘날 한국 불교계로 계승되고 있다는 역사적 전통을 사회적으로 인정받고 있기 때문이다. 신라시대에 활동했던 모례의 누이나 진흥왕비와 조계종 전국비구니회 소속 비구니의 직접적인 연관성을 밝힐 수 없음에도 불구하고, 이들의 전통적 연결을 확인하는 작업은 불법의 전승, 전통의 계승이라는 측면에서 매우 중요하다.

하지만 한국 비구니 연구에서 법이 전승되는 과정과 내용을 밝히는 작업은 아직까지 매우 요원한 일임에 분명하다. 특히 비구니 승가의 운영 형태, 수계 방식, 교육 내용, 법의 전수 방법 등에 대한 학술적 규명은 앞으로 비구니 연구의 실질적인 진전을 위해 꼭 이루어져야 할 과제들이다.

현재 필자가 진행하고 있는 조선시대 비구니 사찰 연구가 아직은 단편적이고 피상적인 수준에 머물러 있지만, 이러한 밑알들이 한국 불교 여성사, 나아가 세계 여성사 연구에 작은 초석들이 될 수 있기를 기대한다.

탁효정·순천대학교 연구교수

〈참고문헌〉
• 한국비구니연구소, 《한국 비구니 승가의 역사와 활동》, 2010.
• 이향순, 《동아시아 비구니: 여성 출가수행의 사회적 맥락과 의미》, 민속원, 2022.
• 탁효정, 〈조선 후기 서울 지역 비구니사찰의 분포와 특징〉, 《한국학》 46권 4호, 2023.

달라도 너무 달랐던 고려시대의 열녀

-양수생 처 열부 이 씨의 사례

스테레오 타입의 열녀

'열녀' 하면 어떤 이미지가 떠오르는가. 아래의 사례들이 아닐까?

(사례 1) 영조의 딸 화순옹주는 남편 월성위 김한신이 1758년(영조 34) 1월 4일 39세의 나이에 병사하자 남편의 죽음을 지나치게 슬퍼해 남편을 따라 죽기로 결심하고 스스로 음식을 끊었다. 이에 부친인 영조가 직접 찾아가서 위로하며 음식을 권했다. 하지만 옹주의 마음을 돌릴 수 없자 다시 장문의 편지를 보내 타이르기도 했으나 끝내 옹주의 마음을 돌리지 못했다. 결국 음식을 끊은 지 14일 만인 1월 17일에 화순옹주는

남편 김한신을 따라 순절하여 합장되었다(《영조실록》 영조 34년 1월 17일).

(사례 2) 보인 한창주의 처 오 씨는 남편이 병으로 죽자 지극히 애통해했다.……어린 시동생이 자라 장가를 들게 되고, 이 일로 시어머니가 집을 비웠다. 오 씨는 이웃집 노파에게 "내가 죽지 않고 지금까지 산 것은 늙은 시어머니와 어린 시동생을 버리고 죽는 것이 죽은 남편을 저버리는 것이기 때문이었다. 이제 시어머니를 봉양할 사람이 있으니 나는 눈을 감을 수 있다"라 하고는 목을 매어 자결했다. 숙종 조에 정려되었다(《숙종실록》 숙종 36년 11월 20일).

화순옹주는 남편이 죽자 곡기를 끊고 자살했다. 오 씨는 남편이 죽었지만 따라 죽지 못했다. 과부인 시어머니와 어린 시동생의 생계 때문이었다. 시동생이 자라 결혼하게 되자 오 씨는 드디어 미뤄 두었던 자결을 감행한다. 이 두 사례를 보며 드는 생각은 '아내란 무엇인가'이다. 두 열녀의 사고 속에서 아내는 남편이 있어야 존재 의미가 있고, 남편이 죽으면 아내 역시 죽는 게 마땅하다. 자신이 죽으면 가족이 굶을 형편이어서 할 수 없이 삶을 이어 가도, 그것은 그야말로 아직 죽지 못한, '미망인未亡人'일 뿐이고, 마침내는 꼭 죽어야 남편에 대한 의리가 완성된다고 생각했다. 그야말로 '죽음의 찬미'가 아닐 수 없다.

그런데, 이와는 전혀 달랐던 열녀가 있다. 바로 고려 말 여성인 양수생의 처 이 씨다. 그녀의 삶이 앞의 열녀 사례와 어떻게 다른지, 그 의미는 무엇인지 살펴보도록 하겠다.

열부 이 씨는 누구인가

이 씨의 본관과 세계世系는 남아 있는 자료가 없어 알 수 없다. 남편은 양수생楊首生(?~1377)으로 본관이 남원이며 집현전 직제학을 지냈다. 시아버지는 양이시楊以時로 추밀원 지신사, 집현전 대제학 등을 역임했다. 시어머니는 판서를 지낸 탁광무卓光茂의 딸 광산군부인光山郡夫人이다. 그런데 남편과 시아버지는 모두 1377년(우왕 3) 사망했다. 이유는 알 수 없지만 고려 말의 수많은 정변에 연루된 것으로 추측된다.

당시 이 씨는 임신을 한 상태였다. 아직 나이가 어리므로 부모가 재혼을 시키려 하자 이 씨는 "아들을 낳으면 양 씨의 제사가 끊이지 않으니 출산을 한 뒤 시집을 가겠다"고 했다. 아들을 낳은 뒤 부모가 다시 재혼을 강요하자 이 씨는 "아이가 아직 젖도 안 떨어져 생사를 가늠할 수 없다. 좀 자란 뒤 재혼하겠다"고 했다. 아이가 자라 말을 하게 되자 부모가 또 재혼 이야기를 꺼냈다. 이 씨는 "두 남편을 섬길 수 없다"며 거부했지만, 부모는 들어주지 않았다. 자결도 생각했지만 어린 아들 때문에 의리상 불가하다고 여긴 이 씨는 노비 몇 명을 데리고 남편의 고향인 남원으로 도망쳤다. 이때 이 씨가 소중히 싸 들고 온 것은 남원 양 씨 가승보家乘譜 및 남편과 시아버지의 홍패[남원 양 씨 종중 문서 일괄·보물]였다.

무진 고생 끝에 천 리 길을 걸어 남원에 도착한 이 씨는 교룡산 아래에 터를 잡았다. 이후 왜구가 쳐들어오자 순창으로 피란해 집을 짓고 살았다. 양 씨의 자손은 그때부터 지금까지 600여 년을 순창군 동계면 구미리에서 삶을 이어 오고 있다. 아들 양사보는 함평 현감이 되었고, 이 씨는 아들의 효도를 받으며 행복한 노후를 보냈다. 이 씨는 죽은 뒤 세조 조에 정려旌閭되었다.

이 씨의 간추린 생애만으로도 고려시대 여성들과의 차이가 느껴진다. 우선 이 씨는 남편 사후 대부분 재혼을 하던 고려시대에 재혼을 거부했다. 그리고 단지 남편의 고향이라는 이유만으로 머나먼 남원을 찾아갔다. 시부모는 다 개경에 거주했었기에, 남원에 어떤 일가가 있는지도 모르는 상황이었다. 그럼에도 이 씨는 내려가서 터를 잡고 살아냈다.

얼마나 많은 시련이 있었을까? 외지에서 온 젊은 과부였다! 무시하고 집적거리는 낯선 이들 틈바구니에서 살 곳을 정하고, 집을 짓고, 생계 대책을 마련하고, 노비들을 관리하고, 아이를 길러야 했다. 심지어 도중에 전쟁을 겪어 피란까지 떠나야 하는 상황이었다. 그런데 이 모든 시련을 극복하고 가모장으로서, 순창의 남원 양 씨 입향조로서 우뚝 선 이 씨였다. 그녀의 삶의 궤적은 고스란히 지역 설화로 남아 있다. 이것이 바로 이 씨가 다른 열녀들과 다른 점이다.

각종 설화의 주인공

순창과 남원에는 이 씨 관련 설화가 무수히 많다. 먼저 이 씨가 남원에 살 때의 이야기다.

홍산성치鴻山城峙는 성방省坊의 비홍산 아래 산기슭에 있다. 고 직제

학 양수생의 처 열녀 이 씨가 이 성을 쌓고 또 우물을 파니 샘물이 용
솟음쳐 뒷사람들이 그 성을 가리켜 고성姑城이라 하고 그 우물을 가리
켜 고정姑井이라 했다. 이 사적은 아래의 열녀에 보인다《용성지》 열녀).

즉 이 씨가 비홍산성을 쌓고 우물을 파 사람들이 그 성을 할미성[고
성], 우물을 할미정[고정]이라 했다는 것이다. 비홍산은 남원과 순창의
경계가 되는 산이다. 이 씨를 산성대모로 보고 있다. 이후 왜구가 침
입하자 이 씨는 비홍치에 올라 피란처를 찾고 순창의 구악산 아래에
새로운 터전을 마련하게 된다. 다음 설화를 보자,

이 씨는 비홍산성에서 멀리 구악龜岳을 바라보고 저곳이면 가히 사람
이 살 만한 곳이라 하고 나무로 매를 만들어 띄웠더니 구악 밑 바위에
앉았다. 그래서 그곳을 찾아가 보니 이미 다른 사람이 집을 짓고 살고
있었다. 주인에게 방 한 칸만 빌려 달라고 하자 주인은 "이 집 주인이

고려 직제학 양수생의 처
열부 이씨의 열녀각.
※순창군청 제공.

따로 있으며, 자신은 집 주인이 올 때까지 지켜 주고 있을 따름"이라 하였다. 집 주인이 누군지 묻자, 자신도 모르며 단지 성씨가 양 씨라는 것만 알 뿐이라 했다. 이 씨가 자기가 업고 있는 아이가 양 씨라 하자 주인은 "이 집은 부인 집이니 잘 살라"며 떠났다. 이렇게 되어 비홍산 성에 있는 노복들을 데려다 이곳에서 살게 되었다.

그런데 며칠 후 어떤 사람이 나타나서 "이 터는 일찍이 자신이 잡아 뒀 으니 집을 내놓고 떠나라"고 하였다. 그러면서 "정 못 내놓겠다면 내기 를 하여 이긴 사람이 차지하자"고 했다. 무슨 내기를 하자는 것인지 묻 자, "달걀을 방바닥에서 천장에 닿도록 쌓아 올릴 것이니 부인도 나와 같이 쌓아 올리면 내가 진 것으로 하겠다"고 했다. 이 씨는 그러자고 하였다. 그 사람이 달걀을 천장에 닿도록 쌓아 올리자 이 씨는 달걀을 허물어서 거꾸로 천장에서부터 방바닥에 쌓아 놓았다. 그 사람은 감탄 하며 진 것을 자인하고 물러갔다. 이렇게 하여 집터를 얻어서 대대로 이 집터에서 자손이 살아 왔으니, 이 씨는 도인이었기에 비홍산성도 여인의 힘으로 쌓았던 것으로 믿어진다(《비홍산성과 열녀 이 씨 전설》).

즉 이 씨는 나무로 매를 만들어 날려 보내 구악 아래에 살 곳을 정 했다. 그곳에 이미 살고 있던 도인으로부터 집터를 인계받아 집을 지 어 정착했다. 그 터를 빼앗으려는 사람이 나타나자 내기를 하여 집터 를 지켜 냈고, 이후 후손들이 대대로 살게 하였다. 설화에서 이 씨는 풍수지리에 능통할 뿐 아니라 도술을 쓰는 도인으로 그려지고 있다. 이것은 이 씨가 지형지세를 판별해 집터를 잡을 수 있을 정도로 지식 과 지혜가 있는 여성이었음을 말해 준다. 또 달걀을 거꾸로 쌓았다거나 비홍산성을 쌓았다거나 하는 이야기가 만들어질 정도로 능력 있고, 불굴의 의지와 담력으로 일가를 이끌던 모가장母家長이었음을 말해 준다.

시대가 만든 '주체적 열녀'

열부 이 씨는 과연 열녀가 맞는가? 기존의 열녀에 대한 선입관과 달라도 너무 달라서다. 한번 생각해 보자. 이 씨가 개가 권유를 뿌리치고 남원으로 내려온 데는 '양 씨의 제사를 끊지 않아야 한다는 것'과 '열녀불경이부烈女不更二夫' 사고가 크게 자리하고 있다. 자결이 의義가 아니라고 생각한 것도 양 씨를 보전해야 한다는 사고 때문이었다. 물론 〈열부 이씨전〉은 18세기 유학자에 의해 쓰인 글이기 때문에 성리학적 정절 관념에서 열부의 행위를 서술한 면도 있을 것이다. 그렇지만 이를 감안하고 보아도 열부 이 씨의 행적은 삼종지도와 종법적 사고 외에는 달리 해석할 길이 없다.

그렇다면 어떻게 이런 주체적인 열녀가 존재할 수 있었는가? 그것은 시대적인 특성에서 답을 찾아야 할 것 같다. 고려시대에는 국가에서 효자·순손·절부節婦와 함께 의부義夫도 표창했다. 절부가 남편 사후 재혼하지 않고 노부모를 봉양하며 자식을 기르고 사는 여자라 할 때, 의부는 아내가 죽은 뒤 결혼하지 않고 같은 방식으로 사는 남편을 의미할 것이다. 여기서 자식이나 부모를 언급하는 이유는 고려시대에는 재혼녀가 왕비가 될 정도로 재혼에 대해 부정적인 생각이 없었기

때문이다. 즉 절부나 의부의 경우 배우자 사별 후 '재혼하지 않았다'
는 점이 중요한 게 아니고 홀로 설 수 없는 부모와 자식을 봉양하고
기른다는 데 주안점이 있다.

  그러나 조선시대에 들어와 언제인가부터 슬그머니 의부가 사라지고
효자·순손·절부만 남게 되었다. 또 고려시대에는 장성한 아들이 있어
도 남편 사후 어머니가 호주가 된 사례가 보인다. 또 어머니는 종속적
존재가 아니라 아버지와 동등한 집안의 어른이었다. 예컨대 원간섭기
의 청렴결백했던 관리 허옹許邕(?~1357)이 병이 들어 위독하자 부인과
자녀들이 소리 내어 슬피 울었다. 허옹이 부인을 가리키며 여러 자녀
에게 "이제 어머니가 족히 너희들을 돌보아 줄 것이니 뒷일에 대해 나
는 걱정이 없다"라고 했음은 이를 잘 보여 준다.

  그러나 고려 말에는 여성 정절에 대한 새로운 관념이 나타나기 시
작한다. 즉 여성이 정조를 위협받게 되면 죽음으로라도 정절을 지켜
야 하며, 남편이 죽으면 수절하는 것이 아름답다는 인식이다. 즉 열녀
가 등장하기 시작하는 것이다. 권순형의 〈고려 말 열녀 사례 연구〉《여
성: 역사와 현재》, 2001)에 따르면 총 48건 중 전쟁 때 겁탈에 저항하다
목숨을 잃은 유형 18건(38퍼센트), 남편이 죽은 뒤 수절한 유형 22건(46
퍼센트) 두 가지가 대부분을 차지한다. 후대 열녀의 전형인 남편을 따
라 죽는 유형은 3건에 불과하다.

  적의 겁탈에 저항해 죽은 경우를 보면, 사실 전쟁은 고려 전기에도
그 이전 삼국시대에도 계속 있었고, 그때도 분명히 정조 상실의 위협
에 죽음으로 저항한 여성들이 있었을 것이다. 그러나 이 여성들은 열
녀로 기록되지 않았다. 또 이전에도 재혼하지 않은 여성들이 있었으

나 이들 역시 열녀로 추앙되지 않았다. 이는 당시의 사회가 그것을 귀감으로 삼을 일이 아니라고 생각했기 때문이다. 열녀 사례는 성리학을 신봉하는 고려 말 유학자들에 의해 적극적으로 이야기가 수집되고 포상이 건의되었으며, 조선시대에 들어와 본격적으로 표창되었다.

이 새로운 정절관은 고려 말 극히 일부 상류층 여성들에게 영향을 미쳤을 것이다. 이 씨의 남편과 시아버지의 관직 및 교류한 사람들이 이제현, 이색, 정몽주 등 성리학자들이었다는 점, 그리고 비슷한 집안끼리 혼사가 이루어진다는 점에서 이 씨의 친정 역시 같은 분위기였을 것이다. 이 씨는 새로운 이데올로기를 배우고 수용한 당시의 '신여성'이었다. 이 씨는 '열녀불경이부'와 '삼종지도'를 배운 대로 실천했다. 그러나 종속적이지 않았던 고려시대 아내의 위상이 이 씨와 같은 주체적 열녀를 만들어 낸 배경이라 생각된다. 결국 열녀는 시대적 존재이며, 시대에 따라 열녀의 존재 형태도 달라졌다 하겠다.

권순형, (사)역사·여성·미래 전문위원

〈참고문헌〉
• 《陶菴先生集》 권25, 雜著 烈婦李氏傳.
• 권순형, 〈고려 시대의 수절 의식과 열녀〉, 박용옥 엮음, 《여성: 역사와 현재》, 국학자료원, 2001.
• 순창문화원 편, 《순창의 구전설화》 상, 순창문화원, 2002.
• 강명관, 《열녀의 탄생−가부장제와 조선 여성의 잔혹한 역사》, 돌베개, 2009.
• 권순형, 〈고려 말 열녀 사례 연구−양수생 처 열부 이 씨〉, 《여성과 역사》 22, 2015.

15

신라 왕실 여성의
자리 만들기

신라 중대 왕실의 등장

7세기 삼국 통일전쟁을 시작한 김춘추가 무열왕으로 즉위한 이후를
《삼국사기》에서는 '중대'라고 부른다. 그 이전, 즉 선덕왕과 진덕왕까
지를 '상대'라고 하여 두 시기를 서로 구분하면서, 신라사에 하나의
획기를 설정한 것이다. 굳이《삼국사기》의 견해를 따르지 않더라도 백
제와 고구려가 멸망하고 신라가 한반도의 주인공으로 등장하는 업적
을 이룬 무열왕과 문무왕은 중대 왕실의 개창자로서 그 위상이 남다르
다. 사실 이 시기 신라는 당의 등장에 다른 국제질서의 변동을 자신들
의 생존에 유리하게 이끌어 갔으며, 그 과정에서 당의 문물을 수용하

고 이를 통해 신라 정치사회 체제를 개편해 갔다. 중대 왕실의 등장은 그 결과였다. 이때 당으로부터 받아들인 율령체제나 유교적 이념이 중요한 역할을 하였다. 예컨대 김춘추는 진덕왕이 사망한 이후 많은 진골 귀족들의 추대로 왕위에 오르게 되었다. 그 대목을 《삼국사기》〈신라본기〉는 "(신라가) 마침내 춘추공을 받들어 왕으로 삼으려고 하였다. 춘추는 세 번을 사양하다가 마지못하여 왕위에 올랐다"고 전한다.

김춘추는 그동안 신라 왕이 되기 위한 정치적 토대를 갈고 닦아 왔는데, 정작 왕이 될 수 있는 순간에는 세 번 사양이라는 겸양의 미덕을 발휘하였다. 소박하나마 유교적 의례의 실천이라고 할 수 있다. 이런 점에서도 중대 신라는 그 이전과는 다른 사회와 체제를 지향해 갔음을 짐작할 수 있다. 그 과정에서 신라 사회의 여성도 여러 변화를 겪게 되었다.

물론 전근대 시기 여성에 대한 기록은 극히 일부만 선택되었을 뿐 많은 것이 누락되었다. 하지만 제한된 자료에서나마 여성을 찾아 복원하는 것은 역사를 총체적으로 파악하기 위한 필수적인 작업이 된다. 중대 왕실의 등장과 그 이후의 전개 과정에서도 왕실 여성의 위상 변화를 보여 주는 기록이 선택적으로 남아 있다. 물론 그러한 기록의 선택이 여성 자체를 보여 주기 위한 것은 아니었다. 하지만 왕실 여성을 매개로 정치사회 체제가 변화할 수밖에 없는 사회 상황과 배경을 드러내고 있어 이를 통해 신라 왕실 여성의 위상을 간접적으로나마 추적할 수 있게 된다.

왕실은 구별되어야 한다!

중대 왕실은 왕족과 귀족을 구별하기 위해 당제唐制를 수용해 통치제도를 정비하고 예제禮制를 수용해 사회질서 구축을 시도하였다. 그 일환으로 진덕왕 3년(649)에 관복을 당의 복식을 기준으로 개정하였다. 이는 관인의 중조의상제中朝衣裳制, 즉 관료들에게 중국의 의복을 입게한 제도인데, 문무왕 4년(664)에는 부인들에게까지 확대 적용했다. 이처럼 중대 왕실은 의복의 구별을 통해 존비尊卑 서열을 가시적으로 구분하여 사회질서를 정립하고자 하였다. 지배층 여성 역시 그 대상에 포함되었다.

또한, 중대 왕실은 당의 율령과 예제에 기반한 제도를 수용하여 왕권과 체제의 안정을 도모했다. 신문왕이 유교식 혼인의례를 도입한 것은 그 일환이었다. 683년에 최초로 행해진 유교식 왕실혼례는 예제를 기반으로 한 중대 왕권의 정지적 지향을 대내외적으로 가시화한 왕실의례였다.

신목왕후, 첫 번째 유교식 혼인의례의 주인공

유교식 왕실혼례의 첫 주인공은 신문왕과 신목왕후이다. 신목왕후의 혼인의례는 이례적으로 상세한 기록이 남아 있다. 신목왕후는 신문왕이 왕이 된 후에 맞아들인 왕비다. 신문왕은 무열왕의 장손이자 문무왕의 장자로 명실상부한 중대 왕실의 정통 계승자였다. 그럼에도 불구하고 신문왕 즉위 원년에 반란이 일어났다. 그것도 신문왕이 태자 시절에 맞이한 태자비의 아버지 김흠돌이 주도한 반란이었다. 김흠돌의 반란은 제압당했고, 김흠돌의 딸이자 신문왕의 비였던 김 씨는 출궁당했다.

이후 신문왕은 즉위 3년(683)에 일길찬一吉湌 김흠운金欽運의 딸과 혼인하였는데, 그가 신목왕후이다. 이 혼인은 최초로 기록된 유교식 왕실혼례다. 그 절차는 다음과 같다.

신문왕 3년(683), ① 봄 2월에 일길찬 김흠운의 작은 딸을 맞아들여 부인으로 삼았다. ② 먼저 이찬 문영과 파진찬 삼광을 보내 기일을 정하고, ③ 대아찬 지상을 보내 납채하게 하였는데, 예물로 보내는 비단이 15수레이고 쌀·술·기름·꿀·간장·된장·포·젓갈이 135수레였으며, 조租가 150수레였다. ④ 5월 7일에 이찬 문영과 개원을 그 집에 보내 책봉하여 부인으로 삼았다. ⑤ 그날 묘시에 파진찬 대상·손문, 아찬 좌야·길숙 등을 보내 각각 그들의 아내 및 양부梁部와 사량부沙梁部 2부의 여자 각 30명과 함께 부인을 맞아 오게 하였다. 부인은 수레를 탔고, 좌우에서 시종을 하였는데, 궁인과 부녀자가 매우 많았다. 왕궁의 북문에 이르러 수레에서 내려 대궐로 들어갔다《삼국사기》 권8 〈신라본기〉 8 신문왕 3).

신문왕의 혼례는 2월부터 5월 7일 입궁까지 3개월에 걸쳐 진행되었다. 2월에 기일을 정하고, 예물을 들이고, 부인으로 책봉하고, 맞아들이는 과정이 각각 유교식 의례를 따르고 있다. 혼례절차는 다음과 같다. (1) 이찬 문영과 파진찬 삼광을 보내어 기일을 정함, (2) 대아찬 지상을 보내 납채를 함, (3) 5월 7일에 이찬 문영과 개원이 김흠운의 집에 가서 그의 딸을 부인으로 책봉함, (4) 5월 7일 책봉을 마친 후, 당일에 파진찬 대상과 파진찬 손문, 아찬 좌야와 아찬 길숙 등을 보내 각각 그들의 아내 및 양부와 사량부 2부의 여자 각 30명과 함께 부인을 맞아옴. 이처럼 입궁 때 행렬을 했는데, 왕궁의 북문에 이르러 수레에서 내려 입궁함. 아쉽게도 입궁 후의 절차는 사료에 나오지 않는다.

신문왕이 처음으로 유교식 왕실혼례를 도입한 이유는 무엇일까. 중대 왕실은 율령을 기반으로 정치체제를 정비했고, 예제를 기반으로 윤리적 지배를 시행했다. 즉 율령과 예제를 근간으로 한 새로운 사회질서를 구축하여 이를 통해 왕권을 강화하고자 했다.

그런 점에서 유교식 왕실혼례는 대내외적으로 예제에 기반한 통치 이념을 가시화하기에 적합한 의례였다. 신문왕의 유교식 혼인의례는 중대 이후 왕실 혼인의 전범이 되었고, 중대 이후 왕들의 혼례에서도 동일한 의미와 지향으로 재연되었다. 유교식 왕실혼례는 이념적으로는 예제를 기반으로 사회질서를 정당화하는 기제였고, 실질적으로는 왕족과 귀족의 구별을 가시화하는 의식이었다.

새로운 관점 1: 왕권과 왕실 여성의 상관성

신라 중대의 정치제도적 지형 안에서의 중대의 왕실 여성, 특히 왕후의 위상과 제도적 입지는 어떠하였는가. 중대의 유교식 혼인의례의 도입은 왕실 여성의 지위 변화에 어떠한 영향을 미쳤는가.

신문왕의 왕비인 신목왕후의 등장은 화려하였다. 신문왕 3년(683)에 온 신라가 들썩이게 한 화려한 혼인의례의 주인공이었다. 이후 신문왕 7년(687), 봄 2월에 원자元子를 낳았다. 이는 명실상부한 차기 왕위계승자와 태후의 등장이었다. 신문왕은 왕자가 태어난 지 2개월 만에 대신을 조묘祖廟에 보내어 제사를 올렸다. 제사 대상은 태조대왕, 진지대왕, 문흥대왕, 태종대왕, 문무대왕이었다. 진골 출신의 귀족세력을 포함한 온 신라인에게 왕실의 정통성과 권위를 강조하기 위한 의도였다. 이어서 신문왕 11년(691), 봄 3월 1일에 왕자 이홍理洪을 태자로 책봉함으로써 신목왕후와 그 아들의 지위는 제도로 확정되었다.

이처럼 중대 왕실은 왕실의 권위를 높이고 정당성을 확보하기 위해 유교의 예제적인 요소를 활용하였다. 신목왕후의 유교식 혼인의례는 이와 같은 중대 왕실이 지향한 예제의 일환이었다. 신목왕후는 유교식 혼인의례에서의 책봉, 원자의 출산, 그에 따른 조묘의 제사, 원자의 태자 책봉으로 이어진 유교식 의례를 통해 왕후이자 태후로서의 지위가 공인되었다. 이는 이후 신라 왕후의 위상으로 계승되었다.

새로운 관점 2: 여성의 지위와 역할의 제도화

신라가 발전함에 따라 신라의 정치제도는 정비되었다. 그리고 신라 여성의 공적 지위와 역할 역시 점차 제도화되었다. 특히 중대 왕실은 율령과 예제를 수용하여 체제를 정비했고, 그 일환으로 당의 여성 관련 제도도 함께 도입했다. 다만 신라의 실정에 맞게 당의 제도를 유연하게 수용하여 활용했다.

첫 번째는 왕실 여성의 제도이다. 중대 왕실은 왕후의 지위를 유교식 의례로 공식화하였다. 왕후의 위상은 곧 중대 왕권의 위상 강화와도 직결되었기 때문에 결과적으로 중대 왕후의 지위와 권한을 제도화하는 계기가 되었다.

신라는 중대에 당의 후비제를 수용하여 '왕후' 칭호를 사용하였다. '왕후' 칭호는 왕의 정식 배우자 1인만이 사용할 수 있는 칭호이다. '왕후' 칭호를 통해 왕의 정식 배우자로서 '정비正妃'의 지위를 특화시켰으며, 이는 왕실 여성과 귀족 여성의 신분 차이를 제도화한 것이었다.

두 번째는 여성 관인의 제도이다. 신라의 여성 관인이 관인제도 아래 편제되고, 공적인 지위와 역할을 갖게 된 기점은 문무왕 4년(664)의 교서에서 여성 또한 당의 복제를 따르도록 한 조치였다. 이는 남성 관인에게 중국식 의복으로 착용하게 했던 관복제 개혁을 여성에게까지 확대한 것이다. 즉, 중국식 의복을 입은 부인들은 관인제에 편제된 공적인 지위와 역할을 가진 여성 관인이었다.

특히 신문왕의 공적인 왕실의례, 특히 예제에 기반한 유교식 왕실 혼인에서 의례절차의 주관 및 수행을 담당한 이들이 주목된다. 신문왕과 신목왕후의 왕실혼례를 주관한 이들은 관인의 배우자, 진골 귀족인 여성(처와 딸 등), 양부와 사량부의 부녀자들로 구성된 상층계층의 여성들이었다.

신라 초기에 왕실 여성에 국한되었던 여성의 공적 지위와 역할이 점차 왕실 여성과 귀족 여성으로 분화되었고, 귀족 여성의 공적 지위와 역할은 다시 직무의 성격에 따라 분화하고 신설되었던 것이다. 이처럼 고대 사회에서 여성의 공적 지위와 역할은 사회가 변화하고 정치제도가 완비됨에 따라 역동적으로 변화하고 달라졌다.

이현주·아주대학교 인문과학연구소 연구교수

〈참고문헌〉

• 이현주, 《신라 후비제 연구》, 신서원, 2024.

• 이현주, 〈신라 여성 관인제도의 성립과 운영〉, 《사림》 80, 2022.

• ＿＿＿, 《한국 고대 여성의 역사와 인식—경계 넘나들기》, 《新羅史學報》 50, 2020.

• ＿＿＿, 〈신라 후비제의 비교사적 고찰—正妃의 지위를 중심으로〉, 《사림》 73, 2020.

• ＿＿＿, 〈신라 중대 신목왕후神穆王后의 혼인과 위상〉, 《여성과 역사》 22, 2015.

• ＿＿＿, 〈신라 중대 왕후의 책봉과 위상 정립〉, 《역사와 현실》 95, 2015.

16

금관으로 읽는
신라 여성

금관은 왕관이 아니다

수많은 유물이 전시되어 있는 국립중앙박물관에서 조금 특별한 대접을 받는 듯 보이는 유물이 있다. 황남대총 북분 금관이 그 주인공이다. 박물관에 전시되어 있는 대부분의 유물은 하나의 진열장을 다른 여러 유물과 함께 공유하고 있다. 반면 황남대총 북분 금관은 함께 출토된 금제 허리띠와 함께 커다란 진열장 한 개를 독차지하고 있다. 황남대총 북분 금관이 국립중앙박물관 전시에서 중요한 비중을 차지하고 있다는 의미일 것이다.

머리에 쓰는 관이 휘황찬란한 금으로 만들어졌다는 사실만으로도 황남대총 북분 금관은 관람객들의 호기심 어린 시선과 관심을 한몸에 받고 있다. 혹자는 나뭇가지 모양과 사슴뿔 모양으로 생긴 금관의 디자인을 주목하기도 한다. 나아가 금관에 달려 있는 반달 모양의 굽은 옥이나 미세한 움직임에도 파동을 일으키는 달개의 의미를 궁금해하기도 한다.

신라 금관에 대해 감탄과 경외심을 보내는 이면에는 대부분 금관이 왕관일 것이라는 인식이 깔려 있다. 귀하디 귀한 금으로 만든 관이니만큼 고귀한 왕들의 위엄을 드러내는 왕관이었을 것으로 예단하는 것이다. 금관이 왕관일 것이라는 속단은 박물관을 찾는 관람객들만이 아니다. 신라를 배경으로 하는 사극 속 신라 왕들은 시대를 불문하고 모두 금관을 쓰고 있다. 신라 금관은 왕관이라는 인식이 전제되어 있는 것이다.

그러나 신라 금관은 왕들만 썼던 왕관이 아니다. 그것을 보여 주는 대표적인 사례가 황남대총 북분 금관이다. 황남대총 북분은 여성의 무덤이다. 물론 신라에는 여왕이 있었다. 그렇지만 황남대총 북분은 신라의 첫 여왕인 선덕왕(재위 632~647)이 즉위하기 훨씬 이전의 무덤이다. 황남대총 북분과 같은 돌무지덧널무덤은 신라에서 왕을 마립간으로 칭하던 특정 시기에 사용된 묘제이다. 마립간은 지증왕 대(재위 500~514) 중국식 왕호로 바뀌기 전에 사용하던 호칭이다. 마립간 시기에 만들어진 여성의 무덤에서 금관이 출토되었다는 것은 신라 금관이 왕들만이 쓴 왕관이 아니었음을 보여 준다.

황남대총 북분이 던진 파문

1973년 6월에 시작한 황남대총 발굴조사는 '금관'에 대한 기대 속에 출발했다. 당시 경주 관광종합개발계획의 일환으로 황남동 일대에서 가장 큰 황남대총(당시 98호분)을 발굴하기로 했다. 그렇지만 그때까지 우리 손으로 거대한 완형의 돌무지덧널무덤을 발굴해 본 적이 없었다. 자칫하면 1971년 졸속 발굴이 되었던 공주 무령왕릉 발굴의 실수가 되풀이될 우려가 있었다. 실험용으로 황남대총 바로 앞에 있는 155호분을 먼저 발굴해 보기로 했다.

그런데 155호분에서 대박이 터졌다. 외형도 크지 않아 큰 기대 없이 시험용으로 발굴했던 155호분에서 금관을 비롯한 각종 화려한 금은제 유물이 쏟아져 나온 것이다. 우리 손으로 이루어진 발굴에서 처음으로 출토된 금관이었다. 뿐만 아니라 그때까지 출토된 금관 중에서 가장 화려했다. 봉황 장식이 달린 고리자루큰칼과 금동제 정강이가리개와 같은 희귀한 유물도 다량으로 출토되었다. 특히 천마가 그려진 자작나무 껍질로 만든 말다래가 출토되면서 155호분은 천마총으로 명명되었다.

원래 계획했던 98호분(황남대총) 발굴조사가 시작되면서 금관 출토는 기정사실처럼 여겨졌다. 시험용으로 발굴한 작은 크기의 천마총에서도 금관이 출토되었으니 황남동 일대에서 가장 큰 고분에서 얼마나 대단한 유물이 나올지 기대에 차 있었다. 황남대총은 두 개의 봉분이 남북으로 연결된 쌍분이었다.

북분에 대한 조사가 먼저 이루어졌다. 예상한 대로였다. 황남대총 북분에서 금은제의 각종 화려한 유물이 쏟아져 나왔다. 유물의 종류와 수량 면에서 천마총을 비롯하여 지금까지 발굴조사되었던 다른 신라 고분을 압도하였다. 기대했던 금관도 출토되었다. 신라 고분 발굴조사에서 출토된 다섯 번째 금관이었다. 피장자의 머리맡에는 최고위층 무덤에서만 출토되는 고리자루큰칼도 놓여 있었다. 고분의 크기나 출토 유물로 보아 황남대총 북분의 주인공은 신라 왕이 당연해 보였다.

그런데 발굴이 끝나 갈 무렵 은제 허리띠 장식이 출토되면서 고고학계는 충격에 휩싸였다. 은제 허리띠 장식에 '부인대夫人帶'라는 글자가 새겨져 있었기 때문이었다. 부인은 신라시대 귀족 여성에 대한 존칭으로, 허리띠의 주인공이 여성이라는 의미였다. 돌무지덧널무덤의 특성상 다른 사람이나 유물이 추가로 부장된 것으로 보기는 어려웠다. '부인대'라는 글자가 새겨진 은제 허리띠의 주인공은 황남대총 북분의 피장자일 가능성이 컸다.

그때까지 금관은 왕관이라는 인식이 암묵적으로 있었다. 그러므로 금관이 출토된 무덤의 주인공을 모두 남성으로 추정해 왔다. 황남대총 북분도 은제 허리띠 출토 전까지는 주인공을 남성 왕으로 보는 분위기였다. 그렇지만 여성의 무덤일 가능성이 큰 황남대총 북분에서 금관이 출토되면서, 왕이 아닌 여성이 금관을 사용했음을 보여 주었다. 금관이 출토되었다고 해서 주인공을 남성으로 속단할 수 없게 된 것이다.

충격은 그것으로 끝나지 않았다. 황남대총은 두 개의 무덤을 연결하여 표주박 모양으로 만들어졌다는 점에서 발굴 전부터 부부의 무덤일 것으로 여겨졌다. 북분의 주인공이 여성일 가능성이 크다면 남분은 남성의 무덤일 것으로 예상되었다. 남분에서 60대의 남성 인골이 출토되면서 남분의 주인공이 남성일 것이라는 예측이 틀리지 않았음이 증명되었다. 무덤 크기가 황남동 일대에서 가장 클 뿐 아니라 출토 유물이 최상층급이라는 점에서 왕 부부의 무덤일 것으로 추정되었다. 왕비의 무덤에서 금관이 나왔으니 왕의 무덤에서는 얼마나 호화로운 금관이 나올 것인가? 남분에서 금관 출토는 당연해 보였다.

그런데 남분에서는 금관이 출토되지 않았다. 왕으로 추정하고 있는 남분의 주인공은 금동관을 착장하고 있었다. 착장한 관 외에도 금동관과 은관이 더 부장되어 있었으나, 금관은 없었다. 북분의 여성이 금동인데, 남분의 남성은 금동관을 쓴 것이다. 누구도 예상하지 못한 결과였다. 모 언론사에서는 "경주 황남동 고분에서 또 금관 출토"라는 오보를 낼 정도였다.

금관을 쓴 여인은 누구인가

남분의 발굴 결과는 금관 출토 소식을 기다리던 사람들에게 실망을 안겨 주었지만, 무엇보다 고고학계에 충격을 주었다. 왜 여성이 묻힌 북분에서만 금관이 출토되었을까? 무덤의 크기나 부장 유물로 황남대총을 왕릉급 무덤으로 볼 수밖에 없는데 왕비인 여성은 금관을 썼는데 왜 왕으로 여겨지고 있는 남성은 금관이 아닌 금동관을 착장한 것일까?

이에 대해 처음에는 신분 차이의 가능성으로 설명되었다. 왕이지만 왕비에 비해 신분이 낮았기 때문에 왕비는 금관을 쓴 반면 왕은 금동관을 썼을 것이라는 설명이다. 그렇지만 전근대 사회에서 신분 차이가 있는 남녀가 혼인을 할 수 있었는지 의문이다. 또한 왕이 되었는데도 사후에 혼인 전 신분이 적용되었을 것인지도 문제로 남는다.

한편으로는 시기적으로 황남대총이 지금까지 조사된 신라 돌무지덧널무덤의 대형분 가운데 가장 이른 시기 고분이라는 점을 주목해야 한다는 의견이 제시되었다. 황남대총 남분의 주인공이 사망할 당시에 금관이 유행하지 않았을 가능성을 염두에 둔 것이다. 금관이 유행하기 전에는 왕들도 금동관을 착장했으며 황남대총 남분의 주인공 역시 생전에 금동관을 사용했다가 사후 그대로 착장했다는 것이다. 이후에 금관이 유행하면서 왕비는 생전에 금관을 사용했으며, 사후 무덤에도 그대로 쓰게 되었다고 보았다.

그렇지만 이러한 설명에는 허리띠가 문제가 된다. 허리띠는 남·북분 모두 금제였다. 황남대총 남분의 주인공은 관은 금동이었지만 허리띠는 금제였다. 금이 유행하지 않았기 때문에 금동관을 쓴 것이라면 허리띠 역시 금동제여야 했을 것이다. 허리띠는 금제로 사용하면서 머리에 쓰는 관만 금으로 만드는 것이 유행하지 않았다고 보기는 어려울 것이다.

그런데 허리띠의 디자인 측면에서도 남분과 북분은 차이를 보인다. 재질은 남북분 모두 금제이지만 디자인을 살펴보면 북분의 허리띠가 남분에 비해 화려하고 드리개도 많았다. 황남대총 북분이 관에서만이 아니라 허리띠에서도 남분보다 우위를 가지고 있음을 보여 준다. 관과 허리띠는 무덤 주인공의 신분을 보여 주는 대표적인 장엄구다. 황

남대총에서 남분의 남성은 금동관에 소략한 금제 허리띠를 해야 했던
위치였으며, 북분의 여성은 남성보다 화려한 금제 허리띠에 금관을
착장할 만한 위치였던 것으로 이해하는 것이 자연스러울 것이다.

젠더 시각에서 접근해야

황남대총은 황남동 일대에서 가장 크면서 초호화 유물이 출토된 최상
급 무덤으로 왕릉으로 추정하고 있다. 그렇다면 왕은 금동관에 소략
한 금제 허리띠를 했고, 왕비는 금관에 화려한 금제 허리띠를 착장한
것이 된다. 왕비가 왕에 비해 관과 허리띠가 화려했음을 보여 주는 정

북분에서 출토된 금관과 금제 허리띠.

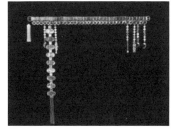

남분에서 출토된 은관과 금제 허리띠.

황을 이해하기는 쉽지 않다.

그러므로 금관이 출토된 북분이 여성의 무덤이 아닐 것이라는 해석도 있다. 북분의 주인공이 여성으로 추정하는 근거가 되었던 것이 '부인대'라는 글씨가 새겨진 허리띠인데, 부인이 사랑하는 남편을 보내면서 무덤에 넣어 준 애장품이라는 것이다. 즉 '부인대' 명문 허리띠는 북분의 주인공이 사용한 유물이 아니라, 다른 사람이 넣어 준 부장품으로 이해한 것이다.

그렇지만 황남대총 북분의 주인공을 여성으로 추정하는 것은 '부인대'라는 명문 때문만은 아니다. 중국의 경우 신석기시대 말기부터 남녀 성별 차이가 뚜렷하다. 남성에게는 무기나 마구류가, 여성에게는 장신구가 주로 부장되고 있다. 백제 무령왕릉에서도 왕은 큰 칼과 무기, 왕비는 팔찌 등의 장신구와 다리미 등 성별에 따른 차이를 보이고 있다. 반면 신라의 돌무지덧널무덤에서는 여성에게서도 무기와 마구류가 출토되며 남성에게서도 장신구류가 출토되어 유물의 종류만으로는 성별 추정이 어렵다.

그렇지만 성별에 따른 미세한 차이가 없는 것은 아니다. 황남대총의 경우 여성으로 추정되는 북분에서도 무기류가 출토되었지만, 남성이 묻힌 남분에서 출토된 무기류의 수량이 북분에 비해 압도적으로 많았다. 고리장식큰칼도 북분에서는 머리맡에 부장되었지만 남분에서는 피장자가 허리에 착장하고 있었다. 또한 북분에서는 직조와 관련된 방추차가 출토된 반면 남분에서는 무릎과 정강이를 보호하기 위한 갑주류가 발견되어 성별에 따른 차이를 보인다.

여러 정황에도 불구하고 금관이 출토된 황남대총 북분의 주인공이 여성일 것이라는 추정을 믿기 어려워하는 배경에는 현전하는 신라 문헌 사료와의 괴리 때문이 아닌가 한다. 전근대 문헌 사료에서 여성은 대부분 탈각되어 있는데, 신라 역시 문헌 기록에서 남성이 주도적인 위치를 차지하고 있다. 관작 질서를 비롯한 공적인 무대의 주인공은 대부분 남성이다. 문헌 기록으로 금관을 쓰고 화려한 금제 허리띠를 한 황남대총에서 보이는 것과 같은 여성의 모습을 상상하기는 쉽지 않다.

그렇지만 신라는 후대뿐 아니라 비슷한 시기 고구려나 백제와 다른 특징을 보인다. 무엇보다 신라에만 여왕이 있었다. 한 명도 아니고 세 차례나 여왕이 즉위했다는 것은 정치적 상황에 따라 우발적으로 발생한 것으로만 치부하기 어렵다. 또한 왕비에 대한 기록에서도 차이가 있다. 고구려·백제의 경우 왕비에 대한 기록이 거의 나오지 않는다. 반면 신라는 왕비가 기재되지 않은 경우가 예외적이며, 왕비의 가계까지도 대부분 기록되어 있다.

뿐만 아니라 고구려와 백제에서는 여성의 인명이 기재되어 있는 경우가 드물다. 고구려의 경우 여성 인명이 거의 찾아지지 않는다. 그 유명한 평강공주도 이름이 아니다. 평강왕의 딸이기 때문에 편의상 평강공주로 부르고 있는 것이다. 고국천왕과 산상왕의 왕비를 우 왕후로 칭하는 것은 우소의 딸이기 때문이다. 백제 미륵사지 사리함에서 출토된 '사리봉영기'에는 무왕의 왕비가 등장한다. 그런데 이름 대신 '사택적덕의 딸'로 지칭하고 있다. 신라의 경우 대부분 왕비의 인명이 기재되어 있으며, 귀족이나 평민 여성의 인명도 적지 않게 보인다는 점과 차이가 있다.

건국 신화에서도 차이가 보인다. 고구려와 백제에서는 주몽과 온조와 같은 건국 시조만 나타난다. 반면 신라에서는 시조인 혁거세 못지 않게 시조비 알영이 중요한 비중으로 나타난다. 시조비인 알영은 우물가 용의 옆구리에서 태어났다는 독자적인 탄생담도 가지고 있다. 알영은 후대에 혁거세와 함께 '이성二聖'으로 불리며 신라 국가 제사의 대상으로 숭배되었다.

시조비 이후에도 신라에서는 왕비가 남다른 비중으로 나타나고 있다. 남해왕의 여동생 아로가 시조묘 제사를 담당했다는 기록도 눈여겨볼 수 있다. 또한 돌무지덧널무덤이 조영되던 마립간 시기까지의 왕비 이름이 알영, 아로, 아루, 아이혜, 아니 등 '알ar계'이다. '알ar계' 왕비는 남해왕의 여동생 아로와 같은 종교적 직능과 관련이 있을 것으로 보고 있다. 이러한 신라의 분위기를 감안해 보면 황남대총 북분의 출토 상황이 완전히 이질적으로 보이지 않는다.

황남대총에서 왜 북분의 주인공만이 금관을 착장했는지에 대한 논의는 아직도 진행 중이다. 그런데 왕만이 금관을 착용했을 것이며, 왕비가 왕의 배우자로서 의미만을 가질 것이라는 편견에서 자유로울 때 황남대총 북분의 주인공에 대한 이해는 심화될 수 있을 것이다.

김선주·중앙대학교 교수

〈참고문헌〉
• 이종선, 〈황남대총 쌍분의 심층연구〉, 《한국상고사학보》 25, 1997.
• 이송란, 〈신라관의 성립과 시조묘 제사〉, 《미술사학연구》 235, 2002.
• 김선주, 〈황남대총 주인공 재검토〉, 《청계사학》 16, 청계사학회, 2002.

- ____, 〈신라의 건국 신화와 알영〉,《신라사학보》23, 신라사학회, 2011.
- 이주현, 〈경주 황남대총 북분 주인공 성격 제고〉,《신라문화》43, 2015.
- 최병현, 〈신라 전기고분의 편년자료와 황남대총의 연대·피장자〉,《숭실사학》43, 2019.

찾아보기

여성사, 한 걸음 더

2024년 12월 2일 초판 1쇄 인쇄
2024년 12월 9일 초판 1쇄 발행
지은이   정해은 외 45인
기 획   한국여성사학회
펴낸이   박혜숙
디자인   이보용 김진
펴낸곳   도서출판 푸른역사
 우) 03044 서울시 종로구 자하문로8길 13
 전화: 02)720−8921(편집부) 02)720−8920(영업부)
 팩스: 02)720−9887
 전자우편: 2013history@naver.com
 등록: 1997년 2월 14일 제13−483호
ⓒ 한국여성사학회, 2024

ISBN 979−11−5612−288−3   03900